苏州大学重点学科经费资助

战国秦汉行政、兵制与边防

臧知非 著

苏州大学出版社

图书在版编目(CIP)数据

战国秦汉行政、兵制与边防 / 臧知非著. —苏州：苏州大学出版社，2017.8
ISBN 978-7-5672-2167-3

Ⅰ.①战… Ⅱ.①臧… Ⅲ.①政治制度史－研究－中国－战国－汉代②政治制度史－研究－中国－战国－汉代 Ⅳ.①D691.2②E292.6

中国版本图书馆CIP数据核字(2017)第190299号

书　名	战国秦汉行政、兵制与边防
著　者	臧知非
责任编辑	许周鹣
出版发行	苏州大学出版社
	(苏州市十梓街1号　215006)
印　刷	南通印刷总厂有限公司
开　本	700 mm×1 000 mm　1/16
印　张	21
字　数	386千
版　次	2017年8月第1版
	2017年8月第1次印刷
书　号	ISBN 978-7-5672-2167-3
定　价	55.00元

苏州大学版图书若有印装错误，本社负责调换
苏州大学出版社营销部　电话：0512-65225020
苏州大学出版社网址　http://www.sudapress.com

前 言

本书是已经发表的战国秦汉行政、军事制度、边防问题的论文结集，主要是讨论基层行政、中央与诸侯王国关系、兵制，两篇讨论秦汉法律制度的文章因和行政控制、兵制变革有着内在的逻辑联系，故一并收入本集。

所收文章，最早的发表于1984年，迄今已30余年。这30多年学术发展迅速，相关问题的研究不断深入，文中所论粗疏浅陋，某些看法已显陈旧。但是，现在仍不失其价值。本书结集过程中，为了记录真实的历史过程，对原文内容未做任何改动，只在以下三个方面进行订正和补充：一是改正行文、引文的文字错误，包括标点符号；二是统一注释体例，补充以往缺少的版本、页码等内容；三是个别文章在刊出时因为版面因素曾经过压缩，现以原稿收入，在页下注明。

笔者的中学时代在"无产阶级文化大革命"中度过，其时没有后来的应试教学，也不存在什么学习任务，自由倒是自由，但除了在"农业学大寨"过程中学习农业机械及相关技能之外，谈不上学习系统的文化知识，对于历史只是在"评法批儒"过程中接触过片段，知道一些所谓"儒家"、"法家"的代表人物和著作，根据"两报一刊"(《人民日报》《解放军报》和《红旗》杂志的简称)上的评法批儒文章，似懂非懂地读一些"儒家"、"法家"的资料片段。这些片段都是作为批判资料使用的，当时自然是按照批判的口径理解其含义和价值，不过，就当时大脑空空的我辈来说，这些"批判资料"还是有相当吸引力的，毕竟是没有接触过的东西，而且文字确实是别有风采，其独到的见解，值得咀嚼玩味，不由得激起求知欲，因而在读这些"批判材料"的同时，凭着兴趣和"革命激情"，去了解这些片段以外的东西，接触其他的历史文献和著作。1978年，笔者考入徐州师范学院(现江苏师范大学)历史系，首先拿到的是臧云浦先生主编的《中国历代官制、兵制、科举制表释》和《中国历史大事纪年》两书的内部铅印本(这是1949年以后中国大陆第一部中国历史大事纪年和职官制度史专著，后分别由江苏古籍出版社、山东教育出版社出版，多次印刷。《中国历代官制、兵制、科举制表释》一书则印刷近20次)。当时"文革"结束不久，和其他领域一样，学界的拨乱反正刚刚起步，还处于百废待兴状态，就历史系而言，刚恢复招生，没有系统的教材："文革"前有限的几部历史教材及参考资料的印刷、发行还需过程,其内容和当时的本科教学需求也存在着一定距离,不具有普遍适用性,而新的教材都在酝酿编写之中。所以,《中国历代官制、兵制、科举制表释》和《中国历史大事纪年》就成为当时我们拿到的中国古代史最为主要的也是当时最为系统的教学参考书。

《中国历史大事纪年》和一般意义上的历史编年不同,它兼具编年体和纪事本末体的长处而又有所完善,就是在以时间叙述历史事件的同时,兼采传统纪事本末体的长处,注意到历史事件的完整性,也注意到人物活动、思想的完整性,同时在人物思想、历史事件的分析方面一洗长期流行的"革命史学"的标签和价值评判。《中国历代官制、兵制、科举制表释》则是纯粹的客观叙述,分为总论和表释两部分,总论叙述历代官制、兵制、科举制的演变过程,表释则纯粹是分门别类的资料辑录,详注出处,方便进一步研究时查阅,两相结合,系统地展示了历代制度的基本框架及其变迁,同时指出了历史资料的搜集门径。对我们来说,这两部书的内容和文风都是崭新的,其吸引力是巨大的,在我们面前展开了一条不一样的史学之路,遂满腔热情地投入历史学习中去,废寝忘食、如饥似渴地阅读各种史籍和著作。而笔者对先秦诸子、秦汉史的关注相对较多,本科论文就是秦汉察举制度考述,后来《秦国相职初探》(《江海学刊》1983年第5期)成为笔者公开发表的第一篇习作,就是臧云浦先生秦汉史研究课的课程作业"秦相国、丞相制度研究"的压缩稿。这一方面是因为"文革"中"评法批儒"的影响:所谓的法家、儒家均出自先秦,"文革"中知道的只是碎片,进入历史系,自然要系统了解;另一方面,读史必自《史记》起;更主要的是,臧雲浦先生、王云度先生根据徐州的地理位置和历史资源将秦汉史作为古代史学科建设的重点,臧云浦先生亲授古代史的大部分课程,同时开设秦汉史、先秦诸子、古代官制等研究课程。后来笔者考取了臧雲浦先生的研究生,由王云度先生协助指导,即以秦汉制度史为研习方向,以《汉代兵役制度研究》作为硕士论文题目,收入本集的兵制和边疆治理的文章大多完成于这一时期或者以这一时期的研究为基础。

1988年,笔者考入山东大学历史系随田昌五先生攻读博士学位,从社会结构层面专注于农民命运问题,从国家力量与社会控制的角度分析东周秦汉农民负担。这对笔者的学术生涯来说,是一大转变,和当时的学术背景有着密切关系。在读本科和硕士时,学界继理论界"实践是检验真理唯一标准"大讨论之后,曾展开农民战争历史作用、历史发展动力、古代史分期及亚细亚生产方式等问题的讨论,在继续深化"文革"前各种论点的同时,众多西方的解释理论和解释工具大量被介绍进来和运用于中国历史的解释之中,学界一片繁荣。而在"清除精神污染"、"反对资产阶级自由化"之后,文化热兴起、经济大潮兴起,学术路径迅速转变,史学主动疏离政治,学界话题则迅速改变,不再重视对历史发展、社会规律的探讨,原来的各项讨论迅速趋冷,转为对各种具体问题的考究,有的学者公开提出了"回归乾嘉"的口号。"乾嘉"当然是回不去的,对古代社会结构的逻辑分析、农民的历史命运则几乎无人问津了,至于土地、赋役、国家对社会的控制方式与目的、农民负担与社会发展的关系,这些历史唯物主义史学的基本问题,曾经的研究热点,都因为以往研究方法和理论的缺陷而受诟病,逐步地淡出研究者的视野。这显然是不合适的。传统中国是农业社会,农民问题是社会问题的核心,农民、地主、国家间的矛盾错综复杂,核心冲突则是农民和国家的利益关系,这不仅决定着朝代兴衰,也决定着新王朝的发展走向,要把握中国历史发展逻辑,就必须从农民问题入手。当然,像以往"革命史学"那样片面地突出农民战争、突出农民和地主的矛盾是必须纠正的,但因此而贬低甚至无视农民问题在历史发展中的客观影响更是错误的。因而,笔者在田先生的指导下,本着溯源清流的目的,从国家形态、土地问题入手,考察社会结构变迁,探讨战国秦汉时代农民阶级的生成与流变,揭示农民赋役负担与社会矛盾的发展,在博士论文《春秋战国社会结构研究》的基础上完成《周秦社会结构研究》一书(西北大学出版社1996年)之后,继续从事战国、秦汉土地赋役问题研究,通过考察基层行政制度变迁把握国家控制社会的历史过程,以及制度变革与农民命运的关系。关于土地、赋役的研究已单独结集(《土地、赋役与秦汉农民命运》,苏州大学出版社2014年),现将行政兵制及边防方面的文章结为一集,作为阶段性总结,既便于向同仁请教,也是为了自我反省。

本集所收诸文,多是考证之作,除就具体问题在学界已有研究基础上提出些许看法之外,在主观上遵循历史和逻辑相统一、事实判断和价值判断相统一的原则,在宏观把握国家形态变迁的基础上,通过微观的制度变动揭示国家控制社会的历史状况,说明国家控制编户、组织生产的目的,揭示专制国家的形成和存在的经济基础,揭示制度设计和历史实践的主观目的、客观效果及其原因。

从社会结构的层面来说,宗族城邦发展为领土国家的核心体现,是宗族血缘关系与国家力量运作相剥离,宗族血缘关系不再是国家权力分配的基础。其体现,一是君权不再受族权的制约而高居于族权之上,君主专制政体取代宗族贵族政体,通过一系列制度设计保证君权独尊,不断强化,本集所论中央与地方关系、军事行政体制的变化就是为了从军事角度说明这一过程。二是原来的宗族贵族土地所有制转变为专制国家所有制:国家垄断土地、人口等所有资源,面向全社会按照以功劳(主要指军功)为核心的爵位体系统一分配土地、住宅、奴隶等,明确社会各阶层的权利和义务。也就是说,阶级关系不再以宗族为基础,而是以军功爵位为核心,不同等级不同待遇。原来的统治宗族、被统治宗族，无论等级高低，都演变为国家编户民，其生产资料、生活待遇都源自于国家分配，新型的地方行政制度在这一转变过程中逐步系统化，并随着国家形态的发展、社会结构的变迁而变迁。通过行政制度的考察，要把握这一历史过程，离不开对地方行政制度的分析。这是笔者探索战国秦汉基层行政制度的思想动因，同时也以溯源清流的方式，明其所以，纠正对商鞅变法以来秦制的偏见，说明商鞅变法所实行的诸多制度渊源有自，并非商鞅首创，不能把古人的过秦之词不加分析地当作历史真实。

秦汉时代的社会结构是动态的，社会阶级、等级处于变动之中，农户与国家的关系也处于变动之中，其突出体现就是以二十级军功爵为核心的社会等级瓦解，工商业主、素封之家、豪强地主、官僚地主兴起。国家控制社会的能力弱化，并且最终导致王朝的崩溃。其根本的原因是土地私有制的发展。

无论是传世文献还是出土文献，都说明和专制领土国家形成同步的是国家授田制，国家在授田的同时把农户控制在官府手中、束缚在土地之上，征之以税、课之以徭，其时之农民身份并非是传统的自耕农，而是国家的课役农。但是，这种身份是不稳定的，随着土地性质的改变必然疏离于官府控制。众所周知，在授田制之下，土地一经授予农户，即归私人所有，可以买卖继承分割，无论耕种与否都要完成额定的田税徭役，这不可避免地造成农民的破产。而在授田制之下，人口是变量，土地是常量，人少地多的时候，用来分配的首先是城邑周围的土地，所谓"附郭田"就是当时最好的土地，而随着统一王朝的建立，人口逐步增多，"附郭田"固然不足，就是城邑周边土地也远远满足不了需求，只能向四野扩散，那些山川林泽、干旱盐碱池沼之地也要纳入授田之中，具体措施就是用土地数量弥补土地质量的不足，良田是每夫百亩，劣等土地则根据具体情况增加授予数量，或加倍、再倍、五倍、十倍……。农户无论受田多少、质量优劣，其田税是统一的，至于徭役则按人按户征发。在当时的条件下，农户所受土地可能不适宜农耕但适宜畜牧、种植，有矿藏，有特产，不能以农致富但可以经营工商业、矿冶业，只要政策允许，以畜牧、种植和手工业致富远快于农耕。西汉前期，那些富甲一方的手工业主、种植业主、畜牧业主、矿冶业主中间有相当一部分就是通过这条途径发展起来的。

在西汉前期工商业主兴起、大肆兼并农民的时候，军功地主则处于快速分化之中。军功地主是凭军功爵位所"益"之田宅和特权而来，是身份性地主，不仅拥有土地，而且有相应的特权，由此形成了高低不等的特权阶级。但是，除了列侯和关内侯之外，其余爵位均为降级不均等继承，数代之后，其身份自然丧失，其高爵者成为强宗豪右的一部分，低爵者大多成为普通地主或编户民，军功地主作为一个社会阶级逐步退出历史舞台。而与此同步的则是官僚地主的迅速兴起。

众所周知,西汉前期,各级官僚大多由开国功臣、军功爵者、秦朝故吏担任,补充新官吏则以一定的财产为基础,正常情况下父死子继,没有什么更新制度与机制,所谓"为吏者长养子孙"就是这一图景的历史写照。文帝开始任用知识分子,汉武帝以后,察举制度逐步成为选官制度的核心,普通农民有了进入官僚队伍的制度通道,无论原来如何穷困潦倒,一旦公权在握自然财富滚滚,官僚地主阶层逐步壮大,所谓"黄金满籯,不如遗子一经",可谓再形象不过的概括。

土地兼并、大土地所有制发展,意味着国家授田制解体,国家没有足够的土地解决农民的土地问题,即使在可能的条件下拿出土地试图解决农民土地问题也只是杯水车薪。在"天下熙熙皆为利来,天下攘攘皆为利往"的时代,"凡编户之民,富相什则卑下之,伯则畏惮之,千则役,万则仆,物之理也"。其实,编户之民如此,掌握公权的大小官吏更是如此,那些乡官里吏固然自愿地为强宗豪右看家护院,就是那些郡守县令也十分乐意地充当地主富豪的代言人,和他们结为利益共同体。汉武帝设刺史以六条问事,第一条就是打击"强宗豪右,田宅逾制",其余五条主要是打击郡守二千石和地方势力勾结的不法行为,如第二条"倍公向私,旁诏守利,侵渔百姓,聚敛为奸",第三条"烦扰刻暴,剥截黎元,为百姓所疾",第四条"选署不平,苟阿所爱,蔽贤宠顽",第五条"恃怙荣势,请托所监",第六条"违公下比,阿附豪强,通行货赂,割损正令"等。所有这一切,都是以勾结地方势力、谋取私利为核心的,正说明了社会结构变动所带来的矛盾变化。

土地是可以重复使用的生产资料,是最安全、最保值的财富,强宗豪右、工商业主兼并土地,官僚们自然把土地作为财富的首选,而官僚们利用手中权力更容易占有土地,这不仅仅是通过买卖兼并农民土地那么简单,更主要的是在解决农民土地问题的过程中,假公济私,巧立名目,把官田变成个人财产,刮削国有土地,这就导致农民贫者逾贫,国家土地也越来越少。原来隶属于官府、国家课役农特色明显的广大农户日益疏离官府,要么成为自耕农,要么成为强宗豪右的依附民、佃农,甚至成为私家奴隶。当然,从历史事实和逻辑上判断,所谓的自耕农是极不稳定的,处于地主官僚和官府的多重挤压之下,加上生产规模和技术的局限,难以保持长久,除了极个别能够发家致富之外,绝大多数必然走上破产之路。而无论社会各阶层如何分化,对于国家管理来说有一点是一致的:原来以授田制为基础、人地合一的基层行政管理体制难以为继,乡里空间结构变化的同时,其职能也处于变化之中;其组织生产的职能弱化,以之为基础的赋税徭役征收体制也相应瓦解。

明乎此,应以动态的眼光考察乡里组织的职能变迁,特变是经济职能的变迁,可明晰不同时期的历史差别。但是,笔者所论是不足的。本集所收诸文对乡里经济职能的讨论只是以出土资料为基础的静态考察,只能说明秦和西汉前期的某些面相,不足以说明西汉后期和东汉的历史,因为资料的局限和学识的不足,没能对两汉时代不同阶段乡里的经济职能做出进一步的说明,也就难以进一步明确国家职能的变迁过程。不过,基于上述理解,通过对基层行政制度、社会结构的初步梳理,对理解秦汉时代兵役制度、司法制度的演变是有帮助的:社会结构的变动决定了征兵制度的废弛和其他集兵方式的推广,自然导致边疆治理方式的改变,而家兵的兴起正从一个方面说明社会结构变动的影响,赀刑变迁、继承制度与经济结构变动的关系,则揭示了经济力量的无所不在。当然,这只是笔者的初步思考,只是主观上的一厢情愿,客观上不能成立之处肯定甚多,还需要进一步的探索,希望学界同仁有以教之。

目 录
Contents

论县制的发展与古代国家结构的演变 / 1

齐国行政制度考原 / 13

先秦什伍乡里制度试探 / 23

"闾左"新证 / 34

秦汉里制与基层社会结构 / 48

简牍所见汉代乡部的建制与职能 / 68

秦"以吏为师、以法为教"的渊源与流变 / 83

《史律》新证 / 93

张家山汉简所见汉初中央与诸侯王国关系论略 / 105

论汉文帝"除关无用传" / 115

赎刑变迁与秦汉政治转折 / 126

张家山汉简所见西汉继承制度初论 / 140

试论汉代中尉、执金吾和北军的演变 / 154

"谪戍制"考析 / 163

西汉屯戍制度的几个问题 / 173

汉代兵役制度演变论略 / 182

汉代家兵初探 / 191

刘秀罢兵的几个问题 / 201

秦汉兵制研究 / 214

论秦汉时期河套地区的开发及其意义 / 289

秦长城的历史基础与历史意义再认识 / 301

"偃武修文"与东汉边防 / 314

论县制的发展与古代国家结构的演变[*]

——兼谈郡制的起源

县本是国都以外地区的泛称,后指国都以外的居民点,至战国成为地方行政区划,是西周宗族城市国家演变为战国封建领土国家在行政制度上的反映。这是一个问题的两个方面,只有把二者结合起来研究,才能了解其演变过程及原因。以往忽略了这一点,许多问题解释不清,郡制亦然。故撰本文,就正于方家。

一

先谈县制的起源和发展,后说国家结构。县作为地方行政区划名称,来源于"寰"字。《春秋谷梁传》隐公元年:"寰内诸侯,非有天子之命,不得出会诸侯。"范宁《集解》云:"天子畿内大夫有采地谓之寰内诸侯……寰,音县,古县字。一音環,又音患。寰内,圻内也。畿本或作圻。"杨士勋《疏》云:"寰内者,王都在中,诸侯四面绕之,故曰寰内也。"陆德明《经典释文》亦释寰为县,又作缳,均指王都周围王畿内的地区。在金文中,寰字多有出现,免簋铭:"隹三月既生霸乙卯,王才(在)周,令免乍(作)司土(徒),司奠(郑)还林众吴(虞)众牧"[1](为印刷方便,金文能以今字代者,均写作今字,下同)。师旋簋铭:"隹王元年四月既生霸,王才(在)淢应(居)……王乎乍(作)册尹克册命师旋曰:备于大左,官司丰还左右师氏。"[2]这儿的丰、郑都是指西周故都,有西周宗庙存在;寰、還字意相通,丰還、郑還均指丰、郑四周之地。诸侯国的结构和王国相同,侯国四周之地亦称为寰。由于分封制的发展,人口的增加,卿大夫的采邑、居民点不断增多,就不断地增设新的城邑,这些城邑环国而设,统治于国,因而亦称为寰。金文中有"卵尚城寰"、"方城寰"、"囗氏寰"等,战国玺印有"修武鄲吏"、"鄲吏"、"鄲丞"等文字,寰、鄲与環、寰都是同文在不同时代

---

[*] 原刊《中国史研究》1993 年第 1 期。
[1] 郭沫若:《两周金文辞大系图录考释》,北京:科学出版社,1957 年,《图录》第 3 册,第 79 页;《释文》第 7 册,第 90 页。
[2] 郭沫若:《长安县张家坡铜器群铭文汇释》,《考古学报》1962 年第 1 期。

和地区的变体,其语意稍有差别,指一些具体的城邑及其附近地区,是后起之意,均治于国,故名寰。〔1〕

由于寰指国都周围地区,环绕于国,系而治之,后遂以县名之。《说文》:"县,系也。从系持□。"段注:"古悬挂字皆如此作,引申之则为所系之称。《周礼》县系于遂。邑部曰:周制,天子地方千里,分为百县,则系于国。"即指鄙野之地。《国语·周语》中:"国无寄寓,县无施舍……国有班事,县有序民。"国与县对言,界限分明。《左传》昭公四年:"山人取之,县人传之,舆人纳之,隶人藏之。"杜注:"山人,虞官,县人,遂属。"童书业先生谓:"山人者,掌山林之人。县人者,掌相对于国郊之县、鄙之人,即遂人也。……舆人隶人皆在国内,山人县人则在郊外。"〔2〕其说甚是。《左传》昭公二十年晏子语齐景公云:"县鄙之人,入从其政。逼介之关,暴征其私。"这县鄙之人即掌鄙野民事之人,是低级小吏,他们入从其政,不合宗法贵族政治的传统,故批评之。《吕氏春秋·孟夏》谓:"命司徒循行县鄙,命农勉作,无伏于都。"所说也是古制。所有这些,说明县的起源是很古老的,起码在西周中期已存在(免瑚和师□簋都是西周中期器),本指国都之外鄙野之地,后指鄙野内的城邑,春秋之县即由此发展而来。

春秋时代,关于县的记载迅速增多,就目前所见,晋国有县五十余;齐国有县数百以上,后并合为五十余。〔3〕以往因不了解县的起源,以为县是封建社会才有的制度,把县的产生看作社会性质变革的标志,或谓楚先,或谓晋后,现在看来是毫无意义的。问题的关键是春秋县制与以往有何区别,是怎样发展起来的,其原因又是什么。

春秋县制的发展,基本上可分为两种方式。一是以战争为手段,兼并邻国为县,这以楚国最典型,秦国次之。《左传》宣公十二年,楚克郑,"郑伯肉袒牵羊以逆,曰:孤不天,不能事君,使君怀怒以及敝邑,孤之罪也。敢不唯命是听!其俘诸江南以实海滨,亦唯命;其翦以赐诸侯,使臣妾之,亦唯命;若惠顾前好,徼福于厉、宣、桓、武,不泯其社稷,使改事君,夷于九县,君之惠也,孤之

---

〔1〕 李家浩《先秦文字中的"县"》对先秦"县"的含义有系统考释,刊《文史》第28辑,北京:中华书局,1985年。
〔2〕 童书业:《春秋左传研究》,上海:上海人民出版社,1980年,第182—183页。
〔3〕 关于晋县,参见童书业:《春秋左传研究·晋之县郡制》条。春秋齐器叔夷镈(钟)铭有:"公曰:弓……余易(赐)女(汝)……其县三百"的记载(郭沫若《两周金文辞大系·图录》第五册240—243,《释文》第八册第240—243页),一次赏赐即有三百县,可见其多。春秋末托名管仲的制鄙之法有十县为属,共五属的规定,见《国语·齐语》。关于楚县见扬宽《春秋时代楚国县制性质问题》,刊《中国史研究》1984年第4期。杨先生谓不羹是楚别都改建为县,恐不确。昭公十二年楚大城陈、蔡、不羹,赋皆千乘,子革谓"是四国者专足畏也。"四国即指陈、蔡、东西不羹,则不羹是灭邻国而为县,与陈、蔡相同。东西不羹本为一国,故《国语·楚语》作三国。

愿也,非所敢望也"。则楚对所灭之国的处置措施有三:一是迁其民,二是改为封邑,三是设为县,所以郑伯才请求作楚属县。就目前所见,楚国的17个县有15个是灭邻国而设,有两个系由边境别都改建。秦与楚同,也以兼并得到的土地为县。秦武公灭邽、冀之戎,占领郑、杜之后都设县而治,直至战国才于国内统一设县。

二是在国家内部结构变动的基础上,以新增加的居民点为县。这以齐晋为代表。《晏子春秋·外篇七》景公云:"昔吾先君桓公,予管仲狐与榖,其县十七,著之于帛,申之以策,通之诸侯,以为其子孙赏邑。"这17个县即17个邑,是自然居民点。齐器叔夷镈铭有"公曰:弓……余易(赐)女(汝)釐都……其县三百。余命女(汝)司台釐邑……"这儿的县也是邑,"其县三百"是指釐都附近的三百个邑。素命镈铭:"釐吊又成荣于齐邦厌氏易(赐)之邑百又九十又九邑,与鄙之民人都鄙。"[1]《左传》襄公二十八年:"与晏子邶殿,其鄙六十。"杜注:"邶殿,齐别都,以邶殿边鄙六十邑与晏婴。"赏赐以邑,"其县三百"例与此同。晋县也是以邑为县,无论是公室之地,还是卿大夫之地都设县。《左传》僖公三十三年,晋襄公赐胥臣以"先茅之县"。杜注:"先茅绝后,故取其县以赏胥臣。"先茅本是封邑,因绝后取其县以赐他人,则封邑之内有县。昭公五年,楚蔿启疆云晋"韩赋七邑,皆成县也,羊舌四族,皆强家也"。说明晋卿采邑都设县治理。国君翦灭卿族之后,即分其地为县,昭公二十八年,晋灭祁氏、羊舌氏,"分祁氏之田以为七县,分羊舌氏之田以为三县"。这些县都直属于国君。齐晋也有灭邻国为县者,系将内地制度推往边地,与楚只设于边地不同。

春秋县制规模,除楚秦之外,都有一个从小到大的发展过程。楚系兼国立县,灭亡一个国就立一个县,其规模一开始就大,可赋兵千乘。《左传》昭公十二年楚灵王云:"今我大城陈、蔡、不羹,赋皆千乘,诸侯其畏我乎!"陈、蔡、不羹(东西二不羹)原是楚邻国,后为楚县。按春秋车战制度,一乘至少有兵三十名,若每户平均有两点五人从军,每县有户一万。楚县不一定全是千乘,但去此不会太远。齐晋因邑设县,其规模要小得多,到春秋中期以后,晋县最大不过百乘,只是楚县的十分之一。《左传》宣公十五年,晋侯曾赏"桓子狄臣千室,亦赏士伯以瓜衍之县"。狄臣千室即一千家狄人;桓子、士伯同因伐狄有功获赏,功赏相当,狄臣千室和瓜衍之县并举,则瓜衍之县当在千家左右。昭公五年,楚蔿启疆说:"韩赋七邑,皆成县也,羊舌四族,皆强家也……因其十家九县,长毂九百,其余四十县,遗守四千,奋其武怒,以报其大耻。""长毂九百"、"遗守四千"均指战车乘数,则每县可赋百乘,乘三十人,户平均两点五

---

[1] 郭沫若:《两周金文辞大系图录考释》,北京:科学出版社,1957年,《图录》第5册,第240—243,251页;《释文》第8册,第203,210页。

人从军,每县千户。当人口增加,则别立为县,称作别县。《左传》昭公三年,晋侯以州县赐郑臣伯石;州县本栾氏邑,栾氏亡,韩、赵、范氏都想得州;赵氏说州本来属温,"温,吾县也";韩氏、范氏反对说:"自郤称以别,三传矣,晋之别县不唯州。"意谓州虽曾属温,但立为别县属于栾氏已经三代,赵氏不能以州曾属于温为由再要回去,而晋国别立为县很多,如此则引起混乱。到春秋末年、战国初期,晋县已有万家,知伯灭范、中行氏之后,韩、魏均割万家之邑于知伯,这万家之邑即万家之县;后知伯联合韩、魏攻赵,知过即劝知伯割万家之县予韩、魏以巩固联盟。[1]齐县本来数量多,规模小,到春秋后期合并为五十余个,每县有九千家,《国语·齐语》云管仲制鄙之法:"三十家为邑,邑有司;十邑为卒,卒有卒帅;十卒为乡,乡有乡帅;三乡为县,县有县帅。十县为属,属有大夫,五属,故立五大夫。"这是后人托名管仲之辞,管仲生当春秋初期,其时县指小邑,铭文是为证明,绝无九千户之县,这儿只能是县的发达形态,系春秋末年制度。

春秋县的发展方式不同,其职能也有异。楚国之县主要是以军事重镇而存在,其军事职能特别显著。楚灵王以夸耀口吻说:"今我大城陈、蔡、不羹,赋皆千乘,诸侯其畏我乎!""赋皆千乘"是城陈、蔡、不羹的目的,成为傲视诸侯的资本。楚与晋郑战争,主要依靠各县兵力,《左传》成公六年,楚围郑,晋救郑侵蔡,与楚公子申、公子成所率申、息之师遇于桑隧,知庄子、韩献子以为"成师以出而败楚之二县,何荣之有焉?若不能败,为辱已甚,不如还也"。仅二县之军即敌晋一国之师,可见其强。对小规模的战役,有时只派一县兵力,文公三年,"楚师围江……晋阳处父伐楚以救江,门于方城,遇息公子朱而还"。阳处父伐楚之师不会太少,因没有战胜公子朱所领息县之兵的把握而主动退兵。因为楚县军事地位如此重要,一般不轻易予人。成公七年"楚围宋之役,师还,子重请取于申、吕以为赏田,王许之。申公巫臣曰:'不可。此申、吕所以邑也,是以为赋,以御北方。若取之,是无申、吕也。晋郑必至于汉。'王乃止"。申、吕二县是楚进攻和防御晋、郑的军事重镇,若为私人赏田,则国家无从征赋,无法捍卫北方,说明楚县军事意义的重要。楚王就是用直接控制县的办法加强君权的,因而楚国没有像中原各国那样出现政归私门的现象。

齐晋之县在其发展过程中,军事意义也很重要,如晋曾以百乘为一县的标准规模,就是例证。但因齐晋之县系由邑发展而来,以自然居民点为基础,其治民的行政职能就显得更为重要;随着县的扩大,其行政职能日趋发展,最后居于主导地位。如齐县下设邑有司、卒帅、乡帅,其主要职能是管理生产、教化县民,成为地方行政区。只是当时行政与军事合一,县的行政长官和军

---

[1]《战国策》卷十八《赵策一》,上海:上海古籍出版社,1985年,第591页。

事长官也合一。这个制度一直延续很久。

西周之县指国都之外的鄙野地区,或者是鄙野之邑,国君可用以封赏臣属。春秋时代仍然延续着这一传统,以晋齐最典型。晋侯赏胥臣以"先茅之县"、"士伯以瓜衍之县";齐侯予管仲"其县十七,著之于帛",是为其证。但不能据此认为春秋齐晋之县是作为采邑而存在,与分封制没有矛盾。相反,春秋时代县的由小而大,逐步向地方政区转变的过程正是作为分封制的对立物而存在的。设县的目的不是为了分封的方便,而是为了加强对地方的统治,是强化君权的有效措施;用于分封的只是一部分县,更多的还在国君手中,所以晋在翦灭祁氏、羊舌氏之后,立即分其田为县。只是由于宗族贵族政治的规律所决定,公族衰落,卿族发展,不断蚕食公室的土地,控制国家政权,最后瓜分公室,国君的集权目的没有达到。这个原因不在于县制如何,而在于当时的国家结构。而卿族专权,正是采用在采邑内设县而治的方式,加强对采邑人力物力的控制,而后想方设法侵蚀公室,进行新的化家为国的历史进程,建立新的君主专制的国家。晋国的历史就是这样发展演变而一分为三的。也就是说,春秋县的性质具有双重性,一方面沿袭西周分封制的传统,可以作为采邑赏赐私人,另一方面又作为君主集权的产物与分封制相对抗。后者是历史发展的必然趋势。

春秋县的长吏名称不一,楚曰县公或县尹,晋作大夫,齐为县帅。晋楚之县大夫、县公可以世袭。有的论者据此谓县系作为采邑而存在,这是片面的。春秋之县虽能作为采邑,但不能以此为据。如果这样,就混淆了采邑之县和国君之县的区别,因为国君之县的长官也可以世袭。在宗族贵族政治之下,实行的是世族世官制,国家重要官职都由几个固定的宗族担任,如楚之高官司马、令尹都出自斗氏、成氏、蔿氏、屈氏、阳氏和王族等族;县公、县尹亦然。晋国先是栾氏、郤氏、胥氏、原氏、狐氏、续氏、庆氏、伯氏、羊舌氏、祁氏掌权,后逐步转移到韩、赵、魏、知、中行和范氏等族手中,县大夫也多出自这些宗族,所以父死子继是由世族世官制所决定的。众所周知,采邑是卿大夫的私邑,是其禄赏,设家臣为之管理,家臣只对卿大夫负责,国君无权过问采邑内的军民政务。而县公、县大夫是由国君任命,按君命治理一县军政事务,要对国君负责,随时接受国君的检查,在其职务世袭的同时,权力和责任也在世袭,这和采邑的世袭性是有明显区别的。随着宗族贵族政治的解体,国君对县的控制日益加强,县公县大夫的职务世袭现象越来越少,至春秋末期,县公改称县尹,县大夫改作县令,世袭现象随之消失。

西周时期的县指鄙野地区,县民是指野人。春秋县制也还保留着这个历史遗迹。春秋初年,齐晋的县也都设在鄙野之地,以鄙野的居民点设县,齐国用于赏赐的县与邑都在鄙野范围之内,晋国亦然。直到春秋后期,托名管仲制定的制鄙之法,分鄙野为五十县,仍有其遗意。但是随着县制的发展,春秋县民和西周的野人已有本质的不同。野人是相对于国人而言,是个政治概念,是被统治宗族成员,没有政治权力,没有资格当兵。春秋县民则否,凡县民之成丁者都要当兵,晋楚以乘数衡量县的大小,即为证明。申、息、陈、蔡等姬姓之国,本来都有国人和野人两大对立的阵营,被楚灭以为县之后,这个对立消失了,原来的国人和野人都被编入军队。晋县居民最初也是野人,后来征以为兵,也改变了其野人身份,所以春秋县民自春秋中期以后,已初步具备了后世的国家编户齐民的某些特征。

以上说明,春秋县制是从西周演变而来,性质、结构已经不同,但尚未最终割断旧传统的脐带。降至战国,县已成为普遍的地方行政制度,有一套系统的职事机构,有完整的政府职能,其各级官吏县令(长)、尉、丞及各衙署职员,或由国君因功、因才任命,或由县令县长自行安排,都要尽心职守,可随时任免,蜕尽旧的历史传统,成为封建君主集权的重要制度。这些众所周知,不予重复。下面即论述国家结构的变动,揭示县制变化的内在原因。

二

县指鄙野之地,是由西周的国家结构所决定的。西周是宗族城市国家,这有两层含意:一是以宗族为立国基础,宗族与国家不分,族权与政权不分,族权是政权的主体,政权是族权的政治体现;其阶级划分也以宗族为特征,分为统治宗族和被统治宗族。这个问题,说来话长,与本文关系不太大,不予详说。[1]二是其时之国有点无面,没有后世的领土概念,以城为主体。国字初文为"或",指人聚会居住之所,是有军事防卫性质的地区,象征着执兵守卫;后因筑城防守,即在"或"字之外加个方框,是为国。所以《说文》说"邑,国也","国,邑也",国、邑互通,邑就是"人聚会之称"。故古代的国是指有城的居民点。文献中每每以城喻国。《左传》隐公元年郑庄公封段于京,祭仲曰:"都城过百雉,国之害也。先王之制:大都不过三国之一,中五之一,小九之一。今京不度,非制也。"大都的限度是一百雉(一丈高,三丈长为雉),是国的三分之一,则国的规模是三百雉。隐公五年,郑人伐宋,"入其郛(郭),以报东门之役。宋人使来告命,公闻其入郛也。将救之,问于使者曰:'师何及!'对曰:'未及国。'公怒乃止"。郭是外城,敌军已攻到外城,宋使云未及国,系指内城为国。到战国时期还有其遗意,《孟子·离娄下》云:"齐人有一妻一妾而

---

〔1〕 关于西周宗族与国家的关系、国野制度问题,田昌五先生有详论,见氏著:《古代社会形态研究》,天津:天津人民出版社,1980年;《古代社会断代新论》有关章节,北京:人民出版社,1982年。

处室者……其妻……早起,施从良人之所之,遍国中无与立谈者,卒之东郭坟间,之祭者乞其余。"国中与东郭对举,国系城内,郭系城外甚明。当然,这并不是说西周都是一国一城,而是因时而异。周初人口有限,一个国基本是一个城邑,如《墙盘》铭文:"曰古文王……匍有上下,迨受万邦。"《彝》铭:"天子不假其万年,保我万邦。"《尚书·洛诰》云:"曰其自时中又,万邦咸休,惟王有成绩。"《诗·小雅·六月》有"文武吉甫,万邦为宪"的诗句,万邦即万国,指城邑而言。这万邦之间,都是无人居住的地区,没有此疆彼界的概念。到春秋时代还有这种情况,春秋各国相互攻伐,往往越别国而致敌,并不遭受非议。《左传》僖公三十三年,秦师袭郑,越晋周两国,过周北门,王孙满谓秦师"轻而无礼,必败",并不批评秦师犯境。顾栋高谓春秋"处兵争之世而反若大道之行,外户不闭,历敌境如行几席,如适户庭"〔1〕。原因就在于当时没有后世的领土概念,直到春秋末年,领土意识也还很淡漠,郑宋之间有很大一块荒地,两国相约"勿有是"〔2〕。以城立国,统治宗族成员居于城内,是为国人,被统治宗族居于城外,绕城而居是为野人,国家的领域相应地划分为国与野(又称鄙野)两个部分,野环绕于国,故名为䢵。由于宗族繁衍,人口增多,宗族分封制的发展,在国的四周形成新的居民点,这就要设官治理,而有□吏,上引"修武□吏"之,从䢵从邑,就是指环绕于国的邑,其吏即治邑之吏,隶属于国,系而治之。随着时间的推移,新居民点的增多,䢵、䢵、□已不能确切表示这种系而治之的关系,遂改䢵为县,而有县人之设。这时之国的统治区不再是由一个城及其近郊构成,而包括距城较远的居民点了。在宗族分封制之下,宗族贵族都有其采邑,也要筑城而治,这样一国之内就不止一座城;为区别其等级高下,遂称国君所居之城为国,卿大夫所居有先君宗庙者曰都,其余曰邑。因邑立县,邑在增加,县亦增多。同理,随着卿大夫采邑的发展,亦设县而治。

必须指出,在谈到西周的国家形态时,不能用后世的城市和国家的概念来衡量。我们平常所说的城市是农村的对立物,是工商业和农业分离的结果,是工商业的生产和交换中心,这在西周是不存在的。西周的城是因政治、军事统治的需要而设的,城内居民的主体是农民,所谓国人和野人的划分是政治权力的区别,而非生产内容的差异。西周的万邦并非完全独立的主权国家,而彼此之间是以周天子为共主的宗族城邦联盟,构成一个松散的王朝,而以宗族血缘关系为纽带。这是与古希腊的城邦和后世统一王朝相区别的地方。

春秋时代,县的规模、性质的改变,是西周宗族城市国家解体的结果,即领土逐步扩大、国野对立的瓦解、国人和野人逐步融合为新的集团在行政制

---

〔1〕 顾栋高:《春秋大事表》卷九《春秋列国不守关塞论》,北京:中华书局,1993年,第996页。
〔2〕 《左传》哀公十二年,阮元校刻:《十三经注疏》,北京:中华书局,1980年影印,第2171页。

度上的体现。

国野对立的解体是国人分化和野人地位改变的双向运动。国人是统治宗族成员,其中少部分是宗族贵族,绝大部分是农民,他们是国家统治的政治、军事基础,是国家的自由民,有权参予政事,最主要的则是执干戈以卫社稷。春秋时代,由于战争频繁,既造成国人的大量伤亡,又加重其军赋负担,并影响其正常的农事生产。又因为宗族内部的贵族和平民的矛盾斗争,国君的重赋搜刮,国人集团迅速瓦解:少部分上升为新贵族,或转化为新式官僚,绝大部分则贫困化,破产流亡;或靠借贷度日,或逃亡四野,垦种自活;或经营工商业;或依附于新兴贵族,成为私家依附民,甚或沦为奴隶,原来的权力和地位丧失,国人作为一个政治集团迅速消失[1],国家不能再单纯依靠国人执兵作战,遂征兵于野人。野人原来无权当兵,只有为统治宗族的宗族主共耕"籍田"的义务,现在既然进入军队,这种共耕"籍田"的劳役剥削相应地改变:采用分田给个人而征实物税的办法,改变其经济地位,提高其积极性,晋"作州兵"和"作爰田"并举的原因就在这里。这样,野人的地位提高,和国人的界限逐步泯灭,原来国野分治的传统相应改变,野人也可以居住于国内了。虽然这只是少数,更多的是国人移居于野,但这一切都说明国人和野人已融为一体。当然,这也是一个历史的过程,是就其主要趋势而言,各国的变化进程也不一致,直到春秋末年,国人和野人的区别尚未完全消失。

国人和野人融合混居,散居四野,不断形成新的居民点,大者成邑,小者为里社。清人顾栋高谓春秋有城邑三百八十余。这仅是其大者,日本学者木村正雄统计仅郑国就有邑一百余。[2]这不一定准确,但说明了当时城邑增加之快。其原因固然复杂,居民流动,聚而成邑,则是其重要一条。邑是大的居民点,较小的就成为里社,当时见于记载的里社有三千多个。[3]名之为书社,是因书其社于策、藏于国君之故。这样,国家统治不能再像以往那样以城为

---

[1] 参见田昌五:《古代社会形态研究》,天津:天津人民出版社,1980年;田昌五:《古代社会断代新论》,北京:人民出版社,1982年有关章节。
[2] 顾栋高:《春秋大事表·都邑表》。木村正雄:《中国古代帝国的构成》,东京不昧堂,1956年,第65页。
[3] 书社记载有如下诸书:《左传》哀公十五年载五百,《荀子·仲尼》载三百,《晏子春秋·内篇杂下》载五百,《吕氏春秋·高义》载三百、《知接》载四十,《管子·小称》载七百,《史记·孔子世家》载七百。所记都是春秋末年事,总计三千零四十。另《左传》昭公二十五年谓"齐侯曰:自莒疆以西,请致千社"。这"千社"之"社"是否书社,不敢遽断,但从历史背景和上举其他记载来看,解为书社距离史实不会太远。若如此,见于记载的春秋时代书社数量达四千余。其中不排除不同时期、不同记述的数字有重叠,但是遗漏无疑更多。所以,我们有理由判断,起码到春秋时代书社是普遍的居民组织,是社会结构变化的行政体现。关于书社产生时间,《商君书·赏刑》有谓商代即有书社,当是后世托言,不足采信。

中心,而扩大到四野,要把散居四野的居民置于国家控制之下,役之以徭,征之以赋,书社名于策,目的就在这里。这就要有相应的行政制度,县制遂迅速地发展起来,由一县一邑,变为一县数邑和一定的里社户数,把变化了的阶级关系,按新的组合纳入国家行政体制中去;在县民之间,原来的国人野人的区别消失了。至于楚国的兼国为县,其县的发展道路虽然不同于齐晋,但也同样泯灭了县民之间原来的阶级差别,这些被灭亡的小国本来也存在着国野分治、国人和野人的阶级区分的,亡国立县之后,都成为楚国的县民,都被纳入军队之中,所以一县之军达千乘之众。因此春秋县制的发展,既是宗族城市国家解体的结果,也加速了其解体的进程。

但是,终春秋之世,宗族城市国家并没有完全蜕变为封建领土国家。这表现在:第一,领土观念还不强烈;第二,世族世官制依然存在;第三,国人、野人虽然混चे四野,但仍有聚族而居者,国家行政组织尚未摆脱宗族血缘关系的影响,人们迁徙流动的范围有限,这在基层行政组织中有体现。春秋时期,已经产生了后世的乡里制度,但宗族血缘关系色彩较浓。《周礼·大司徒》云:"五家为比,使之相保;五比为闾,使之相受;四闾为族,使之相葬;五族为党,使之相救。"西周的居民编制,国中是九夫为井以适应车战需要,野是十夫为沟以适应籍田剥削,所以五家为比的制度只能是步兵已经兴起、为适应步战的需要而编制的制度,只能是春秋时代的产物(步战以五人为基本作战单位)。"五比为闾"就是乡里的里,闾是里门,故以为称。族系宗族、家族,本是自然血缘集团,而成为基层组织名称。党由族而来,"族类无服"〔1〕是为党,所以史籍中往往族党并称。不过,春秋是个大变动的时代,其时之基层组织正在形成过程之中,各个国家也不尽相同,《大司徒》所载整齐划一的行政编制无疑有人为设计的成分在内,但用以说明宗族血缘关系对行政制度的影响是没有问题的。当然,其影响程度,因时因地而异,到春秋末年的齐国,宗族关系在基层行政编制中的作用就很淡薄,如托名管仲所作的制鄙之法,直接以三十家为邑,十邑为卒,十卒为乡,三乡为县,看不出宗族关系的作用了。但与此同时,另有治国之法,国鄙分别治理,仍是老传统,说明其时之齐国还没有摆脱旧的国家结构的羁绊。所以,春秋县制不可避免地带有这一时期的历史特点,一方面向政区发展,为君主集权服务,把变动了的阶级关系以制度的形式固定下来;另一方面仍可作为卿大夫的采邑,其权力仍可世袭,其区域仍在离国都较远的地区,尚不具备地方政府的职能。

降至战国,特别是经过各国的变法运动,封建领土国家最终代替了宗族城市国家。这表现在:第一,领土意识强烈,各国攻伐不仅仅是为了争城,也为了

---

〔1〕《礼记·奔丧》"哭父之党于庙"郑玄注。《十三经注疏》,北京:中华书局,1980年影印,第1655页。

夺地;各国不仅是据城而守,而且划地而守,后者显得更为重要,此疆彼界,判然分明,而发兵戍御,御敌于国门之外成为社会共识,不惜耗费巨大的人力物力修筑长城以御邻国。第二,旧的宗族血缘关系在国家政治生活中消失,君主专制代替了宗族贵族政治,官僚制度代替了世族世官制(战国时也有世官现象,但并非完全是旧传统的照搬,更不占主导地位)。这些众所周知,无须详说。第三,国野界限完全消失,国人和野人成为历史的概念。人们周流天下,四处迁徙,不再恋于原来的宗族,聚族而居者只限于少数,邻里之间四方杂凑,很少有血缘关系,所以地方基层组织不再考虑宗族关系,只按地域邻里关系编制人口,摆脱了宗族血缘关系的影响。这个问题,论者涉及较少,这里稍加论述。

战国时期,因战争、灾荒和其他原因,人口流动规模很大。如《孟子·梁惠王下》说邹国一遇饥荒"老弱转乎沟壑,壮者散而至四方者,几千人矣"。邹是一个小国,仅遇饥荒就有数以千计的人四散谋生,其余大国可以想见。正因为人口流动迁徙普遍,各国才都想方设法安定本国人口,招徕邻国人口。四面八方的人聚在一起,彼此之间不存在什么血缘关系,时人谓"室不能相和,出语邻家,未为通计也"〔1〕。为什么?因为邻家是外人,家丑不外扬,故"出语邻家未为通计也"。《礼记·檀弓》云"有殡,闻远兄弟之丧,虽缌必往;非兄弟,虽邻不往"。兄弟之间也不一定为邻。庄子说:"丘里者,合十姓百名,而以为风俗也。"〔2〕反映的是战国普遍状况。君主统治权力的大小是由其臣民数量的多寡决定的,人民居于何处,走到哪里,其统治也就相应地跟到哪里,一经确立,就要限制人民的自由。其统治机构的设置是根据人口的构成和分布状况决定的,居民之间不存在血缘宗族关系,遂以邻里地域关系编制居民。战国时,各国都建立了基层组织,把居民按五家为伍编制起来,或者十伍为里,四里为扁,十扁为乡,或者是十里为州,十州为乡〔3〕,等等,名称不同,人户数量也有别,共同点是脱离了宗族关系。这些基层组织主要是为统治农村而设,说明了其时之国家统治重点在农村而不是像以往那样是城市。战国的县制就是在这个基础上最终发展为君主集权制之下的地方政府的,其辖区是农村,城仅是政府所在地。这不仅仅是辖区的变动,而且是国家结构质变的结果,其发展变化从一个方面反映了国家结构变动的历史进程。以往忽略了这一问题,多把县制作为封建社会特有的制度,举以为封建社会关系

〔1〕《战国策》卷三十一《燕策三》,上海:上海古籍出版社,1985年,第1122页。
〔2〕《庄子·则阳》。曹础基《庄子浅注》,北京:中华书局,1982年,第402页。
〔3〕《鹖冠子·王铁》:"五家为伍,伍为之长;十伍为里,里置有司;四里为扁,十扁为乡,乡置师;五乡为县,县有啬夫治焉;十县为郡有大夫守焉。"五家为伍是普遍的居民编制法,基层乡里组织则各国不同,这里所记是楚制。银雀山竹书有云"五十家而为里,十里而为州,十乡(州)而为州(乡)。"记的是齐制,见《银雀山汉墓竹简·守法守令十三篇》,北京:文物出版社,1985年,第146页。

产生的标志,其不足是显而易见的;现在从变动的角度,把县制的发展和国家结构的演变结合起来研究,也许有利于我们认识的深化。

三

明白了古代国家结构的变动历程,对郡制的起源和演变问题也就好解决了。

就目前所见,郡产生于春秋末年。《左传》哀公二年赵简子誓师辞说:"克敌者,上大夫受县,下大夫受郡,士田十万,庶人工商遂,人臣隶圉免。"杜注:"《周书·作雒篇》:'千里百县、县有四郡。''千里百县,县方百里;县有四郡,郡方五十里。'谓郡小县大,故上大夫受县,下大夫受郡。今人从郡大县小的既定观念出发,认为杜注不可据,谓'郡本来设在新得到的边地,因为边地荒陋,地广人稀,面积虽远较县为大,但是地位要比县为低'。"[1]。这是目前的普遍认识。在明白县的起源和演变之后,就不难看出,县之初设也是在边地,内地设县是后起的,如果这儿的县也在边地的话,下大夫所受反而重于上大夫,岂不矛盾?童书业先生谓"似郡为边聚或较小之地"[2]。这是比较谨慎的解释,虽属推论但基本符合事实,这儿的郡实是"较小之地"。因为西周的国家是以城邑为特征的,后世辖土广阔的县是从邑发展起来的,郡亦然,在其产生之初也是指邑,郡字从邑君声,本身就表明了这一点。在西周时期,本无所谓地方行政制度,居民聚而成邑,就设官而治,谓之邑人,有的称作里君,金文中屡有记载。如《史颂簋》铭有"里君百姓",《处簋》铭有"成周里人,衆者戾(诸侯)大亚……"《令彝》铭有"舍三事令众卿事寮、众者(诸)尹、众里君、众百工"。这儿的里是国人之邑,里君、里人是其长官,排在诸尹之后,地位不低,与后世之里有别。《师晨鼎》铭"王乎作册尹册令:师晨,胥师俗司邑人隹小臣……"《师痎殷》:"王乎内史吴册命师痎曰:……令女(汝)官司邑人、师氏。"[3]等等。这儿的邑人就是邑之长官。随着时间的流逝,这些邑里在不断增多变化,有的成为县,有的成为后世的基层组织里,有的成为郡,取其设君而治之意,县、郡之间无所谓统辖关系。后来因领土扩大,县规模相应增加,郡没有得到相应的发展,这可能是郡之邑原本小于县之邑,而县有系而治之之意,新辟领土、新增之邑都系于国而治,均为县,其发展较郡优先,导致郡小县大。《说文》云:"郡,周制天子地方千里,分为百县,县有四郡,故春秋传曰上(当作下)大夫受郡是也。至秦初置三十六郡以监其县。"许慎的"县有四

---

[1] 杨宽:《战国史》,上海:上海人民出版社,1980年,第111页。
[2] 童书业:《春秋左传研究》,上海:上海人民出版社,1980年,第186页。
[3] 郭沫若:《两周金文辞大系图录考释》,北京:科学出版社,1957年。《图录》第40,104-105,3,99页;《释文》第71,120,5,115页。另参见张亚初、刘雨:《西周金文官制研究》,北京:中华书局,1986年。

郡"所据可能是《逸周书·作雒篇》，也可能另有所据，即使《逸周书》成书于战国时代，至少反映了战国时人对郡制起源的理解，反映了郡制的原生形态，也是由邑演变而来。又邑之初始，都环国而立，逐步向四野发散，则郡也应是逐步向边远地区发展，后人恰恰把这个顺序弄反了。

战国时期的郡，主要是作为军事守备区而存在的，其目的是加强君主集权，防止地方权力坐大。县成为地方政府之后，县令县长集军政财权于一身，虽然可以随时撤换，仍不能排除太阿倒持局面的出现。在战争年代，军权是政权的基础，要强化君权，首先是集中军权；而国土辽阔，战事频仍，国君不可能事必躬亲，若继续扩大县的辖区，使之担任守土之责，又不利于集权，遂把郡扩大为一个守备区，专司防务，下辖若干县，设守治之。为防止郡守兵权过大，军队平时仍归各县管理，调动权力在国君手中，故虎符予县令而不予郡守。遇到战争，由国君调兵，郡守受命领兵。这样军队的训练、调动、战时指挥三者分离，杜绝地方不轨的可能性。

正因为如此，战国的郡不是一级政区，不是一级地方政府，郡守没有完整的行政、财政、司法诸权，所以人们动辄说郡县行政体制形成于战国是不确切的。我们在战国史料中，特别是战国初、中期的史料中，见不到郡守过问属县的行政、司法、财政事务的记载，县令的日常政务都直接对国君负责，如上计就是直接上计于中央，而不通过郡。郡守过问地方民政只在战国后期秦国的史料中才逐渐出现。

军事是政治的继续，在以战争为轴心的年代里，政治经济都为军事服务，军事则不可避免地影响政治经济的运行。郡守既掌军权，必须对各县民政财经状况有所了解，才能确切地掌握军队的数量和后勤供给，势必向民政、司法、财经方面渗透，这就为郡向政区转化奠定了制度上的基础。随着领土的扩张，县数量的增多，事情繁杂，中央直接控制县的行政体制越来越不适应，故到战国后期，郡就向地方政府发展。如秦昭王拜王稽为河东守，"三岁不上计"[1]。李冰为蜀守，整治水利，发展生产，千古流芳。说明秦之郡守有了民政权。秦简《法律答问》有云"辞者辞廷，今郡守为廷不为？为殹（也）"[2]。辞是诉讼，廷是县廷，指诉讼之处，此后郡有了司法权。至战国末年，秦郡最终成为地方政府，如南郡守腾就是以地方最高行政长官的身份发布告（即秦简《语书》），命令属县居民和官吏悉守秦律，革除旧习，勤于职事，以建立新的统治秩序。秦统一之后，即把这种郡县行政体制推行全国，予以统一化和系统化。所以许慎说"至秦初置三十六郡以监其县"，从建全国家行政制度的意义上说是正确的。

---

[1] 《史记》卷七九《范雎蔡泽列传》，北京：中华书局，1959年，第2415页。
[2] 睡虎地秦墓竹简整理小组：《睡虎地秦墓竹简》，北京：文物出版社，1978年，第192页。

齐国行政制度考原*

——兼谈《国语·齐语》的相关问题

《国语·齐语》云齐桓公即位(前685—前643年在位),任用管仲,进行改革,曾推行"三其国而伍其鄙"的制度,定民之居,统一国、鄙(野)的居民组织和行政制度。其具体内容是:"制国以为二十一乡,工商之乡六,士乡十五,公帅五乡焉,国子帅五乡焉,高子帅五乡焉……五家为轨,轨为之长;十轨为里,里有司;四里为连,连为之长。十连为乡,乡有良人焉。""制鄙:三十家为邑,邑有司,十邑为卒,卒有卒帅,十卒为乡,乡有乡帅,三乡为县,县有县帅,十县为属,属有大夫。五属,故立五大夫。"齐国因此迅速强大而称霸一时。据此,齐国在春秋初年的地方行政分为两个系统:国中是里(50户)—连(200户)—乡(2000户);野是邑(30户)—卒(300户)—乡(3000户)—县(9000户)—属(90000户)。目前的有关论著对此都坚信不疑,视为管仲改革的内容之一而予以引证。但是,如果结合其他材料和春秋初年的社会结构稍做分析,我们就不难发现此说无论是在史实上,还是在逻辑上都不能成立,所谓"三其国而伍其鄙"的行政系统绝非春秋初年的齐制。理由有三,试陈如下:

第一,春秋战国时代,社会结构处于剧烈的变动之中,地方行政因时而异,春秋初年的齐国不存在整齐划一的邑—卒—乡—县—属的行政系统。

在先秦文献中,除《齐语》外,《管子》的《立政》《乘马》《度地》《小匡》等篇,对齐国地方行政都有记述而各不相同。试引如下,以资对比:

分国以为五乡,乡为之师。分乡以为五州,州为之长,分州以为十里,里为之尉;分里以为十游,游为之宗。十家为什,五家为伍。(《立政》)

五家而伍,十家而连,五连而暴。五暴而长,命之曰某乡,四乡命之曰都。(《乘马》)

五家为轨,轨有长,六轨为邑,邑有司;十邑为率,率有长,十率为乡,乡有良人;三乡为属,属有帅。五属一大夫。(《小匡》)

五属大夫退而修属,属退而修连,连退而修乡,乡退而修卒,卒退而修邑,邑退而修家。(《小匡》)

---

* 原刊《文史哲》1995年第4期,刊出时将《考原》误作《考源》,现更正。

　　　　百家为里,里十为术,术十为州,州十为都。(《度地》)[1]

银雀山竹书对此也有记述,云:

　　　　五十家而为里,十里而为州,十乡(州)而为州(乡)。(《田法》)

　　　　大县百里,中县七十里,小县五十里……(《库法》)[2]

以上均为齐稷下诸公所为,成篇有先后之别,大抵上都是战国之物,所述齐地方行政各不相同,诚可谓人言言殊,五花八门,依次是:

　　　　游—里—州—乡

　　　　连—暴—乡—都

　　　　邑—率—乡—属

　　　　邑—率—连—乡—属

　　　　里—属—州—都

　　　　里—州—乡—县

　　众所周知,先秦诸子立说的目的是为人君提供一个治国方略,或从历史出发,主张复古,如孔子、孟子之说;或者立足现实,阐释时政,如黄老法家者流。其立说都有历史的、现实的依据,唯角度不同而已。稷下诸公多属黄老学派,所述多从现实出发,以直接服务于政治。齐宣王招徕学者的目的就是让他们提出具体的施政主张以供采择,故而上述立说大多有其依据;否则,脱离现实太远,就失去了立说的意义。上举对地方行政述说的不同,正说明当时还没有稳定、统一的地方行政系统,至少说明在春秋时期还是如此,故而才有歧说纷呈而又都托名管仲的事情发生。尤其有意思的是《小匡》所述和《齐语》相似,后世学者常将二者比勘使用以说明管仲改革的内容,用传抄刊刻之误解二者在地方行政上的某些名称差异。其实,这并非什么刊刻之误,而是在春秋时期就根本不存在《齐语》所述的那样整齐划一的行政制度。果如《齐语》所言,那么稷下诸公为何要破坏管仲制定和推行的行政制度,自立一套根本没有突破管仲的基本框架和精神的行政制度?这样做,徒增混乱,无益于现实,还会招致人君的不满,稷下诸公们怕不会打着管仲的旗号去反对管仲。唯一合理的解释只能是:春秋初年,管仲没有实行如《齐语》所说的整齐划一的行政制度,才给后人留下了充分的设计空间,稷下诸公因所见、所闻、所传闻的不同,而各述其说。

　　春秋战国时代,各国的地方行政都处于变动之中,齐国史实与此相同。对此,毋须广征博引,只要看看《周礼》的各种记述就够了。《周礼》云:

---

[1] 戴望:《管子校正》,世界书局诸子集成第五册,北京:中华书局,1980年影印,第10、15、121、125、303页。

[2] 银雀山汉墓竹简整理小组:《银雀山汉墓竹简(壹)》,北京:文物出版社,1985年,第134、146页。

令五家为比,使之相保;五比为闾,使之相受;四闾为族,使之相葬;五族为党,使之相救;五党为州,使之相赒;五州为乡,使之相宾。(《地官·大司徒》)

　　九夫为井,四井为邑,四邑为丘,四丘为甸,四甸为县,四县为都。(《地官·小司徒》)

　　五家为邻,五邻为里,四里为酂,五酂为鄙,五鄙为县,五县为遂。(《地官·遂人》)[1]

以往的经学家们咸以《周礼》为西周制度,针对这些矛盾的记载,曾做出种种解释,或谓系乡遂制的不同,或谓为都鄙制的差异,这些解说也一直影响到今人的研究。其实西周时期确有乡遂制(即国野)的不同,但并非如《周礼》所云。以乡遂、都鄙等释之,割裂地看似无不可,若联系地看则扞格难通。因为上引诸条都是战国学者根据其所见、所闻和所传闻撰写而成的托名周制。其中固然有些西周的材料,更多的则是春秋战国的东西,外加个人的设计。春秋战国时代,因社会结构剧烈变动,各国的行政制度都因时而异,其总的趋势则是逐步地形成县、乡、里的行政系统,而各国的具体名称人户数量并不统一,后人据以推周制,当然歧说纷呈。这些,笔者已有专文,本文不予多论,只要明白当时并无统一的行政制度就够了。[2]在这个历史大趋势之下,齐国自难例外。

　　第二,春秋初年,齐国领土狭小,不可能拥有50个九千家之县。《战国策·赵策三》曾载赵奢语云:"古者四海之内,分为万国,城虽大,无过三百丈者;人虽众,无过三千家者。"这儿的古者是指西周及其以前,所云甚是。西周时期,万邦林立,有点无面,小国寡民,所谓"天子之地一圻,列国一同,自是以衰"[3]。一圻千里,一同百里,在这千里、百里之内,居民绕城而居,国与国之间是大片的荒野,无人居住。那些小国不够"一同"资格者的人户更少。齐是大国,自然够一同的资格,但其初封不过营丘一地,就这营丘一地,还几乎被莱夷夺去。及周公东征之后,齐侯佐王室平叛有功,周成王"乃使召康公命太公曰:'东至海,西至河,南至穆陵,北至无棣,五侯九伯,实得征之。'齐由是得专征伐,为大国"[4]。这儿的大国实在是和那些小国相对而言,绝不能和春秋战国时的大国相提并论。所谓的"五侯九伯,实得征之",并非征以为已有,而是指有权征讨不庭,在这"东至海,西至河,南至穆陵,北至无棣"的范围内

---

[1]《周礼注疏》,阮元校刻:《十三经注疏》,北京:中华书局,1980年影印,第707、711、740页。
[2] 参阅拙作:《先秦什伍制度试探》,见本书。
[3]《左传注疏》襄公二十五年,阮元校刻:《十三经注疏》,北京:中华书局,1980年影印,第1985页。
[4]《史记》卷三二《齐太公世家》,北京:中华书局,1959年,第1480–1481页。

的大小诸侯,包括狄夷在内,如有叛周者,齐侯可以便宜行事,出兵讨伐,以使之服从周天子。这一点,古人在注释《史记》时早就指出,今人不察,认为"东至海,西至河"云云是齐国边界,实为大误。

春秋初年,齐国辖境有限,明确可考者,其东与纪(今寿光南)为邻,其西与谭(今济南市东)交界;其北为济水(在今黄河以南,与黄河同向入海),济水以北尚无人居住,间或有狄人居住其间;其南约以泰山一线和鲁国交界。以今地当之,东不过寿光,西不越济南,南至泰山一线,北不过黄河。[1]其纵横最多 200 公里,其领土不过 4 万平方公里。而《齐语》云除了 21 乡国中居民之外,仅野鄙之地就有九千家之县 50 个。按战国标准,(详下)九千家之县要在百里左右,甚或超过百里(这儿的里是指周里)。按周制,六尺为步,步百为亩,300 步为里。一周尺合现在 23 厘米左右[2],一步为 1.38 米,一里为 414 米,百里(即百里宽长)约为 1714 平方公里。50 个县的总面积是 85698 平方公里,超出当时齐国实际面积一倍多,这在历史的逻辑上根本无法理解。若从战国时期齐国的县数来分析,我们同样可以发现《齐语》之不可信。《史记·滑稽列传》云齐威王(前 358—前 320 年在位)曾"朝诸县令长七十二人,赏一人,诛一人,奋兵而出",诸侯大振,群臣尽职,莫敢为非。"朝诸县令长",即集中全国县令、长于廷前,评定治绩优劣,故"赏一人,诛一人",以示奖惩。据此知当时齐国共有 72 个县。而此时之齐国已尽有今山东北部、东部的土地和河北的一部分,领土已数倍于春秋初年。试想在领土数倍增加、县的规模未变情况下,县的数量仅仅增加了二分之一不到,在逻辑上何以解释?

按战国县制,一般的大县是百里之地,万户之居,故而时人常以"千丈之城,万家之邑""百里之地,若万户之都"[3]比喻其人口众多、城池之广大。秦汉时代,沿战国余绪,依然以地方百里、人万户为基本标准,《汉书·百官公卿表》云:"县大率方百里,其民稠则减,稀则旷"、"万户以上为令……减万户为长"。方百里、人万户是国家从总体上把握设县的基本标准,至于每个县的规模不一定全部如此,对新设之县尤其如此。如秦始皇三十三年,"西北斥逐匈奴。自榆中并河以东,属之阴山,以为四十四县,城河上为塞","徙谪,实之,初县"[4]。这些县远远未达每县万户的标准,西汉平帝元始二年(公元 2 年)的户口数是西汉一朝人口统计最多的数字,全国每县平均户数是 7835.43 户,不足万户二千余,是为证明。对战国每县的户数也当如是解,大县万户,或有

---

[1] 参见童书业:《春秋史》,济南:山东大学出版社,1987 年,第 102 - 104 页。
[2] 梁方仲:《中国历代户口、田地、田赋统计》附录二《中国历代度量衡变迁表》,上海:上海人民出版社,1980 年,第 540 页。
[3] 《战国策》卷二十《赵策三》、卷二十一《赵策四》,上海:上海古籍出版社,1985 年,第 678,748 页。
[4] 《史记》卷六《秦始皇本纪》,北京:中华书局,1959 年,第 253 页。

万户以上者,但更有不足万户者,平均起来怕难有万户之多。战国的县是春秋县制的逻辑发展,其面积和人口都超过春秋许多,如果说春秋初年之齐国已有九千家之县,显然不符合事实。

关于战国时期齐县的户数,银雀山汉墓竹简和传统文献的记载不同。银雀山汉墓竹简《库法》云:"大县百里,中县七十里,小县五十里。大县两万家,中县万五千家,小县万家。"[1] 目前的有关论著大多据此认为战国齐县分为2万户、1.5万户、1万户三等。若准此逆推春秋齐县,九千户人家,面积不到50里,全国 50 个县和春秋初年的齐国疆域没有太大的出入;战国时期,齐国疆域虽扩大数倍,但其县的面积和人口也扩大了二分之一或一倍,数量由原来的50 个扩大到 72 个,县的发展和领土基本上是同步增长,似乎不存在上述的矛盾。笔者以为,百里之地,两万家之县在实践中是不存在的。银雀山竹书并非政府的法律文书,仅是稷下诸公的私家著述;这百里之地,两万家之县仅是主观上设计的人地比例关系。齐始封之时,"齐地负海舄卤,少五谷而人民寡",姜尚有鉴于此,"乃劝以女工之业,通鱼盐之利,而人物辐凑"[2]。到战国时代成为东方富庶之国,有膏壤沃野千里。但齐国之富是因其地大物博,就人口来说远不及中原诸国。据《汉书·地理志》,属于齐地者有琅琊、北海、东莱、高密、胶东、泰山、城阳、千乘、济南、齐郡、甾川 12 个郡(国),外有渤海的高乐、高城、重合、阳信 4 县。略去渤海这 4 个县不计,12 个郡的每县平均人口为 7159.12 户,远低于豫州、徐州、冀州诸郡的平均户数,比全国各县的平均数还少 676 户。这已经过了 300 多年的发展了。即使在这 300 多年里,齐地人口密度因种种原因如迁移、战争等没有增加,但这一期间和平时间居于多数,其人口起码应和战国时期持平,而不应只有战国时代的三分之一稍强。当然,西汉末年齐地的县数较战国增加了近两倍,每县户数相应地因县数的增加而减少,但县数的增加正说明了设县有一定的面积、人户标准,这个户口标准最高不会多于万户。在事实上大多数县都少于万户许多。这个标准是战国的遗制。所以,我们可以肯定地说,银雀山竹简说的地方百里、人户两万之县不是实际制度;齐国的 72 个县,面积也不限于百里,人口有多有少,平均说来,能有万家就很了不起了。

第三,从先秦县制的发展规律来看,在春秋初年的齐国,不存在九千家之县。按县制源于西周,其字从"瞏",系对国都四周鄙野之地的泛指,本非地方行政机构。《春秋谷梁传》隐公元年云:"寰内诸侯,非有天子之命,不得出会诸侯。"范宁《集解》云:"天子畿内大夫有采地,谓之寰内诸侯。……寰,音县,

---

[1] 银雀山汉墓竹简整理小组:《银雀山汉墓竹简(壹)》,北京:文物出版社,1985 年,第 134 页。
[2] 《汉书》卷二八下《地理志》下,北京:中华书局,1962 年,第 1660 页。

古县字,一音环,又音患。寰内,圻内也。畿本或作圻,音祈。"杨士勋《疏》云:"寰内者,王都在中,诸侯四面绕土,故曰寰内也。"陆德明《经传释文》云:"寰,音县,古县字,一音环,又音患。寰内,圻内也。"按早期国家都是以城为中心,城也就是国,一个国就是一个城,在国的四周鄙野之地很少有居民,故而最初之县无确指。到西周中期以后,因人口增多,城邑发展,于国都之外,分出新的居邑,县也就演变为鄙野之地居民点的代称了。这在周金文中屡见记载,如《师旅簋》(甲)铭:"隹(唯)王元年四月既生霸,王才(在)㢻。……王乎乍(作)册尹册命师曰:备于大左,官(司)丰還左右师氏。"[1]《免簋》铭云:"隹三月既生霸乙卯,王才周。令(命)免乍司土(徒)司还(林)眾吴(虞)眾牧。"[2]以上二器都是西周中期以后之物,丰、奠均为地名。在春秋战国时代的金文、玺印中依然沿西周旧称,称县为"還"。"右還吏"、"還承"等。㽞、還、寰、鄂等音同字通,是㽞字在不同时间和地区的变体。如《三代吉金文存》中的"卯尚城㽞"、"方城㽞"、"口氏㽞"等,《古玺汇编》中的"修武還吏",《师簋》所说的"岂還",《免簋》所说的"奠還",是指岂(西周别都,系早年建都之地)、奠(郑)周围地区;而"修武鄂吏"、"方城㽞"等则是指具体的县,均是一些自然居邑。县是后起之字,取其系于国而治之意。《说文》云:"县,系也,从系持县。"段注:"古县挂字皆如此作,引申之则为所系之称。"《周礼》县系于遂。邑部曰:"周制地方百里,分为百县,则系于国。"这些县都是鄙野之地的居民点,其规模是很小的。春秋时代,县大量涌现,其详情也逐步清晰。概括说来,因政治、经济、文化的不平衡,各国县的设置方式、规模、性质都有不同,大体上可分两类:一是以战争为手段的对外扩张,兼并邻国以为县,这以楚国最典型,秦国次之。二是沿袭西周传统,在国家内部结构变动的基础上,以新形成的居民点为县,这以齐、晋为代表。[3]像楚、秦兼国为县者,其县规模较大。而齐、晋因以自然形成的新的居民点为县,其县的规模则很小,一个邑就是一个县,这在齐国尤为典型。《晏子春秋·外篇七》第二十四章云:"景公谓晏子曰:昔吾先君桓公予管仲狄与榖,其县十七,著之于帛,申之以策,通之诸侯,以为其子孙赏邑。"这17个县并不是《齐语》所说的九千家之县,而是指自然居民点。因为无论管仲才干如何超群,功劳多大,若如《齐语》所云,齐国有县50个,桓公就赏给管仲17个,近于三分之一,在事实上是不可能的。在春秋初年的齐国,管仲的地位并不高,并无多少军政实权,不过是个宠信之臣而已,国

---

[1] 郭沫若:《长安县张家坡铜器群铭文汇释》,《考古学报》1962年第1期。
[2] 郭沫若:《两周金文辞大系图录考释》,北京:科学出版社,1957年,《图录》第三册,第79页,《释文》第七册第90页。
[3] 关于春秋战国时代县制的演变及其起源,参阅拙作《论县制的发展与古代国家结构的演变》,见本书。

家权力由贵族国氏、高氏和齐桓公分掌,管仲就其地位职掌来说是"陪臣"、"贱有司也"。若管仲享有50个县中的17个,国、高二氏起码与管仲相当,则桓公无县可辖,还何劳五属、五大夫之设?《晏子春秋·内篇杂下》又云景公对晏子曰:"昔吾先君桓公,以书社五百封管仲,不辞而受。"《荀子·仲尼》云:"齐桓公见管仲……与之书社三百,而富人莫之敢拒也。"书社就是里社,也就是乡里之里,是基层居民组织;五百个书社、三百个书社是传闻不同所致,均非管仲实封之民户土地,其目的是说明赏贤的重要。所谓"予狄与毂,其县十七"云云也应如是观,也是指里邑而言。这在春秋铜器中有明确记载:

公曰:弓……余易(赐)女(汝)釐都,鄩劇其县三百。余命女(汝)(司)辞釐(邑),或徒四千,为女(汝)敵寮。(《叔夷锺》,一作《叔夷镈》)

舉弔(叔)又(有)成荣于齐邦,厌氏易(赐)之邑百又九十又九邑,与胐之民人都鄙。(《翰鋳》)[1]

这二器均是春秋之物,二器主人身份地位相当,一个受赐三百县,一个受赐一百九十九个邑,县、邑相通,三百个县就是三百个邑。这是春秋初年齐国不存在50个九千家之县的明证。

春秋县制,除了楚、秦之外,像齐、晋之县都有一个从小到大的发展过程。因人口繁衍、领土垦辟以及社会结构的变动,为了管理和统治的需要,必然要将那些自然形成的以自然居邑为基础的县,按一定的标准组合为较大的县,而后设官治理。到春秋中期,晋国的县大体上是一千户。如《左传》宣公十五年(前594年)晋景公曾赏"桓子以狄臣千室,亦赏士伯以瓜衍之县"。"瓜衍之县"和"狄臣千室"对举,二者人户相当。昭公五年(前537年),晋卿韩起、大夫叔向为使送女于楚以结好,楚灵王忿于昔日兵败于晋之辱,欲不守礼制,以韩起、叔向为贱官以侮辱晋国,启疆谏曰:"韩赋七邑,皆成县也;羊舌四族。皆强家也。晋人若丧韩起、杨朌(即叔向),五卿八大夫辅韩须、杨石,因其十家九县,长毂九百,其余四十县,遗守四千,奋其武怒,以报其大耻。"最后楚灵王放弃了侮辱晋使的打算。杜预注云:"成县,赋百乘也。"成县是标准县,可赋兵百乘。按春秋时代,有两种乘制,据《司马法》遗文,一种是每乘三十人,一种是每乘七十五人。[2]从历史逻辑上看,前者较早,后者是春秋中期以后步兵兴起后的制度。晋国成县百乘,按每乘三十人计,则有兵三千;其时民户聚族而居,家庭规模较大,每户出兵三人是可以的(当时凡男丁战时都编入军

---

[1] 郭沫若:《两周金文辞大系图录考释》,北京:科学出版社,1957年,《图录》第5册,第240—243、251页;《释文》第8册,第203、210页。

[2] 分别见:《周礼·地官·小司徒》,郑玄注引《司马法》文;《诗·小雅·信南山》孔颖达疏引《左传》成公元年服虔注引《司马法》文。

队),这百乘之兵三千人,也就在千户左右。若按每乘七十五人计,则有人户二千五百左右。到春秋战国之际,晋县之大者有万户。如知伯在联合韩、赵、魏三家灭掉范氏、中行氏之后,要韩、赵、魏分别割万家之邑给自己,万家之邑就是万家之县。后来知伯联合韩、魏攻赵,包围晋阳,知过为巩固知氏和韩、魏联盟,劝知伯分别封韩、魏谋臣段规、赵葭以万家之县。知伯不从,最后被韩、赵、魏三家灭掉。齐国县制的发展过程和晋相同,故而其九千家之县只能形成于春秋末年,不可能出现于春秋初期。

第四,还有齐国的都制问题需要讨论。长期以来,史学界流行着这样一种观点:战国时代,各国都实行郡县制,以郡辖县;齐国没有采用郡制,而是采用了相当于郡的都制,共设五都,系由管仲推行的五属发展而来。言之凿凿,不可移易。现在看来,此说也大可商榷。

既然管仲没有实行过"三其国而伍其鄙"的制度,所谓五属之说自属乌有。但文献上确有五都的记载。《战国策·燕策一》云:"孟轲谓齐宣王曰:'今伐燕,此文、武之时,不可失也。'王因令章子将五都之兵,以因北地之众以伐燕。"有的学者进一步论证齐国的五都有"西北方邻近燕赵的高唐、平陆,南方邻近楚国的南城,西南方临赵魏的阿和东方与夷族接壤的即墨"[1]。都的长官称都大夫,既是都的行政长官,又是五都之兵的主将。[2]笔者以为这均是对史料的误解。

所谓齐有五都及其具体名称的依据除了上引《战国策·赵策一》之外,还有见于《孟子》等书。《孟子·公孙丑下》谓孟子至平陆,谓其大夫(孔距心)曰:

> 子之持戟之士,一日而三失伍,则去之否乎?……他日见于王曰:"王之为都者,臣知五人焉。知其罪者,惟孔距心,为王诵之。"[3]

《孙膑兵法·擒庞涓》云:

> 忌子召孙子而问曰:"事将何为?"孙子曰:"都大夫孰为不识事?"曰:"齐城、高唐。"[4]

《史记·田敬仲完世家》云:

> 威王召即墨大夫而语之曰:"自子之居即墨也,毁言日至,然吾使人视即墨,田野辟,民人给,官无留事,东方以宁。是子不事吾左右以求誉也。"封之万家。召阿大夫语曰:"自子之守阿,誉言日闻,然使使视阿,田野不辟,民贫苦。昔日赵攻甄,子弗能救。卫取薛陵,子弗知。是子以币

---

[1] 韩连琪:《先秦两汉史论丛》,济南:齐鲁书社,1986年,第220页。
[2] 杨宽:《战国史》,上海:上海人民出版社,1980年,第213页。但杨宽认为五都名称和韩连琪有异,认为莒也应该是五都之一。
[3] 阮元校刻:《十三经注疏》,北京:中华书局,1980年影印,第2695页。
[4] 银雀山汉墓竹简整理小组:《孙膑兵法》,北京:文物出版社,1975年,第31-32页。

厚吾左右以求誉也。"是日,烹阿大夫。

  吾(威王)臣有檀子者,使守南城,则楚人不敢为寇东取,泗上十二诸侯皆来朝。吾臣有盼子者,使守高唐,则赵人不敢东渔于河。[1]

细析以上诸条,谓高唐、平陵、南城、即墨、阿等为齐五都所在的理由不过是从都长官称大夫这一既定前提出发所做的推论而已,这是难以成立的。因为按齐制,称大夫者不仅仅是都长官,还有县令、长,大夫和县令、长是同官异名,不存在都大夫高于并统辖县令、长的问题。上引《史记·滑稽列传》云:"(齐威王)朝诸县令长七十二人,赏一人,诛一人,奋兵而出,诸侯振惊,皆还齐侵地。"这和《田敬仲完世家》封即墨大夫、烹阿大夫是同一件事,"赏一人"即封即墨大夫,"诛一人"即烹阿大夫。这是大夫和县令、长互称的明证。《田敬仲完世家》云田常曾广选宫女以百数,"有七十余男",其子田襄子"使其兄弟宗人尽为齐都邑大夫"。这"兄弟宗人"当包括田常之七十余男;都邑大夫就是各县长官,以控制齐国地方政权,为最后取代姜齐、列为诸侯做准备。所谓都邑不过是县的别称。

  齐县之称邑,已见上述;称都则源于春秋以前的"邑有宗庙先君之主曰都,无曰邑",也就是说都本是有先君宗庙的邑,较那些没有先君宗庙的邑要大些。这些前贤已曾指出。[2]后世遂把大邑之县称为都,或直接称邑为都。如《战国策·赵策一》云秦攻韩上党,上党有"城市之邑七十"(一本十七),太守冯亭伪称献上党于赵,赵王"以三万户之都封太守,千户封县令,诸吏皆益爵三级,民能相集者家赐六金"。"千户封县令"和"三万户之都封太守"并举,后者系前者之省文,千户即指千户之都。无论是三万户之都,还是千户之都,都是"城市之邑"的组成部分。

  人们之所以论证齐国有相当于郡的五都制,实行都辖县的行政体制,是受了战国时代普遍实行郡县制的影响。各国都行郡县制,齐为大国之一,自不能外,遂论都为郡,其实,战国之郡本系从邑发展而来,并不是一级政区,只是一个军事守备区,以军事职能为主。只有县才是一级地方政府,军政合一,县令、长或大夫既是行政长官,也是军事长官,直到秦统一,才最终确立郡辖县的行政体制;以什么都大夫既要负责行政、又要负责军事为由说都大夫和郡守相当,实在是形而上学的比附。这些笔者已有专文,此不多说。那么对"五都之兵"究竟做何解释?笔者以为,这五都是齐国军队的五个重要屯驻区,它们本来是五个大县,因其战略位置重要而成为军事重镇,故以代指齐军,其中可能包括即墨、高唐等地,但即墨、高唐并没有因此改变其县的性质。

---

[1]《史记》卷四六《田敬仲完世家》,北京:中华书局,1959年,第1888,1891页。
[2]《左传》庄公二十八年。这一点韩连琪先生已经正确地指出过,见上引氏著《先秦两汉史论丛》。

综上所说：管仲改革，没有实行整齐划一的邑—卒—乡—县—属的行政制度，《国语·齐语》所说的"三其国而伍其鄙"的制度，是战国学者的伪托。春秋战国时期的齐国地方行政和其他诸国一样，都处于不断的变动之中，其共同趋势是逐步形成县—乡—里的行政体系；战国的郡不是地方最高政府，齐国也没有实行相当于郡的都制。此外，还要指出的是如何使用先秦典籍的问题。先秦文献除了少数几部之外，大多有一个积累过程，有许多后世内容羼入而托名先贤，这必须采用历史的和逻辑的相结合方法辨而后信，否则据以述史，就会以秦人衣冠绘虞夏之图像，离史实越来越远。这些古史辨派的诸位先贤早已指出。但近来有些学者对先秦文献抱着宁信其有而不疑其无的态度，对已经证明是后世伪托之书者，也不加分析地予以引用，而忽视了历史的科学性。笔者有见于此，试为此篇，当否，望方家教之。

先秦什伍乡里制度试探[*]

什伍乡里制度,是我国古代国家的基层政权组织,渊源于西周,产生于春秋,形成于战国,确立于秦。系统研究其发展演变的历史过程,有助于认识春秋战国时代社会结构变动的本质。本文拟从社会结构变动的角度,对先秦时代的什伍乡里制度稍作探索,以就教于同仁。

西周乡里的性质及其居民编制

文献和金文均谓西周有乡里组织。《逸周书·商誓》有云:"王若曰:告尔伊旧何父……及百官里居南大民……予亦来休命尔百姓里居君子,其周即命。"《尚书·酒诰》云:"越百姓里居,罔敢湎于酒。"此处的"里"即居住之里,指居民区;"里居"系里君之误。"里君"一名见《史颂簋》《令彝》等铭。《处簋》铭中又有"里人"之称。里君、里人同意,都是指一里之长。和里并存的还有邑,如《师晨鼎》等铭说的邑人,指邑的长官,邑也是指居民区。《诗·大雅·韩奕》云:"韩侯娶妻,汾王之甥,蹶父之子,于蹶之里。"毛传云:"里,邑也。"古人认为,里、邑义通。但仔细分析,里、邑是有区别的。"邑"的产生较"里"为早,在商代即普遍存在,其居民区均称邑,因其人数多少和统治者身份背景不同而有大小等级之异。如卜辞称王都为"天邑"、"大邑",称某地较大的自然居民区为"某邑",如"柳邑"、"河邑"等,对一般自然聚落也称邑,有时几个邑并称,如"三邑"、"四邑"等。[1]西周的邑沿袭殷商而来,也有大小之别,有的指城邑,有的是指自然居民点,但邑中之人主要是指国人。西周时行国野制度,只有国人(指统治宗族成员)才有当兵的资格。金文中将邑人放在师氏、虎臣之前。师氏、虎臣是军职,邑人亦司军旅之职,说明邑是国人的居住区。其时行政制度和军事制度合一,邑人既是邑的行政长官也是军队武官。里也是国人居住区,但产生较晚,是西周制度,其大小规模可能有定制,不完全取决于人口的自然聚合。故邑和里有时相等,有时邑大于里。因此之故,

---

[*] 原刊《人文杂志》1994年第1期。
[1] 陈梦家:《殷墟卜辞综述》,北京:科学出版社,1956年,第321−325页。

有的城邑并举,后来一个邑发展为多少个里,春秋时代的县以及后来的郡都是在邑的基础上发展起来的。[1]

西周时代,"乡"产生较晚,性质和邑、里有异,并不完全是地方居民单位,而偏重于军事上的划分。按《周礼》,周王国划分为六乡六遂,其余诸侯国划分为三乡三遂或一乡一遂不等,视其爵位高低、封国大小而定,大者三乡,如鲁国就有"三郊三遂",郊以内为国,郊以外为野,以三郊代替三乡。小国只有一郊一遂。杨宽先生释金文乡字"像两人相向对坐、共食一簋的情况,其本意应为乡人共食"[2]。乡字无划地而居之意,而是指众人共享状。这些共享之人,根据当时宗族奴隶社会的性质,是指统治宗族的成员。其时"国之大事,在祀与戎",祀指同族共祭列祖列宗,保证族人团结和纯洁性,戎是执兵作战保卫社稷,这众人共享就是来源于族人共祭,同向而祭,相向而食,故以"二人共享一簋"之状示之。后因制军的需要,乃划分一国为若干乡,一乡之正卒组成一支军队。在西周早、中期,一乡组成一师。《诗·小雅·瞻彼洛矣》云:"韎韐有奭,以作六师。"《棫朴》云"周王于迈,六师及之"。这六师即由六乡正卒组成。金文中有"周六师"、"殷八师"、"成周八师"的记载,同样按乡组成。其时因人口增多,国家机器庞大,乡的数量也相应增多,超出六乡之数。《周礼》囿于六官的框架,谓西周只有六乡是不合实际的,又谓每乡正卒组成一军,也是受春秋时代军队数量增多的影响。

西周时代,小国寡民,有点无面,诸侯国之大者不过百里(周里)、五十里,周王国即王畿号称千里,其实也只是以宗周、成周两个点为中心,大部分地区无人居住,故地方行政也就格外简单,虽有乡里之名,并没有构成后世的乡里系统,乡的地位固然很高,里的地位亦然,里人直接受命于国君,和卿事、诸侯并列,可见其地位显赫,能任此职者均为贵族,并世袭其职。

在西周,野是被统治宗族居住区,又称为鄙,亦有其行政区划,文献记载之可信者有州,《左传》宣公十一年,楚庄王灭陈而复封之,"乡取一人焉以归,谓之夏州"。哀公十一年,卫庄公"登城以望,见戎州,问之,以告。公曰:'我,姬姓也,何戎之有焉?'剪之"。夏州是被俘的陈人在楚的居住地,戎州是戎人在卫的居住地,都是野人居住区的名称。金文中有奠人、司鄙二官管理野地事务,《师晨鼎》有"口奠人善夫官守友",其文与铭中"司邑人佐小臣善夫守友官犬"相对,则"奠人"和"邑人"性质相同,都是官名。陈梦家先生谓"邑与奠即国与郊,都与鄙","奠相当于《周礼》之奠师"。[3]《恒簋》簋铭云:"王曰:

---

[1] 参见拙作:《县制的发展与古代国家结构的演变》,见本书。
[2] 杨宽:《古史新探·乡饮酒礼与飨礼新探》,北京:中华书局,1965年,第288页。
[3] 陈梦家:《殷墟卜辞综述》,北京:科学出版社,1957年,第321-325页。

恒,令(命)女(汝)更𣪘克克司直畐。"[1]《处簋》云"司莽畐官内师舟"[2]。畐即鄙的初文,莽是地名,"直畐"之"直"也当是地名,"畐"是指野地的居民点。《周礼·地官·司徒》有鄙师一官,职"掌其鄙之政令祭祀,凡作民则掌其戒令"云云,上属县、遂,下辖酂、里。不过其时尚未形成县、鄙、酂、里的行政系统,但有鄙的存在则无可怀疑,所谓"司畐"大约和鄙师的性质相似。

西周时期,已建立了系统的户籍制度。《国语·周语上》云宣王"既丧南国之师,乃料民于太原。仲山父谏曰:'民不可料也。夫古者不料民而知其少多,司民协孤终;司商协民姓,司徒协旅,司寇协奸,牧协职,士协革场协入,廪协出,是则少多、死生、出入、往来者皆可知也。于是乎又审之以事,王治农于籍,蒐于农隙,耨获亦于籍,狝于既烝,狩于毕时,是皆习民数者也。又何料焉……'"。韦昭注:"料,数也。""司民,掌登万民之数,自生齿以上皆书于版。协,合也。……合其名籍,以登于王也。"司民全面负责户口登记,另有司商、司徒、司寇以及牧人、场人和工官通过各自的工作,掌握民数,国王再通过籍田和大蒐之礼考核民数。平时不具体过问民数多少。若亲自"料民"则示民不祥,违背常规,故仲山父谏之。既建立了相应的户口考核登记制度,也就有相应的户籍编制。其时因国野的区别,对国人和野人也采用不同的户籍编制,国人用"九夫为井"之法,野人用"十夫为沟"之法。《周礼·地官·小司徒》云"乃经土地而井牧其田野,九夫为井,四井为邑,四邑为丘,四丘为甸,四甸为县,四县为都,以任地事而令贡赋"。这整齐划一的井、邑、丘、甸、县、都的地方行政系统最早也是春秋时代的制度。但"九夫为井"的制度则很古老,是西周国人的户籍编制、军事编制和土地分配法,也是国人最小的纳军赋单位,其主要目的是为了制军的需要。当兵作战是国人的主要任务,也是一种权利;其时军队以车兵为主,每车甲士三人,步兵若干,而以甲士为主,故军队按三、九编制,其户籍相应地按九夫为井之法。野人"十夫为沟"的编制见于《周礼·地官·遂人》,其文云:"凡治野,夫间有遂,遂上有径,十夫有沟,沟上有畛。百夫有洫,洫上有涂,千夫有浍,浍上有道,万夫有川,川上有路,以达于畿,以岁时登其夫家之众寡,及其六畜车辇……"西周之野是否有如此规整的沟洫系统,当作别论,这"十夫有沟"也就是十夫为一个共耕单位则无疑问,这是由野人的阶级地位所决定的。野人的主体是被征服的殷人,殷人的传统是十进制,卜辞记载的商王征发军队的数量或为三百、五百,或为一千、五千,多者达一万、一万三千,都是十的倍数。被周征服之后,殷人变成了集体奴隶,依然保存其固有的结构和传统,在计量方面依然采用十进制的方法,因为

---

[1] 吴镇烽、雒忠如:《陕西省扶风县强家村出土的西周铜器》,《文物》1975年第8期。
[2] 卢连成、罗英杰:《陕西武功县出土楚簋诸器》,《考古》1981年第2期。

野人没有当兵的权利,故不受当时军制的影响。对于周人来说,这既显示了征服者和被征服者间的政治差异,又便于分配土地和计算剥削量,把殷人按十家一组编制起来作为一个共耕籍田的基本耕作单位:每家百亩,十家千亩,故一千亩也就是一个籍田单位,是十夫的耕作量。一个贵族往往拥有众多的奴隶,故有千百个奴隶共耕于一块大田的事情。《诗·周颂·噫嘻》云"骏发尔私,终三十里,亦服尔耕,十千维耦"。《载芟》云"千耦其耘,徂隰徂畛"。《小雅·甫田》云"倬彼甫田,岁取十千"。这"十千维耦"、"千耦其耘"、"岁取十千",都是以"十夫为沟"为基础的。

春秋什伍乡里制度的产生

春秋时代,五家为伍制开始取代西周的"九夫为井"制。其原因是军制的变动。因其时战争频繁,规模扩大,手段进步,军队数量增加,步兵的作用日益重要,逐步脱离车兵,由车兵的附属建制发展为独立的作战兵种。步兵战术编制和车兵不同,不是三人一组(三名甲士),而是五人一组,五个士兵组成最基本的作战单位,在军事编制和行政编制合一的条件下,必须改变九夫为井的户籍编制,以适应步战的需要,遂有五家为伍制。

就目前所见,这个过程始于春秋初年的郑国。《左传》隐公元年(下引省书名)"诸侯之师,败郑徒兵"。徒兵本来隶属于车兵,不是独立的作战部队,此谓"郑徒兵",则郑国此时之徒兵已成独立的作战兵种,与诸侯军队对抗。杜预说"时郑不车战",系指此次战役没有用车兵,并不是说郑国专用步兵,不要车兵作战。隐公九年,"北戎侵郑,郑伯御之,患戎师,曰:'彼徒我车,惧其侵轶我也。'"郑伯所帅都是战车部队。但郑国步兵在春秋各国中确实最为发达,在实际作战中,既有单独使用步、车兵者,也可并合使用。桓公五年,"王以诸侯伐郑,郑伯御之……为鱼丽之阵,先偏后伍,伍承弥缝",大败王师。这是一个车步混合阵法,偏由战车组成,伍指步兵组织,用战车掩护步兵冲击,即"先偏后伍"。昭公二十年,郑曾"兴徒兵以攻萑苻之盗",没用车兵,说明步兵力量越来越强。

晋国步郑后尘,也积极发展步兵。不仅仅限于在车兵之外另组步兵,有时则改车兵为步兵。僖公二十八年,"晋侯作三行以御狄,荀林父将中行,屠击将右行,先蔑将左行"。这三行是三支步兵,专门用来进攻和防御戎狄的。正因为步兵装备简单,适应性强,灵活机动,战斗力高于车兵,春秋时代才迅速发展起来。

春秋步兵兴起的过程,也是五家为伍制代替九夫为井制的过程,这也是从郑国开始的。襄公三十年,子产治郑,"使都鄙有章,上下有服,田有封洫,庐井有伍"。"庐井有伍"就是把居民统一按五家为伍的制度编制起来。齐桓公时，管仲治国为二十一乡，其中士之乡十五，工商之乡六，也曾全面推行五家为伍的制度，以适应制军的需要。《国语·齐语》云其士乡"五家为轨，轨为之长；十轨为里，里有司；四里为连，连为之长；十连为乡，乡有良人焉。以为军令：五家为轨，故五人为伍，轨长帅之；十轨为里，故五十人为小戎，里有司帅之；四里为连，故二百人为卒，连长帅之；十连为乡，故二千人为旅，乡良人帅之……"如此则"卒伍整于里，军旅整于郊"。从《齐语》载管仲治齐所采取的其他措施分析，有些制度不可能是春秋初年的内容，有管仲以后的内容掺入。而制国为二十一乡，对野采取另外的行政编制，这是在国野界限依然分明的条件下采取的措施，应属春秋早期，是管仲颁行的措施，说明春秋时齐国的"九夫为井"制已被五家为伍制所取代。明乎此，我们对《周礼》中五家为伍制的时代性就容易把握了。《地官·大司徒》云："令五家为比，使之相保；五比为闾，使之相受；四闾为族，使之相葬；五族为党，使之相救；五党为州，使之相赒；五州为乡，使之相宾。"《遂人》云："造县鄙形体之法：五家为邻，五邻为里，四里为酂，五酂为鄙，五鄙为县，五县为遂。"先贤早已指出这些制度是战国学者掺入的内容，系采自李悝、商鞅之法，不是西周制度。[1]在明白了五家为伍制的起源之后，我们认为《周礼》的五家为伍制固然不是西周制度，也不是战国学者采自李悝、商鞅之法，而是产生于春秋时期。《周礼》一书尽管成书较晚，有战国内容掺入，但其中确实保留了相当一部分西周、春秋的制度。

春秋时期，国野界限依然存在，在国中的九夫为井制变为五家为伍制的同时，野依然以十家为一个户籍编制单位。《国语·齐语》记管子制鄙之法是"三十家为邑，邑有司；十邑为卒，卒有卒帅；十卒为乡，乡有乡帅……"邑、卒、乡各用十进制，原因是国野有别，二者分治。然而，春秋时代又是一个社会结构大变动的时期，尽管在统治者的主观意识上国野分明，二者也存在着种种客观的差别，但这种差别又处于逐步消失的过程中，其突出表现就是野人开始涌入军队。兹以晋国为典型来说明之。晋惠公六年（左僖公十五年，前654年），晋军于韩原大战中败于秦军，晋惠公被俘，晋军丧亡殆尽，晋在诸执政主持下以晋惠公的名义并通过国人讨论后"作州兵"，即征发州人为兵，组建新的军队。所谓州人，就是野人（当然不是指野人全体），"作州兵"即征野人为兵，晋国兵力因此而迅速恢复，秦也只好放回晋惠公，此后晋军迅速扩大。在韩原战前，晋有二军，都是由国人组成，大多丧于韩原之役。"作州兵"大约是重组二军建制。至晋文公四年（前633年）作三军，次年又"作三行以御狄"，即

---

[1] 钱穆：《周官著作时代考》，《燕京学报》第11期。郭沫若：《金文丛考·周官质疑》，北京：人民出版社1954年。顾颉刚：《周公制礼的传说和〈周官〉一书的出现》，《文史》第6辑。

在三军之外组建三支步兵,其人数大约和三军等。晋文公八年又作五军,晋景公十二年(前588年)"晋作六军"。短短60年间,晋由二军增加到六军,外加三行,共计达九军兵力,增加了四倍,其中一部分士卒必然来自于野人,因为国人增殖再快,也不可能在60年内增加四倍,何况国人还正处于分化瓦解之中。

野人既然和国人一致,也采用五家为伍的制度,与野原来十夫为沟的传统合一,最终形成统一的什伍制度。《周礼·地官·族师》云"五家为比,十家为联;五人为伍,十人为联;四闾为族,八闾为联"。第一次把五家为伍和十家为联并列,所记当是春秋后期制度。

春秋时代,在国野相互渗透、什伍制产生的同时,乡里制度也由国及野,大量设立,向地方基层政权转化,尤以里制突出。如管仲治齐,国中是里、连、乡三级,野是邑、卒、乡、县、属五级;国中有二十一乡、八十四个里,野有一百五十个乡、一万五千个邑,这儿的邑也就是里,是指自然居民村落。在春秋后期,里、邑同义,在国家版图上统称为书社,数量众多,国君常用于封赏和国家间的转让。如《左传》哀公十五年,"昔晋人伐卫,齐为卫故,伐晋冠氏,丧车五百,因与卫地,自济以西,禚、媚、杏以南,书社五百"。一次即割让五百个书社。《荀子·仲尼》云:"齐桓公见管仲……与之书社三百,而富人莫之敢拒也。"《晏子春秋·内篇杂下》则云齐桓公曾予管仲书社五百。《吕氏春秋·高义》云墨子游于越,越王谓墨子之徒公上过"子之师苟肯至越,请故吴之地,阴江之浦,书社三百,以封夫子"。《史记·孔子世家》谓楚昭王也曾"将以书社七百里以封孔子"等等。书社之名,注家各说不一,杨倞注《荀子·仲尼》云"书社,谓以社之户口书于版图"。尹知章注《管子·小称》云"古有群居,二十五家则共置社,谓社数书于策"。《史记索隐》注《孔子世家》云"古者二十五家为里,里则各立社,则书社者,书其社之人名于籍"。《左传》哀公十五年杜注"二十五家为一社,籍书而致之"。今按诸家解释,以《史记索隐》最为得之,书社即里社,也就是里,里各立社以祭祀土地神祇,祈求丰年,故里社连称。何以名书社,是因为当时国家结构变动,人户不再像以往那样绕城而居,国家也不再像以往那样以城统治为中心,人口散居四野,聚而成邑,立社为里。国家为掌握人口变动情况,也要随时掌握这些邑里的变动情况,遂登记其社名于国家版图,故名书社。里社的人数因时地而异,没有固定标准,不一定都是二十五家,如齐国就同时存在三十家之邑和五十家之里,所谓二十五家为里只是《周礼》的设计。

值得注意的是乡不仅由国及野,而且由高到低,开始向地方基层政权转化,不再像西周那样作为制军单位而存在。如齐制,国中有乡,野亦设乡。野人之乡上属县、属,下辖卒、邑。还必须指出的是,春秋时代地方行政组织因为国家结构的变动,处于大变动大发展时期,呈现多层次化,其名称和组织体系因时间和空间的不同而呈多样性,仅以《周礼》所载为例,《大司徒》为闾(二十五家)、族(百家)、党(五百家)、州(二千五百家)、乡(一万二千五百家);《小司徒》为邑(三十六家)、丘(一百四十四家)、甸(五百七十六家)、县(二千三百零四家)、都(九千二百一十六家);《遂人》为里(二十五家)、酂(一百家)、鄙(五百家)、县(二千五百家)、遂(一万二千五百家)。都是根据不同时间、不同地域和不同性质的材料编排而成,尽管有人为设计的成分在内,但大体上均有所据,如州、丘、族、党等地方组织在《左传》等文献中都有明确记载,只是其民户和统属关系不明确而已。这种变动的总趋势是地方行政日趋成熟,为乡里向地方基层政权转化奠定了基础。

战国什伍乡里制度的政权化

战国时代,国野界限完全泯灭,封建领土国家形成,原来的国人和野人都变成了封建领土国家的编户齐民,五家为伍和十家为什的制度完全合一了,《管子》和其他战国文献都什伍并提。如《管子·立政》"十家为什,五家为伍,什伍皆有长焉"。《度地》"案家人比地,定什伍口数,别男女大小"。《乘马》云"五家而伍,十家而连,五连而暴"。《禁藏》云"夫善牧民者,非以城郭也,辅之以什,司之以伍;伍无非其人,人无非其里,里无非其家"。楚人著作《鹖冠子·王鈇》云"五家为伍,伍为之长;什伍为里,里置有司"。《逸周书·大聚》云"发令以国为邑,以邑为乡,以乡为闾,祸灾相恤,资丧比服。五户为伍,以首为长;十夫为什,以年为长;合闾立教,以威为长;合旅同亲,以敬为长"。所述也是战国制度,有的论者不审及此,用此证明西周时代的所谓公社制度,是违背史实的。

在战国各国中,什伍制度以秦国实行的最晚,《史记·秦本纪》云秦献公十年(前375年)才"为户籍相伍",至商鞅变法才全面地"令民为什伍而相牧司连坐"[1]。但什伍连坐制也以秦为最严格,云梦秦简《屯表律》云士兵逃亡,"什伍智(知)弗告,赀一甲;伍二甲"。这军中什伍系从地方什伍而来,军队如此,地方亦然。《傅律》云傅籍有诈,当事人赀二甲,"典老弗告,赀各一甲,伍人,户一盾"。典是里典,老是伍老。对工商业者也采用同伍连坐,《金布律》规定"贾市居列者及官府之吏,毋敢择行钱布;择行钱布者,列伍长弗告,吏循

---

[1]《史记》卷六八《商君列传》,北京:中华书局,1959年,第2230页。钱穆先生在《周官著作时代考》一文中列举《周礼》中的田制、刑制等和战国史实相对照,指出《周礼》成于战国,并谓《周礼》关于刑法的记述即同伍互保、同伍联坐之制是承袭商鞅什伍连坐法。今按此说不确,五家为伍制形成于春秋,同伍要相互救助,相互督促。《周礼》依据的材料应是春秋制度,因其最后成书在战国,掺入部分战国内容而已,但不一定本于商鞅之法。

之不谨,皆有罪"[1]。列伍长即商贾之伍长。秦统一之后,取消各国的轨、联、比等名称,统一代以伍、什名称,为以后历代所沿袭。

战国时期,县为地方最高政权机构,县以下的行政组织各国尚不一致,但总的趋势是春秋时代的族、党等组织名称日渐退出行政系统,乡在地方行政系统中的地位下降,成为基层组织。如《管子》各篇成书先后不一,其对地方行政的描述就能看出这一历史趋势,《立政》成书较早,约在战国初年或春秋末年,其所述地方行政系统是游、里、州、乡四级;《九变》时代和《立政》基本同时,所述地方行政为"州县乡党"四级(其正确顺序应是党、州、乡、县,原文系传刻之误);《问篇》成书较晚,在战国中期以后,所述则乡里连称,云:"……子弟以孝闻于乡里者几何人矣。"里之上为乡,乡直接辖里。银雀山竹书《田法》有云"五十家而为里,十里而为州,十乡(州)而为州(乡)"[2]。为里、州、乡三级,乡之上还有县。里、州、乡都是县属基层组织,乡的地位远非春秋时代可比了,这些都是齐国制度。《鹖冠子·王鈇》所述地方行政为里(五十家)、扁(四里)、乡(十扁)、县(五乡)、郡(十县)。郡之成为地方最高行政单位是战国末年事,所述里、扁、乡的基层行政系统有推衍成分。1987年出土的包山楚简是战国中期之物(公元前316年随墓主下葬),其县以下组织是里、州两级而非《鹖冠子》所述的三级。[3]《墨子·尚同》成书于战国后期,所云仅里、乡两级,这是泛指各国地方行政而言。《吕氏春秋·怀宠》云:"有能以家听者,禄之以家;以里听者,禄之以里;以乡听者,禄之以乡;以邑听者,禄之以邑;以国听者,禄之以国。"邑、国指封邑和诸侯国,不是行政机构。行政机构是里、乡两级,也是泛指各国而言(该书由来自各国的门客所撰,所述当是各国通制)。说明在战国末年,原来名称各异、层次不一的地方行政组织已演变为里、乡两级。

在乡里制度中,里是直接治民机构,各国在普遍采用乡里制的同时,十分注意里的治民职能的建设,可以说,里的职能是国家统治的缩影,几乎所有的国家统治权都要通过里这一基层政权来实施。《周礼》中详细排列了乡、里长官的各项职能,实际上是以战国时代里的政权职能为背景而制作的。[4]在战国史实中,对于乡政权职能的记述并不多,多的是对里的政权职能的记载。概括而言,可分为如下几个方面。

---

[1] 睡虎地秦墓竹简整理小组:《睡虎地秦墓竹简》,北京:文物出版社,1978年,第145、143、57页。
[2] 银雀山汉墓竹简整理小组:《银雀山汉墓竹简》,北京:文物出版社,1985年,第146页。
[3] 湖北荆沙铁路考古队:《包山楚简》,北京:文物出版社,1991年。
[4] 《周礼》书中所列官名,有相当一部分见于西周铭文,说明《周礼》书中确有西周史实为据。但西周所传的各项职官的具体职掌是十分简略的,而《周礼》书中所载却极为详细,显为后人增入所致。可参见张亚初、刘雨:《西周金文官制研究》,北京:中华书局,1986年。上揭顾颉刚:《周公制礼的传说和〈周官〉一书的出现》。

第一，组织生产。秦简《厩苑律》规定每年四月、七月、十月、正月要对耕牛的饲养状况进行评比，最者(即优等)赏，殿者(即劣等)罚，"有(又)里课之，最者赐田典日旬；殿，治(笞)卅"。"里课之"即对一里耕牛的饲养和使用状况进行评比，田典系里典之误，里典要督促、检查各家耕牛的饲养、使用状况，以防因饲养和使用不当导致耕牛的意外死亡或衰弱，影响耕作，评比下等，是里典平时督促、检查不力所致，故笞三十。《田律》云每有天灾或降了及时雨，里典要及时把灾情和受雨情况上报县廷，再由县上报中央以掌握丰歉情况。在耕种季节，农民贫苦，缺乏种子时，基层政府要借钱给农民购买种子，以免耽误农时。包山楚简中第111、113号简文就有这方面的记录。《周礼·里宰》云里宰之职有掌握"六畜兵器，治其政令，以岁时合耦于锄，以治稼穑，趋其耕耨"，是有史实背景的。其时农民的土地主要来自国家授田，具体的土地授予工作也由乡里基层官吏负责。

第二，登记户口，分派徭赋。其时户籍制度十分严密，四境之内，丈夫女子皆有名于上，生者著，死者削。男女成年之后，都要著名役籍，为国家服劳役和兵役。人口考核是乡里官吏的基本职能，故《周礼》记述的基层官吏的首要任务是掌握其辖区内的夫家众寡，成丁口数，以起徭役，以课贡赋。如有户口不实，里典等首受其咎。秦简《傅律》规定"匿敖童，及占癃不审，典老赎耐；百姓不当老，到老时不用请，敢为酢(诈)伪者，赀各一甲，伍人户一盾，皆迁之"。"敖童"即成童，指到了该著名役籍的刚成年的青少年。"癃"指病残人，"老"指年过免除徭役的人。"匿敖童"、"占癃不审"指故意隐瞒成丁人数，把正常人当作病残人，导致役籍人数减少，影响国家役源，当事人固然受罚，里典、伍老也要受罚，并被判迁刑，迁往荒远之地。这是各国通制，并非秦国独然。

第三，受理诉讼，调解纠纷，负责乡里治安。《周礼》所载州长、党正、族师、闾胥都有"掌其戒治"、宣读邦法之职能。战国时族、党等基层行政组织虽然消失了，但其负责地方治安诉讼、促民守法之职能则为乡里官吏所继承。包山楚简中有六十余支诉讼讯问的"受期"简，其中第22、32号简文就有"里公"、"州公"(即里、州长吏)"受期"的记录。

第四，监视农民举止，教化乡民，自觉遵纪守法，按伦理规范行事。其时之里邑均有围墙，居民出入有统一时间，言谈举止、衣着服饰也有一定规矩。里门有专人看守，即里监门，里监门要将一里居民及外乡人的出入情况看在眼里，记在心里，汇报给里尉、里典。《管子·立政》云"一道路，博出入，审闾闬，慎管键。管键藏于里尉，置闾有司，以时开闭。闾有司观出入者，以复于里尉。凡出入不时，衣服不中，圈属群徒，不顺于常者，闾有司见之，复无时"。"闾有司"就是里监门。若发现里中居民举止违法，不合道德规范，里尉、里典要先转告其家长予以教育,屡教不改者再绳之以法;若发现孝悌忠信者亦上复予以表彰。那些有不法行为的人若是"长家子弟臣妾役属宾客,则里尉以谯于游宗,游宗以谯于什伍,什伍以谯于长家,谯敬而勿复,一则再宥,三则不赦"。以示对长家子弟臣妾役属宾客的优待。"凡孝悌忠信、贤良隽才,若在长家子弟臣妾役属宾客则什伍以复于游宗,游宗以复于里尉,里尉以复于州长,州长以计于乡师,乡师以著于士师",逐级上报,不得越级,以示里尉、游宗、什伍之长及长家的教化功劳。里监门每三个月要将监视所得情况上报里尉,里尉六个月则上报一次给乡,一年进行一次总结,赏善不独及个人,罚恶也不止于一身,州长、里尉、游宗、什长、伍长都有一份。

余论:什伍乡里制的形成与宗族血缘关系的淡化

以上论述了什伍乡里制度的由国及野、在国家政权结构中的由高到低、数量的由少到多的变动过程,它的确立,表明封建领土国家代替西周城市国家的完成。这种外部形式上的古代国家形态的变化,其内部结构有本质的不同。兹从宗族血缘关系因什伍乡里制的形成而使乡里居民的构成发生变化这一角度再做余论,以为本文的结束语。

笔者的老师田昌五先生曾指出,中国古代的国家是宗族城市国家,说它是城市国家是因为其有点无面,小国寡民,国家统治是以城为重心,没有后世那样分明的领土观念。说它是宗族国家是因为其构成以宗族为基础,宗族与国家合一,宗主和君主合一;统治阶级和被统治阶级的划分也以宗族为特征,即分为统治宗族和被统治宗族。周初大分封就是典型例证。《左传》定公四年云周王封周公以"殷民六族",分康叔以"殷民七族",封唐叔以"怀姓九宗,职官五正"。这里的周公、康叔、唐叔之族是统治宗族,殷民六族、七族和怀姓九宗是被统治宗族。周公、康叔、唐叔就是因其宗族实现对殷民六族、七族和怀姓九宗的统治而建立起自己的国家的。在统治宗族内部又因其血缘的亲疏远近而有等级高低之别,从而决定了统治宗族成员在国家政权中地位职事的高低。[1]因此之故,为了保证族姓的纯洁,其时之居民都保持着聚族而居的传统,其里、邑固然是地缘组织,同时又是一个血缘团体,是地缘和血缘的合一,里君、邑人由里、邑内的宗族长世袭担任,只是要经过国君的任命,在王畿内则由周天子委任。一乡之民包含了许多个里、邑,彼此之间血缘关系疏远,所以要定期举行各种仪礼如乡饮酒礼即其一种,以弥补彼此之间因血缘

---

[1] 田昌五:《中国古代社会发展史论·中国古代国家形态概说》,济南:齐鲁书社,1992年。

的疏远可能导致的淡漠隔阂。[1]同时以不孝、不睦、不姻、不弟、不任、不恤、造言、乱民八刑纠治之[2],保证乡民间的温情脉脉。到春秋时代,统治宗族内部矛盾激烈,相互拼斗不已,加之各国间的兼并战争,除了少数新贵族之外,大部分旧的宗族都衰落下去,失去其传统的族姓地位,为谋生计而迁徙;野人则因各种条件获得了解放,也在寻找自己的乐土。原来聚族而居的状况被打破,国野界限日趋泯灭。为了加强对人民的统治,国家在普遍施行乡里制、建立地方政权的时候,只好按地域来划分居民,所谓五比为闾(二十五家)、四闾为族(一百家)、五族为党(五百家)、五党为州(二千五百家)云云都是按地域、户数划分的,而不去管它这二十五家是否同族共氏,一族之人是否就是二十五家,原来的宗族血缘关系开始与国家地方行政分离。当然这是一个渐变的过程,终春秋之世尚没有最后完成,族、党之作为一级地方行政机构就是地方行政以宗族为基础的历史遗存。

　　战国时代,国野界限消失,族类观念淡漠,人们或为生计,或为实现自己的理想,迁移流徙,五方之民聚而成邑,彼此之间没有什么血缘关系。如《礼记·檀弓》云"有殡,闻远兄弟之丧,虽缌必往,非兄弟,虽邻不往"。说明兄弟之间也不一定为邻了,为邻者也不一定是本家。同书《杂记下》云"姑姐妹其夫死,而夫党无兄弟,使夫之族人主丧……夫若无族矣则前后家、东西家;无有则里尹主之"。进一步说明前后左右邻里之间不一定有血缘关系。《庄子·则阳》云"丘里者,合十姓百名,而以为风俗也"。十姓泛指姓杂,以喻诸姓杂居。《战国策·秦策一》张仪说"赵氏,中央之国也,杂民之所居也"。《燕策三》云"室不能相和,不语邻家,未为通计也"。为什么不语邻家?因为邻家是外人,家丑不外扬,故不语邻家。显然,这种邻里关系完全是建立在地缘关系之上的,故彼此之间也就没有什么亲情和凝聚力,合则留,不合则去。如《韩非子·说林下》云"有与悍者邻,欲卖宅而避之"。战国时代,人口迁移十分频繁,这大约也是原因之一。显然,这不利于国家统治,因为在战争年代里,国家既要有足够的劳动力发展生产,又要有充足的兵源,故而强化乡里制度和户籍管理,乡里长吏严厉执行什伍连坐法,使之互相监督,稳定社会秩序,一律按地域关系把居民编入户籍,宗族血缘关系从国家基层政权中消失了。所以,我们说战国时代的乡里制度虽然是从西周发展而来,但二者有着质的区别,这个区别从一个侧面反映了我国古代国家结构的本质变化。

---

[1] 杨宽:《古史新探·乡饮酒礼与飨礼新探》,北京:中华书局,1965年。
[2] 《周礼·地官·大司徒》,阮元校刻:《十三经注疏》,北京:中华书局,1980年影印,第707页。

"闾左"新证*
——以秦汉基层社会结构为中心

一

"闾左"之名，首见于《史记·陈涉世家》，谓"二世元年七月，发闾左，適（笔者按：系'谪'之通假，今人或读作适之繁体，误，下同）戍渔阳，九百人屯大泽乡。陈胜、吴广皆次当行，为屯长"。《史记索隐》云："闾左谓居闾里之左也。秦时复除者居闾左。今力役凡在闾左者尽发之也。又云，凡居以富强为右，贫弱为左。秦役戍多，富者役尽，兼取贫弱者也。"[1]《史记·淮南衡山列传》载伍被语云："往者秦为无道，残贼天下。兴万乘之驾，作阿房之宫，收太半之赋，发闾左之戍。"《史记正义》谓"闾左边不役之民，秦则役之也"[2]。《汉书·晁错传》载，晁错上书文帝云秦兵役艰苦，"秦民见行，如往弃市，因以谪发之，名曰'谪戍'。先发吏有谪及赘婿、贾人，后以尝有市籍者，又后以大父母、父母尝有市籍者，后入闾，取其左"。孟康谓："秦时复除者居闾之左，后发役不供，复役之也。或云直先发取其左也。"颜师古云："闾，里门也。居闾之左者，一切皆发之，非谓复除也。"[3]《汉书·食货志上》云："至于始皇，遂并天下，内兴功作，外攘夷狄，收泰半之赋，发闾左之戍。"应劭注谓："秦时以適（谪）发之，名適（谪）戍。先发吏有过及赘壻、贾人，后以尝有市籍者发，又后以大父母、父母尝有市籍者。戍者曹辈尽，复入闾，取其左发之，未及取右而秦亡。"颜师古补充应劭的解释说："闾，里门也。言居在里门之左者，一切发之。此闾左之释，应最得之，诸家之义烦秽舛错，故无所取也。"比较各家解释，以应劭时代最早，但是应劭没有解释"闾左"的具体含义，也没有揭示"闾左"这个群体的身份特点，仅仅是解释了谪戍的顺序。这大约在汉代还不存在对闾左的理解问题，无须解释，到了魏晋以后，人们对闾左的含义就不太清

---

* 原刊《史学集刊》2012年第3期。
[1]《史记》卷四八《陈涉世家》，北京：中华书局，1959年，第1950页。
[2]《史记》卷一一八《淮南衡山列传》，北京：中华书局，1959年，第3091页。
[3]《汉书》卷四九《爰盎晁错传》，北京：中华书局，1962年，第2284—2285页。

楚，有不同的理解。所以颜师古先明确"闾左"的本意，而后赞同应劭解释。至此，古人对"闾左"的理解可以概括为两种意见：一是闾里之左，二是里门之左。对居于"闾左"的身份，也有两种看法：一是免除兵役义务的特权阶层，本来不服兵役，现在因兵源不足而征发之；二是为贫弱阶层，按照制度是富人服兵役，现在富人都征发完了，闾左也只好服役了。

唐代以后研究《史记》《汉书》者，对闾左的解释均在以上诸说内取舍之。直至清人郭嵩焘才对闾左的身份提出新的看法。郭嵩焘《史记札记》谓：

> 秦汉时发兵，皆囚徒有罪者，是以谓之谪戍。闾左，谓平民，陈涉、吴广皆平民也。《汉书·诸侯王表》"作左官之律"。颜师古注："汉时依古法，朝廷之列以右为尊。"《循吏传》"文翁以为右职"。颜师古注："右职，郡中高职也。"名门贵族谓之右族，则是闾左谓平民也。秦曰闾左，汉曰良家子，义并同。《索隐》误。[1]

在这里，郭嵩焘明确谓闾左是平民。岑仲勉先生《两周文史论丛·考据举例》从现代人类文化学田野考察的层面批评颜师古的"言居里门之左者"的解释不能成立，进一步强调闾左为平民说，云：

> 颜师古曰："此闾左之释，应最得之。诸家之义，烦秽舛错，故无所取也。"诸家义如何？惜无可考。余尝旅行内地，见夫穷乡僻壤，依山作宅，常无里门之置。黄河沿岸，或且穴居，古人未必远胜于今人也。即有里门矣，而七歪八落，各倚一方，从何以别闾左闾右乎？今之征兵，先取其壮，自是妥善之制，秦之谪发，志在守御，要当择其丁壮，次及老弱。若不问年龄强弱，唯举居里闾之左者先发之，秦虽不道，兵备实强，断无如是失算。应劭望文生义，类此者至多，颜反以为最得，若持此临政，几何不误尽苍生？然则闾左，当犹闾阎之谓，汉前关中有此俗语。两文（引者按：指应劭、颜师古之说）不能析解也。[2]

按《史记》《汉书》所记，闾阎系基层民众的泛称。如《史记·苏秦列传》司马迁说："夫苏秦起闾阎，连六国从亲，此其智有过人者。"[3]《汉书·异姓诸侯王表》班固谓："適戍强于五伯，闾阎逼于戎狄。"[4]这儿的闾阎都是基层民众的泛指。岑先生谓闾左是"闾阎之谓"，系指基层平民而言。

自云梦秦简问世以后，学界对闾左展开了新的论证，在闾左是否复除这

---

[1] 郭嵩焘：《史记札记》，上海：商务印书馆，1957年，第204页。
[2] 岑仲勉：《两周文史论丛》，北京：中华书局，2004年，第372—373页。
[3]《史记》卷六九《苏秦列传》，北京：中华书局，1959年，第2277页。
[4]《汉书》卷一三《异姓诸侯王表》，北京：中华书局，1962年，第364页。

一点上取得了共识：复除是秦汉时代特权的体现，闾左不在复除之列。而对"闾左"的训诂学解释，或者按郭嵩焘之说，认为"闾左"之"左"不是方位词，而是"尚右尚左"之"左"，表示地位低下的意思；或按颜师古之说，训为里门之左，或者训为闾里之左。而绝大多数学者对"里门之左"和"闾里之左"都不加分辨，认为二者意思一致。对于闾左的身份，主要有三种看法：一是闾左是逃亡者的别称，闾左之左是相对于豪右而言的具有特殊含义的卑贱者的称谓，不是方位词。[1] 二是在里门附近住的贫民，其地位和奴隶相当，相当于"浮萌"或"宾萌"。[2] 三是闾左实即"居闾里之左者的简称"[3]。这个问题，看似字词之辨，实则关系到对陈胜、吴广起兵性质的理解，也关系到对秦汉基层社会结构的认识，同时是把握秦汉国家力量对基层社会秩序控制方式和效果的重要一环，不可不辨。

二

笔者认为，要准确理解"闾左"的身份，首先要厘清"闾左"的空间范围——究竟是"里门之左"还是"闾里之左"，这是把握"闾左"身份的前提。这首先要对秦汉基层行政制度和社会结构有所把握，了解闾、里及其民居的历史状况，而后才能避免望文生义或者以今况古的不足。现在先从"闾"的本义说起。

在先秦时代，闾的含义是清楚的：即最基层的居民组织，若干户为一闾，比邻而居，外设墙垣，一闾之人统一由指定的大门出入，闾就有了门的意思。

---

[1] 卢南乔：《"闾左"辨疑》，《历史研究》1978年第11期。
[2] 田昌五先生首倡此说，但并没有详细论证，谓"有一种解释说，凡居住在里门左边的都被抓去戍边了。但居住在里门左边的千千万万，为什么一郡只得九百人，殊不可通。这里的'左'字应释为近，'发闾左'就是征发在里门附近住的贫民。那时社会中还遗留着奴隶制的残迹，有些外来的穷人不能在村中居住，只能在里门附近找个地方栖身，为人打零工过活。他们的社会地位比奴隶强不了多少，所谓'浮萌'或'宾萌'，就是这样的人"。见氏著：《中国古代农民革命史》第一册，上海：上海人民出版社，1979年，第57页；田人隆先生则进一步认为闾左是由"臣邦人"、"邦客"演变而来的居住在闾里之左的特殊人群，"在经济上一无所有，政治地位低下，是身份卑贱、备受歧视的一个特殊社会阶层；在秦代的社会结构中，闾左的地位接近于刑徒和奴婢，他不得跻身于平民（即黔首）之列"。见氏著：《闾左试探》，《中国史研究》1979年第2期。
[3] 王好立先生力主此说，谓"秦时并无确指某种特定身份的闾左之称，它是在后人的叙述和议论中产生的。闾里为秦时村镇的泛称，居于闾里之左者为秦代社会构成之基本成分，闾左实即'居闾里之左者'的简称"。见氏著：《"闾左"辨疑》，《中国史研究》，1980年第4期。其后的讨论基本上是对上述意见的补充论证，主要有何清谷：《闾左新解》《陕西师范大学学报》1989年第4期；辛德勇：《闾左臆解》，《中国史研究》1996年第4期；蒋菲菲：《秦代谪戍、赘婿、闾左新考》，《北京大学学报》1995年第5期；王育成：《闾左贱人说初论——兼说陈胜故里在宿州》，《中国历史博物馆馆刊》1998年第2期。只有王子今先生认为闾左是"里佐"的别称，王子今：《'闾左'为'里佐'说》，《西北大学学报》1985年第1期。

按《周礼·地官·大司徒》乡的组织系统为："五家为比,使之相保;五比为闾,使之相受;四闾为族,使之相葬;五族为党,使之相救;五党为州,使之相赒;五州为乡,使之相宾。"〔1〕据此,闾是乡的最基层居民组织,一闾二十五家,统一出入。不过,《周礼》所述之闾以五家为伍作为基本单位,是春秋以后的事情,春秋以前闾的户数并非如此〔2〕,但是,起码在春秋以前是存在闾这个居民组织的。《书·武成》"释箕子囚,封比干墓,式商容闾"〔3〕。这儿的"式商容闾"就是"式"商容所居之"闾",是在路过商容之族所居之闾时特意行礼以示对商容的尊敬,故而这儿的闾是指闾门。《春秋公羊传》成公二年"二大夫出,相与倚闾而语"〔4〕。《左传》襄公十八年"州绰门于东闾,左骖迫还于门中,以枚数阖"。这儿的"闾"都是闾门。《荀子·大略》:"庆者在堂,吊者在闾。"杨琼注:"闾,门也。"所以,《说文》谓"闾,里门也。从门吕声。周礼五家为比,五比为闾。闾,侣也,二十五家相群侣也"。许慎举的"周礼五家为比,五比为闾"就是《大司徒》的内容,谓"闾,侣也,二十五家相群侣也",是指二十五家从同一个大门出入而言。不过,许慎把闾径直释为"里门"还要做一个简单的说明。

按里的起源甚早,在西周时代,就有"里",但是西周之里的地位要远远高于闾,到战国才降为基层组织。商鞅在秦"集小乡聚为大县",统一乡里机构,其规模要远大于二十五家,至统一以后推行于全国。〔5〕也就是说,从历史渊源来说,闾自闾,里自里,本来里的地位要远高于闾;到了战国,里的地位下降,闾、里并行,里最终覆盖了闾;作为基层行政组织来说,闾早于里;当里取代了闾成为基层行政组织以后,原来的闾门就用来代称里门了。许慎直接把闾解释为里门的原因就在这里。

明确了闾的本义之后,我们不难确定"闾左"之"左"的意思了。郭嵩焘认为,"闾左"之"左"不是方位词,而是卑贱的意思,闾左是里中平民,相对于里中豪右,其地位卑贱而被称为"闾左",这儿的"左"相当于"尚右尚左"之"左"。岑仲勉先生根据对民国时代乡村民居的考察,从另一个角度肯定郭嵩焘的看法,卢楠乔先生则进一步论证了郭嵩焘对于"闾左"的训诂学解释,但认为闾左的身份不是平民而是特殊的卑贱群体,"闾左"之左不可实指,是和豪右之

---

〔1〕 阮元校刻:《十三经注疏》,北京:中华书局,1980年影印,第707页。
〔2〕 西周时代户籍编制以"九夫为井"和"十夫为沟"为单位,以适应其时之军事和生产的要求,五家为伍是春秋时代步兵兴起以后的制度。参见田昌五、臧知非:《周秦社会结构研究》,西安:西北大学出版社,1996年,第53—59、203—214页。
〔3〕 阮元校刻:《十三经注疏》,北京:中华书局,1980年影印,第185页。
〔4〕 阮元校刻:《十三经注疏》,北京:中华书局,1980年影印,第2290页。
〔5〕 关于先秦基层行政组织的演变,参见臧知非:《先秦什伍乡里制度试探》,《人文杂志》1994年第1期。另见田昌五、臧知非:《周秦社会结构研究》,西安:西北大学出版社,1996年,第183—213页。

右相对而言,表示地位卑贱。[1]笔者以为,在表示尊卑秩序的语境中,"左"确实有卑下之意,但是,表示尊卑之意的右与左正是由作为方位词的右和左引申而来。在先秦礼仪制度中,尊者、长者居右位,卑者、幼者居左位,于是这右与左和尊与卑、上与下相对应,右与左有了尊与卑的含义,这右与左的尊卑含义正是由其方位属性引申出来的。笔者以为,"闾左"作为完整的概念,其"左"究竟是表示方位还是表示尊卑,不能孤立地就"左"字论左字,而应该把闾左作为一个完整的词训释。岑仲勉先生依据乡村民居的考察结果否定闾为里门之训固然有其方法上的意义,但是国家力量对基层社会的控制程度和方式古今相去甚远,时代越早,对基层控制越严;秦朝刚刚统一,国家力量对基层社会控制之严密远非后世可比,不能用后世的认识理解秦制,更不能以今况古。明乎此,我们可以明确地得出结论:"闾左"之"闾"的本义就是里门,那么闾左之左只能是方位词,指"里门左侧"。

闾左本义既明,是里门之左,现在看"闾里之左"的理解问题。因为闾、里同属基层组织,性质相同,闾、里通用,习惯上以闾里指称基层社会,"闾左"和"里左"相通,所以论者对"里门之左"和"闾里之左"都不加区分,无论对闾左身份地位的看法分歧如何,都把二者混为一谈。然而,当我们用历史学的眼光分析闾左身份时,这"里门之左"和"闾里之左"的差别就不容忽视了,一字之差,对闾左身份的把握有着重大干系。按"闾里之左"是指里的左边,这在空间方位上没有歧义,所谓"发闾左之戍"就是将里左半边的居民征发成边。而"里门之左",可以有两解:一是把里门视为闾里的代称,和"闾里之左"同义,闾左就是指闾里左边的居民而言;二是仅仅指居住在里门左侧的人,则其人数有限。笔者以为,细味颜师古行文,其本意是"里门之左",而非"闾里之左"。应劭把发闾左和谪戍相联系,谪戍是对特殊人群的惩罚性征发;颜师古肯定应劭解释,认为闾左居住的是特殊人群才被谪发。既然是特殊群体,其人数理应有限,不可能是闾里左边居民的泛称。晁错说的"后入闾,取其左",就是指"后来进入里门,谪发居住在里门左边的人"。这个解释并非是逻辑上的推论,因为从秦汉时期里的墙垣道路门户设置的实际情况来判断,闾左在空间范围上只能是指里门左边,而不能是里的左边。

秦汉时代,人口控制严密,对民户所居之里有着严格的制度要求,里门、墙垣、道路,都有严格规定。如云梦秦律《法律答问》云:

  越里中之与它里界者,垣为完(院)不为?巷相直为完(院);宇相直者不为完(院)。[2]

---

[1] 卢南乔:《"闾左"辨疑》,《历史研究》1978年第11期。
[2] 睡虎地秦墓竹简整理小组:《睡虎地秦墓竹简》,北京:文物出版社,1978年,第231-232页。

"垣"即墙垣,里与里之间的墙称为垣;家与家之间的隔墙则称为院。作为里与里之间界限的垣若处于两巷相对的位置就是院,否则就不算作院。里与里之间有墙垣,一个里的内部也有墙垣。这些墙垣禁止毁坏、翻越。张家山汉简《二年律令·襍律》云:

> 越邑里、官市院垣,若故坏决道出入,及盗启门户,皆赎黥。其垣坏高不盈五尺者,除。

> 捕罪人及以县官事征召人,所征召、捕越邑里、官市院垣,追捕征者得随迹出入。[1]

《襍律》规定了私自翻越邑里、官市墙垣和偷开里门者的具体量刑标准:"皆赎黥。"当损坏的墙垣没有达到五尺高度,属于情节轻微,免于刑事处罚。只有在抓捕罪犯和为公家征调人员时,因为罪犯和应征人员越墙逃亡,为了抓捕的需要,才可以跟踪其踪迹越墙追捕。里与里之间有统一规划的道路供居民往来,禁止私自侵占。《二年律令·田律》云:

> 盗侵巷術、谷巷、树巷及垦食之,罚金二两。[2]

《说文》谓"巷,里中道也,从邑从共,皆在邑中所共也"。"術,邑中道也。"巷術都是居邑中间的道路,邑大于里,一个邑包括若干个里。里内的公用道路称为"巷",里与里之间的道路称为"術"。按《说文》:"泉出通川为谷。"根据张家山汉简整理小组的注释,律文所说的"谷巷"应是指因溪水而设的道路,"树巷"是林间的道路。个人不得侵占里邑内的交通道路,也不能垦种溪流、林木间的荒地,违反者"罚金二两"。这都是秦律的延续。[3]

就文献所载,里门的设置,根据人数,多少不拘。《史记·万石张叔列传》谓汉武帝时"万石君徙居陵里。内史庆醉归,入外门不下车。万石君闻之,不食。庆恐,肉袒请罪,不许。举宗及兄建肉袒,万石君让曰:'内史贵人,入闾里,里中长老皆走匿,而内史坐车中自如,固当!'乃谢罢庆。庆及诸子弟入里门,趋至家"[4]。外门相对于内门而言,万石君行事以孝悌谨慎著称,平时出入闾里都是下车步行;其子石庆身为内史,酒后"入外门不下车",破坏了家风,故而受到责备,正说明这个"陵里"有内外门之设。汉代,里的外门和内门

---

[1] 张家山二四七号汉墓竹简整理小组:《张家山汉墓竹简(二四七号墓)》(释文修订本),北京:文物出版社,2006年,第33页。
[2] 张家山二四七号汉墓竹简整理小组:《张家山汉墓竹简(二四七号墓)》(释文修订本),北京:文物出版社,2006年,第42页。
[3] 关于张家山汉简所见汉初里制,参见臧知非:《秦汉里制与基层社会结构》,《东岳论丛》2005年第6期;马新在《两汉乡村社会史》中对秦汉里制起源与演变有专门论述,参见马新:《两汉乡村社会史》,济南:齐鲁书社,1997年,第200—210页。
[4] 《史记》卷一〇三《万石张叔列传》,北京:中华书局,1959年,第2766页。

有专称,外部之门为闾,内部之门为阎。《说文》:"闾,里门也。""阎,里中门也。"《汉书·循吏传》谓宣帝"繇仄陋而登至尊,兴于闾阎"。颜师古谓"闾,里门也。阎,里中门也。言从里巷而即大位也"〔1〕。这起码说明了里门不止一个。

像陵里这样规划严整、管理严密、一里多门的里在简牍资料中有更为直接的记载。居延汉简云:

  居延西道里不更许宗,年卅五,长七尺二寸,自有舍,入里一门。(37·23)

  终古燧卒东郡临邑高平里召胜字游翁,赍卖九稷曲布三匹,匹三百卅三,凡直千,籴得富里张公子所,舍在里中二门东入。任者,同里徐广君。(282·5)

  惊虏燧卒东郡临邑吕里王广,卷上字次君,赍卖八稷布一匹,直二百九十,籴得安定里随方子惠所,舍在上中门第二里三门东入。任者阎少季、薛少卿。(287·13)

  包自有舍,入里五门东入,舍居延……能长君舍,禄福广汉。(340·33)〔2〕

简文说明,里的名称或者单独命名,或者以数字为序;每里设门若干,简文中的一门、二门、三门、五门都是指同一个里的里门序数,各有里监门监视里民出入。当外来人员入住时要登记备查,同时要有担保人。简文所记载的终古燧卒召胜虽然服役边郡,但原籍是东郡临邑高平里,现在和籴得富里张公子住在一起,是临时居住人口,于是由和张公子同里的徐广君担保,"任者"就是保人。王广和召胜同为燧卒,同是东郡人,王广比召胜多了一个保人。按居延地区城邑乡里多是移民组建,集中居住,统一管理,既要防止外寇,也要防止内奸,基本上是准军事化管理。而在内地,特别是乡野,那些分布在山林地带的里的人数多少、范围大小,以自然聚落为基础,或大或小,或多或少,大者百家,小者一二十家,等等不一。对于这些较小的里来说,不一定像陵里和简文所记边郡之里那样规范严整,也不一定都有内外门之设,其里门数量可能多个,也可能只有一两个。但是,我们起码可以认定,西汉初期一里多门是客观的存在。汉承秦制,如果说西汉初期因为社会结构的变动对基层社会管理有所松弛的话,则秦朝制度规范要更加严格。因此,我们有理由从西汉里制逆推秦制:秦朝也是一里多门。

---

〔1〕《汉书》卷八九《循吏传》,北京:中华书局,1962年,第3624—3625页。

〔2〕谢桂华、李均明、朱国炤:《居延汉简释文合校》,北京:文物出版社,1987年,第60、472、485、534页。

明白了里的制度设计和实际状况以后,闾左的空间范围可以进一步明确——闾左为"闾里之左"的解释不能成立,而只能是里门之左。因为谓闾左是"居闾里之左"的逻辑前提是把里一分为二,发"闾左之戍"即是把左半部分的里民征发戍边。然而,我们只要稍加分析就不难明白:把里一分为二要有个地理坐标,这个坐标只能是里门以及相连的道路,也就是根据里门和里中道路把里一分为二,而后征发左边之民戍边。且不说这样不分青红皂白地按照左右方位征发里民戍边是否可能,更主要的问题是在一里多门的情况下根本无法操作——无法以里门为坐标把里分为左右两个部分,因为一个里门之左就可能是另一个里门之右,同一个人因为属于闾左而被征,也可能同时属于闾右而不征,那么究竟是征还是不征?秦制严密,断然不会有这样荒诞的事情发生。所以,我们可以明确地得出结论:"闾左"是里门之左,"发闾左之戍"就是征发居住在里门左侧的人戍边,而不是"征发闾里左边的人戍边。"田昌五先生曾质疑"闾左"为"居闾里之左者"的解释,谓"居住在里门左边的千千万万,为什么一郡只得九百人,殊不可通",进而认为"这里的'左'字应释为近,'发闾左'就是征发在里门附近住的贫民"。[1]田先生没有对闾左问题展开讨论,释闾左为"里门附近"是出于逻辑上的判断,但通过上述辨析,说明了田先生分析的正确性。

三

"闾左"空间区位既明,现在讨论"闾左"的身份问题。在现代讨论中,对闾左身份的认识有共识也有分歧,大多数论者认为闾左是卑贱群体,是地位低下的特殊的社会阶层,但是对这些卑贱者的具体身份则分歧甚大。卢南乔先生认为是"逋亡人",也就是曾经的逃亡人口,田昌五先生认为是"浮萌或宾萌",田先生说"那时在社会中还遗留着奴隶制的残迹,有些外来的穷人不能在村中居住,只能在里门附近找个地方栖身,为人打零工过活。他们的社会地位比奴隶强不了多少,所谓'浮萌'或'宾萌',就是这样的人"。而田人隆先生则主张是由秦律中"邦客"、"臣邦人"演变而来的地位低贱的迁徙之徒。王好立先生则否定"臣邦人"之说而主张是"闾里之左者"——"就是打破'一岁屯戍'之类徭戍制度的征发,就是对无罪的平民、黔首的谪发"。[2]晚近的讨论在一些史料的解读上虽有分歧,但是基本是对以上诸说的补充和阐释。

通过以上的讨论,闾左在空间范围上为"闾里之左"的看法既然不能成

---

[1] 田昌五:《中国古代农民革命史》,上海:上海人民出版社,1979年,第57页。
[2] 分别见上揭卢南乔、田人隆、王好立诸文;田昌五:《中国古代农民革命史》,第1册,上海:上海人民出版社,1979年,第57页。

立,闾左属于闾里左边的平民之说自然不能成立。而迁徙之徒说和"宾萌"说都源自于贾谊对陈涉身世的叙述,陈涉曾为人庸耕,贾谊说他是"瓮牖绳枢之子,氓隶之人,而迁徙之徒也"。陈涉家贫如洗、身份卑贱、流徙他乡,陈涉既是宾萌,也是迁徙之徒。所以迁徙之徒说和宾萌说没有本质上的区别。[1]则谪亡人、迁徙者、宾萌三说中实际上只是谪亡人和宾萌两种意见。现在先看谪亡人之说。

　　谪亡人就是曾经逃亡的人,解闾左为谪亡人的依据是汉武帝实行的"七科谪"。《史记·大宛列传》载太初三年,武帝为支援贰师将军李广利征大宛,"发天下七科谪"。张守节《正义》引张晏曰"吏有罪一,亡命二,赘婿三,贾人四,故有市籍五,父母有市籍六,大父母有市籍七,凡七科"。《汉书·武帝纪》天汉四年为北击匈奴"发天下七科谪"。颜师古注亦引张晏的解释,把"亡命二"变为"亡人二",其余相同。王先谦《补注》云"官本注亡人作亡命",可见系版本不同所致。"亡人"指逃亡在外的人,亡命指脱离原来名籍逃亡在外的人。而晁错在叙述秦谪戍云"先发吏有谪及赘婿、贾人,后以尝有市籍者,又后以大父母、父母尝有市籍者,后入闾,取其左"。两相比较,秦、汉谪戍对象同为七种人,有六种相同,只有一种不同,就是秦的闾左和汉的亡人(或亡命),而《史记·秦始皇本纪》谓秦始皇三十三年"发诸尝逋亡人、赘婿、贾人略取陆梁地,为桂林、象郡、南海,以適遣戍"[2]。说明谪亡人也是秦的谪发对象。汉武帝的七科谪源自秦朝,则闾左就是谪亡人。[3]笔者以为,秦的谪戍和汉武帝七科谪在过程上还有所不同,汉武帝时的七科谪是一次性征发,而秦始皇则是依次征发,晁错说"先发吏有谪及赘婿、贾人,后以尝有市籍者,又后以大父母、父母尝有市籍者,后入闾,取其左"[4]。这种排列次序怕不是行文方便,而是对秦谪戍实行过程的叙述。秦的谪戍始行于秦始皇三十三年,当时征发的是三类人:尝逋亡人、赘婿、贾人,后来扩大范围,把尝有市籍者、大父母和父母尝有市籍者纳入谪戍范围,最后才"入闾,取其左",至秦二世元年,陈胜、吴广才以闾左的身份从征。闾左之征始于何时不敢遽断,但是可以肯定的是始皇三十三年闾左尚不在谪戍之列,所以还不能把尝逋亡人和闾左

---

[1] 田人隆先生把云梦秦律中的邦人、臣邦人、邦客一并列入迁徙者行列,认为"闾左和邦客、臣邦人更是一脉相承"。"由于闾左的前身是邦客、臣邦人,因而随着秦统一后邦国界说的泯灭,邦客、臣邦人这一类带有秦和六国对一昧的名称,才被正名为'闾左'。"但是,细析之下,秦律中的邦人、臣邦人并非来自六国。王好立先生对此有辨析,其说甚是。分别见田人隆:《闾左试探》,《中国史研究》1979年第2期;王好立:《"闾左"辨疑》,《中国史研究》1980年第4期。
[2] 《史记》卷六《秦始皇本纪》,北京:中华书局,1959年,第253页。
[3] 卢南乔先生首倡此说,何清谷先生益证此说,见前揭卢南乔:《"闾左"辨疑》,《历史研究》1978年第11期;何清谷:《闾左新解》,《陕西师范大学学报》1989年第4期。
[4] 《汉书》卷四九《爰盎晁错传》,北京:中华书局,1962年,第2284页。

直接等同起来,更不能把尝逋亡人和汉武帝时代的"亡命"等同起来。尝逋亡人是曾经逃亡、脱漏户籍的人员,而亡命是正在逃亡的人员;尝逋亡人已经接受过法律的惩处、回归正常社会,亡命者尚未服刑;征发尝逋亡人戍边是基于其刑满释放人员的身份,征发亡命者则是对其逃亡行为的直接惩处,因此之故,即使秦的尝逋亡人就是闾左,也不能把秦的闾左和汉武帝时代的亡命等同起来。所以,可以说逋亡人是谪戍对象,但并不能因此说闾左就是逋亡人,闾左可能包括逋亡人在内,但是其成分要更加复杂,征发闾左戍边的意义要比征发逋亡人广泛得多。

至此,我们可以讨论宾萌或浮萌与闾左的关系问题了。笔者以为,闾左是宾萌或者浮萌在秦朝的泛称,就其性质来说,是浮浪人口。这些浮浪人口因集中居住于里门之左而称为闾左。闾左之征固然体现了秦兵徭之役的沉重,但是也同时反映了秦对兵徭之役的慎重,这就是在一般情况下尽量征发非农业人口以免影响农时,并不能简单地视之为穷兵黩武的体现。要探讨这个问题,还要从当时里民居住状态和社会等级说起。

众所周知,秦自商鞅变法起全面推行军功爵制,"明尊卑爵秩等级各以差次,名田宅臣妾衣服以家次"[1]是商鞅变法的总原则,从此以后,新的军功爵位成为秦人社会等级的唯一依据,不同爵位的人享有不同的政治经济待遇,在居住空间上也按照身份五家为伍、比邻而居,不同身份的人居住在不同的区域,云梦秦简《法律答问》有云"大夫寡,当伍人不当?不当"[2]。大夫是二十级爵位中的第五级,当大夫人数少,不足五家之数,不得和爵位低的人或者没有爵位的人合编为伍,说明在秦时,无论是爵位高低,都是五家为伍的,区别在于大夫以上伍人身份要相同。西汉则以五大夫为界,张家山汉简《二年律令·户律》规定:

> 自五大夫以下,比地为伍,以辨囧为信。居处相察,出入相司。有为盗贼及亡者,辄谒吏、典。

> 隶臣妾、城旦舂、鬼薪白粲家室居民里中者,以亡论之。[3]

五大夫是二十等爵位的第九级,属于高爵,五大夫以下属于低爵。五大夫以下和没有爵位的人一样都要按照五家为伍的制度编制起来,每户人家都以券书为凭证,以防止冒充。彼此之间,互相监督,互相检举,发现有偷盗、逃亡等行为和可疑现象,立即向里典和相关官吏报告。从逻辑上分析,五大夫以上

---

[1] 《史记》卷六八《商君列传》,北京:中华书局,1959年,第2230页。
[2] 睡虎地秦墓竹简整理小组:《睡虎地秦墓竹简》,北京:文物出版社,1978年,第217页。
[3] 张家山二四七号汉墓竹简整理小组:《张家山汉墓竹简(二四七号墓)》(释文修订本),北京:文物出版社,2006年,第51页。

的人群,是不"比地为伍"的,也就不存在"以辨□为信。居处相察,出入相司,有为盗贼及亡者,辄谒吏、典"的问题。这儿的隶臣妾是犯罪被罚的官奴隶,和城旦舂、鬼薪白粲一样都是罪犯,他们一人犯法,举家连坐,其家庭要由原来的居民区迁移到指定地点集中居住,以便于监视和控制,否则"以亡论之"就是以逃亡论处。为什么以逃亡罪论处?就是因为这些罪犯有专门的居住区,和平民、有爵位的人分开居住,他们离开专门居住区、住到普通人的居住区,就等于逃亡。这至少说明,当时居民按照身份分为三个居住区:一是五大夫以上的高爵人群,二是五大夫以下低爵人群和没有爵位的人群,三是隶臣妾、城旦舂、鬼薪白粲等特殊人群。明白这一点,我们对上举石奋所居之陵里内外门之别的理解可以深入一层:石庆之所以入外门不下车,是因为外门和内门之间居住者的身份低,身份高的人居住在内门以内,在石庆眼里没有必要下车。这正说明在一里之内不同身份的人分区居住。这就是其时里内设置墙垣街巷的目的,是为了区分不同的居住群体,是社会等级制度的物化体现。这并非汉朝新创,而是秦制的延续。

  在授田制度之下,没有爵位的普通人,只要通名于上,就有田、宅于下,根据"名"——名籍登记的内容授予相应的土地。但是,授田的目的不是为了富民,而是为了富国——保证税源和役源。对于普通农民来说,土地一旦授予,既要承担徭役赋税,也就失去了自我选择的自由。所以,并不是所有农民都心甘情愿地做一个授田民,在社会上总有相当数量的浮浪人群,其成分复杂:有的出身贵族,是亡国之后,有的是游手好闲之辈,有的则身怀权谋技巧,各色人等,不一而足。他们或者凭借自身的一技之长,谋生于市井;或者依附权贵,做宾客死士;或者周旋于各国政坛之间,凭借自己的智谋谋取富贵;或者寄居闾里之中,靠出卖劳动力为生而等待发达的时机。但无论以何种方式,这些浮浪人口大多希望以自己的方式谋取名利,有朝一日改变地位。陈胜的故事颇能说明这一问题。《史记·陈涉世家》谓:"陈涉少时,尝与人佣耕,辍耕之垄上,怅恨久之,曰:'苟富贵,无相忘。'庸者笑而应曰:'若为庸耕,何富贵也?'陈涉太息曰:'嗟乎,燕雀安知鸿鹄之志哉'。"[1]陈涉是楚人,其为人佣耕是在统一之前还是在统一之后不能武断,但是,我们可以肯定的是,即使是在统一之前,陈涉之为人佣耕也不是因为家贫无地可耕。授田制是战国时代通制,楚国亦然,陈涉完全可以从官府领到土地。[2]陈涉之宁愿为人佣耕,也不愿按照正常途径著名官府、从官府得到土地,目的是寻找机会、以自己的

---

[1] 《史记》卷四八《陈涉世家》,北京:中华书局,1959年,第1949页。
[2] 战国以及楚国授田制度,参见田昌五、臧知非:《周秦社会结构研究》,西安:西北大学出版社,1996年,第125-160页。

方式实现其"鸿鹄之志"。陈涉的"鸿鹄之志"不是做一个富裕的农民或者地主，而是要平步青云，不能称孤道寡，也要出将入相，这是无法在面朝黄土背朝天的农耕生涯中实现的。以往认为陈涉为人佣耕，是土地集中、农民破产的反映，说明了地主和农民的两极分化，是不了解当时社会结构和土地制度的结果，是不合历史事实的。

在统一之前，六国的浮浪人口远多于秦国。因为秦国自商鞅变法以后，对人口控制严密，采取一系列措施，控制言谈游说之士，打击投机取巧之民，把社会各阶层都置于官府控制之下，千方百计地驱民于农，其浮浪人口的生存空间远远小于六国。[1]这些只要看看《史记·货殖列传》对各地风俗描述就不难理解：那些挖坟掘墓、好勇斗狠、投机取巧，为了富贵不择手段的现象大多分布于六国，而秦国绝少，原因就在于社会控制的差别。[2]出土文献为此提供了直接证据。云梦秦简《日书》甲种云：

结日，作事不成……以寄人，寄人必夺主室。

毋以辛酉入寄者，入寄者必代居其室。己巳入寄者，不出岁亦寄焉。

入客，戊辰、己巳、辛酉、辛卯、己未、庚午，虚四彻，不可入客、寓人及臣妾，必代居室。

墨（晦）日，利坏垣、彻屋、出寄者，毋歌。

《日书》乙种云：

阎罗之日，利以说盟（盟）诈（诅）、弃疾、凿宇、葬，吉。而遇（寓）人，人必夺其室。

凡五巳不可入寄者，不出三岁必代焉。

毋以戊辰、己巳入寄者，入之所寄之。

丁、癸不…巳、未、卯、亥、壬戌、庚申、己亥、壬寅，不可以入臣妾及寄者，有咎主。

毋以戊辰、己巳入寄人，寄人反寄之。辛卯、卯、癸卯，入寄之，必代当家。[3]

简文中的寄人就是寄居人家的浮浪人口，"入寄"和"寓人"指接受浮浪人员并长期生活在自己家中。秦简《日书》出土于统一后的秦墓，但是该墓所在地为楚国故地，而《日书》是民间择日用书，深深地植根于民间的日常生活之中，就其内容渊源来说，反映的是楚地风俗信仰，上举"寄人"、"入寄"、"寓人"等反

---

[1] 关于商鞅变法的人口控制政策，《商君书·垦令》有详细论述，根据云梦秦律，这些政策均付诸实践。
[2] 关于秦与六国风俗的差异，参阅臧知非：《周秦风俗的认同与冲突——秦始皇"匡饬异俗"探论》，《秦文化论丛》第十辑，西安：三秦出版社，2003年，第1-22页。
[3] 吴小强：《秦简日书集释》，长沙：岳麓书社，2000年，第23、54、173、181、198、217、219页。

映的主要是楚地现象。

浮浪人口众多,并非楚地独然,其他国家亦如是,云梦秦简著录的魏律可资佐证。魏安釐王二十五年(前 252)发布的《魏户律》云:

> 告相邦:民或弃邑居壄(野),入人孤寡,徼人妇女,非邦之故也。自今以来,叚门逆吕(旅)、赘壻(婿)后父,勿令为户,勿鼠(予)田宇。三枼(世)之后欲士(仕)士(仕)之,乃(仍)署其籍曰:故某虑赘婿某叟之乃(仍)孙。[1]

即在户籍上把叚门逆旅、赘婿后父打入另册,不准单独正式立户,不授予田宅,不准出仕,三代以后出仕时还要注明其祖父的身份。对这样的惩处,安釐王还嫌不够,同时又颁布《奔命律》,把这些"叚门逆吕(旅)、赘婿后父"发配戍边,云:

> 告将军:叚门逆闾(旅),赘壻(婿)后父,或衞(率)民不作,不治室屋,寡人弗欲。且杀之,不忍其宗族昆弟。今遣从军,将军勿恤视。享(烹)食士,赐之三饭而鼠(予)肴。攻城用其不足,将军以堙豪(壕)。[2]

这些"弃邑居野"者,"入人孤寡,徼人妇女"、"或率民不作,不治室屋",都是不务正业之徒,其成分是复杂的,他们有的是破产平民、有的是逃亡的奴隶、有的是王孙公子之后、有的是罪犯,他们或因为犯法,或因为仇怨,或因为不堪压榨,或因为国破家亡,或者是好逸恶劳等各种原因而"弃邑居野"。他们的目标和人生追求各有不同,有的是为了生存、有的是在寻找富贵的捷径、有的是为了自由、有的是为了报国恨家仇,如此等等,不一而足。但是,他们"弃邑居野"既影响了税源和役源,扰乱了社会秩序,也败坏了社会风气,所以要严厉制裁,在户籍上把"叚门逆旅、赘婿后父"打入另册的同时,又把他们发配军中从事最艰苦的徭役,其饮食待遇则远远低于普通士卒,其口粮标准限定在每餐三分之一斗,不准食肉,也不给其他菜肴,以示对他们"入人孤寡,徼人妇女"、"率民不作,不治居屋"的惩罚。[3]在魏国,这种现象并非个别,才颁布专门法律予以打击。不过,"叚门逆旅、赘婿后户"只是"弃邑居野"者的一部分,他们是由"弃邑居野"者演变而来,所以将他们和"弃邑居野"者相连。这些被发配的"叚门逆旅、赘婿后户"是登记在册、官府可以控制的人口,此外还有一

---

[1] 睡虎地秦墓竹简整理小组:《睡虎地秦墓竹简》,北京:文物出版社,1978 年,第 292－293 页。
[2] 睡虎地秦墓竹简整理小组:《睡虎地秦墓竹简》,北京:文物出版社,1978 年,第 294 页。
[3] 关于"叚门逆吕(旅)"的身份,学界曾有不同理解,拙文《"叚门逆旅"新探》认为是"借居于逆旅"者。但该文没有对"叚门逆旅、赘壻(婿)后父"与"民或弃邑居壄(野),入人孤寡,徼人妇女,非邦之故也"的关系做出分析,没有说明"叚门逆旅,赘婿后父"仅仅是"弃邑居壄(野),入人孤寡,徼人妇女"之民的一部分,而不是其全部,特此说明并予补充。参见拙文:《"叚门逆旅"新探》,《中国史研究》1997 年第 4 期。

些"弃邑居野"者在官府控制之外,其中不排除那些胸怀抱负、谋略出众者,他们不是为了简单的谋生,而是为了个人理想而"弃邑居野"。对这些人,官府是无法将他们征发戍边的,他们还继续在社会上游荡。

秦朝一统,继续"明尊卑爵秩等级各以差次,名田宅臣妾衣服以家次"的方针,强化人口管理,严格户籍,按照身份高低分配土地住宅,统一乡里,强化基层社会秩序的稳定性,保证徭役赋税来源,从而把六国的政治经济纳入秦制秩序之中。对那些浮浪人口自然要集中管理,不能放任自流。但是,就以秦国的政治经验来说,对列国浮浪人口的管理是缺乏经验的,因而把《魏户律》和《奔命律》的相关内容颁发全国,由基层官吏参考执行,像"叚(假)门逆吕(旅)、赘婿后父,勿令为户,勿鼠(予)田宇。三世之后欲士(仕)士(仕)之乃(仍)署其籍曰:故某虑赘婿某叟之乃(仍)孙"的法条在秦朝继续有效,这应当是秦朝征发赘婿、贾人,尝有市籍者、大父母和父母尝有市籍者戍边的制度由来。对于那些没有登记在籍的"弃邑居野"者的管理,魏律没有提供现成的方法,秦政府遂先把他们统一安置在里门左侧居住,以便于控制管理,然后甄别其成分、根据不同状况登记入籍,之后再"比地为伍"。在没有厘清其身份、登记入籍之前,只能集中居住在里门左侧。也就是说,所谓闾左,就是居住在里门左侧的浮浪人口的统称。

众所周知,战国以来的徭役征发,赋税分派,均以户籍为依据,秦的谪戍依然。晁错所说的"先发吏有谪及赘婿、贾人,后以尝有市籍者,又后以大父母、父母尝有市籍者,后入闾,取其左",正是按照户籍谪发戍边的体现:这吏有谪、赘婿、贾人,尝有市籍者、大父母和父母尝有市籍者都是在籍人口,把他们征发完了,"后入闾,取其左",说明闾左并非身份性称谓,他们的身份地位要高于那些父母和祖父母曾经有市籍的人,他们之所以被征发不是因为他们本身有什么过错,而是因为他们还没有获得正式的身份,说明这些居住在里门之左者并非户籍意义上的贱民,本来不在谪戍之列。谪戍要有法律依据,谪发违法官吏、商人都还有法可依,谪发居于里门之左者于法无据,纯粹是恣意为之。汉儒在过秦时屡屡以闾左之戍作为秦政残虐的证据,其原因就在这里。如果这些闾左是身份性称谓,是贱民,那么征发贱民戍边,依法行事,天经地义,是没有什么可指责的。正因为闾左不是正式的身份性称谓,而是临时居住于里门左侧者的统称,不具有制度的规范性和延续性,随着秦朝的灭亡,这个称谓也就消失了。

秦汉里制与基层社会结构[*]

里作为地方基层行政组织,其职能及其运作状况,与平民的日常生活息息相关,标志着国家权力对平民的控制程度,国家对平民的所有控制手段都要通过里来实现。把握里制的运行状况是了解古代国家权力如何统治基层社会的重要内容,也是把握古代基层社会结构和社会矛盾的关键环节。秦汉是我国第一个统一的中央集权大帝国,其里制及其运行状况对后世有着深远的影响,自然受到研究者的重视。遗憾的是,因为资料的缺乏以及认识的局限,以往的探索固然成就斐然,但仍有许多深层次的问题没有解决。人们只是静态地描述里的一般形态,笼统地述说里的职能,远没有深入分析里制在国家政权结构中的功能及其所反映的国家力量对社会秩序的控制方式与一般精神,更没有看到这种作用在秦汉四百余年历史中的变迁;就以对里的一般形态及功能的静态描述来说,也是雾里看花,模糊不清,不仅有许多问题有待于补充,而且在认识上也还存在着误解。[1]近年一系列简牍的面世,特别是张家山汉简的出版,使我们有可能比较详细地了解里制的内容与变迁,故为此文,以补充前贤时哲之不足,并就教于方家。

在以往研究中人们把乡里合并论述,将乡吏和里吏看作是一个群体,或者直接以"乡官"作为乡里官吏的统称。但是,若深入考察,秦汉时代的乡、里虽然同属于基层政权组织,但二者的性质有异:乡是国家权力机关,是县政府的派出机构,乡吏是食禄阶层,属于国家官吏系列;里是隶属于乡的控制平民的户口管理单位,里吏属于差役阶层。百姓按身份、依地缘,五户一组,分区居住,其生产、生活行为处于国家的密切监视之下,邻里之间相互监督,责任连坐。其目的都是为了实现国家对居民的人身控制,故秦汉之里远非过去所

---

[*] 原刊《东岳论丛》2005 年第 11 期,因为版面限制,刊出时删除了"里吏经济职能"部分,现原文刊出。

[1] 以往对秦汉行政制度研究多集中在乡、亭、里的关系方面,对里制的内部结构和功能分析基本上是空白,其认识还停留在古人的资料转述的层面上。直到 20 世纪末叶人们开始深入探讨这一问题,代表性的成果有:何双全:《汉简·乡里志及其研究》,刊甘肃博物馆编《简牍研究文集》,兰州:甘肃人民出版社,1990 年,第 145 - 235 页。马新:《两汉乡村社会史》,济南:齐鲁书社,1997 年,第 200 - 225 页。周长山:《汉代城市研究》,北京:人民出版社,2001 年,第 134 - 170 页。王彦辉、徐杰令:《论东周秦汉时代的乡官》,《史学集刊》2001 年第 3 期,第 24 - 31 页。

认为的是什么编户齐民的自治单位。而这一切,都是以授田制度为基础的,又因为土地私有化的发展而处于变动之中。关于秦汉乡制的情况,笔者另文讨论。现就里制研究中的存在问题,论述如下。

一、里制的设计与里民的居住形态

在西周金文中已有"里"的名称,但西周之里并非后来意义上的基层行政组织和居民编制单位,而是"国人"的居住区,其长吏"里君"由贵族担任,是国家政务的参与者。直到战国时代,领土国家形成以后,里才成为普遍的基层行政组织,各国都依据一定的数量标准把人口按里编制管理,各国每里户数各有不同,因时因地而异。文献记载的一里百家、五十家云云,都有其历史依据,或者是记录现行制度,或者是对现实的规划,其共同点都是把里作为基层户口编制单位和居民居住单位,而不是一个地域单位。[1]

秦统一之后,整齐制度,全国所有人口都置于国家力量的严密控制之下,被严密有序地组织起来,登记于名籍之上,隶属于相应的里,汉代亦如之。所谓"编户齐民",就是指所有人口都登记于户籍之上、被编制在相应的里之内而言,住宅大小、四邻关系都有严格规定,通过里这个最基层的行政组织,国家力量直接控制着每家每户的生产和生活。就简牍所见,这起码体现在如下几个方面。

第一,里与里之间、户与户之间设城垣相隔,里民的生活被限制在固定的空间范围内。云梦秦律《法律答问》:"越里中之与它里界者,垣为'完(院)'不为?巷相直为'院';宇相直者不为'院'。"[2]"垣"即墙垣,里与里之间的墙称为垣;家与家之间的隔墙则称为院。作为里与里之间界限的垣若处于两巷相对的位置就是院,否则就不算作院。张家山汉简《二年律令·襍律》关于里中墙垣的叙述比较详细,云:

> 越邑里、官市院垣,若故坏决道出入,及盗启门户,皆赎黥。其垣坏高不盈五尺者,除。

> 捕罪人及以县官事征召人,所征召、捕越邑里、官市院垣,追捕征者得随迹出入。[3]

这里规定了私自翻越邑里、官市墙垣和偷开里门者的具体量刑标准:"皆赎

---

[1] 关于西周和战国时代的里制,参见拙文《先秦什伍乡里制度试探》,见本集;田昌五、臧知非:《周秦社会结构研究》,西安:西北大学出版社,1996年,第183—213页。
[2] 睡虎地秦墓竹简整理小组:《睡虎地秦墓竹简》,北京:文物出版社,1978年,第231页。
[3] 张家山二四七号汉墓竹简整理小组:《张家山汉墓竹简(二四七号墓)》,北京:文物出版社,2001年,第157页。

黔。"当损坏的墙垣没有达到五尺高度,属于情节轻微,免于刑事处罚。只有在抓捕罪犯和为公家征调人员时,而罪犯和应征人员越墙逃亡,为了抓捕的需要,才可以跟踪罪犯或者逃亡者的踪迹越墙追捕。显然,这是秦律的延续。

里与里之间有统一规划的道路供居民交通往来,沿道路设置沟渠,种植树木,并有一定的公共用地。《二年律令·田律》云:

　　盗侵巷、术、谷巷、树巷及垦食之,罚金二两。[1]

《说文》谓"巷,里中道也,从邑从共,皆在邑中所共也"。"术,邑中道也。"巷、术都是居邑中间的道路,邑大于里,一个邑包括若干个里。里内的公用道路称为"巷",里与里之间的道路称为"术"。按《说文》:"泉出通川为谷。"从文意上看,律文所说的"谷巷"应是指因溪水而设的道路,"树巷"是林木间的道路。个人不得侵占里邑内的交通道路,也不能垦种溪流、林木间的荒地,违反者"罚金二两"。不过,这儿的溪水和树木是天然的还是人为的,则值得研究。青川秦牍记载的秦武王二年《更修为田律》有云:"九月大除道及阪险,十月,为桥修波(陂)堤、利津梁、鲜草离。虽非除道之时而有陷败不可行,辄为之。"[2]《二年律令·田律》完全沿袭了秦律的文字而有所补充,律文云"九月大除道及阪险,十月,为桥修波(陂)堤、利津梁、鲜草离。非除道之时而有陷败不可行,辄为之。乡部主邑中道,田主田道。道有陷败不可行者,罚其啬夫、吏主者黄金各二两"。所谓"邑中道"即邑内里与里之间的道路,乡啬夫负责整修邑内道路,田典负责整修田间道路。这邑内道路和田间道路都属于"大除道及阪险"的范围。众所周知,秦简田律在规定整修道路沟渠的同时还硬性规定了田间阡陌系统,而道路津梁和阡陌是同一个体系的不同组成部分,都是按照一定标准设立的,那么,上举律文的"谷巷"之"谷"和"树巷"之"树"也应是经过规划设立而不是自然的溪流和林木,尽管不排除这种规划有因地制宜地利用自然溪流和林木的成分在内。

第二,每里设里门若干,定时开闭,有专人管理,统一时间出入。上举《户律》谓"居处相察,出入相司"之"出入"就是指统一出入里门而言。里门按数字和方位编排,居延汉简有反映,略举数条于下:

　　居延西道里不更许宗,年卅五,长七尺二寸,自有舍,入里一门
　(37·23)

　　终古燧卒东郡临邑高平里召胜,字游翁,赍卖九稷曲布三匹,匹三百

---

[1] 张家山二四七号汉墓竹简整理小组:《张家山汉墓竹简(二四七号墓)》,北京:文物出版社,2001年,第166页。

[2] 四川省博物馆、青川县文化馆:《青川县出土秦更修田律木牍》,《文物》1982年第1期。

卅三,凡直千,觚得富里张公子所,舍在里中二门东入。任者,同里徐广君。(282·5)

惊虏燧卒,东郡临邑吕里王广。卷上字次君,赍卖八稯布一匹,直二百九十,觚得安定里随方子惠所,舍在上中门第二里三门东入。任者阎少季、薛少卿。(287·13)

包自有舍,入里五门东入,舍居延能长君舍,禄福广汉囗。(340·33)[1]

简文说明,里的名称或者单独命名,或者以数字为序;每里设门若干,简文中的一门、二门、三门、五门都是指一个里的里门序数。里并排设置,门沿路而开,有里监门监视里民出入。当外来人员需要入住时要登记备查,同时要有担保人。简文所记载的终古燧卒召胜虽然服役边郡,但原籍是东郡临邑高平里,现在和觚得富里张公子住在一起,是临时居住人口,于是由张公子同里的徐广君担保,"任者"就是保人。王广和召胜同为燧卒,同是东郡人,王广比召胜多了一个保人。这儿虽然是边郡情况,但作为基层行政组织,其组织管理应该与内郡一致。

因为一个里有几个门,为了统一开、关时间,里门的钥匙由里典、田典统一保管。《二年律令·户律》云:

田、典更挟里门籥(鑰),以时开;伏闭门,止行及作田者;其献酒及乘置乘传,以节使,救水火,追盗贼,皆得行,不从律,罚金二两。[2]

里门钥匙有田典、里典轮流掌管,每天按时开关。在"伏日"则全天关闭里门,禁止里民出入耕作,也禁止行人通行。如果在"伏日"有诏令为老人献酒、官府人员公务需要,以及使节出行,或者发生火灾、追捕盗贼,则开门放行。否则,违背规定,罚金二两。[3]

里是最基层的居民区,若干个里构成一个邑,一个邑就是一个城,城门也有专门人员看守,检查出入。无论是城门和里门,晚上都有人值班,《二年律

---

[1] 谢桂华、李均明、朱国炤:《居延汉简释文合校》,北京:文物出版社,1987 年,第 60,472,485,534 页。
[2] 张家山二四七号汉墓竹简整理小组:《张家山汉墓竹简(二四七号)》,北京:文物出版社,2001 年,第175 页。引者重新标点
[3] 张家山二四七号汉墓竹简整理小组将"田、典"连读,律文作"田典更挟里门钥,以时开",与意不通。田典和里典相同,都是里吏,每里各一人,田典负责农业生产事宜。如果将律文的"田典"连读,是指负责农业生产的里吏,则和下文"更挟里门钥"之"更"相抵触:"更挟"是轮流保管的意思,一个人是谈不上"更挟"的。此外,从云梦秦简和张家山汉简看,里既有里典,也有田典,田典序位在里典之后。里典负责里的所有事务,治安是重中之重,掌管里门钥匙,是监察里民出入的重要任务,不能不予过问。所以,应将"田典"分读,读作"田、典更挟里门钥",这里的"田"是田典之省,"典"是里典之省。

令·户律》规定：

> 募民欲守县邑门者，令以时开闭门、及止畜产放出者，令民共(供)食之，月二户。
>
> □□□□令不更以下更宿门。[1]

县邑大门募人看守，职责是按时开门关门，防止城内畜产逃出；守门人的日常生活由县邑内居民轮流供应，一家十五天。凡是不更以下的所有居民都要轮流在县邑大门值夜班。

《管子·立政》对乡里组织有过如下的描述：

> 分国以为五乡，乡为之师；分乡以为五州，州为之长；分州以为十里，里为之尉；分里以为十游，游为之宗。十家为什，五家为伍，什伍皆有长焉。筑障塞匿，一道路，博出入；审闾閈，慎筦键，筦藏于里尉。置闾有司，以时开闭。闾有司观出入者，以复于里尉。凡出入不时，衣服不中，圈属群徒不顺于常者，闾有司见之，复无时。[2]

这段记载，学界耳熟能详，都以为这是战国时代稷下诸公对先王圣制的主观设计，最多在某种程度上反映战国时期基层政权建设的一般思想而已，因为无论是西周还是管仲时代的齐国，是否有如此整齐划一的乡—州—里—游的制度都令人怀疑。但从上举秦汉律令来看，《管子·立政》所说的里制及其对里民的人身控制则是符合事实的，所谓的"筑障塞匿，一道路，博出入；审闾閈，慎筦键，筦藏于里尉。置闾有司，以时开闭。闾有司观出入者，以复于里尉。凡出入不时，衣服不中，圈属群徒不顺于常者，闾有司见之，复无时"的记述有一定的事实基础，和张家山汉律的基本精神有一致之处，或者说，《管子·立政》所述被汉律所继承，《户律》的按照身份"比地为伍，以辨□为信，居处相察，出入相司"，包含了里民出入邑里时是否按照尊卑等级顺序的内容在内，也就是有没有"圈属群徒不顺于常者"的现象发生。班固在《汉书·食货志》中在追叙"先王制土处民富而教之大略"时，曾经叙述西周时的制度，云："五家为邻，五邻为里……春令民毕出在野，冬则毕入于邑……春将出民，里胥平旦坐于右塾，邻长坐于左塾，毕出然后归，夕亦如之。入者必持薪樵，轻重相分，班白不提挈。"[3]春耕开始，农夫早出晚归，早上统一下田，晚上一起回到里中，届时里吏（即"里胥"，这儿泛指里吏）和邻长分别坐在里门两旁，监视农夫出入，看农夫是否按时荷薪而归，是否能

---

[1] 张家山二四七号汉墓竹简整理小组：《张家山汉墓竹简（二四七号墓）》，北京：文物出版社，2001年，第175页。

[2] 戴望：《管子校正》，世界书局诸子集成，北京：中华书局，1980年影印，第10页。

[3] 《汉书》卷二四上《食货志上》，北京：中华书局，1962年，第1123、1121页。

做到尊老爱幼,等等。现在看来,班固所说,在汉代仍有相当程度的保留,或者说战国儒生对先王制度的规划更多地被后世付诸实践,区别在于实践的多少而已;在《管子》和班固追叙的先王之制那里,注重的是邑里教化与长幼尊卑的和谐,在出土的秦律和汉律这里,注重的是以法律连坐的方式追捕盗贼和维持治安。

第三,里民按照身份等级高低,依地缘五家为伍,分区居住,不得违背。众所周知,中国自进入文明时代起,就是个等级分明的社会,只是在不同时代,等级的标准不同。秦自商鞅变法起推行军功爵制,"明尊卑爵秩等级各以差次,名田宅臣妾衣服以家次"[1]是商鞅变法的总原则,从此以后,新的军功爵位成为秦人社会等级的唯一依据,不同爵位的人享有不同的政治经济待遇,这些为学界所熟知,无须多说。但是关于这些不同等级的人在居住方式上究竟有何不同,因为资料不明,人们也没有深究,至今还是个十分模糊的问题。从云梦秦简看,有军功爵位的人和普通农民一样,都要按照五家为伍的方式编制在一起,区别在于同伍者身份要相同。《睡虎地秦墓竹简·法律答问》有云"大夫寡,当伍人不当?不当"[2]。大夫是二十级爵位中的第五级,当大夫人数少,不足五家之数,不得和爵位低的人或者没有爵位的人合编为伍,说明在秦时,无论是爵位高低,都是五家为伍的,区别在于大夫以上伍人身份要相同。西汉则以五大夫为界,《二年律令·户律》规定:

> 自五大夫以下,比地为伍,以辨囶为信。居处相察,出入相司。有为盗贼及亡者,辄谒吏。
>
> 隶臣妾、城旦舂、鬼薪白粲家室居民里中者,以亡论之。[3]

五大夫是二十等爵位的第九级,属于高爵,五大夫以下属于低爵。五大夫以下和没有爵位的人一样都要按照五家为伍的制度编制起来,每户人家都以券书为凭证,以防止冒充。彼此之间,互相监督,互相检举,发现有偷盗、逃亡等行为和可疑现象,立即向里典和相关官吏报告。从逻辑上分析,五大夫以上的人群,是不"比地为伍"的,也就不存在"以辨囶为信。居处相察,出入相司,有为盗贼及亡者,辄谒吏"的问题。隶臣妾、城旦舂、鬼薪白粲都是罪犯,其家庭不能和平民以及有爵位的人居住在一起,否则"以亡论之"就是以逃亡论处。为什么以逃亡罪论处?就是因为这些罪犯家属有专门的居住区,和平民、有爵位的人分开居住,他们离开专门居住区、住到普通人的居住区,就等

---

[1]《史记》卷六八《商君列传》,北京:中华书局,1959年,第2230页。
[2] 睡虎地秦墓竹简整理小组:《睡虎地秦墓竹简》,北京:文物出版社,1978年,第217页。
[3] 张家山二四七号汉墓竹简整理小组:《张家山汉墓竹简(二四七号墓)》,北京:文物出版社,2001年,第175页。

于逃亡。这至少说明，当时居民按照身份分为三个居住区：一是五大夫以上的高爵人群，二是五大夫下低爵人群和庶人，三是隶臣妾、城旦舂、鬼薪白粲等特殊人群。

若就《二年律令》所示，居住区的划分不止上述三类。《户律》曾规定了社会各阶层的授田、宅的数量等级，其二十级的最高级别列侯是一百零五顷田和一百零五区住宅，最低级别公士是一顷半土地和一区半住宅。此外有授田资格的还有公卒、士五（伍）、庶人、司寇、隐官五个阶层，其中公卒、士伍、庶人都是田一顷、宅一区，司寇和隐官则是田五十亩、宅半区。司寇是两岁刑，按照传统解释其所服劳役是在边境候望敌情，"司寇"也就是"伺寇"。隐官是刑满释放人员，因为受肉刑肢体伤残，异于常人而居住在常人看不到的地方役事于官府。根据律文，司寇不一定在边境伺敌，否则，人在边境服劳役，其所受之田如何耕种？合理的解释应该是司寇是有人身自由的刑徒，所以授予庶人一半的田宅；隐官因为肢体残疾、要在官府中从事手工业生产而不和常人住在一起而得名，也授予一半田宅。既然隐官之得名在于其居住地隐蔽，则另有居住区无疑；同理，司寇也应有其专门的居住区。

为什么要按照身份划分不同的居住区？这除了传统的等级观念尊卑有别、不同地位的特权不同之外，还有着现实实践的必要。因为在授田制之下，住宅大小和身份成正比，有爵位的大于无爵位的，高爵大于低爵。《户律》对此有着详细规定：

> 宅之大，方三十步。彻侯受百五宅，关内侯九十五宅，大庶长九十宅，驷车庶长八十八宅，大上造八十六宅，少上造八十四宅，右更八十二宅，中更八十宅，左更七十八宅，右庶长七十六宅，左庶长七十四宅，五大夫廿五宅，公乘廿宅，公大夫九宅，官大夫七宅，大夫五宅，不更四宅，簪袅三宅，上造二宅，公士一宅半宅，公卒、士五（伍）、庶人一宅，司寇、隐官半宅。[1]

现在可以明白五大夫以上不比地为伍在操作层面原因了。方三十步为一宅，第十级爵即左庶长有宅七十四区，占地广大，若比地为伍，使之"居处相察，出入相司"在实践上是不可能的，若同伍之人爵位较低或者没有爵位，因为地位悬殊谈不上对这些高爵者的"相察"和"相司"；若同伍者爵位相当，则因住宅广大，彼此距离太远，也谈不上"相察"、"相司"。比较而言，五大夫以下的低爵和无爵者就不存在这方面的问题了。

居民分区居住，本是春秋战国传统，不过，那是按照职业区分的。《国

---

[1] 张家山二四七号汉墓竹简整理小组：《张家山汉墓竹简（二四七号墓）》，北京：文物出版社，1978年，第176页。

语·齐语》记管仲对齐桓公说:"昔圣王之处士也,使就闲燕;处工,就官府;处商,就市井;处农,就田野。"也就是人们所熟知的士农工商四民分居。不过,要指出的是,这儿的士农工商都是指城中居民,他们都住在城中,在春秋时代,是不存在后世的城乡分野的。所谓使士"就闲燕;处工,就官府;处商,就市井;处农,就田野"云云,都是为了便于士农工商四民各司其业的方便。士之"就闲燕"是指使士居住在清净优越的地方以讲求孝、敬、尊卑以维护宗族贵族统治秩序;工"就官府"是工商食官使然,在官府手工业作坊中生产,自然要"就官府";商以贸易,故"就市井";而农夫的任务是耕种,所以"就田野",但这儿的"就田野"决不意味着农夫住在城外。《管子·大匡》云齐桓公在管仲的辅佐之下,分配住宅的原则是"凡仕者近宫,不仕与耕者近门,工贾近市"。这儿的"不仕与耕者近门"之"门"是指都城城门。为处理公务方便而"仕者近宫";"工贾近市"则是交易需要;而农田在城外,农夫和那些没有做官的人为了出城耕作的方便而住在城门里侧。当然,这里所引《管子》的话并不是制度规定,也不是管仲时代的真实记录,而是战国学者们的附托之词,但用以说明春秋战国时期居民按职业分区而居是有其史料意义的。因为社会结构的变迁,秦汉不可能完全继续先秦的四民分居的传统,但是从户籍上看,商人有市籍,按照五家为伍的编制相互监督,起码有集中的居住区,还有一定程度的历史遗存。而上述按照爵位高低"比地为伍"的规定更丰富了我们对秦汉时代社会的认识。

当然,没有爵位的人之间也是有贫富差别的,秦汉都按照财产多少将民户分为不同等级,韩信就因为"贫无行,不得推择为吏"[1],至少说明在秦朝不"贫"是"为吏"的条件之一,"为吏"有一定的财产标准。西汉初期规定,"资算十以上得宦","有市籍"和"无资"者均"不得宦",汉景帝后元二年降低选官的资产标准,令"资算四得宦,亡令廉士久失职,贪夫长利"[2]。资算标准是每万钱征一百二十钱为一算,十算即家资十万。按汉初标准,十万是中产之家,学界据此推定汉代户等依据财产差异至少分为上中下三等,大体符合实际情况。经济上的户等不同,政治权利也不同,在居住形态上自然要有所体现,大体上是富户靠近城中心,贫者靠近城墙,如陈平少时家贫,"家乃负郭穷巷,以敝席为门"[3]。"负郭"即紧靠城郭,透露出以财产划分居住区的信息。这和按照爵位户等分区为伍的精神是一致的。

至此,我们对秦汉时代里的面积大小可获得一个明确的认识:里民的身

---

[1]《史记》卷九二《淮阴侯列传》,北京:中华书局,1959年,第2609页。
[2]《汉书》卷五《景帝纪》,北京:中华书局,1962年,第152页。
[3]《史记》卷五六《陈丞相世家》,北京:中华书局,1959年,第2052页。

份不同,住宅面积不同,文献记载的无论是百户一里,还是五十户一里,都说明里是一个户籍管理单位,而不是一个地域单位。既然里的户数相同,那么高爵之里和低爵之里、穷人之里和富人之里的面积自然有大小之别。以往把汉代之里看作是整齐划一、面积相同的豆腐块结构显然是不能成立的。

二、里吏的经济职能分析

从上述律令内容来看,无论是里民之间的"居处相察,出入相司",还是里吏对里民的监视,都是围绕着防止和缉拿盗贼这个治安中心展开的。同伍连坐的目的是维持治安,人所共知,无须多说。但是,对于里的经济职能,人们的分析还很不够,现有论述大多是围绕着征收赋税、征发徭役展开,而忽视其直接组织农业生产、解决农民生产中的各种困难的功能,明白了里的这一功能才能深入把握秦汉基层社会结构的本质特点。

第一,组织农耕,保证农业生产有序进行。在战国时代,组织生产就是基层官吏的重要职责。在《周礼》一书中,凡是述及基层官吏职能的都有组织、督促农事的内容,诸如"巡其稼穑"、"牧其田野"、"简稼器"、"修稼政"、"趋其稼事而赏罚"等,尤其是里宰之职,最为具体,要"以岁时合耦于锄,以治稼穑,趋其耕耨,行其秩序,以待有司之政令"。"耦"指的是耦耕,是西周时代集体耕作时的两人一组的农耕方式;"锄"是里宰的办公地,农夫的劳动分组由里宰在"锄"中指定。在战国时代,耦耕已经被个体耕作所取代,里正或者里典不存在"合耦于锄"的问题,但是简牍说明,组织生产的职责没有弱化。包山楚简是战国时期楚国之物,其中有十几支是关于官府贷金给农夫购买种子的记录,如112号简文云"易陵连嚣、雀大迅尹足为易陵贷贱異之黄金四镒以翟(籴)种"[1]。易陵是地名,连嚣、尹是官名,简文说的是易陵的異向官府借贷"黄金四镒以翟(籴)种"即购买籽种事宜。我们虽然不清楚易陵在当时的行政级别,但是从中我们可以推知基层政府组织农业生产的一般状况。东汉人桓谭《新论》曾有魏国农官读法的记载,云"魏三月上祀,农官读法。法曰:耒无十其羽,锄无泥其塗。春田如布平以直,夏田如鹜,秋田惕惕,如寇来不可测。冬田吴、越视。上上之田收下下,汝则有罚;下下之田收上上,汝则有赏"[2]。这是关于农具使用和农田管理的法律,耒、锄等农具要摆放有序,擦拭干净;一年四季有不同的土地整修标准,土地质量分为上中下三等,有相应的产量标准,超过者有奖,否则有罚。

---

[1] 湖北省荆沙铁路考古队:《包山楚简》,北京:文物出版社,1991年,第24页。
[2] 缪文远:《七国考订补》,上海:上海古籍出版社,1987年,第222—223页。

秦汉时代,因为统一帝国的发达,政治统治重心上移,具体的生产管理职能自然由基层官吏行使。云梦秦律对此有详细规定。众所周知,秦简《田律》规定从春耕开始到八月底秋收之后,也就是作物生长季节地方官吏要随时上报土地受雨、作物抽穗、病虫灾害以及垦而未耕的土地顷数;同时规定从二月到七月,禁止砍伐山林、堵塞水道,禁止焚烧野草作为肥料,禁止采摘刚发芽的植物,禁止捕捉幼鸟、幼兽,禁止用陷阱和网具捕捉鸟兽等等。只有因死亡需要伐木制作棺材时才不受季节限制。[1]青川秦墓出土的秦武王二年《更修为田律》详细规定了亩积大小、田间阡陌道路设置以及封、埓的高低大小,同时规定了阡陌系统、灌溉系统的整修时间要求和技术标准。[2]这些规定极为详细,其实施都是以里为基本单位,里吏是具体组织者。

秦汉时代,每里设田典一名,具体负责一个里的农业生产的组织工作。秦简《田律》规定,"百姓居田舍者,毋敢酤(酤)酉(酒),田啬夫、部佐谨禁御之,有不从令者有罪"[3]。田啬夫和部佐都是乡吏(部指乡部,部佐即乡佐),都有禁止百姓私自酿造、买卖酒的责任,因为酿酒浪费粮食,同时农民私自饮酒聚会不利于社会秩序的稳定,凡三人以上私自聚会饮酒即属违法。[4]按制度,一乡管辖若干里,这里田啬夫和乡佐的禁止百姓"沽酒"的职能只能靠里典和田典具体实施。秦简《厩苑律》有考课耕牛的规定,其文云:

> 以四月、七月、十月、正月胋田牛。卒岁,以正月大课之,最,赐田啬夫壸酉(酒)束脯,为旱〈皂〉者除一更,赐牛长日三旬;殿者,谇田啬夫,罚冗皂者二月。其以牛田,牛减絜,治(笞)主者寸十。有(又)里课之,最者,赐田典日旬;殿,治(笞)三十。[5]

这些牛是官府的,有专门机构和人员负责饲养,供农耕使用。为了奖勤罚懒,每年四次评比耕牛的饲养和使用状况,届时分为乡、里两级进行,其中正月是总评比。乡评比时,优秀者奖励田啬夫一壸酒、一束干肉,免除饲养员更役一次,赏赐牛长即养牛人员的总负责人三十天劳绩。评比下等,当众申斥田啬夫,罚饲养员和牛长劳绩两个月。用牛耕地而使牛变瘦,每瘦一寸,笞具体负责人十下。当里评比时,优秀者,赏赐田典十天劳绩;若被评为下等,则笞田典三十。按乡有乡啬夫,是一乡事务的总负责人,田啬夫专门负责乡的农业生产。相应地,里有里典负责里的全面事务,田典则专门负责里

---

[1] 睡虎地秦墓竹简整理小组:《睡虎地秦墓竹简》,北京:文物出版社,1978年,第24—26页。
[2] 四川省博物馆、青川县文化馆:《青川县出土秦更修田律木牍》,《文物》1982年第1期。
[3] 睡虎地秦墓竹简整理小组:《睡虎地秦墓竹简》,北京:文物出版社,1978年,第30页。
[4] 文帝即位,大赦天下,令民"酺五日"。文颖注:"汉律,三人以上无故群饮酒,罚金四两。"《汉书》卷四《文帝纪》,北京:中华书局,1962年,第108—109页。
[5] 睡虎地秦墓竹简整理小组:《睡虎地秦墓竹简》,北京:文物出版社,1978年,第30—31页。

的农业生产。

西汉政权是在秦朝的废墟上建立起来的,其经济秩序完全沿袭秦朝。早在入关之初,刘邦和关中吏民"约法三章"的时候就明确命令"诸吏人皆案堵如故",并且"使人与秦吏行县乡邑告谕之"[1],即要求秦朝官吏特别是基层官吏以及农民各司原职。在以后四年的楚汉战争中,关中经济秩序完全是秦朝的延续。刘邦称帝伊始,暂都洛阳的时候就下令那些为了躲避战乱而"聚保山泽,不书名数"之民"各归其县,复故爵田宅",即只要回到原籍,登记户口以后,就承认其在秦朝的爵位、田宅的合法性。这实际上是将初入关中时的"诸吏人皆案堵如故"令推广到全国,表明在全国范围内恢复秦朝的经济政治秩序,基层社会更是如此,乡里组织生产的职能全面恢复。张家山汉简《田律》提供了更加明晰的说明,如《二年律令·田律》除了明确规定二百四十步为亩以外,其阡陌设置较秦律更加简捷,即"田广一步,袤二百四十步,为畛,亩二畛一陌道;百亩为顷,十顷一阡道,道广二丈"。省去了秦律田间规划中的封、埒设置,其余关于整修阡陌、津梁维护等田间管理以及保护山林的规定和秦完全相同。《二年律令·田律》云:

> 恒以秋七月除千(阡)佰(陌)之大草;九月大除道□阪险;十月为桥,修波(陂)堤,利津梁。虽非除道之时而有陷败不可行,辄为之。乡部主邑中道,田主田道。道有陷败不可行者,罚其啬夫、吏主者黄金各二两。□□□□□及□土,罚金二两。
>
> 禁诸吏民徒隶,春夏毋敢伐材木山林,及进(壅)堤水泉,燔草为灰,取麛(麑)卵鷇(鷇);毋杀其绳重者,毋毒鱼……[2]

西汉《田律》和秦律的不同在于汉律进一步明确了责任,明确规定"邑中道"由乡啬夫负责,田间道路则由田典具体负责,明确规定了不按时整修、整修不合格者,对负责的啬夫和相关官吏处以罚金。

上举楚简已经说明,在战国时代的楚国为了保证农业生产的正常进行,要解决农民的种子问题。秦汉亦然。秦简《厩苑律》规定,"假铁器,销敝不胜而毁者,为用书,受勿责"[3]。这儿的铁器即铁制农具,农民向官府借铁器,因为破旧不堪使用而损坏的,不要赔偿,只要在归还时用文书说明情况就行了。说明官府要为农民提供农具,条件是因为使用不当或故意损坏者要照价赔偿。湖北江陵凤凰山十号汉墓出土的木牍记述了郑里二十五户农民向官

---

[1]《史记》卷八《高祖本纪》,北京:中华书局,1959年,第362页。
[2] 张家山二四七号汉墓竹简整理小组:《张家山汉墓竹简(二四七号墓)》,北京:文物出版社,2001年,第166-167页。
[3] 睡虎地秦墓竹简整理小组:《睡虎地秦墓竹简》,北京:文物出版社,1978年,第32页。

府借贷的情况,其中二十四户人家账册完整,记账格式统一,顺序是户主、劳动力数、家庭人数、土地数、借粮数。有意思的是二十四户人家所借粮食数量和土地数量的比例相同,都是每亩一斗。显然,所借粮食不是用作口粮,否则应按照人数确定借粮数,每人借多少斗,人多者多借,人少者少借;而事实不是按人,而是按地。这只有一个解释:就是所借粮食是用作籽种的;简文中所记载的土地多少,也不一定是各户实际拥有的土地数,而是缺少种子的土地数。这二十四户农民的借贷都是由郑里统一办理而后上报于乡的,说明里吏是借贷的直接办理者,粮食财物由乡统一保管,农民借贷则由里吏办理。明乎此,对文献中屡见的安置流民的记录,如官府给予土地、农具、种子,使之生产自救等措施的最后实施程序就好理解了,都是以里为单位进行的。

第二,保护畜牧业生产。秦汉时代,牧业发达,《二年律令·田律》对牧业生产有相应规定,如:

> 诸马牛到所,皆毋敢穿穽,穿穽及及置它机能害人、马牛者,虽未有杀伤也,耐为隶臣妾。杀伤马牛,与盗同法;杀人,弃市;伤人,完为城旦舂。[1]

禁止在牧场挖掘陷阱、设置机关,违者罚为隶臣妾,对马牛造成伤害的以盗窃马牛罪论处,对人员造成伤亡者以故意杀、伤人罪论处。若放牧时牲畜糟蹋庄稼,由放牧人员赔偿。《田律》云:

> 马、牛、羊、彘豕、豕食人稼穑,罚主金马、牛各一两,四彘豕若十羊、豕当一牛,而令撟(?)稼偿主。县官马牛羊,罚吏徒主者。贫弗能赏(偿)者,令居县官;□□城旦舂、鬼薪白粲也,笞百,县官皆为偿主,禁毋牧豕。[2]

放牧过程中,如果发生毁坏庄稼的事情,不仅要赔偿庄稼主人的损失,而且要对放牧人员课以罚金,罚金标准是:十只羊、十只猪相当于一头牛或者一匹马,罚金一两。因为贫穷无力赔偿也无法交纳罚金的,则以工代罚,在官府服役折抵罚金和赔款,由县官代为赔偿。如果是官府马牛羊猪糟蹋私人庄稼,惩罚主管官吏,具体放牧人城旦舂、鬼薪白粲等,笞一百,禁止其放牧,改服别的劳役,所造成的损失,由县官赔偿。所有这些活动,都离不开里吏的参与。

第三,征收赋税、征发徭役。和具体的组织生产相比,里吏的经济职能更体现在征收赋税上。赋税是国家存在的基础,国家严密控制人口和生产资料

---

[1] 张家山二四七号汉墓竹简整理小组:《张家山汉墓竹简(二四七号墓)》,北京:文物出版社,2001年,第167页。

[2] 张家山二四七号汉墓竹简整理小组:《张家山汉墓竹简(二四七号墓)》,北京:文物出版社,2001年,第167页。

的目的就是保证赋税的实现和稳定。授田也好,借贷也好,目的都在这里。这些前贤时哲曾有过论述,为深入把握历史真相,现结合张家山汉简的相关规定以刍稿税和算赋的征收为例,做进一步说明。

刍稿是田税的一种,征收庄稼的茎叶,用作饲料;刍是精饲料,稿是粗饲料,都按顷定额征收。云梦秦简《田律》规定"入顷刍、稿,以其受田之数,无垦不垦,顷入刍三石,稿二石"[1]。西汉延续秦制而稍有变通,《二年律令·田律》规定:

> 入顷刍稿,顷入刍三石;上郡地恶,顷入二石;稿皆二石。令各入其岁所有,毋入陈,不从令者,罚黄金四两。收入刍稿,县各度一岁用刍稿,足其县用,其余令顷入五十五钱以当刍稿。刍一石当十五钱,稿一石当五钱。[2]

除了上郡因为土地质量差每顷少收一石刍之外,其余刍稿数量和秦相同;区别在于在征收刍稿过程中,根据需要决定具体实物数量,够用就行,其余按照规定折合成货币征收。这刍稿税的征收自然由里吏逐家逐户进行。关于基层官吏征缴赋税情况,以江陵凤凰山十号汉墓出土木牍的记录最为详细。木牍记录了西汉文帝时期江陵西乡所属市阳里、郑里、当利里三个里的算赋、刍稿和田租的征缴情况。牍文所说的算赋是汉代最为主要的税种,每丁每年交纳一百二十钱为一算。每年正月确定总算数,而后每月征收,每算每月征收的数字不等,全部由里正征收后按月上交西乡乡佐。刍稿或者按田征收,或者按户征收,分别称之为"田刍"、"户刍"、"田稿",有的征收实物,有的征收货币。田租的征收情况只记录了市阳里的一个田租数字,谓"市阳租五十三石三斗六升",由粟、麦、稻多种粮食折合而来,应当是某一次所收田租数量。资料冗长,也为学界所熟知,本文不予赘引,尽管因为资料限制,"田刍"、"户刍"、"田稿"、"田租"的数量比例以及实物和货币的比例分割,尚无法知晓,但里吏在赋税征收过程中的作用还是清楚的。[3]

---

[1] 睡虎地秦墓竹简整理小组:《睡虎地秦墓竹简》,北京:文物出版社,1978年,第28页。

[2] 张家山二四七号汉墓竹简整理小组:《张家山汉墓竹简(二四七号墓)》,北京:文物出版社,2001年,第165页。

[3] 牍文见李均明、何双全:《散见简牍合辑》,北京:文物出版社,1990年,第66—76页。牍文所见算赋制度,参见高敏:《从江陵凤凰山10号汉墓出土简牍看汉代的口钱、算赋制度》,《文史》第20辑。笔者按:学界对牍文"算"的性质和汉代算赋数额有不同认识,本文旨在说明里吏的经济职能有征收算赋一项,对算赋数额的分歧没有做出进一步的说明。笔者以为,算赋有一个生成过程,是徭役货币化的结果,数量处于变动之中,将另为专文讨论。因为论文集记录的是过去的研究过程和结论,不宜改动原观点。因此给读者造成的不便,敬请原谅。

三、里的文化功能、形态和基层社会秩序的变迁

里作为基层政权组织,除了有着上述的组织生产、管理治安的功能以外,还承担着教化里民、规范百姓宗教活动的功能。如《白虎通义·辟雍》云"里中之老有道德者为里右师,其次为左师,教里中之子弟以道艺、孝悌、仁义。立春而就事,朝则坐于里之门,余子皆出就农而后罢。夕亦如之,皆入而后罢。其有出入不时,早晏不节,有过,故使语之,言心无由生也。其有贤才美质,知学者足以开其心,顽钝之民,亦足以别于禽兽而知人伦"。里设里师,以道德高尚、学问优长者为之,以教化里民、维护公序良俗。以往人们往往纯粹地视这一段话为东汉儒生们对先王圣制的向往之词,现在对比上举《汉书·食货志》和《二年律令》关于基层政权的叙述,我们有理由相信《白虎通义》的这一段话在一定程度上反映了汉代起码是西汉后期和东汉初期的历史事实。此外,汉代的祭社活动也以里为基本单位,有里吏组织管理。《汉书·陈平传》记载"里中社,平为宰,分肉甚均"。社祭时,里民共同参加,平均享用祭品。汉高祖十年,因有司之请,令"民里社各自裁以祠"[1],即里民自行筹集钱物以祭社,不拘于国家规定的祭祀标准。里皆有社,社祭是里民重要的公共活动,社祀之费是里民的常费之一。凡此种种,以往有较多的论述,本文不予重复。现在从纵向的角度探讨里的形态和功能变动问题。

在以往的研究中,无论是探讨东周里制,还是秦汉里制,都是静态地综合分析,缺少纵向的探讨。这一方面是因为资料缺乏,难以深入分析数百年之间里制的变迁过程,另一方面则是认识上的不足。如果在观念上注意到历史是一个动态的过程,时空差异随时存在,就会看到秦汉数百年之间里的功能在不同时期是有所差异的。大体说来,这个变迁过程是人身控制和组织生产的功能逐步弱化,其宗教和教化功能则日益强化;里民由隶属于国家而逐步地依附于私人,其"自治"性逐步凸显,产生了一系列的民间组织维系着基层社会秩序的稳定,补充政府职能的缺失。这首先要从土地关系说起。

上举里吏无论是对里民的"居处相察,出入相司",还是对农牧副渔的组织管理,行使的都是国家赋予的行政权力,而这种行政权力的经济保障则是授田制度。国家凭借对土地以及山川泽林的垄断,迫使农民、手工业者只能从官府获取必需的生产资料从而不得不依赖于官府,农民也好,手工业者也好,都不得不按照身份高低被固化在里内,按照规定的轨迹和程序生产与生活,通过乡官里吏将农民的生老病死、婚丧嫁娶、分家立户等置于国家控制之

---

[1]《汉书》卷二五上《郊祀志上》,北京:中华书局,1962年,第1212页。

下,其最终目的自然是保证国家赋税徭役的稳定。所以,授田制之下的个体农民本质上是国家的课役农。但是随着时间的推移,国家对农民的人身控制和组织生产的功能以及农民的居住形态必然地发生变化,其按照政治身份高低、占有田宅多少而户籍相伍的等级有序的社会结构必然紊乱。这取决于两个方面的原因:一是土地私有化的发展,二是农民身份等级的变迁。

笔者曾经指出,授田制的目的是为了征税,土地一经授予,即固定在个人名籍之下,归个人所有,可以买卖、可以分割继承,届时只要变动名籍就行了;国家则按照名籍以顷为单位收取定额税,这就是有名于上,则有田于下,名、田一致,依名收税。[1]因为授田的目的是收税,则组织生产的目的是为了实现税收,反之,只要税收稳定,生产如何、产量高低是农民自己的事情,那些关于组织生产的各项规定自然地流于具文。而随着土地私有化的发展,生产完全成为生产者个人的私事,国家自然地放弃其强制性的组织生产职能而只保留劝导的职责。即使是在西汉前期授田制度能够严格执行的条件下,因为政治的相对"无为",经济政策相对"自由",赋税徭役较轻,只要有利于经济恢复,农耕也好,经商也罢,一切便宜行事;乡官里吏自己也要为着财富而奔忙,所谓"守闾阎者食粱肉,为吏者长子孙"[2]就是形象的说明,基层政权组织生产的职能也很难像法律规定的那样严格履行。所以,在传世文献中,很少见到乡官里吏像出土法律文书那样组织生产;在《汉书》和《后汉书》的《循吏传》以及其他人物传记中所透露的循吏、良吏的功劳之一就是组织生产,对那些基层小吏劝课农桑的行为更是大事表彰,这正从反面说明大多数官吏是不关心农事的。

上已指出,秦汉社会等级是以二十级军功爵为标准的,里民的住宅规划也是按照爵位高低排列,不同等第的人是不能居住在一起的。但是,军功之家的爵位并不是一成不变的。这不仅仅爵位因功劳变动而有升降,也不仅仅是军功爵者因违法犯罪而被免爵,更主要的是因为爵位在继承转移过程中的变化所导致的身份改变。按照《二年律令》所表明的继承制度,爵位是降级不均等继承制,即在军功爵者有多个子男的情况下,按照嫡长子继承制原则,确定一人为"后"即法定继承人降级继承其父亲爵位,其余诸子成年以后还在继承期待期间即由官府授予爵位,所授予的爵位级别低于"后子"所应继承的爵级,"后子"的这些兄弟们在获得政府授予的爵位以后,就不能再对其父亲的

---

[1] 关于战国、秦汉的授田制和田税制,参阅拙著《周秦社会结构研究》,西安:西北大学出版社,1996年,第125-160页;《汉代田税征收方式与农民田税负担新探》,《史学月刊》1997年2期;《西汉授田制度及田税征收方式新论——对张家山汉简的初步研究》,《江海学刊》2003年第3期。

[2] 《汉书》卷二四上《食货志上》,北京:中华书局,1962年,第1135页。

爵位提出继承要求。这样经过数代传承，这些大大小小的军功地主的身份就发生了改变，自然地变为庶人。以第十八级爵大庶长而论，其"后子"的法定爵位是第八级公乘，公乘的"后子"为第六级官大夫，官大夫"后子"为不更，不更"后子"为上造，上造之子全部为庶人；至于大庶长的"后子"的兄弟们傅籍以后，只能有两个人为第四级不更，其余兄弟一律为第二级上造，不更和上造之子则通通为公卒。也就是说，一个大庶长的爵位最多由"后子"传四代就递减为平民，大庶长"后子"之外的其他诸子只能传两代就自然失去爵位。[1]

然而，爵位和土地住宅相连，而土地住宅一经授予即归私有，是不再收回的，军功地主的子孙虽然因为继承制度的规定而丧失其祖、父的爵位，其祖、父的高门广宅则代代相传下来了，则汉初的爵位、住宅相一致的制度就无法维持，原来里内居民的等级有序的居住形态自然改变。这也是史籍所说的"里有公侯之富，邑有人君之尊"的成因之一，军功地主的后代们虽然没有其祖、父的政治特权，但仍然凭其经济势力威福乡里，形成大大小小的"豪民"。汉武帝设刺史监察地方，以"六条问事"中的第一条就是"强宗豪右，田宅逾制"，这些"强宗豪右"的形成恰恰是制度使然，是无法按照军功等级循名责实的。既然如此，所谓的"居处相察，出入相司"的规定只能停留在文字上，里吏对这些豪民生产、生活行为也就不存在依法监督的问题，就是他们应该交纳和承担的赋税和徭役也不敢按制度征缴和调发，转而加在普通农民头上。《盐铁论·未通》载文学语云"往者军阵数起，用度不足，以资征赋，常取给见民。田家又被其劳，故不齐出于南亩也。大抵逋流，皆在大家，吏正畏惮，不敢笃责，刻急细民，细民不堪，流亡远去。中家为之色出，后亡者为先亡者服事。录民数创于恶吏故相仿效，去尤甚而就少愈者多"。文学们所说的现象并不是汉武帝"军阵数起"时才有的，也并不因为汉武帝以后汉匈战争的停止而消失，这是社会结构变动的必然结果，并随着时间的推移和政治黑暗的加剧而日益严重，并最终导致统一王朝的覆亡。

基于上述原因，国家通过里对农民的人身控制就逻辑地处于弱化过程之中，原来按照身份等级分区居住、尊卑高低界限分明的人际关系必然改变，那些军功地主之后或者沦为平民，或者成为豪民。这些豪民固然凭借其祖、父的余荫横行乡里；部分庶民也因为经营有方，成为富甲一方的手工业主、商人而纵横天下。原来等级有序的社会结构因为财富的变动而不断改变。普通农民因为赋税徭役的压迫，"卖田宅，鬻子孙"之后，离乡背井，流亡四方，其结果是住宅、土地逐步地集中于地主豪强、官僚贵戚手中。按照汉初的等级制度，这些新兴的地主豪强的住宅和土地自然要超出制度规定，也就是汉武帝

---

[1] 关于爵位西汉继承制度，参阅拙作《张家山汉简所见西汉继承制度初论》，见本书。

所说的"逾制"。而失地农民要么离乡背井,成为流民;要么成为私家地主的依附民,或者沦为奴隶。国家为了保证税源和役源,也不断地采用种种措施安辑流民,释放奴婢,但是都无法从根本上改变农民的历史命运,不断地将流民编入户籍,又不断地有新的流民产生,始终无法恢复原来的社会秩序。那些重新入籍的贫民一般通过"假田"或者"赋田"的方式从官府得到小块土地,因招徕流民而设之里只能是贫民之里;当贫富分化以后,这些小农的田宅又为富人所有。原来等级有序的乡里结构也就一直处于变化之中。这起码体现在如下两个方面:一是里由城邑内向城邑外扩展,新居民点增多,逐渐打破政府规划的布局;二是邻里之间的互助性加强。

晁错曾上书文帝,建议移民实边,令移民"家室田作,且以备之"。在"要害之处,通川之道,调立城邑,毋下千家,为中周虎落。先为室屋,具田器,乃募罪人及免徒复作令居之;不足,募以丁奴婢赎罪及输奴婢欲以拜爵者;不足,乃募民之欲往者。皆赐高爵,复其家,予冬夏衣……如是,则邑里相救助,赴胡不避死"。文帝初步采纳了这一建议之后,晁错又上书说:"臣闻古之徙远方以实广虚也,相其阴阳之和,尝其水泉之味,审其土地之宜,观其草木之饶,然后营邑立城,制里割宅,通田作之道,正阡陌之界,先为筑室,家有一堂二内,门户之闭,置器物焉,民至有所居,作有所用,此民所以轻去故乡而劝之新邑也。"[1]晁错的第二个奏疏是针对第一个而言的,是在汉文帝采纳了移民实边的建议之后为了进一步安置移民而上的建议,是对前一个奏疏的补充。前者仅仅提出了一个框架,后者则是前者的细化。前者提出了在"要害之处,通川之道,调立城邑"的基本规模,即一城千家。后者则以古制的名义对"调立城邑"做出详细的规划,重点是"制里割宅",包括"通田作之道,正阡陌之界,先为筑室,家有一堂二内,门户之闭,置器物焉",从而实现使民"轻去故乡而劝至新邑"的目的。综合晁错的两段奏文,我们可以看出晁错的"调立城邑"有两个方面的内容,一是城外建立军事防御设施,二是城内的"制里割宅"。参以上举居延汉简37·23、282·5、287·13、340·33诸简文所记录的里的设置情况,说明晁错所言是付诸实践的,在西北地区的里确实是设置于城邑之内的。那么,内地之里的分布形态怎样?是在城邑之内还是在城邑之外?衡以上举云梦秦简和张家山汉简《二年律令》关于里制的一系列规定,我们可以判断内地之里在规划上也是设置在城邑之内的,区别在于内地城邑周围不存在西北地区的"中周虎落"等军事设施而已。也就是说,秦汉之里起码在最初的制度设计上是设于城邑之内的。那种从秦汉是农业社会、农民居住在乡村的既定概念出发、笼统地认为秦汉之里就是乡村之里或者以乡村之里

---

[1]《汉书》卷四九《晁错传》,北京:中华书局,1962年,第2286、2288页。

为主的传统看法是值得重新思考的。事实上,秦汉固然是农业社会,但农民并非如后世那样都散居于乡村,相当一部分是居住于城邑之内的。

那么,我们能否认定汉代的里只设置于城邑？答案当然是否定的。[1]里因人而设,站在国家立场上,自然希望把全国人口都集中在城邑之中,分里而治之,以保证国家对人口的绝对控制。但在实际运转过程中,或者因为战争,或者因为经济关系的变动,或者因为人口的繁衍,人口总是不断地从城邑向四野扩散,不断地形成新的居民点,其大者成为新的城邑,其小者则成为自然村落。这些大大小小的居民点或者环绕于原来的城邑附近,或者在山林川泽之间,或者是四野农田之上,其民户虽然隶名户籍,但官府并不一定将他们全部集中在城邑之内。如汉朝初立,刘邦令那些因战争离乱而"聚保山泽,不书名数"之民"各归其县,复故爵田宅"。响应这一号召的自然不少,但也不排除因为对新政权的疑虑而继续"聚保山泽"者,他们不归其县,就地登记入籍,就是新朝的合法人口,成为国家授田民,更便于利用当地的经济资源,各显神通,或经营矿冶,或畜牧,或种植经济作物等,推动了汉初的经济恢复和发展,新的居民点逻辑地发生了。所以,对于国家而言,是没有必要把这些居民全部集中在指定的城邑之内的,因地制宜,设里而治,既方便了农民的生产与生活,也省却了官府建城立邑的麻烦。马王堆三号汉墓出土的绘于吕后末年的《驻军图》绘有50多个里的位置,各依山川林野的地形而立,里与里之间远非法律所规定的比邻而立、整齐有序;其户数也多寡不等,多者百余户,少者仅有12户[2],显然是根据自然居民点设立的。就两汉历史而言,里在空间上由城邑向四野的扩展,随着时间的推移而加快,特别是在社会矛盾激化、政局混乱的时候,人民纷纷离开名都大邑,避乱四野。如西汉末年众多大姓避乱山林,大者上千家,小者近百家,聚而成邑者,俯拾即是。东汉建立之初,大城名都散亡,人口只有战乱之前的十分之二三,就是因为有许多逃亡人口,没有回到原来的城邑之中。政局稳定以后,逃亡人口虽然陆续回到原来的城邑,但有相当部分没有回原籍而定居在逃亡地了,随着时间的推移,城邑内的居民又不断地向城外发散,新的居民点不断涌现。东汉时期,聚的迅速增加就

---

[1] 长期以来,国内学者在论述里制时都没有注意区分里是置于城邑之内还是在城邑之外,都是泛泛而论,似乎这是个不言而喻的问题,作为农业社会的基层行政组织,里民就是农民,当然分布于乡村,日本学者宫崎市定则认为汉代的里均设于城邑之内,不存在散居于城郭之外的自然村落,见氏著《关于中国的聚落形态的变迁——对邑、国与乡、亭与村的考察》,《大谷史学》(日)第六号,1957年。现代学者或接受日本学者的启发,注意对城市之里的研究,周长山《汉代城市研究》(北京:人民出版社,2001年)是其代表;或者延续传统思路,视里为农村基层行政组织,马新《两汉乡村社会史》(济南:齐鲁书社,1997年)是其代表。二者各有合理深刻之处,但都没有注意到汉代里制有一个从城邑到乡村的变动过程。

[2] 马王堆汉墓帛书整理小组:《马王堆三号汉墓出土驻军图整理简报》,《文物》1976年第1期。

是一个证明。

聚在西汉数量很少,《汉书·地理志》记载了 19 个聚,其中有 12 个是王莽更改县名和侯国名而来,只有 7 个聚。《后汉书·郡国志》有 55 个聚,而这 55 个聚和西汉的聚无一重名,说明《郡国志》所记 55 个聚都是东汉新形成的。从《郡国志》的行文看,聚的行政地位和乡相当,是较大的城邑,规模远大于里,一个聚内包括若干里,才予以特别的标注。之所以特别记载这 55 个聚,除了因为这是人口较多的新的居民点之外,还是因为这些聚名大多是古国或者古邑或者在该地发生过重要的历史事件,有着特别的历史意义。如陈留郡外黄县的葵丘聚,曾是春秋时齐桓公和诸侯盟会的地方;东郡聊城的夷仪聚本是春秋时邢人迁移之处,嵩下聚本是鲁僖公追击齐师之处;东平国的堂聚曾是祭祀蚩尤的地方;任城国的桃聚本是光武帝刘秀破庞萌的地方;等等。这也从另一面说明东汉聚的实际数量远远不止这 55 个,还有众多的聚因为人口规模小、地名没有特别意义而不见记载。这说明聚作为自发形成的居民点,其早期形态和乡村的里相当,具有不稳定性,聚合无定,随时分散,又不断地生成,发展到一定规模以后,才被纳入国家行政体制之中,而成为地方基层行政组织的构成部分,这从一个侧面说明了两汉时代城乡结构的变迁过程和动态。

随着里由政府规划的城邑之内向城邑之外的发散,里民之间的人际关系以及国家对里民人身控制的强度也在变化之中。从里的建筑形态说,城邑之里和乡村之里没有什么区别,乡村之里也有城垣建筑以保证安全、防止盗匪,东汉时期里的城垣建筑比西汉还要发展,还建有碉楼等军事设施。但从国家对里民的人身控制来说,时间逾后,控制力越弱,里民的生产生活逐步摆脱了国家的控制,而有了较多的自由。以里为基本单位,以个人为对象的严格的社会控制体系是土地国有制时代的产物,本是为了战争的需要而设计的,目的是保证国家对劳动力的绝对控制。西汉虽然从秦朝继承了这一社会控制系统,但是,历史的旋律已经改变了,休养生息成为时代的主流,国家对农民的徭役剥削不仅减轻,而且开始由实物向货形态转变,农民只要按时完成规定数量的实物和货币,也就获得了一定的自由。随着土地私有化的发展,农民迫于生计,离散城邑,迁居乡野,自然村落生成以后,邻里之间以身份高低户籍相伍为基础的相互监督、彼此告发的关系逻辑地淡化。特别是在儒学思想渗入政治运转的各个环节以后,统治阶级提倡以孝、仁为核心的道德自律,在三老、伍老、孝悌、力田等乡官系统以及循吏的大力宣教之下,日渐成为维系邻里关系的价值准则,宗族血缘关系成为维系乡村社会关系的重要杠杆;加之以地缘上的共同利益,邻里之间的互助关系迅速生长起来,其典型表现就是民间结社的产生。东汉时大量产生的各种"单",本质上就是不同目的的互助性的民间结社。[1]这些结社是以里为地缘单位的,其大量产生,表明国家对基层社会秩序控制的弱化,国家已经难以通过里实现对基层社会的直接、完全的控制了。只有到了这个时候,里才有着人们常说的"自治"色彩。[2]不过这个"自治"并非里民的自我管理,而是由大姓豪族控制里内事务,越是在动乱时代,里的这个特点就越突出;不过,安定也好,动乱也罢,豪族之控制乡里起码在名义上依然代表着国家,行使的是国家赋予的权力。所以在动乱结束、新的国家秩序建立后,里的这个"自治"性即正式转为国家控制力量的组成部分,历史的车轮又进入新的时代了。这个问题,在本文难以展开,待另文详论。

[1] 关于汉代"单"的讨论,因为《侍亭里父老僤买田约束石券》的发现而展开,见黄士斌:《河南偃师县发现汉代买田约束石券》,宁可:《关于汉侍亭里父老僤买田约束石券》,具见《文物》1982年第12期。对于"单"的性质,学界有不同认识,或者以为是农村公社,以俞伟超为代表,见氏著:《中国古代公社组织的考察》,北京:文物出版社,1988年。或者以为是私人结社,由宁可初步提出,杜正胜进一步阐发。见宁可:《关于汉侍亭里父老僤买田约束石券》;杜正胜:《古代社会与国家·汉"僤"结社说》,台北:允晨文化实业有限公司,1992年,第954—969页。

[2] 长期以来,人们在宗法血缘关系是传统中国基层社会关系的基础这个观念的指导之下,或者直接或者间接地认为汉代的里是以宗族血缘关系为基础的自治组织,里在国家行政编制上是地缘组织,而里内居民则是聚族而居的血缘共同体。这虽然有助于对中国传统社会特质的认识,但并不符合事实。在秦汉时代,里民之间当然存在着宗族血缘关系,但是,在制度上宗族血缘关系是被排除在里的设置和里民编制以及里吏的权力运作之外的。商鞅变法以后的秦制,完全将血缘关系排除出基层政权运作过程之中,政治权利和社会地位按照军功爵分配。秦朝统一以后,将这套制度推行全国,实行严厉的打击豪强政策,影响东方六国地区基层政权的宗族血缘关系也被清除出权力运转之外。汉承秦制,起码在西汉前期,里既不是什么血缘共同体,也不存在什么"自治"问题。宗族血缘关系影响基层政权,里民由隶属于国家转而依附于宗族大姓,宗族大姓通过里吏操纵基层政权,到了西汉后期才凸显出来,东汉呈发展状态。因而不能笼统地认为汉代的里就是"自治"的血缘共同体。就以东汉而论,豪族大姓也是以基层官吏的身份操纵乡里的,行使的是国家赋予的权力,而不是什么"自治"。这些豪族大姓运用国家赋予的权力扩张私家势力是对国家权力的异化,二者处于相互利用和冲突之中,所以当新的国家秩序建立、对基层社会控制强化的时候,宗族权力逻辑地被排除在基层政府的权力之外。《长沙走马楼三国吴简·吏民田家莂》直接说明了这一点,参见秦晖:《传统中华帝国的乡村基层控制:汉唐间的乡村组织》,秦晖:《传统十论》,上海:复旦大学出版社,2003年,第1—44页。

简牍所见汉代乡部的建制与职能[*]

众所周知,关于汉代基层政权的最原始的系统记述是《汉书·百官公卿表》,其文云:"大率十里一亭,亭有长。十亭一乡,乡有三老、有秩、啬夫、游徼。三老掌教化。啬夫职听讼,收赋税。游徼徼循禁贼盗。"《后汉书·百官志五》对乡有秩、啬夫、乡三老、亭长、游徼职能的记载详于《百官公卿表》,云:"乡置有秩、三老、游徼。本注曰:有秩,郡所署,秩百石,掌一乡人;其乡小者,县置啬夫一人。皆主知民善恶,为役先后,知民贫富,为赋多少,平其差品。三老掌教化。凡有孝子顺孙,贞女义妇,让财救患,及学士为民法式者,皆扁表其门,以兴善行。游徼掌徼循,禁司奸盗。又有乡佐,属乡,主民收赋税。亭有亭长,以禁盗贼。本注曰:亭长,主求捕盗贼,承望都尉。里有里魁,民有什伍,善恶以告。"现代研究表明,亭和乡、里不属于一个行政系统,不是乡的下级政权,亭长是直属于县的地方治安管理官吏,而非乡的属吏;三老的性质亦异于啬夫、有秩,不属于行政官吏序列,不领俸禄,属于地方自治系统;汉代基层政权分为乡、里两级。[1]但,人们在研究乡里制度时,重点多集中于里的沿革、规模大小、里吏的考述,而对乡则几无论及。这在主观上是因为对乡在汉代地方政权运作中的重要性认识不足,在客观上则是资料的限制。近年来一系列简牍资料的问世特别是张家山汉简的面世,为我们了解汉代乡部的建制、属吏、职能及其在基层政权运作中的地位提供了可能,不仅可以补充史籍的阙如,而且对汉代基层政权的运作模式可以有深入的把握,进一步了解汉代地方政治的运作特质。现就此略述如下,以就正于方家。

乡部的分等与属吏

众所周知,汉代县的设置因人口多寡和土地广狭有大小之别,乡亦如是。

---

[*] 原刊《史学月刊》2006 年第 5 期。

[1] 最先提出这一观点的是王毓铨先生和严耕望先生,参见王毓铨:《汉代"亭"与"乡"不同性质不同行政系统说——"十里一亭……十亭一乡"辨证》,《历史研究》,1954 年 2 期;又见氏著《莱芜集》,北京:中华书局,1983 年。严耕望:《中国地方行政制度史》甲部《秦汉地方行政制度》(第 4 版),(台北)"中央研究院"历史语言研究所专刊之四十五 A,1990 年,第 237 - 251 页。

《汉书·百官公卿表》云县"万户以上为令，秩千石至六百石。减万户为长，秩五百石至三百石。……县大率方百里，其民稠则减，稀则旷，乡亭亦如之，皆秦制也"。上举《后汉书·百官志》也说到乡有大小之别。但是，因为资料的缺略，对乡的分等详情一直无从知晓。张家山汉简《秩律》为此提供了直接的说明。《秩律》是吕后二年以前颁布的律令的一种，是中央和地方各级官吏俸禄的专门法规，在详细规定了当时朝廷所辖的约二百八十个县的县令、县长俸禄的同时，也明确规定了乡的法律称谓是"乡部"及其俸禄等第。按律文，其时之县令长的俸禄共分五个级别，即长吏一千石，丞、尉八百石；长吏八百石、丞、尉四百石；长吏六百石，丞、尉三百石；长吏五百石，丞、尉三百石；长吏三百石，丞、尉二百石。乡部的禄秩则有二百石、一百六十石、一百二十石三个级别。律文规定："司空、田、乡部二百石。""田、乡部、二百石，司空及尉官、校长百六十石。""长安厨长，秩各三百石，有丞、尉者二百石，乡部百六十石。""都市亭厨有秩者及毋乘车之乡部，秩各百二十石。"[1]一般说来，汉代地方长吏如郡守、县令的秩位高低除了辖县广狭、户口多寡之外，还与所处地理位置的重要性有关，同理，《秩律》规定的280个县令长的秩禄都具体到每一个县，而不是统一规定那一类县的秩禄标准，原因就在于此。同理，乡部秩位也是如此，如规定"毋乘车之乡部，秩各百二十石"的原因即是一例。"毋乘车"之乡的重要性低于有乘车之乡，故特别规定其秩位为百二十石。

每乡户口多寡，以往都是根据文献进行推定。按《汉书·百官公卿表》所记平帝始元年间全国共有县、道、国、邑数1587，乡6623，户数12233062，平均每县4至5乡，每乡1847户左右。《后汉书·郡国志五》谓顺帝时有县、道、国、邑1180，注引《东观书》云"永兴元年，乡三千六百八十二"。则平均每县3至4乡。《续后汉书》卷八十六《职官》云东汉每乡户数"凡县户五百以上置乡，三千以上置二乡，五千以上置三乡，万以上置四乡。"孙星衍辑《汉官》云"乡户五千，则置有秩"[2]。则每乡户数从五百到五千不等。但在事实上，乡与乡之间的户数怕没有如此大的差距。按东海尹湾汉墓出土木牍记载汉成帝末年东海郡吏员簿，记述了东海郡十八个县、两个邑、十八个侯国的吏员实况，共有乡170、户266290，平均每乡1566户，和《百官公卿表》所记数字的推算结果相近。[3]户口因时而异，王朝初年和王朝末年差别巨大，每乡户口数亦然，在王朝初建、人口稀少时，每乡户数有限，五百户之乡就是大乡了；随着时间的推

---

[1] 张家山二四七号汉墓竹简整理小组：《张家山汉墓竹简（二四七号墓）》，北京：文物出版社，2001年，第195、197、202页。
[2] [清]孙星衍辑，周天游点校：《汉官六种》，北京：中华书局，1990年，第8页。
[3] 连云港市博物馆、中国社会科学院简帛研究中心、东海县博物馆、中国文物研究所：《尹湾汉墓简牍》，北京：中华书局，1997年，第79–81页。

移,人口增加,每乡的户数也相应增加。《续后汉书·职官》所述之小乡五百、大乡二千五百云云,不是同一历史时期的情况,而是把不同时期的统计数字混而为一了。至于说"乡户五千,则置有秩"是没有普遍意义的。

按尹湾木牍东海郡吏员集簿,其时之县、邑、诸侯国的乡的设置及其属吏配备,远较文献记载的复杂,现将其各县、邑、国所辖乡的数量及乡吏设置列表如下:[1]

国名	乡有秩	乡啬夫	游徼	乡佐	亭长
海西县	4	10	4	9	54
下邳县	1	12	6	9	46
郯县	5	6	3	7	41
兰陵县		13	4	4	35
朐县	1	6	2	6	47
襄贲	2	5	4	4	21
戚县	2	3	1	5	27
费县	2	5	5	4	43
即丘县		8	4	4	36
厚丘		9	2	1	36
利成县	1	3	3	5	32
祝其县		5	3	2	23
开阳县	1	4	3	2	19
缯县	1	3	2	2	23
司吾县		7	2		12
平曲县	1		2	2	27
□□县		7	3	2	36
□□县	□		2	1	5
□□		2	1		7
□		1	1	1	6
昌虑国	1	2	2	1	19

---

[1] 连云港市博物馆、中国社会科学院简帛研究中心、东海县博物馆、中国文物研究所:《尹湾汉墓简牍》,北京:中华书局,1997年,第79-81页。

续表

国名	乡有秩	乡啬夫	游徼	乡佐	亭长
蓝旗国		4	2	2	12
容丘	1	2	2	2	11
良成	1	1	2	3	7
南城		2	1	2	18
阴平		3	2	3	11
新阳		2	2		12
东安		1	1		9
平曲		2	2		5
建陵		1	1		6
山乡		1	1		4
武阳		1	1		3
都平		1	1		3
吾乡		1	1	1	5
建乡		1	1	1	4
□□		1	1	1	2
建阳		1	1	2	5
都阳		1	1		3

上表共列出了东海郡18个县、2个邑和20个诸侯国的乡及其属吏数。从中我们不难看出：第一，尽管县和诸侯国是平级单位，但县的面积要远大于侯国，有些诸侯国的面积不过一乡而已，相当于东汉的乡侯，因而诸侯国和县所辖乡的数量是不能同日而语的。上举18个县，多者如海西县有14个乡，少者有3个乡，总计126个乡，占全郡乡数的四分之三（表中第18个县的乡数因牍文漫漶，依上下文例推定为三个乡；在昌虑国之前、设长为长吏、分别有一个和两个乡啬夫的政区应是邑），平均每县7个乡，远远高出根据《汉书·百官公卿表》每县四五个乡的推算。《百官表》所述是综合县邑侯国及其乡的总数而言，县乡数远多于邑和诸侯国的乡数，若平均推算当然难得真相。明乎此，可有助于对汉代封国和郡县关系的理解。

第二，关于乡有秩和乡啬夫关系的争论可以结案。有的论者把《百官公卿表》的"乡置有秩啬夫"连读，认为汉代乡啬夫分为有秩啬夫和无秩啬夫，即大乡设有秩啬夫，小乡设无秩啬夫，认为《后汉书·百官志》的"有秩，郡所署"

之"有秩"是有秩啬夫之省。上表说明,有秩自有秩,啬夫自啬夫,二者并非一官异名。按东海郡吏员名籍簿,全郡共有170个乡,在具体分列各县、邑、侯国各乡长吏时把乡有秩和乡啬夫分列,如海西县乡有秩4人、乡啬夫10人,下邳乡有秩1人、乡啬夫12人,等等。表中列出乡有秩24人,乡啬夫135人,合计159人,较170人的总数少11人,有的是赘文漫漶,有的可能是缺置。但无论其乡的总数和各县、邑、国的统计数是否一致,足以说明乡的长吏确实分别命名为乡有秩和乡啬夫,大乡为有秩,小乡为啬夫,前面均冠以乡字以示其为一乡之长,以免和其他机构的有秩和啬夫混淆。《百官公卿表》所云之"乡置有秩啬夫"应将"有秩"和"啬夫"分读,而不能连读。《后汉书·百官志》所说的"乡置有秩、三老、游徼。本注曰:有秩,郡所署,秩百石,掌一乡人;其乡小者,县置啬夫一人"是对的。不过,谓大乡郡置有秩、秩百石,小乡县置啬夫则秩不足百石,应当是后汉制度。上举二年律令律文说明,在汉初乡部的秩禄分为二百石、百六十石和百二十石三等,最低也在百石之上。这儿乡部当是指乡啬夫或者乡有秩而言。

第三,关于乡的属吏设置问题。《汉书·百官公卿表》和《后汉书·百官志五》均记述游徼是乡的属吏,《公卿表》谓"啬夫职听讼,收赋税。游徼徼循禁盗贼"。《百官志五》则云在啬夫和游徼之外还有乡佐,"属乡,主民收赋税"。历来都把游徼、乡佐作为乡啬夫的属吏看待,每乡都有游徼、乡佐。其实,若仔细分析,起码把游徼作为乡的属吏是不能成立的,史传所见之游徼均直属于县。如《汉书·胡建传》云:"客臧公主庐,吏不敢捕。渭城令建将吏卒围捕……(公)主使仆射劾渭城令游徼伤主家奴。"[1]游徼由县令胡建率领,而非隶属于乡啬夫或者乡有秩。又如《汉书·黄霸传》谓"霸少为阳夏游徼",《后汉书·郑均传》注引《东观汉纪》云郑均之兄郑仲"为县游徼",等等,均言游徼是县的属官,碑刻中的材料更是无一例外地证明这一点。这些,前辈学者早已指出,本文不予重复。[2]这里要补充说明的是,前辈学者虽然正确地指出了游徼的隶属系统,但没能就游徼数量和乡的设置做出进一步的说明,有的学者虽然看到了游徼是县令的属吏,但仍然把游徼列入乡的属吏系统之中。上举东海郡籍簿进一步说明,游徼是隶属于县令的治安官吏,其员数和乡的多寡是没有直接联系的,全郡170个乡,只有75名游徼,并非是每乡1名游徼。如海西县14个乡,游徼4人;下邳13个乡,游徼6人;郯县11个乡,游徼3人;兰陵县13个乡,游徼4人;襄贲7个乡,游徼4人;费县7个乡,游徼5

---

[1]《汉书》卷六十七《胡建传》,北京:中华书局,1962年,第2911-2912页。
[2] 严耕望:《秦汉地方行政制度》,台北:"中央研究院"历史语言研究所,1980年;安作璋、熊铁基:《秦汉官制史稿》(下),济南:齐鲁书社,1985年。

人……游徼数量和乡的数量并非成正比。这进一步说明,游徼是县廷官吏,而不是如乡有秩和乡啬夫那样分部而治的乡长吏。《汉书·百官公卿表》和《后汉书·百官志》均是综合言之,不能机械理解。《宋书·百官志下》谓"乡有乡佐、三老、有秩、啬夫、游徼各一人",明确谓每乡游徼一人,显然是对两汉史籍的误读。

现在谈乡佐问题。乡有乡佐,《后汉书·百官志》谓"属乡,主民收赋税"。简牍中多有记载,如湖北江陵凤凰山10号汉墓出土的木牍就记载西乡乡佐收取所属市阳里、郑里算赋的事情,其文有云:

市阳二月百一十二算算卅五钱三千九百廿正偃付西乡偃佐缠吏奉受正□二百册。

市阳三月百九算算九钱九百八十一正偃付西乡偃佐赐。

市阳五月百九算算九钱九百八十一正付西乡佐緦。

郑里二月七十二算算卅五前二千五百廿正偃付西乡偃佐缠吏奉〔1〕

算赋由市阳和郑里的里吏收取之后上缴所属之西乡,西乡则由乡佐负责收取。牍文所示西乡先后有三个乡佐:赐、缠、緦,似乎乡佐之与乡啬夫不仅像县丞之与县令那样一一对应,普遍设立,而且每乡不止一人。但是,按上表数据,东海郡170个乡中只有88个乡佐,远低于每乡1名的配置。其多者如海西14乡,乡佐9人;下邳13乡,乡佐9人;郯11乡,乡佐7人;朐7县,乡佐6人。其少者如厚丘9个乡,只有乡佐1人;象司吾、新阳、东安、平曲、建陵、山乡、武阳、都平、都阳则没有乡佐,其中的司吾有7个乡,却没有1名乡佐。这些恐怕不是漏置或者缺员所至,而是制度使然。虽然有1乡1佐的例子,如戚县就是5乡5佐,甚至是乡佐数多于乡数,如利成就是4乡5佐,但这不足以说明乡佐就是按乡设置,每乡1名。按尹湾汉简《籍簿》所记38个县、邑、国的吏员数,均以职位高低、秩位尊卑为序,从乡有秩、乡啬夫和乡佐的位置顺序来看,乡佐决非如县丞之与县令那样一一对应的主吏与辅吏的关系。试举两例如下:

海西吏员百七人:令一人,秩千石;丞一人,秩四百石;尉二人,秩四百石;官有秩一人,乡有秩四人;令史四人,狱史三人,官啬夫三人,乡啬夫十人,游徼四人,牢监一人,尉史三人,官佐七人,乡佐九人,亭长五十四人,凡百七人。

郯吏员九十五人:令一人,秩千石;丞一人,秩四百石;尉二人,秩四百石;狱丞一人,秩二百石;乡有秩五人;令史五人,狱史五人,官啬夫三人,乡啬夫六人,游徼三人,牢监一人,尉史三人,官佐九人,乡佐七人,邮

---

〔1〕 李均明、何双全:《散见简牍合辑》,北京:文物出版社,1990年,第68页。

佐二人,亭长四十一人,凡九十五人。[1]

《籍簿》所列都是县政府的属吏,其排列顺序是以职能体系和秩位高低为序,是其时之通制。按当时县政府属吏的秩位分为有秩、斗食、佐史三大级别。《籍簿》中之官有秩、乡有秩属于"有秩"的级别,令史、狱史、官啬夫、乡啬夫等属于"斗食"级别,官佐、乡佐以下属于"佐史"级别。其官有秩与乡有秩、官啬夫与乡啬夫、官佐与乡佐都属于同一秩位,在官为官有秩(这儿的"官"为"都官"),在乡为乡有秩,啬夫和佐亦然,具体官称因职务而异。乡有秩、啬夫是县令属吏,乡佐也是县令属吏,乡佐不因其名为乡佐就对乡有秩、乡啬夫负责,而是直接对县令、丞负责,乡部有事,受命以出,平时则听治县廷,所以其员数和乡的数量才相去甚远。其行政隶属关系和游徼之于县的关系相同,只是职能有别而已,游徼分管盗贼,乡佐分管财税,其员数多少视实际需要而定。凤凰山木牍所见西乡有三个乡佐收取算赋,正说明乡佐是流动式的收取赋税,而非一人一乡,固定不变,这三个人就是受县令指派到西乡收税的三个乡佐。赋税是政府的命脉,乡佐"主民、收赋税",直接关系到国家的财政收入,直属于县廷,可有效防止乡佐与基层长吏、地主大姓相互勾结,背公向私,有利于国家对经济命脉的控制。

上已指出,乡在法律上称为乡部,即分部而治的意思,有乡有秩,或乡啬夫总负其责。但是,这并不意味着县令、丞不具体过问乡的事务。张家山汉简《二年律令·具律》(以下引文只出篇名)云:

> 事当治论者,其令、长、丞或行乡官视它事,不存,及病,而非出县、道界也,及诸都官令、长、丞行离官有它事,而皆其官之事也,及病,非之官在所县道界也,其守丞及令、长若真丞存者所独断治论有不当者,令真令、长、丞不存及病者皆共坐之,如身断治论及存者之罪。唯谓属所二千石官者,乃勿令坐。[2]

按律文,县、道之令、长、丞因为"行乡官视它事"或者是因病而离开治所但并未离开本县、道,以及都官因公或因病离开治所但不是到其下属机构所在的县、道者,其下属官吏代行其职权,代理"丞、令、长",处理日常事务,这些"守丞、令、长"在处理公务过程中若出现失误过错,原来的令、长、丞除了事先向郡守或所属二千石官请假说明情况者,都要一并受罚。按汉代制度,以高职行使低职权利者曰"行"。县、道之令、长、丞"行乡官视它事"云云,说明县令、

---

[1] 连云港市博物馆、中国社会科学院简帛研究中心、东海县博物馆、中国文物研究所:《尹湾汉墓简牍》,北京:中华书局,1997年,第79页。

[2] 张家山二四七号汉墓竹简整理小组:《张家山汉墓竹简(二四七号墓)》,北京:文物出版社,2001年,第148页。

长不仅要派员处理乡部事务,而且要亲自到乡部"行乡官视它事"。明乎此,有助于我们理解乡佐之与乡部和县廷的关系。"行乡官"事毕竟是临时行为,在正常情况下,就要派乡佐处理乡部事务。

乡部职能补论

上举《汉书·百官公卿表》述乡部之职谓"三老掌教化。啬夫职听讼,收赋税。游徼徼循禁盗贼"。《后汉书·百官志五》对此叙述比较详细,云乡有秩和乡啬夫"皆主知民善恶,为役先后,知民贫富,为赋多少,平其差品。三老掌教化。凡有孝子顺孙,贞女义妇,让财救患,及学士为民法式者,皆扁表其门,以兴善行。游徼掌徼循,禁司奸盗,又有乡佐,属乡,主民收赋税。"三老不是职能官吏,其教化的功能已为学界所熟知;游徼、乡佐的隶属关系已见于上述,其履行职能是受命于县廷,但其徼循禁盗贼、收赋税则是协助乡啬夫的。所以,对乡啬夫而言,管理治安、维持统治秩序、收取赋税自然是根本的责任和权利。只是两书所述过于简略,其他传、纪也少有涉及,后人虽然多方勾勒,也只能知其框架,难明其时之乡部在地方行政中的地位,故实有进一步探讨的必要。因游徼、乡佐之徼循禁盗贼和收赋税的职能众所周知,上举江陵凤凰山汉简资料已有说明,本文不予赘述。现以简牍所及,对汉代乡部的职能补论如下。

第一,负责户口、土地、田租等所有簿籍的登记管理。《户律》云:

> 恒以八月令乡部啬夫、吏、令史相襍案户籍,副臧(藏)其廷。有移徙者,辄移户及年籍爵细徙所,并封。留弗移、移不并封,及实不徙数盈十日,皆罚金四两;数在所正、典弗告,与同罪。乡部啬夫、吏主及案户者弗得,罚金各一两。[1]

户口是国家统治的基础,户口准确与否关系到国家税源和役源是否流失的大事,是地方政府的头等大事。每年八月都要进行户口登记和核查,乡啬夫总负责,县廷派职能官吏、令史等协助进行,完成之后上报县廷。如果有人口迁移,要及时办理户口迁移手续,并把相关手续密封。办理迁移手续之后而不及时迁移,迁移时不将户籍手续加封,或者迁移超过规定时间十天者,罚金四两。迁移人所在的里正、田典知情不举同样罚金四两。乡部啬夫及相关官吏以及负责核查户口的人没有及时发现要罚金一两。

上述"集案户籍"之"户籍"是各种簿籍的统称,实际登记时分为好几类。

---

[1] 张家山二四七号汉墓竹简整理小组:《张家山汉墓竹简(二四七号墓)》,北京:文物出版社,2001年,第177-178页。

《户律》云：

> 民宅园户籍、年细籍、田比地籍、田命籍、田租籍，谨副上县廷，皆以篋若匣匱盛，缄闭，以令若丞.官啬夫印封，独别为府，封府户……[1]

这"宅园户籍、年细籍、田比地籍、田命籍、田租籍"都是户籍的组成部分。宅园户籍是住宅、园圃、房屋数量的综合登记；年细籍是一户人口的年龄、体貌特征的登记，居延汉简中的戍卒名籍多有例证。田比地籍是土地分布位置的详情登记，记录土地的纵横步数、亩积，周边与哪那些人家的土地相邻。传世东汉买地券在记明所买土地纵横长短、面积多少的同时，均注明所买土地的四邻，就是因为官方规定必须注明，也有助于对田比地籍含义的理解。[2]田命籍之命通名，田命籍即田名籍，记载每户土地数量及其由来，其时行授田制，每户土地数量因爵位不同、身份差别而有异，在户籍上要有所注名。[3]田租籍是每户应该缴纳的租税登记。人口、土地、租税每年都在变，户主、家庭、每户土地、田租的构成以及其他各项税收数量相应改变，每年都要重新登记。[4]这是国家统治的根本，是乡啬夫职责的重中之重。两汉的思想家、政治家极为重视民数，把民数的多寡视为统治的根本，现在可以进一步明白其原因了[5]，对乡啬夫所肩负的重任也可多一层的了解。

第二，负责土地的授予、买卖及相关管理事宜。汉承秦制，继续推行授田制，具体的授田工作就由乡啬夫负责。《户律》有云：

> ……未受田宅者，乡部以其为户先后次次编之，久为右。久等，以爵先后。有籍县官田宅，上其廷，令辄以次行之。

---

[1] 张家山二四七号汉墓竹简整理小组：《张家山汉墓竹简（二四七号墓）》，北京：文物出版社，2001年，第178页。

[2] 关于东汉买地券所反映的内容，朱绍侯先生曾有集中而系统的分析，参见氏著《秦汉土地制度与阶级关系》，郑州：中州古籍出版社，1988年。林甘泉、童超先生也有比较详细的引证，见氏著《中国封建社会土地制度史》第一卷，北京：中国社会科学出版社，1990年，第322－330页。

[3] 田命籍之命既可解做爵命之命，也可解作名籍之名。《周礼·春官·序官》"典命"郑玄注"命，谓王迁秩群臣之书"。土地均授之于天子，故曰田命籍。文献中，命又有通名者，田命籍即田名籍，注明各户所授田宅的多寡及其根据如爵级等。《广雅·释诂三》："命，名也。"《吕氏春秋·察今》："东、夏之命，古今之法，言异而典殊。故古之命多不通乎之言者，今之法多不合乎古之法者。"《史记·天官书》："兔七命：曰小正、辰星……"司马贞《索隐》云"命者，名也"。《史记·商君列传》云商鞅变法令全国"名田宅臣妾衣服以家次"，所推行的授田制又称之为名田制。故这儿的田命籍解作"田名籍"更贴切。

[4] 臧知非：《西汉授田制度与田税征收方式新论》，《江海学刊》2003年第3期。

[5] 民数之于国家统治的重要，在两汉政治家、学者中，以东汉政论家徐干论述的最为精辟，见徐干《中论·民数》。王毓铨先生有《民数与汉代封建政权》一文，是论述民数之与汉代统治重要性的代表作，见王毓铨：《莱芜集》，北京：中华书局，1983年。

代户、贸卖田宅,乡部、田啬夫、吏留弗为定籍,盈一日,罚金各二两。[1]

乡部按照授田民立户的先后次序授予农民土地,先立户者先授,否则次之。在立户时间相同的条件下,以爵位高低为序。所授田宅均一一登记成册,上报县廷。当户主更换(即"代户")、发生买卖田宅时,乡啬夫、田啬夫、主管官吏要及时办理更籍手续,故意不办理者,超过规定时间,每天罚金二两。根据上举迁移户口时乡啬夫等"留弗移、移不并封,及实不徙数盈十日,皆罚金四两"的规定判断,这儿的"盈一日"应是指超过十天的期限而言。

在授予农民土地的同时,乡部负责田间道路阡陌系统的维护及公共工程管理。《田律》云:

田广一步,袤二百卅步,为畛,亩二畛,一佰(陌)道;百亩为顷,十顷一千(阡)道,道广二丈。恒以秋七月除千(阡)佰(陌)之大草;九月大除道□阪险;十月为桥,修波(陂)堤,利津梁。虽非除道之时而有陷败不可行,辄为之。乡部主邑中道,田主田道。道有陷败不可行者,罚其啬夫、吏主者黄金各二两。[2]

阡陌是田间道路系统,陂堤是田间排灌系统,其设置和维护有田啬夫分工负责,乡啬夫主要负责乡邑交通道路的维修,但维护阡陌、陂堤要征发劳力,乡啬夫也要参与其事。

第三,主持析产分居,调解家庭纠纷。析产分居、财产变动、户主变更等和户籍、授田、税收相连,都是乡啬夫的职责,分居立户、确定户主、书写遗嘱都是乡啬夫法定义务和权利。《置后律》云:

尝有罪耐以上,不得为人爵后。诸当捧(拜)爵后者,令典若正、伍里人毋下五人任占。

当置后,留弗为置后过旬,尉、尉史主者罚金各□两。[3]

"后"是法定继承人,《置后律》就是确立继承人的专门法。凡犯有当判耐刑以上罪行者,取消其继承爵位的权利。爵位继承人必须符合法定条件,要有里典、里正以及同伍的人五人以上担保。不按时确立法定继承人超过十天者,要对具体经办人员尉、尉史处以罚金。对财产分割若采用遗嘱继承的方式,乡啬夫要主持遗嘱的建立和执行。《户律》云:

---

[1] 张家山二四七号汉墓竹简整理小组:《张家山汉墓竹简(二四七号墓)》,北京:文物出版社,2001年,第176,177页。

[2] 张家山二四七号汉墓竹简整理小组:《张家山汉墓竹简(二四七号墓)》,北京:文物出版社,2001年,第166页。

[3] 张家山二四七号汉墓竹简整理小组:《张家山汉墓竹简(二四七号墓)》,北京:文物出版社,2001年,第185页。

> 民欲先令相分田宅、奴婢、财物，乡部啬夫身听其令，皆叁半券书之，辄上如户籍。有争者，以券书从事；毋券书，勿听。所分田宅，不为户，得有之，至八月书户。留难先令，弗为券书，罚金一两。[1]

"先令"即遗嘱。《汉书·景十三王传·赵肃敬王传》：武帝时大鸿胪弹劾缪王，谓缪王"病，先令令能为乐奴婢从死，胁迫自杀者凡十六人，暴虐不道"。颜师古注云"先令者，预为遗令也"。凡是以遗嘱的方式分割田宅、奴婢、财物，乡部啬夫要"身听其令"，主持书写遗嘱，一式三份，除当事人保留一份外，其余两份由乡、县象保管户籍一样保管。分割财产时如有争议，以"先令"券书为准，"先令"所无者不予理会。析产分居之后，到八月时再统一办理立户手续。如果故意"留难先令"或者"弗为券书"即不写券书，乡部啬夫要罚金一两。在实际执行过程中，乡啬夫并不一定都要亲自主持和书写，其他乡官里吏主持书写也可以，但一定要通过乡啬夫等乡吏。扬州胥浦101号西汉墓出土西汉末年先令文书一件，其文云：

> 元始五年九月壬辰朔辛丑□，高都里朱凌（凌庐）居新安里，甚疾其死，故请县、乡三老，都乡有秩、佐、里师、田谭等为先令券书。凌自言：有三父，子男女六人，皆不同父。欲令子各知其父家次。子女以君、子真、子方、仙君，父为朱孙；弟公文，父吴衰近君；女弟弱君，父曲阿病长实。
>
> 妪言：公文年十五去家，自出为姓，遂居外，未尝持一钱来归。妪予子真、子方自为产业。子女仙君弱君等贫毋产业，五年四月十日，妪以稻田一处、桑田二处分予弱君，波（陂）田一处分予仙君。于至十二月，公文伤人为徒，贫无产业。于至十二月十一日，仙君、弱君各归田于妪，让予公文。妪即受田，以田分予公文：稻田二处、桑田二处，田界易如故，公文不得移卖田予他人。时任知者：里师、伍人谭等及家属孔聚、田文、满真。先令券书明白，可以从事。[2]

该"先令"云户主朱凌先后有三个丈夫，共生有三男公文、真、方和三女以君、弱君、仙君。公文十五岁时即"自出为姓"——大约是入赘女方，其后"未持一钱来归"，和家中素无经济往来；其余二子真、方均"自为产业"即单独立户；三个女儿已经出嫁，但"贫无产业"，朱凌乃以"稻田一处、桑田二处分予弱君、波（陂）田一处分予仙君"。后公文犯罪家贫，弱君、仙君把分得的土地退回给母亲，"让于公文"。朱凌遂将"稻田二处、桑田二处"分给公文，确定田界，并约

---

[1] 张家山二四七号汉墓竹简整理小组：《张家山汉墓竹简（二四七号墓）》，北京：文物出版社，2001年，第178页。

[2] 扬州博物馆：《江苏仪征胥浦101号汉墓》，《文物》1987年第1期。陈平、王勤金：《仪征胥浦101号汉墓先令券书初探》，《文物》1987年第1期。李均明、何双全：《散见简牍合辑》，北京：文物出版社，1990年，第105-106页。诸家释文有微小差异，本文据李均明、何双全整理本。

定"公文不得卖于他人"。这份先令的建立完全符合法定的程序,先向县乡三老和都乡有秩、乡佐、里师等基层官吏提出请求,请他们主持建立遗嘱;实际立遗嘱时,除了县乡三老、都乡有秩、乡佐参加外,还有里师、亲属、邻居数人见证。说明有汉一代没有改变建立遗嘱的程序和要件。

第四,负责地方治安,接受诉讼。《汉书·百官公卿表》谓"啬夫职听讼,收赋税。游徼徼循盗贼"。《后汉书·百官志》不云啬夫"听讼"事。上述说明,游徼既非乡吏,其"掌徼循,禁司奸盗"是受命于县廷,则纠治违法、审理诉讼自然由乡啬夫承担。《钱律》云:

盗铸钱及佐者,弃市。同居不告,赎耐。正典、田典、伍人不告,罚金四两。或颇告,皆相除。尉、尉史、乡部、官啬夫、士吏、部主者弗得,罚金四两。[1]

汉初曾允许民间私铸钱币,不久加以禁止,到文帝时又允许私铸。《钱律》是吕后二年颁布的禁止私人铸币的法律。盗铸钱币及其协助者弃市,家人不告发者赎耐,里正、田典、同五者知情不举罚金四两,乡部即乡啬夫和尉、尉史、官啬夫、士吏以及分管该地区奸盗事务者没能抓住,一律罚金四两。《贼律》云:

贼燔城、官府及县官积聚(聚),弃市。贼燔寺舍,民 室 屋 庐 舍、积 冣 (聚)、黥 为城旦舂。其失火延燔之,罚金四两, 责 (债)所燔。乡部、官啬夫、吏主者弗得,罚金各二两。[2]

犯罪分子焚烧城垣、衙署以及国家仓库("县官积聚"之"县官"是国家的代称)弃市;如焚烧民宅、财物等则黥为城旦舂。若是无意间失火所致,罚金四两,令其照价赔偿就行了。凡有此类事件发生,"乡部、官啬夫、吏主者弗得,罚金各二两"。凡此种种,说明乡啬夫对辖区违法事件负有直接的管理追究责任。

秦汉诉讼,实行属地管辖制度,县廷是独立的审判单位,乡作为县廷的派出机构,治理一方政务,也包括了受理诉讼在内。云梦秦简《封诊式》有某乡应县廷之命查封罪犯家产和查实隶臣妾身份详情和所犯罪行的真凭实据的规定,这为治秦汉史者所熟知,本文为节省篇幅,不再引证。[3]不过,若稍加分析秦简的"封守爱书"和"黥妾爱书"中乡啬夫的所为,就不难发现,秦时的

---

[1] 张家山二四七号汉墓竹简整理小组:《张家山汉墓竹简(二四七号墓)》,北京:文物出版社,2001年,第160页。

[2] 张家山二四七号汉墓竹简整理小组:《张家山汉墓竹简(二四七号墓)》,北京:文物出版社,2001年,第134页。

[3] 睡虎地秦墓竹简整理小组:《睡虎地秦墓竹简》,北京:文物出版社,1978年,第249、260页。

乡啬夫只能算协助执法,而非独立审判。汉初之乡则有独立审判的职能。《具律》云:

> 诸欲告罪人、及有罪先自告而远其县廷者,皆得告所在乡,乡官谨听,书其告,上县道官。廷士吏亦得听其告。[1]

要起诉他人有罪或者自诉,而离县廷较远,一律就近于所在乡起诉,乡啬夫接受其诉讼并要仔细做好记录,上报县道主管官吏。县廷有关官吏也可以接受类似的诉讼。这里的"皆得告所在乡,乡官谨听,书其告,上县道官"云云并不是说乡官仅仅代替诉讼人向县道呈送诉状、再由县廷立案审理,而是由乡直接受理,之后将案件审理的全过程上报县廷。居延破城子二十二号房屋遗址出土的"建武三年十二月候粟君所责寇恩事"简策,记录了居延县都乡啬夫官一审、再审甲渠候官粟君诉寇恩欠债不还一案的全过程,其初审是在建武三年十二月癸丑朔乙卯,"都乡啬夫官以廷所移甲渠候书召恩诣乡。先以证财物故不以实,减五百以上,辞以定,满三日而不更言请者,以辞所出入,罪反罪之律辩告,乃爱书验问……"啬夫官先向粟君阐明若所控不实要受反坐的相关法条之后进行"验问",做出一审判决。粟君不服一审判决,上诉到居延县所属张掖郡太守府,郡府命居延县重审,居延县再命都乡啬夫官复审,结果是维持原判,并得到居延县廷的支持而结案。[2]都乡是县政府所在地之乡,都乡啬夫官受县廷指派审理粟君诉寇恩欠债不还案,说明不仅距离县廷较远之乡有受理诉讼权,距离县廷较近、就是在县廷所在地也可以受理案件,说明一般的乡都有受理诉讼权;县廷可以自行审理,也可以指派某乡审理某案。乡的审判结果和县廷直接审判的结果有同等效力,当事人不服判决则上诉于郡。说明《百官公卿表》所云"啬夫职听讼"到东汉时代并没有改变。《后汉书·百官志》未云乡啬夫"听讼"事,当是范晔的漏记,或者在范晔看来这"职听讼"事已经包含在"皆主一乡人"之内了。

第五,协助保管国家资财。秦汉时代,国营经济成分在国民经济中的比重较大,国营农业、矿冶业、畜牧业等遍布全国各地,中央设立专门的都官、离官具体负责其经营生产事宜。国家向农民收取的粮食、刍、稿等实物也分散于各地建仓保管,有专门的官吏负责,都有系统的保管制度。但,这些仓库位于哪一个乡,这个乡就有保护仓储安全的职责。云梦秦简《效律》云:

---

[1] 张家山二四七号汉墓竹简整理小组:《张家山汉墓竹简(二四七号墓)》,北京:文物出版社,2001年,第148页。

[2] 甘肃省文物考古研究所、甘肃省博物馆、文化部古文献研究室、中国社会科学院历史研究所:《居延新简》,北京:文物出版社,1990年,第475-478页。

入禾,万[石一积而]比黎之为户,籍之日:"麥禾若干石,仓啬夫某、佐某、史某、稟人某。"是县入之,县啬夫若丞及仓、乡相杂以封印之,而遗仓啬夫及离邑仓佐主稟者各一户,以气(饩)人。其出禾,有(又)书其出者,如入禾然。[1]

粮食入仓,以一万石为一仓,设置仓门,注名仓名、石数以及仓啬夫、佐、史的人名、仓库所在地的县啬夫或者县丞和仓啬夫、乡啬夫共同加封,给仓啬夫和仓库所在的县、乡主管稟给的官吏留一个门以供发放粮食。谷物出仓的程序和入仓相同。入仓时,乡啬夫和仓啬夫共同加封,如有意外,则乡啬夫也要承担相应的责任。

《汉官》曾记述东汉雒阳县令属吏有七百九十六人,"十三人四百石。乡有秩、狱史五十六人,佐史、乡佐七十七人,斗食、令史、啬夫、假五十人,官掾史、干小史二百五十人,书佐九十人,修行二百六十人"[2]。明确把乡有秩、乡啬夫、乡佐等都纳入县的属吏行列。前举东海尹湾汉墓二号木牍所记东海郡各县属吏也包含乡吏在内。结合以上所论,都说明汉代之乡是县的派出机构,分理县廷的民政、司法、财政诸务,兼及社会治安。这些乡官部吏秩位虽低,但是,他们是直接的治民者,在庶民眼里,他们就是自身命运的主宰者。法律的宽严、赋税的多寡、徭役的繁减、治安的好坏、生产组织和管理的质量高低等,都直接决定于这些乡官部吏之手。若乡官部吏能够谨遵法律,公平行政,民生自然有所保障。否则,乡官部吏若利用直接治民之便,欺上罔下,鱼肉乡里,庶民自然处于水深火热之中。在法律上,农民的赋税徭役负担虽有规定,但法律规定和具体实践始终存在着距离,法定数量只是地方必须完成的国家标准,至于地方实际收取多少,由地方长吏决定,农民无法知道自己究竟应该交多少税、服多少徭役,哪些是法定的,哪些是额外增加的。汉元帝时,贡禹指陈时政云:"农夫父子,暴露中野,不避寒暑,捽屮杷土,手足胼胝,已奉谷租,又出稾税,乡部私求,不可胜供……贫民虽赐之田,犹贱卖以贾。"[3]所谓"乡部私求,不可胜供",就是因为乡官部吏以国家名义征税于民的时候,暗中增加税收量以中饱私囊,其"私求"之数甚至超过法定的租谷、刍稾,这是农民无法继续农耕而转徙流亡的原因之一。

以往人们在论及汉代基层政权时,总是乡、里连称,对乡、里的性质不加分辨。清楚以上事实以后,不难明白,汉代乡、里的性质是不同的,乡是县的派出单位,乡政府是县政府的组成部分,乡吏是县吏的成员,都属于官僚序

---

[1] 睡虎地秦墓竹简整理小组:《睡虎地秦墓竹简》,北京:文物出版社,2001年,第98页。
[2] [清]孙星衍辑,周天游点校:《汉官六种》,北京:中华书局,1990年,第8页。
[3] 《汉书》卷六二《王贡两鲍传》,北京:中华书局,1962年,第3075页。

列。而里则是居民的基本编制单位,里虽然有里正、里典、里监门等管理人员,但他们不属于官僚序列,无俸禄可食,所操之事不过是"役"而已。所以居延汉简在登记庶卒名籍籍贯时在县下直接登记里名而不登记乡,原因就在于乡、里性质不同。本文仅就乡的职能和性质、在地方行政中的作用略论如上,关于里的性质和功能待另文详说。

秦"以吏为师、以法为教"的渊源与流变[*]

商鞅变法,以法治国,确立了秦"以法为教、以吏为师"的政治传统。秦始皇三十三年,李斯奏请焚烧民间"《诗》《书》、百家语",所不去者"医药卜筮种树之书","若欲有学法令,以吏为师"。[1]把商鞅以来的"以法为教、以吏为师"的政治传统推向了极致,受到后世学人的千古诟病。"以法为教、以吏为师"也就成为秦朝暴政的专有名词。长期以来,这似乎成为不证自明的公理,从无人对此产生过疑问。但是,若跳出以往的思维定势,站在历史主义的立场,用长时段的眼光看问题,就不难发现,"以法为教、以吏为师"并非商鞅的发明,也不是秦朝独有的历史现象。讨论这个问题,不仅关系到如何认识商鞅变法,更关系到如何认识秦朝政治制度的历史渊源和影响问题。试为此文,既说明历史真相,也揭示秦朝法律教育制度的历史渊源和影响。

一

为便于分析,首先要对商鞅变法的法律教育制度作简单的说明。众所周知,商鞅变法,为了使法律迅速、准确地付诸实施,一方面在立法时尽量使法律条文"明白易知",使"愚智遍能知之",另一方面设置法官法吏专门负责宣传法律、解释疑难。《商君书·定分》谓"为法令,置官吏,朴足以知法令之谓者,以为天下正"。这些"为法令"所置之"官吏"就是人们常说的法官法吏,由专门的机构培养,称之为"学室"。云梦秦律《内史杂》规定"非史子殹(也),毋敢学学室,犯令者有罪"[2]。"史"是低级文职官吏的统称,史之子才能在学室学习是西周时代"学在官府"历史传统的延续,但教学内容较西周已经有了巨大的不同。西周时代教育的内容是礼、乐、射、御、书、数,秦国则是法律政令和其他各种管理技能,法律是"史"的必学内容。所谓"朴足以知法令之谓者"就是指在学室学习的弟子的一部分。

《商君书·定分》对法官法吏的设置有比较详细的设计:"天子置三法官,殿中置一法官,御史置一法官及吏,丞相置一法官。诸侯、郡、县皆各为置一

---

[*] 原刊《江苏行政学院学报》2008年第4期。
[1] 《史记》卷六《秦始皇本纪》,北京:中华书局,1959年,第255页。
[2] 睡虎地秦墓竹简整理小组:《睡虎地秦墓竹简》,北京:文物出版社,1978年,第106-107页。

法官及吏。"中央有殿中、丞相、御史分领的三支法官法吏队伍,地方诸侯郡县各有其法官和属吏。这些法官法吏的基本任务是两项:第一,保管、宣布法律。"法令皆副,置一副天子之殿中,有铤钥为禁,而以封之。内藏法令。一副禁室中,封以禁印。有擅发禁室印,及入禁室视禁法令,及禁剟一字以上,罪皆死不赦。一岁受法令以禁中。"每年法令修订完毕,在规定的时间公布各级官府,而后抄写两个副本:一份藏在国君殿中的专门房间内,加锁密封;另一份藏在另一处密室中,加锁密封,都在封条上加盖专用印章。如果有人擅自进入禁室偷看法令或者私自改动禁室所藏法律文本一字的,一律处死。第二,向吏民解释法律条文,"诸官及吏民有问法令之谓也于主法令之吏,皆各以其故所欲问法令明告之。各为尺六寸之符,明书年、月、日、时、所问法令之名,以告吏民。主法令之吏不告,及至罪,而法令之所谓也,皆以吏民所问法令之罪,各罪主法令之吏。即以左券予吏之问法令者,主法令之吏谨藏其右券木柙,以室藏之,封以法令张之印。即后有物故,以券书从事"。其基本意思是,如有吏民询问法令条文,司法官吏要分别按照询问内容明确无误地给予解答,并且要用长一尺六寸的木牍记录吏民询问的法律条款以及询问的年月日和询问者的身份;而后将纪录询问内容的木牍一分为二,把左半部交给询问者,右半部由法吏保管,要装在专门的木盒子里,贴上封条,盖上法吏负责人的印章。司法官吏若病故或离任则交给下任法吏以备查。如果吏民因为司法官吏没有认真回答、对法令把握错误而犯罪,所犯律条和所问相同,则按照该律条惩处司法官吏。

商鞅变法时之秦国只实行县制,并无郡级行政单位,不存在郡级法官法吏问题。所以《定分》篇是商鞅后学所作,并非商鞅变法时的制度设计。但是,《定分》的思想主张和商鞅变法是一致的,是付诸实践的。云梦秦律《内史杂》规定"县各告都官在其县者,写其官之用律"。即县要通知在本县辖区内的都官到县政府抄写该官府所用的法律条文。这里所抄的法律是指每年新公布的内容。无论新律还是旧律,每年都要重要核对,防止在传抄过程中出现错误或者被篡改。《尉杂》规定"岁雠辟律于御使"。即每年都要到御史处核对律文。[1]云梦秦律的《法律答问》既是法官法吏进行法律教育的教材,也是法官法吏回答吏民问题的依据。这些众所周知,无须多说。现在要说明的是,这些法官法吏的设置及其职能的规定,是商鞅及其后学的发明还是历史传统的发展!如果是历史传统的发展,这个历史基础是商鞅的先辈们设计的还是另有渊源?对此,人们从未予以深入思考,一般的史学研究固然可以略而不论,就是专门研究秦汉法律的和商鞅变法的论著,也没有给予应有的关

---

[1] 睡虎地秦墓竹简整理小组:《睡虎地秦墓竹简》,北京:文物出版社,1978年,第104、109页。

注。而回答这个问题,不仅关系到对商鞅变法的认识问题,更关系到中国古代政治文化分析框架的确立问题。

人们之所以没有深入思考法官法吏制度的历史渊源,是因为在潜意识里一致地认为这是商鞅变法开始实行的制度。而实际上,在商鞅变法以前,起码在制度设计上,每年颁布法律、向吏民解释法律就是地方官员的基本任务。这在《管子》《周礼》诸书中都有明确表述。《管子·立政》云:

> 正月之朝,百吏在朝,君乃出令,布宪于国。五乡之师,五属大夫,皆受宪于太史。大朝之日,五乡之师,五属大夫,皆身习宪于君前。太史既布宪,入籍于太府,宪籍分于君前。五乡之师出朝,遂于乡官,致于乡属,及于游宗,皆受宪。宪既布,乃反致令焉。然后敢就舍。宪未布,令未致,不敢就舍;就舍谓之留令,死罪不赦。五属大夫,皆以行车朝出朝,不敢就舍,遂行。至都之日,遂于庙,致属吏,皆受宪。宪既布,乃发使者致令……宪未布,使者未发,不敢就舍;就舍谓之留令,罪死不赦。[1]

《立政》是战国早期作品,叙述的是中央集权的政治模式。就上文所述,政令法律由国君与正月初统一颁布,由太史负责颁发,太府保管。地方长吏如"五乡之师,五属大夫,皆身习宪于君前"。即首先学习领会,然后由上向下逐级传达宣讲,直至基层百姓;传达完毕回朝复命之后才能回家。"布宪"没有完成不能回家,否则"罪死不赦"。当然,"布宪"的内容绝非上传下达那样简单,而是包括了贯彻执行的内容在内,负责解答属吏和平民的法律疑问,否则是谈不上理解执行的。《周礼·地官》云:

> 乡大夫之职,各掌其乡之政教禁令。正月之吉,受教法于司徒,退而颁之于乡吏,使各以教其所治,以考其德行,察其道艺。
>
> 州长,各掌州之教治政令之法。正月之吉,各属其州之民而读法,以考其德行道艺而劝之,以纠其过恶而戒之,若以岁时祭祀州社,则属其民而读法,亦如之。
>
> 党正,各掌其党之政令教治,及四时之孟月吉日,则属民而读邦法,以纠戒之。春秋祭,亦如之。
>
> 族师,各掌其族之戒令政事,月吉则属民而读邦法,书其孝悌睦姻有学者,春秋祭酺亦如之,以邦比之法,率四闾之吏,以时属民。[2]

这种整齐划一的乡、州、党、族的地方行政系统当然不是西周制度的真实记录,而带有着战国学者设计的成分在内。在西周时代,是不存在什么成文法的,所有的只是刑罚,刑罚是统治阶级治理庶民的秘器,是不公布于众的,不

---

[1] 戴望:《管子校正》,世界书局诸子集成,北京:中华书局,1980年影印,第11页。
[2] 阮元校刻:《十三经注疏》,北京:中华书局,1980年影印,第716—719页。

存在什么"读邦法"问题。将法律公布于众是战国时代成文法问世以后的事情。根据《周礼》所述,乡大夫受于司徒之"教法",州长所读之"法",党正、族师所读之"邦法"都是战国时代的成文法。但是,《周礼》的上述记载至少说明了两个问题:第一,政教合一、官师合一是西周以来的传统。第二,起码在《周礼》作者的心目中,理想的政治应该是以法治国,官吏在教化庶民的同时也要让庶民知法守法,换句话说,庶民们要向统治自己的官员们学习政教禁令以知道禁避。很显然,商鞅变法后秦国的法制建设和《管子·立政》《周礼·地官》中的是有相通之处的。

《管子》和《周礼》都产生于齐地,是学者们的主观设计而非历史真实记录。但是,这个设计有一定的历史依据,是为现实服务的,《周礼》中的许多职官制度已经为出土金文所证实。[1]也就是说,秦的"以法为教,以吏为师"并不是什么商鞅、李斯、韩非的发明,而是有其历史基础的,李斯、韩非不过是将这一传统加以深化和普遍化而已。社会发展,事物浃繁,分工细密,知识细化,法律规定越来越多,地方长吏也好,中央部门长官也好,都不可能事事精通,而要有专门的司法队伍培养法律人才,解释法律条文,而长吏的责任是实施法律。秦的法官法吏就是应这一客观需求而设的。也就是说,商鞅以法治国,是在总结东方各国历史实践和理论探讨的基础之上的,并不是如人们所认识的那样是秦国独有的制度。尽管因为资料的限制,我们不能直接说明商鞅是否看到过《周礼》《管子》的上述内容,但是,如果没看到过,正说明战国时代法治思想及其制度设计的普遍性及其与其他学派的一致性。而从现有的资料来看,可以间接地说明商鞅在入秦之前对六国的各种学说是了解的。商鞅初入秦廷,曾先说孝公以"王道",后说以"帝道",都不能引起孝公的兴趣,才最后说以"霸道",取得了孝公对变法的坚决支持。这"王道"、"帝道"、"霸道"都是流行于六国地区的各家学说,"王道"、"帝道"是以儒、墨为主的政治学说,"霸道"则是以法家为主的政治学说,但在流行过程中,各家学说彼此之间早已相互吸收,你中有我、我中有你了。可以肯定,商鞅最终推行的"霸道"中的许多措施起码和上举《周礼》《管子》诸书有关联。当然,商鞅所看到的《管子》《周礼》和我们现在看到的样子是不能同日而语的,但是,内容的一致性是无须怀疑的;从逻辑上分析,商鞅看到的内容要比我们见到的丰富得多。明白了这一点,我们是没有理由把"以吏为师,以法为教"看作秦国独有的政治风景的。

其实,不仅"以吏为师,以法为教"不是商鞅变法的首创,就是最为人所诟病的、被看作"以法为教"的具体而残酷实践的什伍连坐制度也来源于六

---

[1] 参见张亚初、刘雨:《西周金文官制研究》,北京:中华书局,1986年。

国。如《管子·立政》《度地》《禁藏》各篇以及《鹖冠子》《逸周书》等文献对什伍制度都有记载,而以《周礼·小司徒》所述最为详细。如《周礼》规定族师的职责是"登其族之夫家众寡,辨其贵贱老幼废疾可任者,及其六畜车辇。五家为比,十家为联;五人为伍,十人为联;四闾为族,八闾为联。使之相保相受,刑罚庆赏,相及相共"。比长的职责是"各掌其比之治,五家相受相和亲,有罪奇衺则相及"。这"刑罚庆赏,相及相共"、"有罪奇衺则相及"就是商鞅变法"令民为什伍而相牧司连坐"的滥觞。司马迁说商鞅变法"令民为什伍而相牧司连坐",并未说明什伍连坐制度是商鞅的创造,而是商鞅在秦推行这套制度。后人不察,一提到什伍连坐制度就以为是商鞅的发明。对此,笔者以往有过论述,这里不予重复。我们只要明白秦"以吏为师,以法为教"的渊源就行了。[1]

二

"以法为教、以吏为师"制度并没有因为秦朝的覆亡而终止,而是被汉全盘接收。《汉书·艺文志》小学家有云:

> 汉兴,萧何草律,亦著其法,曰:"太史试学童,能讽书九千字以上,乃得为史。又以六体试之,课最者以为尚书御史史书令史。吏民上书,字或不正,辄举劾。"[2]

萧何"亦著其法"是相对于秦律而言的,即保留了秦法,太史所试的学童就是秦的"学室"的弟子。律文规定,为史的标准是背诵九千字以上。能通六种书体者可以为尚书御史、史书令史。这六种书体按照《艺文志》的说法是古文、奇字、篆书、隶书、缪篆、虫书。《说文解字·序》也引了相同性质的律文:

> 尉律:学童十七已上始试,讽籀书九千字乃得为吏(史),又以八体试之,郡移太史。并课最者,以为尚书史。书或不正,辄举劾之。

《艺文志》和《说文》的引文稍有不同,《说文》更明确一些,可补《艺文志》的不足。即学童17岁始试,背诵籀书九千字、能用八种书体书写为合格。这八种书体是:大篆、小篆、刻符、虫书、摹印、署书、殳书、隶书。诵书和书法都名列前茅,可以任尚书史,其余则在中央其他机构和地方任一般史职。

古往今来,学者们都将《尉律》看作是汉代的识字教育,将"籀书"看作是识字课本,忽视《汉书·艺文志》所说的"汉兴,萧何草律"的特别意义,也没有注意区分这个识字课本是使用于官学还是私学,更没有反思这个所谓的"籀书"是否如人们所理解的那样仅仅是个识字课本。

---

[1] 关于秦的户籍、连坐制度与六国的关系,参见田昌五、臧知非:《周秦社会结构研究》,西安:西北大学出版社,1996年,第183-214页。

[2] 《汉书》卷三十《艺文志》,北京:中华书局,1962年,第1720-1721页。

班固明确指出《艺文志》所说的"太史试学童……"云云是萧何"亦著其法"的结果,"亦著其法"是针对秦律而言,这"太史试学童……"云云本来是秦朝法律。秦律是针对官学教育规定的,则汉室亦然。也就是说,秦朝"以吏为师"制度并没有因为朝代更替而改变,而是被西汉王朝所延续。不过,张家山汉简表明,"萧何草律,亦著其法"的内容和《艺文志》所述、《说文》所引的《尉律》都有差别,学童所学的内容也不是什么"籀书"。张家山汉间《二年律令·史律》云:

史、卜子年十七岁学。史、卜、祝学童学三岁,学佴将诣大史、大卜、大祝,郡史学童诣其守,皆会八月朔日试之。

试史学童以十五篇,能风(讽)书五千字以上,乃得为史。有(又)以八体试之,郡移其八体课大史,大史诵课,取冣(最)一人以为县令史,殿者勿以为史。三岁一并课,取最一人以为尚书卒史。

卜学童能风(讽)书史书三千字,诵卜书三千字,卜六发中一以上,乃得为卜,以为官□。其能诵三万以上者,以为卜,上计六更。缺,试儁法,以六发中三以上者补之。

以祝十四章试祝学童,能诵七千言以上者,乃得为祝,五更。大祝试祝,善祝、明祠事者,以为冗祝,冗之。不入史、卜、祝者,罚金四两,学佴二两。

谒任卜学童令外学者,许之。□□学佴敢擅繇使史、卜、祝学童者,罚金四两。[1]

比勘上述引文,《艺文志》和《说文·序》都源自于汉初的《史律》,《说文·序》称之为《尉律》当是后来律名变动或是律文混淆的结果。太史试学童的书体不是《艺文志》说的六体,而是《说文》说的八体;诵书数量不是九千字,而是五千字。对上引《史律》中的某些文字,因为资料限制,意思还不是十分清楚,但是,就目前所知,我们对汉初官学教育可以有如下新的认识:

第一,就学于学室的学童分为史学童、卜学童、祝学童三类,分别教授不同的内容,有不同的教材。史学童学习为史的专门知识十五篇,卜学童、祝学童只学习十五篇的一部分,另学习各自的专门知识。卜学童要学习卜书,具体篇数不详;祝学童则学习《祝十四章》。卜学童、祝学童对十五篇的要求要低于史学童。律文谓"卜学童能讽史书三千字"之"史书"指的就是史学童之"十五篇"中的三千字,而史学童则是五千字。

---

[1] 张家山二四七号汉墓竹简整理小组:《张家山汉墓竹简(二四七号墓)》(释文修订本),北京:文物出版社,2006年,第80-82页。对于《史律》的全面解说,参见李学勤:《试说张家山汉简史律》,《文物》2002年4期;曹旅宁:《张家山汉简史律考》,见曹旅宁:《张家山汉律研究》,北京:中华书局,2005年。

第二,身份、年龄、学习期限要求。必须是史之子、年满17岁才有资格入学室学习,也就是到了傅籍年龄以后才能进入官学学习。学习期限是三年。按秦汉制度,傅籍即标志着成丁,开始负担兵、徭义务。学童成丁以后入学室学习,是因为在学习期间,成绩合格就要担任史、卜、祝等公职,都要成年作为前提。这些学童都有家学渊源,此前已因家学关系掌握了相应的识字等基础知识,在学室学的是专业知识。

第三,学业要求。史、卜、祝学童学习三年,考试合格而后任职。史学童考试分为两个级别:郡守主持的郡级考试,太史主持的中央级考试。郡级考试选拔一般的史职人员,高级史职人员要经过太史的复试。太史复试内容和程序与郡试相同,其第一名为县令史,最后一名则取消为史的资格。卜学童、祝学童则统一由太卜、太祝主持,即只有中央这一级考试。具体组织则有学佴负责。所有考试都统一于每年八月初一举行。[1]

考试内容因学业而异。为史者,学习史书十五篇,能够背诵、书写(律文的讽、书指背诵、书写)五千字以上,能使用八种书体,即为合格。卜学童分别背诵史书、朗诵卜书三千字[2],占卜六次、应验一次为合格,可以为卜。成绩优秀者,给予免除徭役的奖励,如果能朗诵三万字以上者,则免除六次更役。[3]占卜六次能应验三次者,可以担任占卜的管理人员,即"缺,试脩(修)法,以六发中三以上者补之"。"脩(修)法"指占卜管理人员[4],负责完善占卜文书。祝学童能背诵《祝书》七千字以上,可以为祝,同时免除五次更役,其

---

[1] 这里有一个问题,需要稍做分析,即学童的考试次数问题。在三年的学习期间是每年八月初一都要考试还是只于第三年的八月初一考试一次? 从"史、卜、祝学童学三岁,学佴将诣太史、太卜、太祝,郡史学童诣其守,皆会八月朔日试之"来看,难以分辨。"学童学三岁"可以理解为三岁期满而后考试,也可以理解为三年学习期间,每年都要考试,考试的时间都是八月初一。按战国以来的考课制度,均以年为单位,于每年年终举行,学童也好,学佴也好,都属于公职人员,都在考课之列,既要考察学童的学习状况,也要考察学佴的教学成绩,所以,笔者以为"学童学三岁……皆会以八月朔试之"是指三年学习期内,每年的八月朔试之;三年期满,太史再取历年考试成绩第一名为尚书卒史,即律文说的"三岁一并课,取最一人为尚书卒史"。

[2] 整理小组将律文的讽、诵均训为诵读,基本意思没有错,但是,仔细分析,讽、诵还是有区别的。《周礼·春官·大司乐》谓大司乐之职:"以乐语教国:兴、道、讽、诵、言、语。"郑注:"倍(背)文曰讽,以声节之曰诵。"讽语调平淡,诵则要求抑扬顿挫。同为背诵,但要求不同。因为"史书"是一般的文化知识,而卜书则事涉神明,需要一定的语调抑扬、速度缓急以娱神,才能占卜准确应验,这是对卜学童的特殊要求。

[3] "其能诵三万以上者,上计六更"。对这儿的"更"有不同理解,整理小组认为"更"即更役,践更就是亲自服役。曹旅宁认为"更"是荣誉职位,"是指卜、祝的等级",见《张家山汉律研究》第181页。笔者从注释小组之说,但是笔者以为并非传统理解的每年服役一次、每次一个月,见拙文《从张家山汉简看"月为更卒"的理解问题》,《苏州大学学报》2004年第6期。

[4] 张家山二四七号汉墓竹简整理小组:《张家山汉墓竹简(二四七号墓)》(释文修订本),北京:文物出版社,2006年,第81页;"卜学童……"注五。

优秀者可以担任冗祝。奖惩统一,优秀者奖,不合格者罚。无论是史学童还是卜学童、祝学童,考试不合格,一律罚金四两,学佴罚金二两。

第四,学佴是学室的教学和管理人员。从文字学的层面看,"佴"是相次、副手的意思。学佴就是教学辅助人员。但是,从律文看,学佴是学室的实际负责人,既要组织学童的考试,学童成绩不合格,学佴也要连带受罚;同时,学佴可以指挥学童的日常活动,役使学童,才有"学佴敢擅徭使史、卜、祝学童者,罚金四两"的规定。原则上说,学童要集中于学室学习备考,但是,如果需要,学童要到学室以外学习,是允许的,但要经过批准。"谒任卜学童令外学者,许之",即提出申请而后同意。

我们所见到的《史律》文本的制定和颁行,最迟不晚于吕后二年,和萧何所"草"之律的基本内容是一致的,很可能就是萧何所"草"之律的文本。这不仅丰富了我们对汉初官学教育的认识,也丰富了我们对秦朝官学制度的认识。下面要对汉初史学童学习的"十五篇"的内容做个简单的说明,以明汉初官学教育和秦"以法为教"的关系问题,即汉初的史学童是否是像秦吏那样学习法律。

三

《史律》仅谓"试史学童以十五篇",未云"十五篇"的具体名称。《艺文志》举萧何之法仅仅谓"讽书九千字",没有说明这九千字源自何处。《说文》明确"讽籀书九千字,乃得为史"。《汉书·艺文志》小学类载"《史籀》十五篇","《史籀篇》者,周时史官教学童书也"。班固自注谓"周宣王太史作大篆十五篇。建武时亡六篇矣"。历代学者均认为萧何规定的"讽书九千字"就是《说文·序》引的"讽籀书九千字",也就是班固所说的"《史籀》十五篇"。今人亦主是说,认为《史律》之十五篇就是《史籀》十五篇。但是,若仔细分析,此说有两个疑点:其一,法律行文规范,用语严谨,如果"试史学童以十五篇"是"籀书十五篇",则律文不会遗漏关键的"籀"字,因为这一字之差,直接影响到学童的前途。其二,出土文字说明,秦朝统一前后,通行的文字是隶书和小篆两种书体,大体上是刻石和铜器铭文用小篆,一般文书为隶书,秦朝虽然统一六国文字于小篆,但社会上广泛使用的仍然是隶书。萧何出身文吏,毫无复古情结,采摭秦律之宜于时者而制定汉律,一切以适用为准,怕不会舍弃自己熟悉、社会上广泛使用的秦朝书体去选用周宣王时大篆作为官方教材书体;而即使确实有周宣王时的大篆书十五篇流传到萧何的时代,距离汉初五百多年,其内容和现实需要相去甚远,又怎能作为现实的教材使用?身为史家的班固,在修《艺文志》时忠于史志,只谓"萧何草律……能讽书九千字以上乃得为史",没有说这所讽之九千字就是《籀书》;而同时是古文经学家的班固,以其自己的学术见解,认为这九千字就是周宣王时史官所书之籀书十五篇中的九千字,所以特意加以注释。不过,这个注释很可能不是汉初史实,而是经学家的认识。当然,这不是班固一个人的认识,在古文经发达的东汉时代,而是普遍认识。

要准确理解律文"十五篇"的性质,必须对"卜学童能讽书史书三千字"之"史书"含义有个正确理解。人们之所以将"试史学童以十五篇"之"十五篇"等同于《史籀》十五篇,是因为将"史书"理解为隶书书体,根据《说文》所说的"籀书九千字"理解《史律》十五篇。这是缘自于清代学者段玉裁、钱大昕、王先谦等对《说文》序和两汉史籍中"史书"一词的解释。[1]这个解释缺少必要的事实支持,与逻辑更不通。果真如此,学童学习十五篇的目的就是识字和学习书体,这显然不合历史逻辑。试想上举律文中的史学童只要认识一定数量的文字和会写隶书就能为史了吗?众所周知,秦汉时代"史"是低级文职官吏的统称,需要掌握相应的法律政令和专门知识,了解公文程式和行政程序,文献中对基层官吏考核标准就是"文毋害",这"文毋害"就是通晓公文簿书、法律政令。萧何就是因为"文毋害"而成为沛县主吏掾的。汉简中,"能书,会计,治官民,颇知律令"是考核基层官吏的常见用语,这"能书,会计,治官民,颇知律令"就是"文毋害"的内容。有何根据将"史书"理解为隶书书体?对此,笔者有专文论述,这里不赘。[2]

事实上,王充曾对"史书"含义有过明确的叙述。《论衡·程材》篇讨论东汉文吏和儒生的短长优劣时曾谓"世俗学问者,不肯竟经明学,深知古今,急欲成一家章句。义理略具,同趋学史书,读律讽令,治作情奏,习对向,滑习跪拜,家室就,召署辄能。"这是对不专心于经学、而急着做文吏的儒生的批评。这些"世俗学问者"在"同趋学史书"以前,已经"义理略具",即对儒学经书有了简单的了解,掌握了经学的基本知识,自然是完成了识字教育,具备了相应的阅读书写能力,所习之字自然是通行的隶书。如果王充批评的"同趋学史书"的"史书"真的是什么"通行的隶书"的话,是没有这个必要的。这儿的"史书"显然不是什么隶书。根据王充的分析,"世俗学问者"的行为都是为了学习做文吏的知识和技能:"学史书,读律讽令,治作情奏"是学习公文知识,用王充的话来概括,即"辩解簿书";"习对向,滑习跪拜"是学习官场应对礼节。"簿书"即官府公文的统称,所谓"五曹自有条品,簿书自有故事"。这些五曹的"条品"和"簿书"的"故事"就是政府部门的规章程式和公文的成例,学习起

---

[1] 段玉裁:《说文解字注》,北京:中华书局1981年;王先谦:《汉书补注》卷九《元帝纪》,北京:书目文献出版社,1995年。
[2] 拙作《〈史律〉新证》,载《史学月刊》2008年第11期,见本书。

来要比五经容易得多,只要"勤力玩弄"就能"成为巧吏"。而学习五经,尽管可以成为通晓古今的博学之士,但是不符合各级官府选拔属吏的标准,学问虽好却不能为吏,在和文吏们竞争时往往被"置于下第",人们就不愿意学习经书了。显然,王充所说的"史书",指的就是五曹的"条品"和"簿书"的"故事",就是官府各种公文文本,用现代的话说就是政府各部门之间的上行文、下行文、平行文的各类公文及其适用的法律政令,根本不是什么书体,更不是隶书书体。

明确了文献中"史书"的含义,《史律》的"史书"就可得到确解了。《史律》的"卜学童能讽史书三千字"之"史书"就是为史必须掌握的"簿书"——不同性质的公文样式及相应要求。"簿书"是通称,是后起称谓,在西汉初期则称为"史书",意思是"史"必须掌握的文书。"史书"内容广泛,学童们根据专业岗位不同而选学相应内容,卜学童因为专业是占卜,要学习占卜的专业书,所以对"史书"的要求较低,只要求"讽史书三千字"。

明白了"史书"含义,也就明白了汉初官学教育的内容。法律政令是"史书"的主要内容,史学童也好,卜学童也好,都要学习,只是因为工作性质差异要求不同而已。所以,我们完全有理由说汉初继续了秦朝的"以法为教,以吏为师"的传统。直到东汉,"以法为教"依然是官学教学内容的一部分。和秦朝不同的是,李斯上了焚书的奏议以后,禁止私人讲授"诗书百家语",官学教育更是没有"诗书百家语"的立足地盘,"以吏为师"的所有内容就是"法令"。西汉立国,继续"以吏为师"的同时,放松了对民间讲学的控制,"诗书百家语"可以在民间传诵,至汉惠帝"除挟书律"以后[1],"诗书百家语"完全合法化,子学活跃,尤以儒学与时俱进、发展迅猛,并逐步获得"独尊"地位。但是,"儒学独尊"并不等于"以法为教"的终结,无论是官学教育,还是私人讲学,抑或求学者的自我选择,无不是"儒"、"法"并举,不过是各有偏重而已。董仲舒以春秋公羊学闻名而为《春秋决狱》二百四十二事,以举案说法的方式弥补现实法律的不足;上举王充批评的"世俗学问者"之"义理略具,同趋学史书,读律讽令,治作情奏,习对向,滑习跪拜,家室就,召署辄能"都说明了"以法为教"在不同历史时期的社会效应。和秦朝不同的是,汉代特别是东汉时代的"以法为教"已经和秦朝完全的"以吏为师"有所不同,汉代的"以法为教"既有"以吏为师"的功劳也有儒家经师私人传授的功劳。这个问题说来话长,待另文专论。这里只要明白,以法为教、以吏为师不是商鞅的发明,也不是秦国、秦朝独有的现象,而是中国历史上由来有自、影响久远的政治传统就行了。

---

[1]《汉书》卷二《惠帝纪》,北京:中华书局,1962年,第90页。

《史律》新证

　　张家山汉简《二年律令·史律》是关于史、卜、祝培养、考核、任用的专门法律,自公布以来,已有学者结合文献曾对其内容进行多方面的考释[1],并取得了大体一致的认识。但是,有三个问题,还需要进一步讨论:一是史学童所背诵的"十五篇"是不是《汉书·艺文志》所说的史籀书十五篇问题,二是卜学童所背诵的"史书"是否书体问题,三是学童的考试层次和次数问题。这些问题,并非一般意义上的辞章之辨,而有着重大的政治和学术意义,不仅关系到对汉代政治的理解,而且也关系到对汉代学术史的认识。故辨释如下,以就教于方家。

一

　　为便于分析,先将《史律》的相关律文引录如下(为便于阅读,简文异体字全部写作今文):

　　　　史、卜子年十七岁学。史、卜、祝学童学三岁,学佴将诣大史、大卜、大祝,郡史学童诣其守,皆会八月朔日试之。

　　　　试史学童以十五篇,能风(讽)书五千字以上,乃得为史。有(又)以八膿(體)试之,郡移其八膿(體)课大史,大史诵课,取冣(最)一人以为其县令史,殿者勿以为史。三岁一并课,取冣(最)一人以为尚书卒史。

　　　　卜学童能风(讽)书史书三千字,诵卜书三千字,卜六发中一以上,乃得为卜。以为官□。其能诵三万以上者,以为卜,上计六更。缺,试脩法,以六发中三以上者补之。

　　　　以祝十四章试祝学童,能诵七千言以上者,乃得为祝,五更。大祝试祝,善祝、明祠事者,以为冗祝,冗之。不入史、卜、祝者,罚金四两,学佴二两。[2]

---

* 原刊《史学月刊》2008年第11期。
[1] 对《史律》进行全面考释的论著有:李学勤:《试说张家山汉简史律》,《文物》2002年第4期;曹旅宁:《张家山汉简史律考》,见曹旅宁:《张家山汉律研究》,北京:中华书局,2005年。
[2] 张家山二四七号汉墓竹简整理小组:《张家山汉墓竹简(二四七号墓)》(释文修订本),北京:文物出版社,2006年,第80—82页。

上述律文的基本含义比较清楚。学室的学童身份分为史学童、卜学童、祝学童三类;学童必须出身世家,有相应的家学渊源,年满十七岁才能进入官学学习;有专职教学人员——学佴负责日常教学和管理,分别教授,有不同的教材。史学童学习"十五篇";卜学童则背诵"史书"、"卜书"三千字以外再学习占卜技能;祝学童则学习《祝十四章》[1]。学童学习期限是三年,考试合格而后任职。史学童考试分为两个级别:郡守主持的郡级考试,大(太)史主持的中央级考试。郡级考试选拔一般的史职人员,高级史职人员要经过大史的复试。大史复试内容和程序与郡试相同,其第一名为县令史,最后一名则取消为史的资格。卜学童、祝学童则统一由大卜、大(太)祝主持,只设中央一级考试;其考试内容和要求因学业而异;具体组织则有学佴负责,考试不合格,学童罚金四两,学佴罚金二两。对此,学界理解没有分歧。现在就依次讨论"试史学童以十五篇"的具体内容、卜学童所诵"史书"的性质、史卜祝的考试次数问题。

《史律》仅谓"试史学童以十五篇",未云"十五篇"的具体内容。今人则根据《汉书·艺文志》和《说文·序》的相关记述解读这段律文。《汉书·艺文志》小学条云:

> 汉兴,萧何草律,亦著其法,曰:"太史试学童,能讽书九千字以上,乃得为史。又以六体试之,课最者以为尚书御史史书令史。吏民上书,字或不正,辄举劾。"[2]

班固所引的萧何之律没有明确"太史试学童"时所讽之九千字的内容究竟是什么,但同篇记载汉代有"《史籀》十五篇",谓"《史籀篇》者,周时史官教学童书也"。班固自注谓"周宣王太史作大篆十五篇。建武时亡六篇矣"。《说文·序》详于《艺文志》,云:

> 尉律:学童十七已上始试,讽籀书九千字乃得为史,又以八体试之,郡移太史并课最者以为尚书史。书或不正,辄举劾之。[3]

比勘《艺文志》和《说文》,二者性质相同,都是关于太史试学童的规定,《说文》则明确了"讽籀书九千字,乃得为史"。千百年来,学者均认为《说文》的"籀书

---

[1] 按:律文谓史学童"讽"书五千字,卜学童"讽"书三千字的同时,要"诵"卜书三千字,祝学童则"诵"祝十四章七千言以上。讽、诵分别言之。从文字学上说,讽、诵互训,均为背诵。但是,律文对卜学童的要求是讽、诵分别言之,是有着特别要求的。《周礼·春官宗伯·大司乐》:"以乐语教国子:兴、道、讽、诵、言语。"郑注:"信文曰讽,以声节之曰诵。"讽是按照原文背诵,诵则要按照一定的韵律抑扬顿挫地背诵。规定卜学童"讽史书"、"诵卜书",是针对其职业特点的专门规定,不能把"诵卜书"简单地等同于背诵卜书。限于讨论主体和行文方便,本文将讽、诵均解为背诵。特此说明。

[2] 《汉书》卷三十《艺文志》,北京:中华书局,1962年,第1720-1721页。

[3] 段玉裁:《说文解字注》卷十五上,上海:上海古籍出版社,1981年,第758-759页。

九千字"就是班固所说的《史籀》篇十五篇,《艺文志》所说的"讽书九千字"就是背诵籀书九千字,即萧何定律时就以周宣王时太史所写的籀书十五篇作为识字教材了,一直延续到东汉。只是汉代学童们不仅要学会籀书这一种书体,还要学会其他七种,共八种书体,即大篆、小篆、刻符、虫书、摹印、署书、殳书、隶书。《史律》面世以后,极大地丰富了人们对汉初教育制度的认识,对文献记载的不确之处也有所订正,如《艺文志》所说的"讽书九千字"应为"讽书五千字";《说文》所说的《尉律》律文在汉初属于《史律》的范畴;《艺文志》的六体是八体之误。但是,人们均一致以《艺文志》和《说文》为依据,认为《史律》之十五篇就是《史籀》十五篇。[1]

人们认为《史律》之十五篇就是《史籀》十五篇的论据之一是《汉书·艺文志》所述的萧何之律和《史籀》十五篇的记载。但是,仔细比较、分析班固引述的萧何律文和班固自己关于《史籀》篇的记载,我们不难发现,班固所引律文未云"籀"字,谓"能讽书九千字以上"而非"能讽籀书九千字以上"。这怕不是疏漏,而是另有原因,"能讽书九千字以上"不能简单地理解为"能讽籀书九千字以上"的省文。法律行文规范,用语严谨,如果"试史学童以十五篇"是"籀书十五篇",律文不会遗漏关键的"籀"字,因为这一字之差,决定着学童的学习和考试内容,直接影响到学童的前途。班固只谓"萧何草律……能讽书九千字以上乃得为史",没有说这所讽之九千字源自何处,更没有说这九千字就是籀书;班固知道西汉有《史籀》十五篇流传,被认为是周宣王太史所作的识字课本,建武年间亡佚六篇,所以给予了特别的说明。但是,班固同样没有说明这《史籀》十五篇和萧何律文规定的"九千字"之间有什么联系。律文自律文,《史籀》自《史籀》,这体现了班固实事求是的原则。我们不能仅仅依据《史籀》十五篇是识字课本、学童入学要从识字开始,就判定所讽之九千字就是《史籀》十五篇中的九千字。清人桂馥从九千字出发,对《史籀》十五篇进行文字整合,认为"大篆十五篇,断六百字为一篇,共得九千字"[2],使《史籀》十五篇符合萧何九千字的字数,试图说明萧何所草律文规定的九千字就是《史籀》十五篇。这是典型的倒果为因的求证方法,是不可取的。殊不知班固已经明白地指出,所谓《史籀》十五篇在建武年间已经遗失六篇,东汉见到的只有九篇,萧何所草之律沿用到东汉,东汉学童也要诵九千字;《说文》所引的《尉律》是东汉之律,而东汉之《史籀》篇只有九篇五千四百字,何来十五篇九千字?

---

[1] 李学勤:《试说张家山汉简史律》,《文物》2002年第4期,整理小组亦持是说,见《张家山汉墓竹简(二四七号墓)》(释文修订本),北京:文物出版社,2006年,第81页"试史学童……"条注释一。朱红林:《张家山汉简〈二年律令〉集释》对各家解释有辨析,北京:社会科学文献出版社,2005年,第280-285页。

[2] 桂馥:《说文解字义正》,济南:齐鲁书社,1987年。

反之,则说明东汉所诵的九千字也不是什么《史籀》十五篇。

把《史籀》十五篇和学童讽书九千字联系起来的是《说文·序》引的《尉律》。但是,这不是汉初事实,很难将萧何制定的史官教材确定为《史籀》十五篇。所谓的"周宣王太史作大篆十五篇"即使实有其事,这十五篇大篆即使传到了汉代,也不一定成为官学的指定教材。出土文字说明,秦朝统一前后,通行的文字是隶书和小篆两种书体,大体上是刻石和铭文用小篆,一般文书为隶书,秦朝虽然统一六国文字于小篆,但社会上广泛使用的仍然是隶书。萧何出身文吏,任职地方基层政府,毫无复古情结,其采摭秦律之宜于时者而制定汉律,一切以适用为准,断然不会舍弃自己熟悉、社会上广泛使用的秦朝书体去选用周宣王时的大篆十五篇作为官方教材和标准书体;从历史的逻辑看,就是确实有周宣王时的大篆十五篇流传到萧何的时代,距离汉初五百多年,其内容和现实需要相去甚远,又怎能作为现实的统一教材使用?汉初如此,以后也是这样。通观有汉一代的出土文字,简牍、帛书、印文、铭文、碑刻等,使用的首先是隶书,只在印文和少数铭文中使用篆书。如果大篆书体是学童必须首先学习的书体,其作用远在隶书书体之上,在使用过程中人们为什么不使用?反之,则说明所谓籀书书体并非学童普遍的必修书体。

笔者以为,从历史的逻辑上判断,这个"大篆十五篇"是晚出之书,是经学兴起以后,奉天法古的思潮弥漫思想界,儒生凭借遗存的先秦古文字制作出来而托名周宣王太史之书,是汉儒托古言事的产物,开始时只在部分儒生中间传播,后被刘向收入《七略》。班固身为史学家,同时又是古文经学家,引用律文要忠于文本,所以在引述萧何之律时,只谓诵书九千字,没有说这九千字出自何书,具体内容是什么。但是,汉代确实流传着名为周宣王太史所作《籀书》十五篇作为学童的识字课本,班固在将其收入小学类书目的时候,予以特别的说明,而没有把萧何所草之律和《史籀》十五篇混为一谈,仅谓萧何之律"学童十五篇",而没有说所试之十五篇是《史籀》十五篇。这怕不是班固的无意疏漏,而是体现了班固作为史学家的实事求是的态度,在班固心目中,萧何所试学童之十五篇并非《史籀》十五篇。许慎引述的《尉律》是东汉之物,两汉法律有因有革,变化甚大,不能完全据以解释《史律》,否则难免简单化之弊。当然,笔者否定《史律》之十五篇是《史籀》十五篇,并不是否定大篆书体的流传。作为书体,大篆是先秦流传下来的古文字,史学童是必须学的,是太史考试的内容之一。但是,我们并不能因此认为这《史律》所说的十五篇都是用籀书写成的,"试以八体"也不等于史学童要将所诵的五千字全部用八种书体写出来。在当时的书写条件下,分别用八种书体书写五千字而后从地方运送到中央请太史审核,实在是难以想象的事情。合理的解释应该是,诵书是诵书,书法是书法,只要选择少量内容用八种主体书写以考核书法优劣就行了。至于这十五篇的书体,为了阅读的方便,应当是当时通行的隶书。

那么,《史律》"十五篇"如果不是人们理解的籀书十五篇,这十五篇的内容究竟是什么?笔者以为,这仅仅从律文上是难以获得说明的,而应从"史"的职能上获得说明。《说文》谓:"史,记事者也。"《礼记·玉藻》云:"动则左史书之,言则右史书之。"从汉代以来,均谓史是记事之官。这虽然正确,但不全面。在商周时代,史在国家行政中的重要性远远超过"记言"、"记事"。商代姑且不论,西周时代的史是政治舞台上极为活跃和庞大的职官队伍,其最高负责人为大(太)史,地位与公等,有专门的行政机构——大史寮。大史寮和卿事寮是协助周王办事的两大机构,几乎分管着国家一半的政务,其属下众多史官的职权范围甚为广泛,如传达王命,代王册命,代替周王视察诸侯,参与宗教祭祀,参加征战等。所以,西周史官职能远非"记事"、"记言"所能够概括。降至战国秦汉,因为国家机器的发达,史在国家行政中的重要性弱化,逐步地成为官府文职吏员而分为不同层次,从中央到地方,都有史的存在,其地位高低不等,分工也有不同。因为负责纪录各种活动,也就负责掌管文书,历朝历代的典章图籍也都由史保管,中央的大史就是其总负责人。

众所周知,西周时代,限于人对自然的认识,神权笼罩着国家权力的运作,军国大事、生产生活都要参考神意,占卜、祭祀是国家经济、政治、军事、文化生活的大事,因而占卜、祭祀自然成为史官分内的事情。尽管因为时间的推移、知识和技术的细化,史、卜、祝逐步分化,各有专攻,但属于同一系统是没有任何问题的,彼此之间是相通的。司马迁谓其世袭的太史令之职"文史星历近乎卜祝之间,固主上所戏弄,倡优畜之,流俗之所轻也"[1],虽属愤懑之语,但是当时道出了史官的职权范围。《周礼·大宗伯》将大卜、大祝、大史排列一起,说明了彼此关系;《汉书·百官公卿表》奉常属官有"大乐、大祝、大宰、大史、大卜、大医"六令丞,也说明了史、卜、祝的关系。只是随着社会文明的进步,政治理性的提高,文史星历、占卜祭祀对现实影响逐步弱化,史、卜、祝的地位逐步降低,司马迁的话从一个方面反映了这个客观趋势。这些为学界所熟知,点到即可,无须一一详说。本文要说明的是,司马迁所说的太史令的地位是降低了,作为各级官府中的史的地位却依然重要,文书的起草、传达、收集、归档的事情越来越多,各种政教禁令、管理规章的解释和执行也都要这些文职人员具体操作,特别是给上级部门的各种考核文书更是离不开这些史官。所有这些都要有相应的专门知识和技能。所以,各级官府、衙署的大小史官必须熟悉相关政令、公文程式、专门用语以至于计算会计等专门知识,一言以蔽之,就是政府文书。这必须经过专门训练,进行针对性教育,仅

---

[1]《汉书》卷六二《司马迁传》,北京:中华书局,1962年,第2732页。

仅识字是远远不够的。所以"试史学童以十五篇"的内容就不仅仅是识字,而应该是史官的知识。要对这个问题有比较明确的认识,还要探讨律文中"史书"的含义。

二

关于《史律》"卜学童能讽书史书三千字"之"史书"的含义问题,整理小组认为"史书,指隶书"。其根据,一是《汉书·王尊传》"尊窃学问,能史书,年十三,求为狱小吏";二是《说文·序》段注"或云善史书,或云能史书,皆谓便习隶书,适于时用,犹今人之楷书耳"。这是传统解释,清人段玉裁、王先谦都曾持此解,今人沿用了这一看法。但是,这个解释是难以成立的。从逻辑上看,隶书是汉代通行文字,识读书写是每一个学童基本技能,会写隶书或者隶书写得好一些就能为史?事情怕不会这么简单。段玉裁曾举证说"凡汉书元帝纪、王尊传、严延年传、西域传之冯嫽、后汉书皇后纪和熹邓皇后、顺烈梁皇后,或云善史书,或云能史书,皆谓便习隶书,适于时用,犹今人之工楷书耳"。但是,若仔细分析这些依据,段氏此解,大成问题。现列举相关史料如下:

臣(班彪自称)外祖兄弟为元帝侍中,语臣曰元帝多材艺,善史书。[1]

(严)延年为人短小精悍,敏捷于事,虽子贡、冉有通艺于政事,不能绝也。吏忠尽节者,厚遇之如骨肉,皆亲乡之,出身不顾,以是治下无隐情。然疾恶泰甚,中伤者多,尤巧为狱文,善史书,所欲诛杀,奏成于手,中主簿亲近史不得闻知。[2]

(贡禹上书元帝云)……郡国恐伏其诛,则择便巧史书、习于计簿、能欺上府者,以为右职;奸轨不胜,则取勇猛能操切百姓者,以苛暴威服下者,使居大位。故亡义而有财者显于世,欺谩而善书者尊于朝,诗逆而勇猛者贵于官。故俗皆曰:"何以孝弟为?财多而光荣。何以礼义为?史书而仕宦。"[3]

王尊字子赣,涿郡高阳人也。少孤,归诸父,使牧羊泽中。尊窃学问,能史书。年十三,求为狱小吏。数岁,给事太守府,问诏书行事,尊无不对。[4]

(成帝许皇后)聪慧,善史书,自为妃至即位,常宠于上,后宫希得

---

[1]《汉书》卷九《元帝纪》,北京:中华书局,1962年,第298页。
[2]《汉书》卷九〇《酷吏传·严延年传》,北京:中华书局,1962年,第3669页。
[3]《汉书》卷七二《贡禹传》,北京:中华书局,1962年,第3077页。
[4]《汉书》卷七六《王尊传》,北京:中华书局,1962年,第3226页。

进见。[1]

（解忧公主侍女冯嫽）能史书，习事，尝持汉节为公主使，行赏赐于城郭诸国，敬信之，号曰冯夫人。[2]

恭宗孝安皇帝讳祜，肃宗孙也……年十岁，好学史书，和帝称之。[3]

和熹邓皇后……六岁能史书，十二通《诗》、《论语》。诸兄每读经传，辄下意难问。志在典籍，不问居家之事。[4]

顺烈梁皇后……少善女工，好史书，九岁能诵《论语》，治《韩诗》，大义略举。常以列女图画置于左右，以自监戒。[5]

（敬王刘）睦少好学，博通书传……能属文，作《春秋旨义》《终始论》及赋颂数十篇。又善史书，当世以为楷则。[6]

乐成靖王党，永平九年赐号重熹王，十五年封乐成王。党聪惠，善史书，喜正文字。[7]

（章）帝所生母左姬，字小娥……小娥善史书，喜辞赋。[8]

对上述文献中的"史书"，古人曾多有注解。就笔者所见，最早解释"史书"的是东汉人应劭，应劭也是第一个把"史书"解作书体的人，但不是隶书而是大篆。《汉书·元帝纪》应劭注谓"周宣王太史史籀所作大篆"。颜师古同意应劭意见。李贤也主张"史书"是大篆。《后汉书·安帝纪》李贤注云"《史书》者，周宣王太史所作之书也，凡十五篇可以教幼童"。又注《皇后纪》云"史书，周宣王太史籀所作大篆十五篇也。前书曰'教学童之书'也"。这里的"前书"是指《汉书》，即上举《汉书·艺文志》班固之语。这大约是唐朝以前学者的通识。清人钱大昕根据上举各篇对"史书"的记载，不同意应劭等人对"史书"的解释，认为当时人们学以致用，不会去学习籀书，学习的应该是隶书，云："应说非也……盖史书者，令史所习之书，犹言隶书也。善史书者谓能识字做隶书耳，岂皆尽通史籀十五篇乎。"段玉裁、王先谦均赞同钱氏看法。[9]钱氏对应劭的批评是成立的，但是谓"史书"是隶书书体也不对。既然隶书是常用书体，是任何读书人首先学习和必须掌握的基本技能，身为一国之君、饱受教育的汉元帝字写得好一些又有什么值得炫耀褒奖的？难道其他帝王字都写不

---

[1]《汉书》卷九七下《外戚传下》，北京：中华书局，1962年，第3974页。
[2]《汉书》卷九六《西域传·乌孙传》，北京：中华书局，1962年，第3907页。
[3]《后汉书》卷五《孝安帝纪》，北京：中华书局，1965年，第203页。
[4]《后汉书》卷一〇上《皇后纪上》，北京：中华书局，1965年，第418页。
[5]《后汉书》卷一〇下《皇后纪下》，北京：中华书局，1965年，第438页。
[6]《后汉书》卷一四《宗室三王传》，北京：中华书局，1965年，第556-557页。
[7]《后汉书》卷五〇《孝明八王传》，北京：中华书局，1965年，第1672页。
[8]《后汉书》卷五五《章帝八王传》，北京：中华书局，1965年，第1803页。
[9] 王先谦：《汉书补注》卷九《元帝纪》引，北京：书目文献出版社，1995年，第102页。

好？严延年之"善史书"就更难以善于写隶书解之,从上下文来看,"善史书,所欲诛杀,奏成于手,中主簿亲近史不得闻知"是对"巧为狱文"的解释,"奏成于手"更是对"善史书"的直接说明,和书法的好坏、何种书体没有任何关联。再衡之以贡禹的上书,"史书"更不是指书体。贡禹批评地方官员专门任用那些"便巧史书、习于计簿、能欺上府"的刀笔吏制作计簿,欺骗上级,严重危害国家。这"习于计簿、能欺上府"就是"便巧史书"的体现,显然这"便巧史书"不是什么善于书写隶书的人,而是善于弄虚作假、做表面文章的人,贡禹才说"欺谩而善书者尊于朝"。这儿的"善书"绝不是什么字写得好,而是指舞文弄墨、颠倒黑白、编造文书而言。否则,"善书"若是指字写得好,那些正直的人只要把字练练好同样也会"尊于朝",贡禹根本没有必要长篇大论地上书元帝,指陈时疾,讨元帝的不快。至于冯嫽更不会因为字写得好而得到西域诸国的"敬信",无论是隶书还是大篆,写得再好,西域诸国的君长们怕都不会欣赏其书法而"敬信之"。显然,这里的"史书"都不能以书体或书法视之,不能把"善史书"理解为善于书法,更不能理解为隶书写得好。

  跳出汉唐学者通识,对"史书"做出新解的是元人胡三省。胡三省谓"史,吏也。史书,犹言吏书也"[1]。依胡注,"善史书"、"能史书"就是"善吏书"、"能吏书"。"吏书"即官府使用的文书统称,而不是指某种书体。这个看法是符合历史真实的,王充的《论衡》已经有明确的说明。

  王充《论衡·程材》篇讨论东汉文吏和儒生的短长优劣时,曾指出"世俗学问者,不肯竟经明学,深知古今,急欲成一家章句。义理略具,同趋学史书,读律讽令,治作情奏,习对向,滑习跪拜,家室就,召署辄能"。这是对不专心于经学、而急着做文吏的读书人的批评。这些"世俗学问者"在"同趋学史书"以前,已经"义理略具",即对儒学经书有了简单的了解,掌握了经学的基本知识,自然是完成了识字教育,具备了相应的阅读书写能力,所习之字自然是通行的隶书。如果王充批评的"同趋学史书"的"史书"真的是什么"通行的隶书"的话,他们还有这个必要吗?这儿的"史书"显然不是什么隶书。根据王充的分析,"世俗学问者……同趋学史书,读律讽令,治作情奏,习对向,滑习跪拜"是为了学习做文吏的知识和技能:"学史书,读律讽令,治作情奏"是学习公文知识;"习对向,滑习跪拜"是学习官场应对技能。用王充的话来概括,世俗学问者"同趋学史书,读律讽令,治作情奏"就是为了"辩解簿书"。"簿书"即官府公文的统称,种类繁多,要求各异,各有定式和专门要求,所谓"五曹自有条品,簿书自有故事"。这些五曹的"条品"和"簿书"的"故事"就是政府部门的规章程式和公文的成例,学习起来要比五经容易得多,只要"勤力玩

---

[1] 司马光:《资治通鉴》卷二七《汉纪一九》,胡三省注,北京:中华书局,1956年,第883页。

弄"就能"成为巧吏"。而学习五经,尽管可以成为通晓古今的博学之士,但是不符合地方长吏选拔属吏的标准,学问虽好却不能为吏,在和文吏们竞争时往往被"置于下第",人们就不愿意学习经书了。

王充是站在儒生的立场说话的,认为地方长吏的用人标准有问题,不应该只用那些"世俗学问者"为属吏,而应该用儒生。因为对于国家统治来说,儒生的作用远远在文吏之上。儒生博览古今,知道王朝兴衰之理,用儒家伦理、圣人之道教化百姓,可以使国家统治长治久安,其功能远非那些只知道"辩解簿书"的文吏可比,怎能置儒生"于下第"而使用文吏呢?遗憾的是,当时的郡守县令们并不愿意这样做,儒生和文吏也相互攻击。王充才反复说明二者的优劣短长,指出郡守县令特别是掌握一方军政大权的被视为"将相"的郡守们应该从长治久安的立场出发,在选拔属吏时不能把儒生"置于下第",不能专用文吏,而应该儒生优先。这些和本文关系不大,不予详说。本文要说明的是王充所说的"史书"的内容。只要对《程才》所述儒生和文吏的知识结构稍加分析,就不难得出结论:王充所说的"史书",指的就是五曹的"条品"和"簿书"的"故事",统称为"簿书",也就是官府各种公文文本,用现代的话说就是政府各部门之间的上行文、下行文、平行文的各类公文,根本不是什么书体,更不是隶书书体。"簿书"因为内容不同各有专门的称谓、格式、程序、文本和相应的套路,有专门的技巧,需要经过相应的针对性训练,从而形成专门的"文吏"队伍。

明白了王充《论衡》所说的"史书"的含义,对上举两汉书中的"善史书"、"能史书"就好理解了。所谓"善史书"、"能史书"都是指对"簿书"的了解和掌握而言,指长于簿书、能够书写簿书,懂得簿书的写作套路和技巧,也能判断"簿书"的优劣高下。元帝以好儒闻名,同时也熟悉公文体例和使用范围,所以专门说他"多才艺,善史书……""多才艺"相对于元帝好儒而言,"善史书"是"多才艺"的表现之一。严延年精明强干,了解吏治短长,精通司法文书的制作技巧,才能"巧为狱文,善史书,所欲诛杀,奏成于手,中主簿亲近史不得闻知"。"奏成于手"就是利用自己"巧为狱文,善史书"的特长,自己动手撰写狱文或者奏章,深文周纳,置人于死地。贡禹引述的"何以礼义为?史书而仕宦",将"史书"和"礼义"对置,"礼义"指儒经,"史书"指文吏所学的簿书。王尊"窃学问,能史书"也是指簿书而言,才能在"年十三,求为狱小吏"之后"数岁,给事太守府,问诏书行事,尊无不对"。这"为狱小吏"、"问诏书行事,尊无不对"才是王尊"善史书"的体现。许皇后就是因为懂得簿书,了解朝廷政务,知道自身进退,美貌加智慧而专宠于一身。冯嫽之见重于西域诸国的君长是因为她长于外交,了解外交辞令和礼节,洞悉各国状况,出使各国,应对得体,这才是冯嫽"能史书"的体现。至于安帝、邓皇后、梁皇后、章帝生母小娥之

"善史书"云云，也是指对"簿书"的了解而言，幼年即喜好簿书应对，不同寻常，命该君临天下。当然，这是夸饰之词，不可相信。刘睦、刘党"善史书"和"能属文，作《春秋旨义》《终始论》及赋颂数十篇"、"喜正文字"并列，均指文吏所习之簿书甚明。清儒不解，以善于隶书解之，是没有任何事实和逻辑依据的。

明确了文献中"史书"的含义，《史律》的"史书"就可得到确解了。《史律》的"卜学童能讽史书三千字"之"史书"就是为史必须掌握的"簿书"——不同性质的公文样式及相应要求。"簿书"是通称，是后起称谓，在西汉初期则称为"史书"，意思是史必须掌握的文书样式。"史书"内容广泛，学童们根据专业岗位不同而选学相应内容，卜学童因为专业是占卜，要学习占卜的专业书，所以对"史书"的要求较低，只要求"讽史书三千字"。这三千字内容可能和占卜有关，有固定内容和格式。王充在《论衡·谢短》篇批评文吏"自谓知官事、晓簿书"，实际上只知其然、不知其所以然，当人们问起"晓知其事，当能究达其意否"时，文吏们是一片茫然。王充所列举的事例有"门户井灶，何立？社稷、先农、灵星，何祠？岁终逐疫，何驱？使立桃象人于门户，何旨？挂芦索于户上，画虎为门阑，何放？除墙壁书画厌火丈夫，何见？"文吏们都无言以对。这些都属于文吏的职能范围，王充才有此问。显然，这些不是普通的吏员职能，而是卜、祝的事情，适证汉初培养、考核、任用卜学童、祝学童的各项规定到了东汉时代依然有所延续，占卜、祭祀仍是东汉官府行政职能的组成部分，卜、祝依然是文吏的组成部分。只是在西汉，卜、祝和其他文职人员统称为史，东汉则统称为文吏了。这反映了两汉政治文明的发展。

至此，我们似乎可以对《史律》的"试史学童十五篇"之"十五篇"和"卜学童能讽史书三千字"之"史书"的关系做出进一步的说明：这"史书三千字"和史学童背诵的十五篇属于同一个序列，"史书三千字"应是"十五篇"的一部分。也就是说，"试史学童十五篇"的正式名称是"史书"；分为"十五篇"应是因为文书内容不同分类所致。史学童所诵的五千字、卜学童所讽的三千字，都是根据岗位不同而选择其中的一部分。

现在，对"史书"的内容再做进一步的讨论。尽管目前我们还没有直接史料，不能确切判断《史律》十五篇的内容究竟是什么，但是，我们可以从逻辑上推定《史律》十五篇是包括法律起码包括部分法律文书在内的。因为汉代对基层官吏的考核标准就是能书、会计、颇知律令文三项，就是戍边、以武事为主的基层小吏也要具备这三项条件。如居延汉简有云：

> 肩水侯官并山燧长公乘司马成中劳二岁，八月十四日，能书，会计，

治官民,颇知律令。武年卅二岁,长七尺五寸。觻得成汉里家去官六百里。[1] 13·7

候长公乘蓬士长当中劳三岁,六月五日,能书,会计,治官民,颇知律令。武,年卅七,长七尺六寸。[2] 562·2

简文是西汉中后期之物,其时儒学已经官方化。在儒学已经官方化的背景之下,"能书,会计,治官民,颇知律令"尚且是边境军事官吏的基本要求,汉初的史——基层吏员更要"能书,会计,治官民,颇知律令"。其实,我们将云梦秦简和十一号墓主喜的职业联系起来看就不难明白史所需要的知识条件了。根据云梦秦简《编年记》,喜是南郡安陆的基层小吏,先为史,先后任安陆令史、鄢令史,从过军,打过仗,但是战事结束以后继续做县令史,随葬的文书典籍都是其生前使用之物,除了各种法律文书以外,既有秦国史记(编年记),又有官府文告(语书)、择日用书(日书)、官场处世要诀(为吏之道)等,这正形象地说明了一个史职人员所要具备的知识结构。当然,喜为县令史多年,是一县史职人员的首领,职权范围广,具有解答基层吏民各种疑问特别是法律疑问的责任,一般的史特别是初学者,对其知识水平要求自然要低得多。但是,这告诉我们为史的条件绝对不仅仅是识字和会书写,更重要的是懂得各种公文知识。汉政和秦政虽然不同,汉制和秦制也是有因有革,但是在汉初,基本制度还是秦制的延续,特别是基层官吏的职能和秦相比并没有什么变化;保存《二年律令》的墓主身份虽然不像睡虎地秦简墓主喜那样明确,但是,可以推断,这个墓葬主人的身份和喜差不多,也是个史一类的基层文职人员,随葬的各类文书是其生前使用之物。明白这些,有助于我们对"史书"内容的理解,也有助于对汉代政治的认识。

三

最后,对《史律》中的学童考试制度问题少做辨析。《史律》谓"史、卜子年17岁学。史、卜、祝学童学三岁,学佴将诣大史、大卜、大祝,郡史学童诣其守,皆会八月朔日试之"。即史、卜、祝之子17岁到学室学习。学室分为中央和地方两级,各有学佴负责教学,总计三年的学习期限。中央的负责长官是大(太)史、大(太)卜、大(太)祝,地方负责长官是郡守。考试时,中央由大(太)史、大(太)卜、大(太)祝主持,地方由郡守负责,考试时间统一在八月初一。如果仅此规定,我们完全可以理解为每年举行一次考试。

但是《史律》又规定:"试史学童以十五篇,能风(讽)书五千字以上,乃得

---

[1] 谢桂华、李均明、朱国炤:《居延汉简释文合校》,北京:文物出版社,1987年,第21页。
[2] 谢桂华、李均明、朱国炤:《居延汉简释文合校》,北京:文物出版社,1987年,第658页。

为史。又以八体试之,郡移其八体课大史,大史诵课,取最一人以为县令史,殿者勿以为史。三岁一并课,取最一人以为尚书卒史。"史学童背诵十五篇中的五千字就可以为史,然后再考核书法,即"试以八体","试以八体"由大史负责,第一名为县令史,最后一名则取消为史的资格。这些没有疑义,引起疑义的是"三岁一并课,取最一人以为尚书卒史"的规定。这"三岁一并课"可以有两种理解:将三年课程合并考试,和累计三年的考试成绩。前者"并"的是三年课程,后者"并"的是三年成绩。笔者以为应以累计三年考试成绩为是。这只要将"三岁一并课"和"史、卜子17岁学"结合起来看,结论就明确了。因为17岁是傅籍年龄,傅籍即标志成年。[1]对普通农民来说,傅籍以后就开始承担赋役,直到老免。史、卜之子因为职业世袭免除普通农民的兵徭之役,但是,其入学室学习即成为公职人员,衣食由官府供应,他们学习不是个人选择,而是官府的任务,就要接受相应的考核。按照秦汉制度,官吏的考核均按年进行,所谓上计制度均以年为时间单位,这些学童们的学业也应一年一考。《汉书·儒林传》谓公孙弘建议博士弟子的考试制度是一年一考:"一岁辄课,能通一艺以上,补文学掌故缺。其高第可以为郎中,太常籍奏。即有秀才异等,辄以名闻"。博士弟子的考试属于太学考试系统,地方学校也是如此。汉初的学室是汉代最早官学,太学考试制度与其有一定的延续性,从太学考试制度可以逆推汉初制度为一年一考。《说文》谓"学童十七已上始试……并课最者",这"始试"二字说明学童从17岁开始就可以参加考试,一年不合格,第二年再考,而不是要三年期满再考试,"并课最者"是指并合诵书和书法两项成绩而言,可以作为理解《史律》的佐证。

至此,我们可以对《史律》史学童的考试有明确的认识:史学童平时有一年一次的学年考,地方学室学童考试合格再由太史主持复试;三年期满要参加由大史主持的全国大会考,会考的目的是选拔高级人才,第一名任尚书卒史。到了东汉,录用人员要多一些,大会考优秀者任尚书御史和尚书令史。卜、祝学童的考试内容和史学童有别,但考试时间、场次和史学童一致,才规定"不入史、卜、祝者,罚金四两,学佴二两"。这个罚金是就年度考核而言的,不适于大会考,因为大会考的目的不在于考核学童和学佴的学、教任务,而在于选拔高级人才。

---

[1] 关于秦汉傅籍年龄,参见拙作《秦汉"傅籍"制度与社会结构的变迁》,《人文杂志》2005年第1期。另见李学勤:《试说张家山汉史律》,《文物》2002年第4期。曹旅宁:《张家山汉简史律考》,见曹旅宁:《张家山汉律研究》,北京:中华书局,2005年。

张家山汉简所见汉初中央与
诸侯王国关系论略*

张家山汉简之《二年律令》和《奏谳书》,有针对朝廷与诸侯王国的关系而定的部分条文,这极大地丰富了我们对汉初朝廷与诸侯王国关系的认识,有助于我们对相关文献的理解,也有助于对秦汉政治转折认识的深化。故略陈管见,以就教于同仁。

先谈张家山汉简相关律令条文的基本内容。这主要有如下几点:

第一,在中央直辖地区和诸侯王国的边境,设有军事防御系统,严防诸侯王国的攻盗侵扰,严惩吏民防守不力或者背汉逃亡者。《二年律令·贼律》(下引律文只出篇名)云:

> 以城邑亭障反,降诸侯,及守乘城亭障,诸侯人来攻盗,不坚守而弃去之若降之,及谋反者,皆要(腰)斩。其父母、妻子、同产,无少长皆弃市。其坐谋反者,能偏(徧)捕,若先告吏,皆除坐者罪。[1]

《捕律》云:

> "捕从诸侯来为间者一人,拜(拜)爵一级,有(又)购二万钱。不当拜(拜)爵者,级赐万钱,有(又)行其购。数人共捕罪人而当购赏,欲相移者,许之。"[2]

律文的规定,正反映事实的客观存在。律文说明:一是在汉与诸侯王国的边境线上设有城障等军事设施,所谓以"以城邑亭障反"、"守城亭障"之亭障即指汉与诸侯王国边境上的亭障,是观察、报警、守御的军事设施,有军队驻守。二是诸侯王国与汉之间存在着军事摩擦和冲突,有时甚至比较激烈,并非一般的"攻盗",才有"坚守"与否的问题。三是汉家吏民若归附诸侯王国即属于谋反和降敌行为,无论是临阵脱逃,还是主动投降,均以谋反论处,所谓"诸侯人来攻盗,不坚守而弃去之若降之,及谋反者",即指防守不力、临阵逃脱、投

---

* 原刊《陕西历史博物馆馆刊》第10辑,西安:三秦出版社2003年。
[1] 张家山二四七号汉墓竹简整理小组:《张家山汉墓竹简(二四七号墓)》,北京:文物出版社,2001年,第133页。
[2] 张家山二四七号汉墓竹简整理小组:《张家山汉墓竹简(二四七号墓)》,北京:文物出版社,2001年,第153页。

降、谋反四种情况,无论是哪一种情况,"皆腰斩。其父母、妻子、同产,无少长皆弃市",若主动告发则免除连坐。四是除了以军事手段防止诸侯王国"攻盗"等行为之外,另以拜爵赐钱的方式打击诸侯王国的间谍和其他非法活动,凡是抓捕一名诸侯王国间谍者,拜爵一级,再赏钱二万;不宜拜爵者,则增加赐钱一万;如果是多人共同捕得罪犯,根据当事人的意愿,可以把爵位和赏钱集中给其中的某一个人或者是某几个人。

第二,严格关防,禁止关中的黄金、铜及其制品出关,以防流往诸侯王国。《津关令》云:

"制诏御史,其令扞(扞)关、陨关、武关、函谷关、临晋关,及诸其塞之河津,禁毋出黄金,诸奠黄金器及铜,有犯令"。

"制诏御史,其令诸关,禁毋出私金器□。其以金器入者,关谨籍书,出复以阅,出之。籍器,饰及所服者不用此令。"[1]

按张家山汉简整理小组注释,律文所说的扞(扞)关即《汉书·地理志》的江关,在今重庆奉节县境内。但是,文献中有扞(扞)关的记载,《史记·楚世家》有云"肃王四年,蜀伐楚,取兹方。于是,楚为扞(扞)关以拒之"。《张仪列传》云"秦西有巴蜀,大船积粟,起于汶山,浮江以下,至楚三千里……不至十日而拒扞(扞)关。扞(扞)关惊,则从境以东尽城守矣,黔中、巫郡非王之有"。可见,《史记》所说的扞(扞)关是楚地的西界,也是巴蜀的东界,简文所说的捍关应是《史记》的捍关,在今天的巫山县内,江关之名后起。[2]陨关在今湖北陨县境内,函谷关在今河南灵宝县东北,武关在今陕西商南县南,临晋关在今陕西大荔县东,均位于关中平原的东面、南面和北面,其中,临晋关距离长安最近。[3]"诸塞之河津"应是指通往东方的黄河上的各渡口。"禁毋出黄金,诸奠黄金器及铜,有犯令"以及"禁毋出私金□"云云,都是指不得将关中黄金、铜及其制品——无论是官府还是个人,也不论是私人财产还是官家物品带往关外,也就是禁止流向诸侯王国。简文"奠黄金器"之"奠"系"填"之通假,即镶嵌黄金的器物。若关外吏民自带黄金、铜等器物入关,入关时由关吏记录在案,出关时核对无误再放行。即使是那些家在关东而为吏朝廷、病死之后还葬故里者出关时也要接受检查,甚至是开棺检查。《津关令》云:"制诏相国、御史,诸不幸死家在关外者,关发索之,不宜,其令勿索。相国、御史请关

---

[1] 张家山二四七号汉墓竹简整理小组:《张家山汉墓竹简(二四七号墓)》,北京:文物出版社,2001年,第206页。

[2] 捍关的位置,见谭其骧主编:《中国历史地图集》第1册,北京:地图出版社,1982年,第45—46页。

[3] 谭其骧主编:《中国历史地图集》第2册,北京:地图出版社,1982年,第29—30,5—6,15—16页。

外人宦为吏若徭使,有事关中,不幸死,县道各属所官谨视收敛,毋禁物,以令若丞印封椟櫺,以印章告关,关完封出,勿索。椟櫺中有禁物,视收敛及封。"[1]在此令颁布之前,所有家在关外而病死关中的吏民在出关时都是要开棺检查的,后来大约是因为开关检查有违人情而更改。规定家在关外在关中为吏或者因公事在关中而不幸死亡者,在收敛时,由当地县、道政府派官员监视进行,防止死者家属或随员把金、铜等违禁物品放在棺材中带出关外;在确认无违禁品后,以县令、县丞之印加封,并行文津关,说明已经检查无误,官吏检查封印无误,没有损坏,即不再开棺验视。反之,若封印有误或者有损毁,还要开棺查验。律文因缺简,无法知道若棺材中有违禁物品,对死者家属以及随员以及监视"收敛"的县道官员的惩罚内容,但仅此已可见对金、铜等物品出关禁止之严格。关外并非全是诸侯王的国土,还有着朝廷的郡县,但是,这些物资若流到关外,就容易为诸侯王国得到,禁止其出关,就是防止诸侯王国刮削朝廷财物。

第三,严禁关中人口流往诸侯王国。《贼律》云:"来诱及为间者,磔。"[2]和上举律文"捕从诸侯来为奸者"诸语相对照,这儿的"来诱及为间者,磔",当是指诸侯王国人到关中引诱人口和刺探情报等行为而言,"来诱及为间者",一律处以"磔"刑。这在刘邦时代就已经实行了。《奏谳书》中就有一则与此相关的案例:

十年七月辛卯朔癸巳,胡状、丞熹敢谳之。刻(劾)曰:临淄狱史阑令女子南冠缴(缟)冠,详(佯)病卧车中,袭大夫虞传,以阑出关。今阑曰:南,齐国族田氏,徙处长安,阑送行,取(娶)为妻,与偕归临淄,未出关,得,它如刻(劾)。南言如刻(劾)及阑。诘阑,阑非当得取(娶)南为妻也,而取(娶)以为妻,与偕归临菑(淄),是阑来诱及奸,南亡之诸侯,阑匿之也,何解?阑曰:来送南而取(娶)为妻,非来诱也。吏以为奸及匿南,罪,无解。诘阑:律所以禁从诸侯来诱者,令它国毋得取(娶)它国人也。阑虽不故来,而实诱汉民之齐国,即从诸侯来诱也,何解?阑曰:罪,毋解。问,如辤(辞)。鞫:阑送南,取(娶)以为妻,与偕归临菑(淄),未出关,得,审。疑阑罪,毄(系)它县论,敢谳之。人婢清助赵邯郸城,已即亡,从兄赵地,以亡至诸侯论。今阑来送徙者,即诱南。吏议:阑与清同类,当以从诸侯来诱论。或曰当以奸及匿黥春罪论。十年八月庚申朔癸亥,大(太)仆不害行廷尉事,谓胡啬夫献(谳)狱史阑,献(谳)固有审,廷以闻,阑当

---

[1] 张家山二四七号汉墓竹简整理小组:《张家山汉墓竹简(二四七号墓)》,北京:文物出版社,2001年,第207页。

[2] 张家山二四七号汉墓竹简整理小组:《张家山汉墓竹简(二四七号墓)》,北京:文物出版社,2001年,第133页。

黥为城旦，它如律令。[1]

这是发生在汉高祖十年的一宗案例。基本案情是一位叫作南的女子，本是战国时齐国贵族田氏之后，被汉迁往长安，由临淄狱史阑护送。到长安后，阑娶南为妻，又给南戴上编冠，让南假装生病，躺在车中，冒用大夫虞的过关凭证（即传），企图混出关外，结果被发现。几经审讯，认定阑娶南为妻违背了"它国毋得娶它国人"的规定，属于非法婚姻，阑偕南而归，属于引诱朝廷人口。而对南而言，南随阑出关是逃亡，阑则是隐匿逃亡人口，并引人婢清亡至诸侯的成例为据。最后，对阑的犯罪性质的认定仍存在分歧：一是认为阑为"从诸侯来诱"罪，二是以"奸及匿"罪请黥为城旦舂。若认定为"从诸侯来诱"罪，对阑的量刑要重得多。最后廷尉的裁决是"阑当黥为城旦，它如律令"。对于阑犯罪性质的分歧这里不去讨论，本文引此案例的目的，是为了说明刘邦在实行分封制的同时，就以法律的方式禁止诸侯王国引诱汉民，包括以婚姻的方式，以家属的名义将关中人口带往关东。此外，禁止人口"亡至诸侯"，同时规定"它国毋得娶它国人"。这"来诱及奸"作为一条完整的律文虽然见于《二年律令》之《贼律》，但无疑是始于刘邦时期的。

　　第四，严格限制诸侯王国买马关中，禁止将其马匹带出关外。《津关令》云：

　　　　十六，相国上长沙丞相书言，长沙地卑湿，不宜马，置缺不备一驷，未有传马，请得买马十，给置传，以为恒。相国、御史以闻，请许给买马。制曰：可。

　　　　廿二，丞相上鲁御史书言，鲁侯居长安，请得买马关中。丞相御史以闻。制曰：可。

　　　　丞相上鲁御史书，请鲁中大夫谒者得私买马关中，鲁御史为书告津关，它如令。丞相、御史以闻。制曰：可。

　　　　丞相上鲁御史书，请鲁郎中自给马骑，得买马关中，鲁御史为传，它如令。丞相、御史以闻。制曰：可。[2]

上举律文是针对长沙国和鲁国而言的。长沙国是西汉唯一的一个异姓王，但对朝廷始终是忠贞不贰。《史记·惠景间诸侯年表序》谓："长沙王者，著令甲，称其忠焉。昔高祖定天下，功臣非同姓强土而王者八国。至孝惠时，惟独长沙全，禅五世，以无嗣绝，竟无过，为藩守职，信矣。"因为长沙国对朝廷忠诚

---

[1] 张家山二四七号汉墓竹简整理小组：《张家山汉墓竹简（二四七号墓）》，北京：文物出版社，2001年，第214—215页。

[2] 张家山二四七号汉墓竹简整理小组：《张家山汉墓竹简（二四七号墓）》，北京：文物出版社，2001年，第209，210页。

如一,又因"长沙地卑湿,不宜马",连通讯、驾车用的马匹都没有,固特许其买马关中,其用途是"给置传",即作为通讯用马。鲁侯是指鲁王张偃,张偃是鲁元公主和张敖之子,《史记·汉兴以来诸侯王年表》谓惠帝七年"初置鲁国",高后元年"鲁元公主薨,赐谥为鲁元太后,子偃为鲁王"。《汉书·高惠高后文功臣表》"宣平侯张敖"条下云"高后二年侯偃为鲁王,孝文元年复为侯"。据此,律文说的"鲁侯"是鲁王张偃,"初置鲁国"时张偃的爵位是鲁侯,鲁元公主死后,因吕后的关系,在谥鲁元公主为太后之后,封张偃为鲁王。因为吕后的关系,特许鲁国的中大夫、谒者、郎中买马关中以履行其职责,并和长沙国一样,作为制度来执行,所谓"得买马关中"、"它如令"就是指买马时按规定的程序办就行了,无须再经报批。也就是说,在通常情况下,王国、侯国禁止在关中买马,如因特殊需要,则须特批。这儿"它如令"之"令"则是指有关购买及马匹出入津关的法律规定。

按汉初对马匹的买卖、流动有严格的系统规定,无论是私人还是公家买卖马匹,都要严格登记造策于官府,发给通行证,凭证通行。其内容包括马匹的籍贯、颜色、身高、年齿、标识等,出入津关时,由地方长吏行文津关,由津关官吏严格核对。《津关令》云:

> 禁民毋得私买马以出扞〈扜〉关、陨关、函谷[关]、武关及诸河塞津关。其买骑、轻车马、吏乘、置传马者,县各以所买名、匹数告买所内史、郡守,内史、郡守各以马所补名为久久马,为致告津关,津关仅以藉(籍)、久案阅,出。诸乘私马入而复以出,若出而当复入者,出,它如律令。〔1〕

关中是京畿所在,为保证京畿安全,禁止百姓买马出扞(扜)关、陨关、函谷关、武关以及沿河各渡口等关隘。关中各县需要购买马匹充作运输、交通、通信工具(律文中的"县各以所买名、匹数告买所内史、郡守"之"县"是指关中的县而言),先将需要购买的数量上报购买地的郡守或者内史,并分别起好名字(律文之"名、匹数"即马的名字和数量),由该郡守或者内史把新买的马匹打上烙印标识(律文"久久马"之"久"通"灸"),然后行文津关官吏,津关官吏根据行文建立档案,据之以检查马匹出入。关外私人马匹入关后返回故里,或者是关中私人马匹出关后要回关中者,才允许出关,也就是说,这两种情况之外的所有私人马匹都不得出关。即使是关外郡县因公买马关中也要履行相关程序。《津关令》云:

> 相国议,关外郡买计献马者,守各以匹数告买所内史、郡守,内史、郡守谨籍马职(识)物、齿、高,移其守,及为致告津关,津关案阅,津关谨以

---

〔1〕张家山二四七号汉墓竹简整理小组:《张家山汉墓竹简(二四七号墓)》,北京:文物出版社,2001年,第208页。

传案出入之。诈伪出马,马当复入不复入,皆以马贾(价)诖过平令论,及赏捕告者。津关吏卒、吏卒乘塞者智(知),弗告劾,与同罪;弗智(知),皆赎耐。御史以闻,制约:可。[1]

律文"计献马"之"计"是指一年一度的上计,"献"是指随上计而献给中央的物品。"计献马"按字面含义,可以解作运送上计时所献物品的马,也可解为上计献给中央的马,本文笼统看作是上计所需的马匹。关外各郡因上计需要而买马,关中则由买马的郡守把需要购买的马匹数量告诉关中的郡守或者内史,由该郡守或内史把所售马匹的标识(即律文之"职物")、身高、年齿、颜色等登记造策,转给买马的郡守,并且另外行文通知津关,津关官吏即根据该文书检查出入马匹是否合法。与文书不合者,禁止出入关。不当出关而出关,出关之后应当返回而没有返回,一经发现即按"马贾(价)诖过平令论",并赏赐检举揭发和拘捕有功人员。津关官吏没有发现或者虽然发现而未予揭发,"皆赎耐"。比照上举律文,长沙国和鲁国虽然可以买马关中,但不仅必须按照规定的数量购买,而且这些马匹不得流往关外。

在谈到诸侯王国买马关中的规定时,还有一个特例要做说明。《津关令》有云:

廿一,丞相上长信詹事书,请汤沐邑在诸侯,属长信詹事者,得买骑、轻车、吏乘、置传马,关中比关外县。丞相、御史以闻,制。[2]

《汉书·百官公卿表》云:"长信詹事掌皇太后宫,景帝中六年改为长信少府","列侯所食曰国,皇太后、皇后、公主所食曰邑"。列侯所食之国以及皇太后、皇后、公主所食之邑均分布于朝廷所辖的十五个郡以内,和县、道平级,律文"请汤沐邑在诸侯"之"诸侯"是对关东地区的泛指,是指关外郡县而言,属于长信詹事之汤沐邑是皇太后即吕后自己的食邑,因身份特殊,固特许其"得买骑、轻车、吏乘、置传马关中,比关外县",这是公务的需要,故云"比关外县"即按照关外县因公务需要买马关中的规定执行。至于其他的如皇后、公主以及列侯食邑在关外郡县者是不适用此令的。

综上所述,汉与诸侯王国是国与国的关系,双方在军事、经济各个方面都有着激烈的冲突,故对诸侯王国防范甚严。这是以往所未见的事实,为我们重新思考汉初之分封同姓王的原因以及朝廷与王国的关系提供了新的基础。

现在讨论刘邦分封同姓王的原因问题。这先要对刘邦对都城的选择

---

[1] 张家山二四七号汉墓竹简整理小组:《张家山汉墓竹简(二四七号墓)》,北京:文物出版社,2001年,第208页。

[2] 张家山二四七号汉墓竹简整理小组:《张家山汉墓竹简(二四七号墓)》,北京:文物出版社,2001年,第209页。

说起。

众所周知,刘邦称帝之初,本想建都洛阳,因为娄敬的劝说而建都关中,其理由有二:一是"陛下起丰沛,收卒三千人,以之径往,卷蜀汉,定三秦,与项籍战荥阳,大战七十,小战四十,使天下之民肝脑涂地,父子暴骸中野,不可胜数,哭泣之声不绝,伤痍者未起,而欲比隆成康之时,臣窃以为不侔矣"。二是"秦地被山带河,四塞以为固,卒然有急,百万之众可具。因秦之故,资甚美膏腴之地,此所谓天府。陛下入关而都之,山东虽乱,秦故地可全而有也。夫与人斗,不扼其亢,拊其背,未能全胜。今陛下入关而都,按秦之故,此亦扼天下之亢而拊其背也"[1]。关于关中的地势之利是时人的共识,如项羽入关之后,就有人向他建议"关中阻山河四塞,地肥饶,可都以霸"。但项羽见"秦宫室皆以烧残破,又心怀思欲东归,曰'富贵不归故乡,如衣绣夜行,谁知之者!'"[2]拒绝了这一正确建议。对此,刘邦未尝不知,真正打动刘邦的应是第一条理由,即关东人心不附,而关中则有着良好的人心基础。娄敬说刘邦"起丰沛,收卒三千人,以之径往,卷蜀汉,定三秦,与项籍战荥阳,大战七十,小战四十,使天下之民肝脑涂地,父子暴骸中野,不可胜数,哭泣之声不绝,伤痍者未起,而欲比隆成康之时,臣窃以为不侔矣"云云,是在说明刘邦在关东地区缺乏人心基础,因为这些"肝脑涂地,父子暴骸"者固然有秦人,但主要是关东之人,因为战场在关东,其中既有平民,也有六国贵族,他们因为刘邦之统一天下而死亡,自然对刘邦心存敌意。特别是六国宗室之后。六国宗室之后起兵的目的是报亡国之恨,消灭秦朝,恢复故国;随着秦朝的灭亡,他们的亡国之仇是报了,复国梦也实现了,起码是部分地实现了,项羽之分封18人为王,虽然有失公允,但多少圆了他们的复国梦。但是,最终的结果却被刘邦摘走了胜利的果实,已经恢复的国家又化为乌有。随着大汉的建立,那些当年在反秦斗争中浴血奋战的六国宗室之后自然把不满的矛头指向新政权。所以,刘邦尽管因为其自己和功臣都是关东人,在感情上难舍故土之思,还是迅速地接受了娄敬的建议,移都关中。原因就在于刘邦在关中有着良好的人心基础。早在初入关中时,刘邦即向关中父老表明了自己的目的是"为父兄除害,非有所侵暴"的政治态度,通过"约法三章"约束自己部下对关中父老的"侵暴"行为,使关中"吏民皆案堵如故","使人与秦吏行致县乡邑告谕之,秦民大喜,争持牛羊酒食献享军士"。而刘邦则是"让不受,曰:'仓粟多,不欲费民。'民又益喜,唯恐沛公不为秦王"[3]。从而打下了良好的社会基础,得到

---

[1]《汉书》卷四三《刘敬传》,北京:中华书局,1962年,第2119-2120页。
[2]《史记》卷七《项羽本纪》,北京:中华书局,1959年,第315页。
[3]《汉书》卷一上《高帝纪上》,北京:中华书局,1962年,第23页。

了因秦朝崩溃、对六国军队疑惧不安、彷徨无所归依的秦地吏民的拥护。[1]这是刘邦据秦之地、用秦之民东向争天下得以成功的基础,也是娄敬说的"卒然有急,百万之众可具"的现实依据。也就是说,刘邦建国的基础是关中,统治基础也在关中,防范重点是关东的六国宗室之后与豪强。

正因为刘邦的统治基础在关中,防范重点是关东,所以立都关中之后立即采取两项措施加强对关东的控制:一是继续秦朝的釜底抽薪的办法,迁关东豪强及六国宗室之后于关中,也就是人们常说的"徙豪"。只是秦朝采用的是剥夺政策,即视六国豪强为"迁虏"、罪犯,是亡国之余,将其流放于西南、西北地区,没收其土地、财产;而刘邦则用赎买政策,把六国豪强迁于关中帝辇之下,予以良田美宅,既防止其为乱关东,又抚慰其心,争取其对新政权的支持,扩大新政权的统治基础。[2]二是分封同姓王,《汉书·诸侯王表》序云:"汉兴之初,海内新定,同姓寡少,惩戒亡秦孤立之败,于是剖裂疆土,立二等之爵。功臣侯者百有余邑,尊王子弟,大启九国。"原六国地区的大部分郡县都为同姓王所有,朝廷直辖者不过全国郡县的三分之一左右,"天子自有三河、东郡、颍川、南阳,自江陵以西至巴蜀,北自云中至陇西,与京师内史凡十五郡,公主列侯颇邑其中"。其目的是靠同姓王屏卫皇室,维护刘家天下的长治久安,避免秦朝的孤立之败。

但是,"徙豪"也好,分封同姓王也好,在刘邦的时代而言都是为了防范六国宗室之后的。然而,我们从上述诸措施来看,刘邦及其后继者并没有随着六国贵族之被迁和同姓王国的建立而放松对关东地区的防范,只是防范的对象变了,由原来的六国贵族之后和豪强大姓变成了同姓诸侯王。这为我们深入思考刘邦对分封制的认识和心态提供了新的思路。

上举《汉书·诸侯王表》序谓刘邦分封同姓王是因为"海内新定,同姓寡少,惩戒亡秦孤立之败",人们对"惩戒亡秦孤立之败"的理解是完全废除分封制,只采用郡县制,结果被丞相王绾等人不幸而言中,果然出现了"燕、齐、荆地远,不为置王,毋以填之"[3]的结局。其实,这只是问题的一个方面,还有另一个方面人们未曾留意,这就是博士淳于越所说的"臣闻,殷周之王千余岁,封子弟功臣自为枝辅。今陛下有海内,而子弟为匹夫,卒有田常、六卿之臣无辅拂,何以相救哉?事不师古而能长久者,非所闻也"[4]的含义问题。

人们认为淳于越所说的"师古"之"古"就是殷周的分封制度,其实是片面

---

[1] 关于"约法三章"的性质和功能,参阅拙文《从"约法三章"看秦与六国的心理隔阂》,《山东社会科学》1991年第2期。
[2] 关于秦、汉"徙豪"政策的异同,参阅田昌五、安作璋:《秦汉史》,北京:人民出版社,1992年。
[3] 《史记》卷六《秦始皇本纪》,北京:中华书局,1959年,第238页。
[4] 《史记》卷六《秦始皇本纪》,北京:中华书局,1959年,第254页。

的。淳于越批评的是秦始皇自为天子"而子弟为匹夫",要求秦始皇效法殷周制度,自为天子的同时,任用子弟为辅弼,以防止因宗室衰落而权入强臣,像六卿之分晋、田常之代齐。殷周固然实行分封制(按商朝是否有后世所说的分封制并不清楚,这里是分析淳于越的话,故殷周并提),但更主要的还是实行权力宗族世袭制,朝中大权世袭掌握于王族宗室子弟手中。淳于越就是希望秦始皇师法殷周制度,任用宗室子弟执掌朝政。果如此,势必影响位于一人之下、万人之上的丞相李斯的权力,所以在坚决反对的同时,又禁私学、焚诗书。秦始皇没有采纳淳于越的建议,历史的发展则果如淳于越所言:秦始皇死后,朝中大权即为赵高、李斯所控制。如果秦始皇采纳了淳于越的建议,即使不行分封制,而能任用子弟出掌要津,无论是中央公卿,还是郡守、郡尉,这"孤立之败"就可能是另一种结局。也就是说者"亡秦孤立之败"包含两层含义:一是没有实行分封制,二是没有任用宗室子弟职掌权要。对此,刘邦是有着清醒的认识的。也就是说,要"惩戒亡秦孤立之败"的最佳选择是把所有权力均掌握于刘氏手中,至于是用分封制还是郡县制,倒不是主要的问题,不采用分封制,沿用秦朝的郡县单轨制,也可以避免"亡秦孤立之败"。这在历史上是有过成功的先例的。田常子弑齐简公、立齐平公之后,自任相国,一方面"尽诛鲍、晏、监止及公族之强者",另一方面"选齐国中女子长七尺以上为后宫,后宫以百数,而使宾客、舍人出入后宫者不禁。及田常卒,有七十余男"。[1] 田常死后,田襄子继位为相,"使其兄弟宗子尽为齐都邑大夫,与三晋通使,且以有齐国"。从而完成了从上到下地取代姜齐政权的过程,此后之齐国政权从中央到地方基本上由田氏家族世袭,直到灭于秦。刘邦即使不行分封制,若像田襄子"使其兄弟宗子尽为齐都邑大夫"那样,任命刘氏子弟出掌地方长吏,同样可以收到"惩戒亡秦孤立之败"的效果。但是,现实的情况却是"同姓寡少"。刘邦同父兄弟四人,而长兄早卒;同族兄弟可用者不过贾、泽二人;虽有皇子八人,但长幼悬殊。所以,即使这些刘氏宗族子弟个个都能安邦治国,仅此数人无论如何也无法控制朝野权力。无奈之下,刘邦只有采用分封制。以往人们仅注意"剖裂疆土……尊王子弟,大启九国"是为了"惩戒亡秦孤立之败",而忽视了"剖裂疆土……尊王子弟,大启九国"的另一个前提就是"同姓寡少",对分封原因的理解难免流于片面。

至此,我们可以明白:刘邦之分封同姓王是在当时"同姓寡少"条件下为巩固刘氏家天下的无奈之举。因为"同姓寡少",诸侯王国的数量有限,其土地的连城数十就必不可免;要使他们镇抚东方,就必须赋予他们以治理军民政务的全权。正因为如此,在刘邦的心目中,就不能不充满着深深的忧虑,因

---

[1]《史记》卷四六《田敬仲完世家》,北京:中华书局,1959年,第1885页。

为刘邦虽然希望通过效法西周分封制度巩固刘氏家天下,但是,殷鉴未远,西周也确实是因为诸侯力量的强大而衰亡。刘邦对李斯关于郡县制与分封制的利弊分析不一定知道,但是,他对分封制可能带来的同室操戈的后果是有所警惕的,深知当这些诸侯王的势力发展起来之后,尽管是宗室子弟,同样也会成为中央政权的威胁。刘邦封刘濞为吴王之后,"召濞相之,曰'若状有反相'。独悔,业已拜,因拊其背,曰'汉后五十年,东南有乱,岂若邪? 然天下同姓一家,慎无反'"。[1]通过相面得出刘濞会反叛云云固属小说家言,或是后世美化刘邦之词,但这说明了刘邦对分封制之弊的认识。刘邦平定淮南王英布之后,在返回途中,回到了阔别十余年的家乡,与家乡父老子弟君民同饮,在酒酣耳热之际,乘兴高歌"大风起兮云飞扬,威加海内兮归故乡,安得猛士兮守四方"[2]。在志得意满之中透露出几分苍凉,体现了刘邦对巩固大汉江山的深深忧虑,这忧虑是包括了对同姓王的不信任在内的。

既然诸侯王存在着背叛的可能,就要未雨绸缪,防患于未然,所以要严格关塞,既在军事上防止不测,又在经济上防止关中人力、物力外流,以保证朝廷的综合国力处于优势地位。

上举《二年律令》的各项规定正说明了这一点。不过,事情还未止于此,刘邦在地缘上也做了周密的考虑。从地缘政治的角度看,西汉初期的国家结构分为关中、关外郡县、诸侯王国三个层次,汉在与王国边境设立亭障戍御系统的同时,更严格关塞制度,出入关塞的所有人、物,无论是属于诸侯王国还是属于关外郡县,都严格检查;既防止违禁物品流往诸侯王国,也防止流往关外郡县,目的是以关外郡县为缓冲,保证关中的中心地位不受王国威胁。从地理结构看,汉廷直辖的15个郡和西周的王畿颇有些相似,从政治控制的层面看,二者则有着巨大的差异,原因就是强干弱枝的需要。

自20世纪以来所有的秦汉史论著在论及西汉行政体制变革时,都谓刘邦的分封是把秦朝的郡县单轨制变为郡县和分封双轨制,把分封制之下的王国和侯国与郡、县并列,封国和郡县同是中央集权政体下的行政单位。通过对上举事实的分析,我们不难看出,通行的看法在西汉前期是不能成立的,起码在七国之乱以前不能成立。在七国之乱以前,无论在主观认识上,还是在制度上,诸侯王国与朝廷都是国与国的关系,或者说是特殊的国与国的关系,而不是中央和地方的关系。封国之同于郡县是在经过吴楚七国之乱以后,直到汉武帝时期才最终完成。现在是修正以往认识的时候了。

---

[1] 《汉书》卷三五《荆燕吴传》,北京:中华书局,1962年,第1904页。
[2] 《汉书》卷一下《高帝纪下》,北京:中华书局,1962年,第74页。

论汉文帝"除关无用传"*

——西汉前期中央与诸侯王国关系的演变

《汉书·文帝纪》载文帝十二年三月,"除关无用传"。"传"即身份证明,"除关无用传"即废除出入关检查身份证明的制度。因为文字简略,古今学者对"除关无用传"所包含的历史意义均未曾深究。张家山汉简《二年律令》公布以后,使我们明白,"除关无用传"之"关"是指环绕关中的五关:扞关、陨关、函谷关、武关、临晋关和"诸塞之河津"即关中与关外的水路交通要津。根据《二年律令》,关中人员、物资、马匹等出入关津要严格登记审查,严禁关中人、财、物流往诸侯王国;在汉与"诸侯"即诸侯王国的边境线上设亭障、驻士卒,严防死守,防止"诸侯"侵犯汉境和汉人外逃,禁止"诸侯"男子娶关中女子为妻,严防"诸侯"间谍等,其时之中央与王国的关系是有着一定"敌对性"的"国与国"的关系。汉文帝"除关无用传"以后,《二年律令》所规定的各项禁令至此起码是部分地废除了:既然可以自由出入关,也就不存在诸侯人到关中为间谍的问题,也不存关中人不能到诸侯王国定居,朝廷和王国婚姻禁令等也自动失效。这是西汉前期中央与诸侯王国关系的一大变局,这是我们把握汉初政局变化的重要一环。笔者曾对前者初步讨论,对后者未曾涉及,迄今学界尚无专门论述。故为本文,作为旧作的续编。[1]

一

要探讨西汉前期中央和诸侯王国关系的变迁,首先要对刘邦分封同姓王和汉初的政治形势做一个简单的分析。《汉书·诸侯王表》序云:"汉兴之初,

---

* 原刊《史学月刊》2010 年第 7 期。
[1] 关于汉文帝时期中央与诸侯王国关系的变动,以往研究都是在评述汉文帝施政特点时指出诸侯王国势力坐大由来有自,是社会经济发展的结果,文帝虽然"优宠"诸侯王,但是只是其原因之一,均为泛泛而论,没有看到"除关无用传"的政治意义,没有将"除关无用传"置于当时特定的历史背景中分析,没有将其与吕后时代的政策、制度作对比。这一方面是资料限制,一方面是认识局限。关于吕后时代中央与诸侯王国的关系,参见拙作《张家山汉简所见汉初中央与诸侯王国关系略论》(《陕西历史博物馆馆刊》第 10 辑,西安:三秦出版社,2003 年),本文衔接旧作,专门讨论文帝调整诸侯王国政策的历史基础和影响。

海内新定,同姓寡少,惩戒亡秦孤立之败,于是剖裂疆土,立二等之爵,功臣侯者,百有余邑;尊王子弟,大启九国。"全国三分之二的郡县分封给同姓王,朝廷直辖的只有西北、巴蜀、关中和中原部分郡县,"天子自有三河、东郡、颍川、南阳,自江陵以西至巴蜀,北自云中至陇西,与京师内史凡十五郡"。也就是原来秦国土地加上河东、河内、河南、东郡、颍川、南阳,六个郡,一百多个诸侯的封邑也包括在内。原来的楚、燕、齐和三晋的部分地区都分封给同姓子弟。因为刘邦的江山是依靠秦人力量从以项羽为代表的六国宗室之后手中夺来的,巩固对关东统治当然是重中之重,同时鉴于亡秦孤立之败的历史教训,为防止"田常六卿"之徒窃取皇权,而分封宗室子弟为王,既镇抚地方,又能防止功臣专擅朝政。

对于这一举措,刘邦是矛盾的,一方面要用宗室诸王拱卫朝廷,另一方面又担心这些诸侯王们势力坐大后,会对朝廷构成威胁。因为刘邦明白,历史上曾经不止一次地上演同室操戈的悲剧,西周的解体就是诸侯实力发展的结果,所以,在分封子侄的时候,告诫他们"天下同姓一家,慎无反"[1];在制度建设方面,开始未雨绸缪,防患于未然,以立法的形式,严格关塞,既在军事上防止不测,又在经济上控制关中人力物力外流,以保证朝廷的综合力量处于优势地位,打击任何危害朝廷的行为。《二年律令》有关中央和诸侯王国关系的各种规定是从刘邦时期就开始实行,至吕后时代而走向严密化的。但是,刘邦在担心同室操戈的同时,当时最担心的是元老功臣对刘家江山的威胁,目的就是为了确立刘氏的独尊地位,《大风歌》所表达的是刘邦对宗室诸王和功臣的双重担忧而以后者为重。也就是说,西汉初年最高统治集团内部的权力之争主要是宗室和功臣集团的博弈。刘邦时代,诸侯王力量弱小,刘邦的主要任务是削弱功臣对皇室的威胁,对宗室诸侯王势力发展的限制是次要的。

到了吕后时代,吕后欲以吕氏集团代替刘氏,起码也要和刘氏宗室共享天下。最高统治集团内部矛盾演变为宗室、外戚、功臣三大集团的博弈,而以外戚和宗室之间最为凸显。吕后大力剪除刘氏势力,扶植吕氏势力,先毒死赵隐王如意,后将赵幽王刘友囚禁饿死在长安,逼赵共王刘恢自杀,又杀掉燕王刘建之子。刘邦的八个儿子,有三个直接死在吕后手下,一个间接地死在吕后手下。幸亏齐王刘肥警惕性高没被吕后毒死,后来在别人建议下主动拿出封地给鲁元公主,并将鲁元公主尊为齐王太后才得以全身而退,否则,刘肥逃过初一怕是逃不过十五,还会和刘如意或者刘友一样的下场。在剪除刘氏宗室的同时,吕后分封诸吕,先后分封吕氏六人为王,十余人为侯,同时任命他们分掌权力要津,挤压元勋们的权力空间。因此之故,元勋们才等待时机

---

[1]《汉书》卷三五《荆燕吴传》,北京:中华书局,1962年,第1904页。

铲除吕氏势力。值的玩味的是功臣集团对待刘氏的态度,当吕后大力剪除刘氏诸王的时候,功臣们并没有表示什么不满,只是吕后在分封诸吕为王时才有王陵等人明确反对,但是陈平、周勃当庭变卦,明确支持吕后分封吕氏子弟。论者咸以为这是陈平的韬晦之计,固然有道理,但是恐怕还有更深一层的因素应该考虑:就是陈平对吕后剪除刘氏宗室持的是观望态度,虽然不支持吕后剪除刘氏宗室,但是也不反对。因为,吕后剪除宗室诸王,客观上对功臣集团是有利的。

众所周知,刘邦在剪灭异姓王以后,就把怀疑的矛头转向功臣集团,萧何下狱就是典型体现,张良看出了刘邦的心思才引退在家。功臣们固然没有取刘而代之之心,但是,如何保住自己的既得利益则是他们的共同目标。在他们的心目中,自己的爵位职官都是用鲜血和汗水换来的,享受荣华富贵是理所当然的。刘邦死后,无论是吕氏的壮大还是宗室势力的扩张都会影响到他们的既得利益。所以,当吕后剪除宗室诸王的时候,功臣们采取的是观望态度;当诸吕势力急剧膨胀,不仅有取刘氏势力而代之之势,而且严重威胁功臣集团的既得利益的时候,功臣们则坚决地站在了刘氏一边。

明白了这一点以后,我们对《二年律令》中的某些内容可以有更深刻的理解:《二年律令》中关于中央和王国的种种禁令尽管在刘邦时代已经开始实行,但是更多的是以后增加的内容。因为刘邦分封子侄为王的目的毕竟是为了巩固刘家天下,而不是为了树立敌国,如果在刘邦时代就如《二年律令》所规定的那样和诸侯王国处于敌对状态,有悖于刘邦和子侄们的骨肉亲情,同时也无异于为渊驱鱼,使诸侯王们自外于朝廷,转而和残余的六国宗室之后等地方势力结合起来,与朝廷为敌,这违背了刘邦分封子侄的目的。《二年律令》颁布于吕后二年以前,是吕后二年以前的律令汇编(当然,出土的只是一部分),其中的许多内容是陆续颁布执行的,许多条款是不断增补的结果,像《贼律》《津关令》中的许多内容很有可能是刘邦死后,由惠帝、吕后颁布实施的,目的是限制中央和刘氏诸王的联系,保证吕氏专权。而功臣们对此是不便也不愿意公开反对:不便反对是因为吕后称制,朝纲独断,通过立法的形式限制诸侯王对中央利益的侵占符合刘邦的国策;不愿意反对是因为吕后此举激化吕氏和刘氏的矛盾也符合功臣们的利益需要。

当吕氏集团覆灭以后,原来的三大政治力量剩下了功臣集团和刘氏宗室,而朝中大权掌握在功臣手中的时候,功臣们则完全出于自身考虑选择新皇帝了,文帝就是在符合功臣利益的前提下被选中的。功臣们废少帝的理由是:"少帝及济川、淮阳、恒山王皆非惠帝子,吕太后以计诈名它人子,杀其母,养之后宫,令孝惠子之,立以为后,用强吕氏。今已灭诸吕,少帝即长用事,吾属无类矣,不如视诸侯贤者立之。"〔1〕少帝及济川、淮阳、恒山是否是吕后以他人子托名惠帝养之后宫无从考论,倒是"吾属无类矣"道出了大臣们的心声,从逻辑上说,吕氏已灭,少帝和济川、淮阳、恒山三个小王爷都是小孩,仰功臣们鼻息生存,大臣们正好专擅朝政,但是从长远看来,担心少帝长大以后知道自己是吕后所立,会为吕氏报仇,干脆斩草除根,把少帝及济川、淮阳、恒山四个少儿全部除掉,转而选择"诸侯贤者立之"。这立"贤者"的标准不是治国的才干和个人本质,也不在于铲除诸吕过程中的功劳大小,而是是否对功臣有利。尽管以后的事实说明功臣们的选择是正确的,文帝确实给大汉王朝的发展做出了积极的贡献,但在当时来说,功臣们并没有考虑到这个因素,或者说考虑的并不多,而是因为"代王母家薄氏,君子长者;且代王,高帝子,于今见在最为长。以子则顺,以善人则大臣安"〔2〕。"母家薄氏,君子长者",不会因为外戚专权而影响自身利益;代王刘恒没有外戚的支持,即使有自己的旧臣也不会对功臣的利益构成威胁,依靠大臣们拥戴而位登九五,自然充当大臣利益的最高代表,朝政也只有听从大臣们的建议。这就是"以善人则大臣安"。至于所谓现存最年长的高帝之子的身份则是次要的。明白了这一点,我们对于文帝时代中央和王国关系的改变就好理解了。

二

　　文帝本在代北,其生母薄氏家族势力弱小,吕后并没有视之为政治对手,文帝并没有直接参与刘氏与吕氏之争,对铲除吕氏集团没有任何贡献,但对朝中形势洞若观火,深知功臣们的目的。面对大臣们派来的使者,君臣都有疑虑。郎中令张武认为:"汉大臣皆故高帝时将,习兵事,多谋诈,其属意非止此也,特畏高帝、吕太后威耳。今已诛诸吕,新喋血京师,以迎大王为名,实不可信。愿称疾无往,以观其变。"〔3〕这个意见是有一定道理的,当年吕后就是以各种理由将诸侯王们召往京师而后加害的,现在吕氏覆灭,大臣掌权,不敢保证大臣们会不会效法吕后的做法,迎立在前,加害于后,所以要静观其变。持这个意见的不是张武一个人,而是大多数人的意见。只有中尉宋昌认为:"群臣之议皆非也。夫秦失其政,豪杰并起,人人自以为得之者以万数,然卒践天子位者,刘氏也,天下绝望,一矣。高帝王子弟,地犬牙相制,所谓盘石之宗也,天下服其强,二矣。汉兴,除秦烦苛,约法令,施德惠,人人自安,难动摇,三矣。夫以吕太后之严,立诸吕为三王,擅权专制,然而太尉以一节入北

---

〔1〕《汉书》卷四〇《周勃传》,北京:中华书局,1962年,第2054－2055页。
〔2〕《汉书》卷三八《高五王传》,北京:中华书局,1962年,第1995页。
〔3〕《汉书》卷四《文帝纪》,北京:中华书局,1962年,第105－106页。

军,一呼,士皆袒左,为刘氏,畔诸吕,卒以灭之。此乃天授,非人力也。今大臣虽欲为变,百姓弗为使,其党宁能专一邪?内有朱虚、东牟之亲,外畏吴、楚、淮南、琅琊、齐、代之强。方今高帝子独淮南王与大王,大王又长,贤圣仁孝,闻于天下,故大臣因天下之心而欲迎立大王,大王勿疑也。"[1]宋昌的分析,着眼于天下民心,高屋建瓴。但是,文帝还是犹豫不决,最后通过占卜,才打消疑虑,入继大统。

投我以木瓜,报之以琼瑶。文帝因为大臣们的选择而成为皇帝,所以即位以后的第一件事情就是在大赦天下以收揽人心的同时,大赐群臣,"益封太尉勃邑万户,赐金五千斤。丞相平、将军婴邑各三千户,金二千斤。朱虚侯章、襄平侯通邑各二千户,金千斤。封典客揭为阳信侯,赐金千斤"。当然,文帝更明白,吕氏之亡,宗室诸王功莫大焉,自己不劳而获,诸侯王们表面上没有什么不满的表示,但内心的不服是不可避免的,在赏赐允功时自然不会忽视宗室,所以在赏赐功臣之后,即"立赵幽王子遂为赵王,徙琅邪王泽为燕王。吕氏所夺齐楚地皆归之"[2]。

文帝对大臣们是心存忌惮的。这不仅表现在进京时的谨慎,刚入未央宫,即"夜拜宋昌为卫将军,领南北军;张武为郎中令,行殿中",用代王旧臣接管了京师军权和宫中警卫,以防不测,而后才发布诏令大赦天下,更表现在对周勃等重臣的特别礼敬。如周勃任丞相以后,"朝罢趋出,意得甚,上礼之恭,常目送之"。这"礼之恭"固然是对周勃的尊重,同时也体现了文帝内心的拘谨和不安。袁盎看出了个中奥妙,认为文帝高目送周勃,此举有失天子威严,不符合君臣之道,因为周勃不过是个功臣而已,并非社稷之臣,"社稷臣主在与在,主亡与亡。方吕后时,诸吕用事,擅相王,刘氏不绝如带。是时绛侯为太尉,本兵柄,弗能正。吕后崩,大臣相与共诛诸吕,太尉主兵,适会其成功。所谓功臣,非社稷臣。丞相如有骄主色,陛下谦让,臣主失礼。窃为陛下弗取也"。袁盎的分析虽然有些苛刻,但倒是说出了文帝的心里话:周勃不过是做了应该做的事情而已。"后朝,上益庄,丞相益畏。"[3]但是,仅仅"益庄"、"益畏"是不够的,君权绝对权威的确立还要有实力对比作为后盾,也就是说文帝要有自己的班底、有自己的势力集团作为后盾。文帝对此是非常明白的,采取的是两项措施:一是重用代邸旧臣,诏举贤良方正,即起用新人以分解功臣权力;二是厚待宗室。

代邸旧臣除了在入宫之时任命宋昌为卫将军、张武为郎中令以外,"诸从

---

[1]《汉书》卷四《文帝纪》,北京:中华书局,1962年,第105-106页。
[2]《汉书》卷四《文帝纪》,北京:中华书局,1962年,第110页。
[3]《汉书》卷四九《晁错传》,北京:中华书局,1962年,第2267-2268页。

朕六人,官皆至九卿"。二年诏令群臣,"悉思朕之过失,及知见之所不及,匄以启告朕。及举贤良方正能直言极谏者,以匡朕之不逮"[1]。即位刚刚一年,要求群臣谈自己的"过失"不过托词而已,其目的是"举贤良方正能直言极谏者",实际上是反思以往施政得失,择其可者而用之。因为史籍缺载,究竟有多少贤良方正、直言极谏者入朝不得而知,但当不是个别;入朝者不仅仅有贤良方正、直言极谏者,那些青年才俊也因此而得以展露才华,贾谊、晁错就是在这一背景之下先后入朝的。贾谊一个二十出头的青年,"每诏令议下,诸老先生未能言,谊尽为之对,人人各如其意所出。诸生于是以为能。文帝说之,超迁,岁中至太中大夫"。这儿的"诸老先生"显系贤良方正、直言极谏者流。而贾谊可以在一岁之中越级任太中大夫,可见文帝对知识分子的重视。但是,太中大夫不过是个发发议论的闲职,并不掌握实权,不影响朝中权力平衡,功臣们并没有明确反对,当文帝要任贾谊以公卿之位就很困难了,"绛、灌、东阳侯、冯敬之属尽害之,乃毁谊曰:'洛阳之人,年少初学,专欲擅权,纷乱诸事。'于是天子后亦疏之,不用其议。"[2]文帝疏远贾谊,不是因为贾谊所提的建议有多大的错误,而是因为贾谊所提出的各项建议抑制了功臣们的权力,文帝后来所实行的"诸法令所更定即列侯就国"都是贾谊首先提出的。如果贾谊出任公卿,以周勃、灌婴为代表的功臣们的权益要受到抑制,文帝即位伊始,不便得罪这些重臣,只好将贾谊外放。也就说,文帝试图通过重用新人、分解功臣权力的尝试失败了。那只有一个途径了:就是依靠宗室,制衡功臣。

宗室诸王本来诛灭诸吕有功,文帝厚待宗室,任何人都没有理由提出异议。这体现在两个方面,一是重赏诸侯王之后,在恢复齐王、楚王故地,徙刘泽为燕王,立赵幽王之子遂为王以后,又封赵幽王次子辟疆为河间王,齐王刘肥之子刘章为城阳王,刘兴居为济北王,同时封三个皇子为王,封刘肥七个儿子为列侯,又增加诸侯王子封邑各两千户。二是优宠诸侯王,如元年六月"令郡国无来献"[3]。楚元王雅好诗书,文帝礼敬有加,"尊崇(楚)元王,子生,爵比皇子"[4]。淮南厉王刘长骄纵无状,直至心生不轨,始终不忍至法,即使刘长被废而死,旋封其四子为侯,后来又封其在世的三子为王。吴王刘濞久有分庭抗礼之心,称病不朝,文帝则赐以几杖。所有这一切,目的是为了调整宗室内部关系,想象刘邦希望的那样"天下同姓一家"[5],希望刘氏宗室能够团

---

[1]《汉书》卷四《文帝纪》,北京:中华书局,1962年,第116页。
[2]《汉书》卷四七《贾谊传》,北京:中华书局,1962年,第2221-2222页。
[3]《汉书》卷四《文帝纪》,北京:中华书局,1962年,第114页。
[4]《汉书》卷三六《楚元王传》,北京:中华书局,1962年,第1923页。
[5]《汉书》卷三五《荆燕吴传》,北京:中华书局,1962年,第1904页。

心缉志,共享天下。文帝以孝闻名,汉代以孝治天下是从文帝开始的,在当时,孝道核心是父慈子孝、兄友弟恭。文帝对诸侯王或友或慈,就是在力行孝道,用孝道化解宗室之间的权力之争。所以,后世所艳称的"汉以孝治天下"在文帝时代首先是用孝道调谐宗室内部关系,共同治理天下,而后才是教导民众、移风易俗。

随着宗室内部关系的改善,皇位的巩固,文帝就要抑制功臣权力、确立君权的绝对权威了,典型的体现就是令诸侯就国和周勃下狱。文帝二年,利用丞相陈平病死的机会,下诏"朕闻古者诸侯建国千余,各守其地,以时入贡,民不劳苦,上下欢欣,靡有违德。今列侯多居长安,邑远,吏卒给输费苦,而列侯亦无繇教训其民。其令列侯之国,为吏及诏所止者,遣太子"。让列侯至国的理由是冠冕堂皇的,上应圣贤之道,下省吏民之力,同时又是为了履行教化百姓的职责。可是当时的列侯们都非常明白,这是卸磨杀驴,是寻找借口使开国元勋们远离朝廷,减少对朝政的影响,所以迟迟不肯离开。文帝三年初,罢免周勃,"遣就国",理由是"前日诏遣列侯之国,辞未行。丞相朕之所重,其为朕率列侯之国"。[1]周勃当然不愿意,可是不愿意也不行,走也得走,不走也得走,一个"遣就国"反映了君臣间的裂隙。回到封邑以后,周勃唯恐成为韩信第二,落得个兔死狗烹的下场,战战兢兢,如临深渊,如履薄冰,每当郡尉巡行时,要穿上甲胄、令家人手持兵器才敢相见,唯恐哪一天不小心被朝廷使者或者郡尉突然袭击式地逮捕。突然袭击式地逮捕没有发生,不过周勃却被自己的"家人"告发谋反,文帝则毫不犹豫地将其关进监狱。文帝当然知道周勃不会谋反,大权在握、重兵在手的时候不谋反,现在被剥夺了所有权力,赋闲在家,根本不存在谋反的条件。文帝的目的是通过周勃"家人"的告发,把周勃关进监狱,进一步煞一煞功臣们的气焰,使之明白自己的身份和本分:天下是刘家的天下,天下刘姓是一家,其他人等功劳再大,只能作刘家的奴才。显然,这个告发周勃谋反的"家人"自然是朝廷耳目,在朝廷授意之下告发的。

现在,我们可以对文帝"除关无用传"的政治逻辑有明确的把握了:既然是"天下同姓一家",中央王朝和诸侯王国之间就不应该是带有敌对性质的"国与国"的关系,原来严格身份审查、禁止人口和违禁物品流出关外、禁止诸侯王国人娶"汉人"为妻等禁令也就不应当继续下去或者有一定的缓解。中央主动解除禁令,自然有利于赢得诸侯王们对朝廷的归心,汉文帝实现"以孝治天下"的目的也就方便得多了,在"孝"的名义之下惩治诸侯王的悖逆不臣之举,也就名正言顺。在"以孝治天下"的名义下"除关无用传",以血缘亲情为手段实现政治目的,可以收到原来的法律禁令难以收到的效果:这就是变

---

[1]《汉书》卷四《文帝纪》,北京:中华书局,1962年,第115、119页。

原来的被动服从中央为主动维护中央：既然"天下同姓一家"，就要主动维护刘家天下，维护皇帝尊严。

三

现在，我们不难理解，汉文帝十二年"除关无用传"，是西汉前期中央和诸侯王国关系的历史转折，也是西汉前期政治变迁的一大标志。标志着汉文帝构建"天下同姓一家"的主观努力，标志着西汉前期统治集团内部矛盾的转移：宗室、外戚、功臣之间的矛盾渐次让位于皇权和诸侯王之间的矛盾，对西汉前期的社会经济和政治产生了深远的影响。

文帝下令"除关无用传"本来就有着经济的因素在内。西汉初年的关中是人口和财富最为集中的地区。关中在战国时代不仅经济发达，而且较少受到战争的直接破坏，西汉建立以后，刘邦用赎买的方式迁徙六国贵族之后和豪强于关中，他们的土地房产留在原籍，其余动产则一起带到关中，关东地区相当一部分人口和财富被集中到关中了。而故国情怀和故土观念时常促使他们千方百计地想返回关东，所以要用法律手段禁止他们离开，以保证朝廷对诸侯王国的经济优势。而随着时间的推移，到了文帝时代，社会经济已经获得了长足的发展，定居关中的六国贵族之后和豪强已经融入关中社会，并具有其他地区无法拥有的优越感，成为朝廷统治支柱的一部分，朝廷不必担心他们重返故里。而经济的发展则需要相应的经济交流通道，关中商品需要销往关外，同时也需要关外商品满足关中生产和生活的需求，"除关无用传"正是满足这一经济发展的需求。《史记·货殖列传》谓："汉兴，海内为一，开关梁，弛山泽之禁，是以富商大贾周流天下，交易之物莫不通，得其所欲，而徙豪杰诸侯强族于京师。"《二年律令》的面世说明汉初关禁严格，不存在"开关梁，弛山泽之禁"的问题。这"开关梁"应该是文帝十二年"除关无用传"以后的事情。"富商大贾周流天下，交易之物莫不通，得其所欲"则是"除关无用传"的结果。

众所周知，被刘邦迁往关中的富商大贾有的原来就是商贾世家，被迁到关中以后重操旧业，有的则是后起之秀。他们往来南北、驰骋东西，或者贱买贵卖，调剂有无；或者从事各种专门化的商品生产与销售，有力地促进了经济发展和社会结构的变动。当时，他们的经营特长必须有制度保障，人们有从事商品生产和贸易的条件才有可能。汉文帝的"除关无用传"就提供了这个条件。"除关无用传"废除对物资流通限制的背后则是对生产资源限制的放松，后元六年因为"大旱，蝗。令诸侯无入贡，弛山泽"[1]。"弛山泽"是个渐

---

[1]《汉书》卷四《文帝纪》，北京：中华书局，1962年，第131页。

进的过程,因为旱、蝗而实行,实际上早已逐步进行了,只是因为自然灾害的发生而在全国范围内明确化、法制化而已,更没有随着旱蝗灾害的过去而结束。司马迁在《史记·货殖列传》中描绘的西汉前期商品经济大合唱的壮丽景观就是在这一背景之下开始上演的。"陆地牧马二百蹄,牛蹄角千,千足羊,泽中千足羬,水居千石鱼陂,山居千章之材,安邑千树枣。燕、秦千树栗。蜀、汉、江陵千树橘。淮北、常山已南,河济之间千树萩。陈、夏千亩漆。齐、鲁千亩桑麻。渭川千亩竹。及名国万家之城,带郭千亩亩钟之田,若千亩卮茜,千畦姜韭。此其人皆与千户侯等。然是富给之资也,不窥市井,不行异邑,坐而待收,身有处士之义而取给焉。"很显然,这些经济作物、猪马牛羊、特种养殖等都是为了市场需要而生产的,其商品价值必须经过市场流通才能实现,这些和"千户侯等"的养殖场主、种植业主、畜牧业主之所以能够"不窥市井,不行异邑,坐而待收,身有处士之义而取给焉",就是因为有固定的经销商上门收购。生产和销售,分工明确,各得其宜。"通邑大都,酤一岁千酿,醯酱千瓨,浆千儋,屠牛羊彘千皮,贩谷粜千钟,薪藁千车,船长千丈,木千章,竹竿万个,其轺车百乘,牛车千两,木器髹者千枚,铜器千钧,素木铁器若卮茜千石,马蹄躈千,牛千足,羊彘千双,僮手指千,筋角丹沙千斤,其帛絮细布千钧,文采千匹,榻布皮革千石,漆千斗,糵麹盐豉千答,鲐鮆千斤,鲰千石,鲍千钧,枣栗千石者三之,狐貂裘千皮,羔羊裘千石,旃席千具,佗果菜千钟,子贷金钱千贯,节驵会,贪贾三之,廉贾五之。此亦比千乘之家,其大率也。"[1]这些身居"通邑大都"、"比千乘之家"的商贾们就是那些种植业、养殖业、畜牧业和矿冶业主的经销商,他们的财富就是通过市场流通积累起来的。显然,这在关禁严格的时代是不可想象的,如果像《二年律令》所规定的那样,关中的马匹、金属禁止外流,其他地区的马匹、金属也就不可能流往关中;诸侯王国和朝廷郡县犬牙交错,彼此之间壁垒森严,过往行人严格盘查,携带每一件物品都要检查登记,大规模的商品流通是难以实现的。[2]

在实际利益面前,道德的约束力总是有限的。文帝希望在政治、经济、伦理方面真的实现"天下同姓一家",但是这"天下同姓"之人站在各自的角度对于"一家"的理解是不同的。文帝是刘家之长和天下之主,是在严格君臣等级基础上的"一家",希望宗室成员在维护刘氏宗统和天下君统的前提下共享天下,而诸侯王们则认为既然"一家"就可以不分彼此,没必要把皇帝和诸侯王的尊卑区别的那样分明。淮南王刘长直呼文帝为"长兄","不听天子诏,居处

[1] 《史记》卷一二九《货殖列传》,北京:中华书局,1959年,第3272、3274页。
[2] 关于汉初关中和关外人财物流动的限制,参见拙作《张家山汉简所见汉初中央与诸侯王国关系略论》,《陕西历史博物馆馆刊》第10辑,西安:三秦出版社,2003年。

无度,为黄屋盖儗天子,擅为法令,不用汉法"。反映了诸侯王们的自我定位。刘长被贬自杀以后,文帝十二年有人作歌谓"一尺布,尚可缝。一斗粟,尚可舂。兄弟二人,不相容"〔1〕。起码反映了部分朝臣宗室对兄弟共享家国天下的看法。

  刘长因为自己和文帝是同父异母的兄弟恃宠而骄,忘记了君臣法度被废而死,并没有谋反的经济基础和实力,而其他诸侯王们的情景就大不相同了。史称"孝惠、高后时,天下初定,郡国诸侯各务自拊循其民。吴有豫章郡铜山,濞则招致天下亡命者盗铸钱,煮海水为盐,以故无赋,国用富饶"〔2〕。无论是自然资源还是人口资源,吴国都不是最强的,汉初诸侯王最强的应该是齐国,因为后来吴国首逆而倍受瞩目而已。"郡国诸侯各务自拊循其民"是普遍现象,各个诸侯王国都在探寻强国之路,开山采矿、煮海水为盐、发行铜钱,在当时是合法的行为〔3〕,这就像曹参以黄老思想治齐、放任民间自由一样,都是"自拊循其民"的方式。文帝时,放手民间铸钱采矿,吴国经济发展更为迅速,"然其居国以铜盐故,百姓无赋,卒践更,辄与平贾。岁时存问茂材,赏赐闾里。佗郡国吏欲来捕亡人者,讼共禁弗予"〔4〕。已俨然是独立王国了。贾谊认为在这个形势之下,天下太平只是暂时的表面现象,不过是"抱火厝之积薪之下而寝其上,火未及燃,因谓之安"而已,继续优容诸侯王,继续采用道德感化的方式不仅不能收到诸侯归心的效果,相反只能使诸侯王势力进一步坐大,必然导致叛乱的后果。贾谊建议文帝对待诸侯王要"仁义恩厚"和"权势法制"并用,在诸侯王们势力弱小、真心归附的时候以"仁义恩厚"感召之,当诸侯王势力强大、已萌反心的时候,就要用"权势法制"予以制止和打击了。贾谊建议说:"欲天下之治安,莫若众建诸侯而少其力。力少则易使以义,国小则亡邪心。令海内之势如身之使臂,臂之使指,莫不制从,诸侯之君不敢有异心,辐凑并进而归命天子,虽在细民,且知其安,故天下咸知陛下之明。割地定制,令齐、赵、楚各为若干国,使悼惠王、幽王、元王之子孙毕以次各受祖之分地,地尽而止,及燕、梁它国皆然。其分地众而子孙少者,建以为国,空而置之,须其子孙生者,举使君之。诸侯之地其削颇入汉者,为徙其侯国及封其

---

〔1〕《汉书》卷四四《淮南王传》,北京:中华书局,1962年,第2144页。

〔2〕《史记》卷一〇六《吴王刘濞传》,北京:中华书局,1959年,第2822页。

〔3〕 西汉前期货币铸造权屡有变动,时而禁止私人铸钱,时而允许私人铸钱。吕后时代,禁止私人铸钱。但是,这并不能说明吴王刘濞铸钱非法。因为即使在禁止私人铸钱时期,钱币铸造是由地方政府进行,而不是由中央机构统一铸造。刘濞身为吴王,因山开矿、铸造钱币是合法的。文帝五年废除盗铸钱令,私人铸钱合法化,官府和私人铸钱并举。直到汉武帝才统一由中央专门机构铸造发行钱币。关于西汉前期货币制度变动情况,参阅拙作《汉初货币制度变革与经济结构的变动》,《苏州大学学报》2006年第3期。

〔4〕《史记》卷一〇六《吴王刘濞列传》,北京:中华书局,1959年,第2823页。

子孙也,所以数偿之。一寸之地,一人之众,天子亡所利焉,诚以定治而已,故天下咸知陛下之廉。"[1]贾谊的建议从理论上说做到了"仁义恩厚"和"权势法制"的统一。王子人人得王,避免了王子之间因王位继承问题导致纷争,同时显得皇恩浩荡,使诸侯王之子享受了皇子的待遇,在本质上则收到分而治之的效果,弱化王国力量,又充分表示了文帝不夺王国领地以自肥之"廉"的本色,可谓一举三得。但是,理论上是一回事,实践上又是一回事,要众建诸侯以少其力,还要有适当的机会,否则,理由再冠冕堂皇,当实际利益受到损害的时候,诸侯王们是不会理会"仁义恩厚"的。文帝"本好刑名之言"[2],对贾谊所说的各种矛盾自然清楚,早在淮南厉王骄横不法之时,袁盎就曾经建议文帝采用削减其封地的办法打击其气焰,谓"诸侯太骄,必生患,可适削地"[3],文帝没有采纳,原因就在于舆论,正为淮南厉王刘长之死而受舆论抱怨的文帝对此不能不有所考虑。所以,尽管贾谊的主张比袁盎要温和得多,文帝也没有立即推行,就是担心诸侯王们以违背高皇帝遗规为借口公开反对,这和文帝大力推行的"以孝治天下"以体现"天下同姓一家"的观念是相违背的。明白了这一点,我们对才华横溢而又忠心耿耿的贾谊不得志的原因又能多一层理解:这就是贾谊对文帝"以孝治天下"的理解不够,建议虽然正确,终究难登公卿之位。直到平定吴楚七国之乱以后,景帝见诸侯王们公开抛弃了"天下同姓一家"的目标,于是大规模削藩,同时"复置诸关用传出入"[4],标志着对诸侯王国政策的新转变,由原来的"仁义恩厚"和"权势法制"并举,倚重"仁义恩厚",改为专用"权势法制"以打击诸侯王国势力,加强中央集权,帝国统一发展到新的阶段。

[1]《汉书》卷四八《贾谊传》,北京:中华书局,1962年,第2237页。
[2]《汉书》卷八八《儒林传》,北京:中华书局,1962年,第3592页。
[3]《汉书》卷四九《爰盎晁错传》,北京:中华书局,1962年,第2268页。
[4]《汉书》卷五《景帝纪》,北京:中华书局,1962年,第143页。

赀刑变迁与秦汉政治转折 *

《汉书·刑法志》云刘邦入关之后，萧何首先收集秦宫的档案文书，包括秦朝的法律文书在内。天下初定，萧何即以秦律为依据，做汉律九章，是为著名的汉《九章律》。这是汉承秦制的重要体现。云梦秦简和张家山汉简的出土，更证明了汉承秦制之不诬。但是，法律是政治、经济的体现，政治、经济形势变了，法律必然改变。汉初虽然在制度层面上继承了秦制，政治方针、治国思想和秦朝已经大异其趣，这种变化也必然通过法律制度体现出来。这不仅仅包含着对法律制度执行是否严格的问题，也包含着法律制度自身的改变。秦律和汉律关于赀刑的变化即从"赀甲、赀盾"到罚金，正体现了秦朝到汉初的政治变迁。这个问题，迄今尚无人论及，故为此文，以就教于方家。

一

通观秦律，举凡情节较轻的过失和其他犯罪行为普遍采用"赀刑"，其具体内容是赀甲和赀盾，有赀一甲、赀二甲、赀一盾、赀二盾四个等级，据不完全统计，云梦秦律赀一甲者出现二十九次，赀二甲者出现三十三次，赀一盾者出现三十次，赀二盾者一次，赀二甲一盾者一次。龙岗秦简所载律文残断严重，律文较少，赀甲盾的记载分别是一甲者六次，一盾者三次，二甲者九次。[1]现略举云梦秦律数例如下以资分析：

> 任法（废）官者为吏，赀二甲。有兴，除守啬夫、叚（假）佐居守者，上造以上不从令，赀二甲。除士吏、发弩啬夫不如律，及发弩射不中，尉赀二甲。发弩啬夫射不中，赀二甲，免，啬夫任之。驾驺除四岁，不能驾御，赀教者一盾；免，赏（偿）四岁繇（徭）戍。
>
> 当除弟子籍不得，置任不审，皆耐为侯（候）。使其弟子赢律，及治（笞）之，赀一甲；决革，二甲。[2]

这些史例为学界所熟知，不予赘举。秦律中的"赀甲"、"赀盾"主要适用于行

---

* 原刊《文史哲》2006年第4期。

[1] 关于赀甲、赀盾的数字统计，分别依据睡虎地秦墓竹简整理小组：《睡虎地秦墓竹简》，北京：文物出版社，1978年；刘信芳、梁柱：《云梦龙岗秦简》，北京：科学出版社，1997年。

[2] 睡虎地秦墓竹简整理小组：《睡虎地秦墓竹简》，北京：文物出版社，1978年，第127—128、130页。

政责任和民事责任,用现代语言表述就是强制这些行政和民事责任人交纳甲、盾作为惩罚。值得注意的是云梦秦律和龙岗秦律的时间差异。云梦秦律是睡虎地十一号墓墓主喜任安陆县史、令史等职以后抄录的秦律文本。据云梦秦简《编年记》,喜于秦王政三年即公元前244年任基层史职,开始其参与基层司法活动的生活,直到秦始皇三十年即公元前217年统一全国四年以后死去为止,所见的云梦秦律就是喜在27年基层仕宦生涯中陆续抄录的,所录的律文大多是在统一之前制定实施的,从逻辑上说,反映的是秦统一以前的法律实况。统一以后,秦律有否变动?变动情况如何?无法做出直接的说明,只能在逻辑上推断这些法律继续有效,尽管这个推断是完全可以成立的,毕竟还缺少直接的证据。但龙岗秦律不同,律文将云梦律中的"百姓"全部称作"黔首",关于"驰道"管理的规定则是云梦律文所未见,说明龙岗律文是统一以后新颁布的法律,是对以往法律的补充和发展,如黔首本来是对平民的泛指,秦始皇二十六年规定为百姓的法定用语;修驰道则是统一以后的事情,故不见于以前的律文。龙岗律文关于赀甲、赀盾的规定,说明统一以后仍然继续统一以前的司法原则和刑罚制度。

在讨论"赀刑"形态的变迁以前,首先要分析所赀之甲、盾的形态问题。甲、盾本是作战时的人体防护装备,从文字上理解,所谓赀甲、赀盾就是交纳甲、盾的实物,这是秦律出土以后比较普遍的看法,但是没有做出具体的事实说明。所以,有的学者不同意交纳实物说,认为是将甲、盾折合成货币交给国家,理由是"从考古发掘的实物看,秦时的铠甲和盾牌,或是用铜,或是用皮革,制作相当精致,非专门手工工匠是很难制作的。法律规定的赀'甲'和'盾'等是作为不同等级的赀罚标准,可能是要求犯罪人按照规定的甲、盾交纳一定数量的钱"[1]。近来有学者对货币说重新予以论证,认为赀甲、赀盾就是交钱。[2]笔者以为,无论是从历史渊源还是从秦的社会结构来分析,应以交纳实物为是。

向犯人征收兵器以抵罪,并不是商鞅的发明,起码在春秋时代已经开始了。春秋时,管仲相齐,曾作"内政而寄军令",制国为二十一乡,工商之乡六,士之乡十五以"正卒伍,修甲兵"。具体措施是"五家为轨,轨为之长;十轨为里,里有司;四里为连,连为之长;十连为乡,乡有良人焉。以为军令:五家为轨,故五人为伍,轨长帅之;十轨为里,故五十人为小戎,里有司帅之;四里为连,故二百人为卒。连长帅之;十连为乡,故二千人为旅,乡良人帅之;五乡为

---

[1] 刘海年:《秦律刑罚考析》,《云梦秦简研究》,北京:中华书局,1982年,第195页。
[2] 曹旅宁:《秦律新探》,北京:中国社会科学出版社,2002年,第224-234页。

一帅,故万人为一军,五乡之帅帅之"[1]。这是军政合一的行政制度,轨一里一连一乡的行政编制和伍一小戎一卒一旅一一对应,军吏和行政官吏合一,从而使兵农合一、全民皆兵,"春以蒐振旅,秋以狝治兵。是故卒伍整于里,军旅整于郊。内教既成,令勿使迁徙。伍之人祭祀同福,死丧同恤,祸灾共之。人与人相畴,家与家相畴,世同居,少同游。故夜战声相闻,足以不乖;昼战目相见,足以相识。其欢欣足以相死。居同乐,行同和,死同哀。是故守则同固,战则同强"[2]。在实践中是否真的收到这种"居同乐,行同和,死同哀"的效果,不得而知,但这样做是确确实实可以保证兵源的稳定,做到军政合一、兵民合一。在以前,当兵是权力的体现,只有国人即统治宗族成员才有当兵的资格,所谓"国之大事,在祀与戎","祀"是祭祀天地神灵和列祖列宗,"戎"是"执干戈以卫社稷",这都是国人的权力,那些被统治宗族成员,也就是人们常说的"野人"是没有资格参加这"祀与戎"的事务的。管仲的"作内政而寄军令"也只局限于"国人"范围之内,他的"制鄙之法"就没有了"军令"的内容,而是"相地而衰征"即分地给农夫而征之以税了。但尽管如此,"作内政而治军令"之后,兵源比以前是增加了,军队的规模扩大了,所需军事装备也相应增加,国库满足不了需求,制作则需要相应的原料,原料短缺成为亟待解决的问题。齐桓公问计于管仲:"夫军令则寄诸内政矣,齐国寡甲兵,为之若何?"管仲的办法是"轻过而移诸甲兵",就是减轻刑罚,要犯法的人交纳"甲兵"以抵罪,这儿的"甲兵"是指制造甲兵的原料,而不是成品。具体措施是"制重罪赎以犀甲一戟,轻罪赎以鞼盾一戟,小罪谪以金分,宥闲罪。索讼者三禁而不可上下,坐成以束矢。美金以铸剑戟,试诸狗马;恶金以铸锄、夷、斤、斫,试诸壤土"。实行的结果是"甲兵大足"[3]。《国语》的这段内容在《管子·中匡》《小匡》中也有记载,个别文字详略不同,意思一样。根据韦昭《国语》注,"重罪"即死罪,犯死罪的交纳一张制作甲胄的犀牛皮和一柄长六尺的车戟;轻罪是指要处以刖刑、劓刑等肉刑的犯人,要交纳其他皮革(盾,"缀革有文如也",这"缀革有文如也"大约就是犀牛皮以外的其他经过加工的皮革)。"小罪"是不入"五刑"的轻罪,全部交纳金属,根据情节轻重决定具体金属分量,"以金分"就是分别不同重量。没有什么委屈冤情却一味地诉讼,经审理三次还坚持不改的,令他交纳一捆箭以示惩罚。这里犯人所交的戟自然不是造好的成品,制戟技术要求甚高,是当时的尖端技术,一般人是造不来的,而是指造一柄戟所需的青铜。因为所交的金属质量有好坏,有的纯度高,

---

[1]《国语》卷六《齐语》,上海:上海古籍出版社,1978年,第231-232页。
[2]《国语》卷六《齐语》,上海:上海古籍出版社,1978年,第232页。
[3]《国语》卷六《齐语》,上海:上海古籍出版社,1978年,第239-240页。

有的纯度低,有的交青铜,有的交铁,有的则是混合物,不一定都适合做兵器,要进行选择,量材使用,上等的制造兵器,次等的制造农具,所谓的"美金以铸剑戟,试诸狗马;恶金以铸锄、夷、斤、斫,试诸壤土"之美金、恶金就是指犯人所交的金属。此外,按照韦昭的解释,交纳"束矢"是因为"矢,取往而不返也",即表示办案公正,不枉法徇情。若全面考察管仲的意思,这儿的交纳"束矢"绝不是要取什么"往而不返"的象征意义,而是为了解决兵器不足问题,而所交的也不一定是成品箭,也是制作箭的原材料。此外,在《周礼》中也有以实物和货币赎罪的规定,叫作金罚和货罚。《周礼·地官·职金》的职掌是"掌受士之金罚、货罚,入于司兵"。按郑注和贾疏,金罚是直接交纳金属,货罚是在无金的情况下交纳泉贝即货币。不过,这儿的"货罚"是较"金罚"更为原始的形态,以泉贝作为货币,是货币的低级形态,不能和后世的将实物折合成货币以方便交纳和保管做简单的类比。《周礼》的"金罚"是赎刑的主要实现手段,所收是制造兵器的铜铁之属。

众所周知,商鞅见到秦孝公以后,先说孝公以"王道",后说孝公以"帝道",孝公都不感兴趣,最后说孝公以"霸道",孝公才委政于商鞅,由商鞅主持变法。说明商鞅不仅仅通晓法家学说,而且了解诸子百家的政治主张。用荀子的说法,商鞅变法的总特点是"驳而霸",即为了霸业而采众家之长[1],所采诸家即六国的诸子学说(当然,还总结了六国变法的经验和教训),《国语》的主张、《管子》的论述、《周礼》的规划,等等,都是商鞅变法的思想和制度的渊源,许多制度早已在六国实行过,如授田制度,户籍相伍、相互监督制度,学在官府、以吏为师制度,等等,无不来自于六国,或者是历史传统的改造。[2] 赎甲、赎盾制度即采自东方,或者是春秋齐国制度,或者采自于《周礼》而变通之。

众所周知,秦从商鞅变法以后,以农战立国,也就是所谓的重农重战,实际上重农的目的还在于重战。全国编户齐民,在被授以土地的同时,也被编入了军籍,随时应征参战,妇女也不例外。如《商君书·兵守》谓敌人来攻时,要根据户籍征发人口,编为三军,"壮男为一军,壮女为一军,男女之老弱者为

---

[1] 臧知非:《"驳而霸"探微——荀子眼中的秦国政治评析》,《苏州大学学报》2002年第2期。
[2] 战国时,各国普遍实行授田制、什伍连坐制,参见拙作《周秦社会结构研究》的相关章节,西安:西北大学出版社,1996年。商鞅变法后推行的学在官府、以吏为师制度,是西周学在官府的延续;所谓的"以法为教",在《周礼·地官》各篇中有着明确的记述。《地官》所记各级官吏的首要任务是明白"邦法教令"而后向下属诸官颁布,监督实施。向上级官吏学习是下级官吏了解"邦法教令"的唯一途径,所以每一级官吏都扮演着"师"的角色,直到最后教化庶民。这些记述当然不是西周制度的写实,夹杂了许多战国学者的设计,但这说明了人们一直诟病的"以吏为师、以法为教"制度不是秦朝的独创,而是由来有自。

一军。此之谓三军也。壮男之军,使盛食、厉兵,陈而待敌。壮女之军,使盛食、负垒,陈而待令。客至而作土以为险阻及耕格阱;发梁撤屋,给从,从之;不洽而燔之,使客无得以助攻备。老弱之军,使牧牛马羊彘,草木之可食者,收而食之,以获其壮男女之食"。一句话,当敌人来进攻时,男女老少齐上阵,各尽所能。但这儿的男女老少齐上阵是制度化的,是在平时训练有素的前提下组织起来的,是平时全民皆兵在战时的体现。无论是壮男之军,还是壮女之军,抑或是老弱之军,其编制和户籍都是一致的,平时为邻里,战时为战友,即既相互监督也相互救助。这是管仲"作内政而寄军令"的战国版,所不同的是,管仲之时尚有国、野之别,"作内政而寄军令"只限于国人,而战国时代,国人和野人早已融为一体,都是国家的编户齐民了,从军不再是部分人的权力,而是所有编户齐民的义务,军队的规模远非春秋时代可比。

兵源扩大,军队增加,所需的武器装备自然增加,无论是防御还是进攻,甲盾都是必不可少的防护用具。张仪在游说韩王时曾描述秦军勇猛,谓秦"虎挚之士,跿跔科头,贯颐奋戟者,至不可胜计也。……山东之卒,披甲冒胄以会战。秦人捐甲徒裎以趋敌,左挈人头,右挟生虏。夫秦卒之与山东之卒也,犹孟贲之与怯夫也;以重力相压,犹乌获之与婴儿也"〔1〕。所谓"跿科头,贯颐奋戟"、"捐甲徒裎以趋敌,左挈人头,右挟生虏"是说秦军作战时,有的士兵身不着甲胄、手不持盾牌而冲锋陷阵。张仪的目的是为了形容秦军勇猛。但是,这恰恰说明秦军中确实有身无甲胄、手无盾牌的士兵。从军事的角度看,这些"跿跔科头,贯颐奋戟"、"捐甲徒裎以趋敌,左挈人头,右挟生虏"的勇士们之所以如此,不是为了展示个人的勇猛,要以迅雷不及掩耳之势生擒敌人,而是因为缺少甲胄盾牌而不得不如此。秦国为了统一天下,极其重视人口的增加;增加人口的最有效途径就是减少战争伤亡,甲胄盾牌是必要的防护用具,秦国政府是不会故意不为这些"虎挚之士"装备甲胄盾牌的,更不会让他们特意地"捐甲徒裎以趋敌"。策士之词,以夸饰相高,我们不能仅从文字的表面理解历史的存在。

秦既然以东向兼并、统一天下为目标,军事成为社会运转的轴心,经济生产、社会管理都以军事需要为中心,自然就要用法律手段保证军事装备的供应,赍甲、赍盾顺理成章。众所周知,秦律极其重视皮革的控制和管理,目的是什么?就是为了制作甲盾的需要。如《厩苑律》有云:"将牧公马牛,马牛死者亟谒死所县,县亟诊而入之。其入之弗亟而令败者,令以其未败直偿之。"这儿的"公马牛"即国营牧场的马牛,在放牧过程中如果马牛死亡,要立即向所在县汇报,有该县检查属实以后将死亡的马牛上交;如果因为汇报、检查不

---

〔1〕《战国策》卷二六《韩策一》,上海:上海古籍出版社,1985年,第934页。

及时导致死亡马牛腐败的要按价赔偿。这样做的原因不仅仅因为这些马牛是国有财产,更主要的这些马牛的皮、筋、角都是制造甲盾和其他军事装备不可或缺的原材料。同律又规定:

> 其大厩、中厩、宫厩马牛殹(也),以其筋、革、角及其贾(价)钱效,其人诣其官。其乘服公马牛亡马者而死县,县诊而杂卖(卖)其肉,即入其筋、革、角,及索(索)入其贾(价)钱。钱少律者,令其人备之而告官,官告马牛县出之。[1]

大厩、中厩、宫厩是中央所属养马机构。如果大厩、中厩、宫厩的马牛在放牧过程中死亡,由所在县县令检查之后将肉卖出,然后由该放牧负责人将所卖肉钱和马牛的筋、皮、角上交所属自官府。如果官用驾车的马牛死亡于某县,则由该县将肉全部卖出,然后将筋、革、皮、角和卖肉钱一并上交。如果所卖钱少于规定数字,令该驾车人赔偿并向主管官府报告,由主管官府通知该县销账。从律文看,马肉、牛肉都有统一定价,卖出者只限于肉,其余的筋、皮、角则上交。类似史例甚多,这里不再赘举。为什么做这些规定?就是因为这些筋、皮、角不易腐烂,便于收藏和保存,是制作甲盾等军事装备的原料,必须严加控制以保证军需,也说明了秦政府需要甲盾的迫切性。

秦人本来有尚牧的传统,商鞅变法以后,重农重战,并不意味着对牧业传统的抛弃。相反,牧业是重农的题中之意。国家授予农民的土地有好有坏,有的是已经开垦的土地,有的是没有开垦的土地。受田民根据土地情况,宜农则农,宜牧则牧,只要完成规定的田租赋役、随时应征参战就行了。所以秦国的私人牧业也是很发达的。班固谓:"天水、陇西,山多林木,民以板为室屋。及安定、北地、上郡、西河,皆迫近戎狄,修习战备,高上气力,以射猎为先。故《秦诗》曰:'在其板屋';又曰:'王于兴师,修我甲兵,与子偕行。'及《车辚》《四铁》《小戎》之篇皆言车马田狩之事。"[2]天水、陇西是秦人故地,安定、北地、上郡、西河是秦统一前后设立的郡,其共同特点是"修习战备,高尚气力,以射猎为先",而这正是《车辚》《四铁》《小戎》诸篇所言"车马田狩"历史传统的延续,所述都是春秋战国时代秦地的情况。显然,这个历史传统是以牧业为支撑的,既有官营牧业,也有私营牧业。无论官、私,只要有利于"车马田狩",秦国政府都是支持的。乌氏倮因为放牧有方而得到秦始皇的重奖,享受和封君同等待遇,"以时与列臣朝请"[3],绝不是秦始皇的心血来潮,而是秦的一贯政策使然。所以,以秦的经济结构而言,是具有赀甲、赀盾的现实基

---

[1] 睡虎地秦墓竹简整理小组:《睡虎地秦墓竹简》,北京:文物出版社,1978年,第33页。
[2] 《汉书》卷二八下《地理志下》,北京:中华书局,1962年,第1644页。
[3] 《史记》卷一二九《货殖列传》,北京:中华书局,1959年,第3260页。

础的。而赀甲、赀盾的实行，又能促进私营牧业的发展。我们不必担心当事人无物交纳。

当然，我们说秦律中的赀甲、赀盾是征收实物，并不一定要交纳制作好的甲胄和盾牌。诚如论者所言，"秦时的铠甲和盾牌，或是用铜，或是用皮革，制作相当精致，非专门手工工匠是很难制作的"，要当事人交纳这些"制作相当精致"的甲胄、盾牌在事实上存在着诸多困难。当然，秦时的甲胄和盾牌的实际情况和我们现在看到的出土实物不一定一致，秦军装备的铠甲也好、盾牌也好，并不一定像我们现在所理解的那样"制作相当精致"，我们现在看到的都是帝王、官僚的陪葬品，其材料和制作技术自然不同一般，非上品莫属；若就一般士卒来说，所用甲盾的制作材料怕是没有我们现在看到的精良。但，无论材料如何，制作甲胄和盾牌需要一定的技术，并非人人都会制作；特别值得注意的是，赀甲、赀盾的适用对象主要是各级官吏，有的是县令、长、丞、尉、司马，有的是乡啬夫、都官啬夫、田典、里典等，如果说这些田典、里典等基层小吏还有时间和可能制作甲、盾的话，那些县令、长丞、尉等官员怕是没有时间和技能制作甲盾的，要他们直接交纳甲盾显然不现实。最合理的办法是要当事人交纳制作甲盾所需的皮革等原材料，就像管仲在齐国所推行的制度那样。但是，我们决不能根据制作甲盾需要专门技术而断言赀甲、赀盾只是货币的代名词，实际交纳的是数量不等的货币。

秦自商鞅变法以后，实行重农抑商的经济方针，国家控制经济资源，发展国营工商业，抑制私营工商业，更严厉制止弃农经商。国家所征收的田租都是禾、刍、稿等实物，尽管这些实物的保管、储藏、调运都很麻烦，但并没有把这些谷物和饲料折合成货币征收。原因就在于战争条件下，实物的意义大于货币的功能，国家更需要粮食和饲料而不是铜钱，而征收实物更体现了农战合一的治国方针。否则，农民要通过交换将谷物、秸秆变成货币，或者通过其他商业行为获取货币，势必刺激私营工商业的发展，和重农抑商的国策相违背。同理，若所赀之甲、盾是货币数量单位的代表，赀甲、赀盾是征收不同数量货币的代名词，同样违背秦国重农制商的国策。所以，赀甲、赀盾的含义，无论是从事实依据，还是从历史的逻辑分析，征收的都是实物。

二

秦律的赀甲和赀盾，无论是直接收取甲、盾，还是间接地收取皮革等制作甲盾的原料，到西汉初年发生了彻底的改变，一律改为罚金。就张家山简《二年律令》所见，吏民较轻的违法行为，无论是刑事责任、民事责任，还是行政责任，在秦律使用赀甲、盾的全部改为罚金，赀甲、赀盾的名称在汉律中消失了。张家山汉简《二年律令》关于罚金的规定共52次，罚金数量等级有一斤以上、一斤、八两、四两、二两、一两六个等级，出现的频率一斤以上一次，一斤三次，八两一次，四两二十八次，二两十六次，一两四次。略举律文如下，以便分析（律文中的古体字全部写作今体字）：

(1) 贼燓城、官府及县官积聚，弃市。贼燓寺舍、民室屋庐舍、积聚，黥为城旦舂。其失火延燓之，罚金四两，责(债)所燓。乡部、官啬夫、吏主者弗得，罚金各二两。

(2) 斗而以刃及金铁锐、锤、锥伤人，皆完为城旦舂。其非用此物而盯人，折枳、齿、指、肤体，断决鼻耳者，耐。其毋伤也，下爵殴上爵，罚金四两。殴同死〈列〉以下，罚金二两；其有疻痏及□，罚金四两。

(3) 鞫(鞠)狱故纵、不直，及诊、报、辟故弗穷审者，死罪，斩左止(趾)为城旦，它各以其罪论之。其当毄(系)城旦舂，作官府偿日者罚岁金八两；不盈岁者，罚金四两。□□□□两，购、没入、负赏，各以其值数负之。其受贿者，驾(加)其罪二等；所予臧(赃)罪重，以重者论之，亦驾(加)二等。其非故也，而失□□者以其赎论之。爵戍四岁及毄(系)城旦舂六岁以上罪，罚金四两。赎死，赎城旦舂、鬼薪白粲，赎斩宫，赎劓黥，戍不盈四岁，毄(系)不盈六岁，及罚金一斤以上罪，罚金二两。毄(系)不盈三岁，赎耐，赎罨(迁)，及不盈一斤以下罪，购、没入、负偿、偿日作县官罪，罚金一两。

(4) 市贩匿不自占租，坐所匿租臧(脏)为盗，没入其所贩卖及贾钱县官，夺之列。列长、伍长弗告，罚金各一斤。啬夫、吏主者弗得，罚金各二两。[1]

律文规定的罚金四两、罚金一斤云云之"金"，都是指黄金，而不是《国语》《管子》《周礼》对金属的泛指。从上引律文来看，汉律罚金的适用范围远大于秦律，既适用于行政责任和民事责任，也适用于较轻的刑事责任。第(1)条律文的两种罚金规定，前者即因为失火焚烧了官府仓库寺舍等是过失而非故意，属于民事责任，"罚金四两，责(债)所燓"，即照价赔偿的同时罚金四两。官吏对城池、仓库、寺舍、府衙、民屋负有安全保护责任，维持治安、缉捕盗贼是其职责，所以无论是盗贼故意纵火，还是平民无意失火，只要烧了官家的任何财物，都要一一查明真相，分别论处，如果查不清楚则属失职，所以罚金十二两，属于行政责任。第(2)条律文则是关于刑事责任的规定。斗殴过程中用铁器伤人者完为城旦舂；没用铁器但造成对方失明或者牙齿脱落、手指耳鼻折断以及身体的其他部分皮肤受损者，处以耐刑；没有造成任何人体伤害，但低爵

---

[1] 张家山汉墓竹简整理小组：《张家山汉墓竹简（二四七号墓）》，北京：文物出版社，2001年，第134、138、147、168-169页。

殴打高爵，或者爵位相同的人彼此斗殴，以及殴打爵位比自己低的人，通通罚金二两。第(3)条是针对官吏审理案件过程中各种徇情枉法行为如为罪犯开脱、重罪轻判，或者偏袒一方、该追查和能追查的故意不追查等行为的惩处规定，按照犯人所犯罪行的轻重决定主审官吏的惩处等级。若罪犯应判死刑，官吏则被"斩左止(趾)为城旦"，其余各项罪名，均判官吏罚金，罚金数量从八两到一两不等。第(4)条律文是对市场管理人员的罚金规定。商贩们逃税按照盗窃罪论处，逃多少税就是盗窃多少国家财产，没收其商品，取消其摊位。列长、伍长不检举揭发的罚金一斤，市场负责人和主管官吏没有发现逃税行为的，罚金二两。

上举各种犯罪行为都属于情节比较轻的。但是，除此之外，其他重罪可以用黄金赎免。《具律》规定：

赎死，金二斤八两。赎城旦舂、鬼薪白粲，金一斤八两。赎斩、府(腐)，金一斤四两。赎劓、黥，金一斤。赎耐，金十二两。赎迁，金八两。[1]

死刑、城旦舂、鬼薪白粲、斩左趾、斩右趾、腐刑(即宫刑)、劓刑、黥刑、耐刑、迁刑，基本上涵盖了汉初刑名的全部，其余都是在这个主体刑之上的附加刑，如完城旦舂、髡城旦舂等都是对城旦舂的附加。完城旦舂情节较轻，保留犯人的须发、不戴刑具从事劳作。髡钳城旦舂情节较重，要剃去头发、戴上刑具从事劳作，但刑罚的主体都是城旦舂。所以，仅从这一条律文，可以推断汉初赎刑的广泛了。既然重罪可以赎免，轻罪罚金，顺理成章，罚金是赎刑的延伸，把罚金作为赎刑的一部分也许更为恰当。对此，本文不予多论，本文要讨论的是这一变化所体现的秦汉政治的转折及其影响。

张家山出土汉律是吕后二年以前之物，其中有的篇章是吕后二年下半年才颁布的。如《钱律》是关于禁止私人铸造钱币的法律，就是吕后二年七月实行八铢钱以后颁布的。因为在刘邦的时代，是允许民间铸币的，不存在禁止私铸的问题。《史记·平准书》谓："汉兴，接秦之弊，丈夫从军旅，老弱转粮饷，作业剧而财匮，自天子不能具钧驷，而将相或乘牛车，齐民无藏盖。于是为秦钱重难用，更令民铸钱，一黄金一斤，约法省禁。"注引《索隐》顾氏按："《古今注》云'秦钱半两，径一寸二分，重十二铢'。"《集解》："《汉书·食货志》曰：'铸榆荚钱。'"《索隐》："《食货志》云'铸荚钱'。按：《古今注》云榆荚钱重三铢，《钱谱》云文为'汉兴'也。"秦朝国家垄断铸钱，钱重统一为十二铢。刘邦允许私铸之后，钱重量只有三铢，实行的结果是《史记·平准书》所说："而不轨逐利之民，蓄积余业以稽市物，物踊腾粜，米至石万钱，马一匹则百金。"

---

[1] 张家山二四七号汉墓竹简整理小组：《张家山汉墓竹简(二四七号)》，北京：文物出版社，2001年，第150页。

但刘邦并没有认为这是货币政策造成的结果,并没有改变货币政策,仅仅是"令贾人不得衣丝乘车,重租税以困辱之"。孝惠时未见改革币制的措施,直到吕后二年秋七月才"行八铢钱",即使用重八铢的新钱取代原来的荚钱。颜师古注引应劭曰:"本秦钱,质如周钱,文曰'半两',重如其文,即八铢也。汉以其太重,更铸荚钱,今民间名榆荚钱是也。民患其太轻,至此复行八铢钱。"这复行之八铢钱,实重八铢,钱文仍作"半两"。秦汉二十四铢为一两,半两应是十二铢,秦钱就是十二铢,文曰半两,文重和实重相同。吕后新钱的实重和文重则相分。《二年律令·钱律》有专门规定"钱径十分寸八以上,虽缺铄,文章颇可智(知),而非殊折及铅钱也,皆为行钱。金不青赤者,为行金。敢择不取行钱、金者,罚金四两"[1]。整理者注"钱径十分寸八以上"即十分之八寸。和"秦钱半两,径一寸二分,重十二铢"比较,"钱径十分寸八"的重量正是八铢。秦汉度制十分为一寸,"钱径十分寸八以上"指钱的直径在八分以上,此即是吕后二年七月币制改革所行之"八铢钱"。则《钱律》最早颁行于吕后二年七月以后。前此,是不存在"钱径十分寸八"的规定的。这也说明,吕后行八铢钱,不仅是改变钱的重量,更重要的是国家收回铸币权。这些问题,本文不予详论,只要明白二年律令的最晚颁布时间就行了。

刘邦称帝、定都长安到吕后二年总计16年,出土的律令就是这十六年间陆续修订颁布的,这个过程,为我们理解汉承秦制和汉初政治发展提供了新的视角和依据。众所周知,刘邦入关以后做的第一件事就是召集关中父老豪杰,与"约法三章耳,杀人者死,伤人及盗抵罪。余悉除去秦法"[2]。但是,这只是临时的争取人心的措施,不久即因"四夷未附,兵革未息,三章之法不足以御奸,于是相国萧何攈摭秦法,取其宜于时者,作律九章"[3]。这大约是刘邦割据关中、东向统一天下时的事情,尚未及对秦律刑罚内容进行系统的修订,而是选择部分条文并为汉律,以稳定关中秩序,保证统一战争的军需供给。但是,势异则事异,统一以后的社会矛盾、刘邦君臣的治国思想和秦朝已经大异其趣。统一以后的政治核心是如何巩固新政权,举朝上下一片反思秦朝的统治教训之声,一致认为秦朝的灭亡原因一是严刑酷法,二是赋役繁苛,为今之计是顺应民心,约法省禁、与民休息。这个方针,刘邦在听取了陆贾的一番议论之后,已经定为国策了,后继的惠帝、吕后相沿不替,史称"当孝惠、高后时,百姓新免毒蠚,人欲长幼养老。萧、曹为相,填以无为,从民之欲,而

---

[1] 张家山二四七号汉墓竹简整理小组:《张家山汉墓竹简(二四七号墓)》,北京:文物出版社,2001年,第159页。
[2] 《汉书》卷一上《高帝纪上》,北京:中华书局,1962年,第23页。
[3] 《汉书》卷二三《刑法志》,北京:中华书局,1962年,第1096页。

不扰乱,是以衣食滋殖,刑罚用稀"。[1]我们对这"刑罚用稀"四个字不能做一般的简单理解。这里的"刑罚用稀"不仅仅是"稀"和"不稀"、用和不用的问题,而是有一个如何改变的问题。从文字看,"刑罚用稀"是指刑罚的条文规定是有的,但不予执行。可事实并非如此简单,还有一个法律条文的增减问题。如汉初政局和秦朝相比,一个最明显的不同是实行分封制,那么如何调整诸侯王和中央的关系就要有新的法律条文予以规范;又如刘邦和秦始皇都实行迁移六国宗室贵族和工商豪强以加强对六国地区控制的措施,但是,秦始皇采取的是剥夺的方式,剥夺六国宗室和豪强财产,将他们流放西北、西南地区。而刘邦则用赎买的方式,将六国宗室和豪强迁移关中之后予以良田美宅。这不同的措施显然也要有相应的法律规定作为支持。又如,"孝惠、高后时,为天下初定,复弛商贾之律,然市井子孙亦不得为官吏"[2]。这一个"复"字说明刘邦在世时曾经放宽对工商业者的限制,后来可能是因为工商业者趁战乱初定、物资匮乏的时候或者囤积居奇,或者用高利贷盘剥等行为获取暴利,不利于社会稳定,又采取一定程度上的打击措施。但是,无论是刘邦之"弛"还是孝惠、高后之"复弛商贾之律"都要对原来的法律条文做出相应的修改。制度是治国思想的程序化,统治思想的变动必须通过制度来落实,而法律更是统治意志的体现。汉初社会矛盾变了,治国的指导思想变了,法律也必然相应改变。因此之故,萧何在采摘秦律以定汉律的时候,在改变秦律篇目结构的同时,也在陆续地根据变化的现实对秦律的量刑标准、惩罚方式、罪名构成等内容做出修订,而每一处大的修订都反映着统治思想的变化。将秦朝的赀甲、赀盾改为罚金,以金赎刑的广泛使用,就是汉初轻刑慎罚思想的体现,目的是为了缓解秦朝严刑酷法所带来的社会矛盾。

　　上已指出,赀甲、赀盾渊源有自,早在春秋时的齐国就曾经实行过。降至战国,东方六国是否还保存这项制度,不得而知,但是,即使六国在某种程度上保留着这些传统的内容,也远远不如秦律广泛。六国商品经济发达,货币流通先进,黄金成为各国真正的硬通货。统一之后,秦始皇虽然统一货币,以黄金为上币、铜钱为下币,在理论上好像有利于货币的流通和经济的交流,但在实际上统一货币是为了加强国家对工商业的控制,是限制私营工商业的手段,为的是"上农"除末。所以,黄金名义上是上币,实际上并没有发挥货币流通的职能,流通的是铜钱和布,还保留着实物货币的传统,在刑罚上继续赀甲、赀盾,征收实物,沿着老路子,将这些军事色彩浓厚的法律推向全国。当然,从秦始皇的角度看,用秦的刑罚代替六国刑罚没有什么不便,农民也好,

---

[1]《汉书》卷二三《刑法志》,北京:中华书局,1962年,第1097页。
[2]《汉书》卷二四下《食货志下》,北京:中华书局,1962年,第1153页。

官吏也好,按照身份高低,耕种国家授予的土地,专心农亩,放马养牛,以甲、盾抵罪,顺理成章。但是,秦始皇忽略了这样一个现实,那就是六国经济传统和秦是有着明显不同的,将赀甲、赀盾的刑罚方式推行全国,对六国民众来说是明显的倒退。其时之六国民众,见天下统一,大多以为从此以后,可以远离战争之苦,安居乐业了,愿农则农,愿商则商,各展所长,实现自己的理想。而事实是国家控制资源,将原来的富商大贾迁离原籍,没收其资财,原来的商业活动因此而终止;而赀甲、赀盾的现实在告诉六国民众,国家还没有脱离战争状态,甲盾仍然是国家最为需要的战争物资,一不小心触犯了法律,就要交纳甲盾,从而给六国民众造成深深的心理阴影,加之法网严密,其刑罚手段的落后更显其残酷。这不仅不能巩固其统治,相反导致六国民众对秦律的不满,激化社会矛盾。在汉初"过秦"的思潮中,东方学者无一例外地将严刑酷法作为秦亡的主要原因,与此是有着内在联系的。直到西汉后期还有的学者谓秦律繁若秋荼、密如凝脂,而此时之汉律条文早已超出秦律许多倍,之所以如此,除了政治的偏见和借秦说汉以外,还与秦律刑法手段的落后有关系。

曾经做过亭长的刘邦,多少了解一些六国地区官吏和平民对秦律的态度,所以在听取了陆贾的一番"逆取而以顺守之"的分析之后,面对经济凋敝、国库空虚的现实,遂脚踏实地地将统治重心放在恢复经济、予民休息上来,真正地实现了由"尚武"到"尚文"的转变,改秦律的赀甲、赀盾为罚金,并广泛地实行赎刑,即使死罪,交上二斤八两黄金就能免责,确实体现了宽减刑罚的精神。这一改变,不仅意味着政治方针的改变,对汉初的经济恢复有直接的推动作用,同时对汉初的经济结构和社会秩序有着深刻的影响。

三

上引《史记·平准书》谓汉初经济的残破到了"天子不能具钧驷,而将相或乘牛车"的地步,当务之急是发展生产,恢复经济。但是,沿着秦朝的老路子"上农除末"显然是行不通的,必须是诸业并举,才能充分开发经济资源、迅速丰裕国库和满足社会各个阶层追逐财富的需求。如曾被秦始皇剥夺净尽、流放边疆的关东工商豪强和六国宗室,被汉家迁到关中以后,其复国的美梦彻底地化为了泡影,只能全力发家致富。他们都有经商的传统和经验,有的就是专门的矿冶业主。他们虽然从国家获得了良田美宅,但他们更希望从事费力少而获利多的工商业和经济作物种植业。汉初之"弛山泽之禁"[1],"弛商贾之律"[2]就是为了适应这一需要,从而使矿冶、畜牧、种植业迅速崛起。

---

[1]《史记》卷一二九《货殖列传》,北京:中华书局,1962年,第3261页。
[2]《汉书》卷二四下《食货志下》,北京:中华书局,1962年,第1153页。

而改赀甲、赀盾为罚金以后,真正地在法律上体现了黄金这个曾经被秦始皇定为上币的无所不能的功用:性命都可以用黄金买到,还有什么办不成的?一方面,求富是人的本能,另一方面黄金的作用是如此的神奇,对黄金的追求自然成了社会风气。不仅如此,因为罚金的广泛适用,就暗示着吏民们都要有一定数量的黄金,起码要有相应的铜钱(在黄金不足时将罚金按照国家规定的比例折合成铜钱交纳),于是促使汉初社会各个阶层加入"淘金"的大潮之中,私营工商业迅速发展起来,工商业者的队伍在迅速膨胀,传统的工商业者固然是这支队伍的弄潮儿,那些新兴的军功地主和官僚也不甘落后,并凭借其自身的政治条件而有相应的优势成为这支队伍新的领头人。不仅如此,就是普通农民自然希望通过工商业摆脱贫困,因为"用贫求富,农不如工,工不如商,刺绣纹不如倚市门。此言末业,贫者之资也"[1]是人人看得见的事实,面朝黄土背朝天地土里刨食,只能永远受穷。所以,尽管汉初君臣在主观上重农,也还在一定程度上贬低商人的政治地位,用重税的方式减少工商业者的利润,但因为经济规律的作用,社会各个阶层无不想方设法投身于工商业之中,西汉前期的私营工商业迅速发展起来,《史记·货殖列传》曾对这段历史做出过形象而概括的描述,这已为学界所熟知,无须赘举。需要指出的是,司马迁所做的"此言末业,贫者之资也"的理论概括并不等于任何人都可以通过投身工商业发家致富,更不意味着只要投身工商业就能发家致富,因为经营矿冶业也好,畜牧业也好,或者是贱买贵卖、长途贩运也好,都要有相应的资源和资本,同时要有相应的经营之道。这对于那些处于国家户籍制度严密控制之下的普通授田民来说,通过工商致富是有着相当的困难的。相反,私营工商业的迅速发展,使社会财富迅速向工商之家集中,广大授田民则成为土地兼并的对象而处于破产的过程之中。这是西汉前期经济复苏迅速而土地兼并也同样迅速的深层原因之一。[2]

至此,我们不仅对西汉前期经济发展的内在逻辑可以有深入的理解,而且对汉初的轻刑问题、西汉前期社会矛盾的变迁的理解又多了一层。班固曾盛赞孝惠、高后时期"刑罚用稀"、"刑罚罕用"[3],谓汉文帝在位23年"几至刑措"[4]。分析其原因是"君臣俱欲无为",而文帝在"无为"之外更是"专务

---

[1]《史记》卷一二九《货殖列传》,北京:中华书局,1959年,第3274页。
[2] 关于西汉前期授田、户籍制度和工商业发展的历史影响问题,参见拙作《西汉授田制度与田税征收方式新论——对张家山汉简的初步研究》,《江海学刊》2003年第3期;《张家山汉简所见西汉矿业税收制度试析》,《史学月刊》2003年第3期。
[3]《汉书》卷三《高后纪》,北京:中华书局,1962年,第104页。
[4]《汉书》卷四《文帝纪》,北京:中华书局,1962年,第134页。

以德化民,是以海内殷富,兴于礼义"[1]才有"几至刑措"的结果。这诚然有其事实根据,从孝惠到文帝、景帝都奉行无为而治的黄老政治,这是古今史家一致的看法。但是,若对事实稍加分析,就不难发现,历史的存在并不那么简单。汉文帝十三年因为齐太仓令淳于公案件,见于"死者不可复生,刑者不可复属,虽后欲改过自新,其道亡繇也"的现实,以笞刑代替肉刑,"当劓者,笞三百;当斩左趾者,笞五百;当斩右趾者……皆弃市。……是后,外有轻刑之名,内实杀人"。按照原来制度,斩左趾、斩右趾、劓者虽然致残,但还可以活命,但"轻刑"之后,斩左趾者直接斩首,斩右趾和劓者大多死在笞三百和笞五百的严刑之下。[2]直到景帝时才进一步减少笞刑数量,并定"箠令",规定了竹片的厚度,并且规定只能抽打犯人臀部,犯人才可保全性命。可见,汉文帝时的轻刑并不是如后人所认为的那样,并非"专务以德化民",而是刑罚和教化兼用。所以对"几至刑措"也要重新理解。笔者以为,汉文帝之"刑措"与罚金的普遍施行有关,"刑"的实现方式变了,死刑也好,肉刑也好,笞刑也好,有条件的都可以金、钱赎免,惩罚人犯的刑具自然可以"措"而不用了。同理,对孝惠、高后时的"刑罚用稀"也应如是理解,才贴近历史的真实。

罚金和赎刑普遍实行的结果,是导致社会不公和司法失范。因为能用黄金或者铜钱赎罪的只能是地主、官僚、工商业主等富人。而占人口大多数的是晁错说的"五口之家、百亩之地"的授田民,他们一年四季辛苦劳作,只能勉强糊口,稍有天灾人祸就要破产流亡,根本拿不出黄金或者等值的铜钱赎罪,必须去服刑,而服刑又影响正常生产,又导致进一步的贫困。所以,罚金和赎刑是专为富人设计的。设计者的主观愿望是轻刑,显示汉家的仁政,但在客观上却使法律弱化了制止犯罪的功能。有钱可以赎罪,就意味着有钱可以犯罪,可以逍遥法外。结果是那些达官显贵固然可以藐视法律,乡间豪强也会肆无忌惮。司马迁说汉兴70余年,至武帝即位之时,"网疏而民富,役财骄溢,或至兼并豪党之徒,以武断于乡曲"[3]。这"网疏"并非法条规定不够细,而是指执行弹性太大,其中就包括罚金和赎刑在内,"役财骄溢"就是对"网疏而民富"的注脚,凭借其财富而骄纵不法的原因就在于在法律上可以以金赎罪,不仅法律对他们失去了应有的强制力,相反,他们反过来左右基层社会。国家力量对基层社会的控制弱化,加速了汉初等级井然的社会秩序的瓦解。所以,我们有理由说,就司法公正和预防犯罪的功能来说,汉律改秦律的赀甲、赀盾为罚金,普遍实行赎免制度,是历史的倒退。

---

[1]《汉书》卷四《文帝纪》,北京:中华书局,1962年,第135页。
[2]《汉书》卷二三《刑法志》,北京:中华书局,1962年,第1098-1099页。
[3]《史记》卷三〇《平准书》,北京:中华书局,1959年,第1420页。

张家山汉简所见西汉继承制度初论[*]

在财产私有的社会里,继承制度是社会秩序稳定的基本保障之一,是历代法律的重要组成部分。汉代是我国统一王朝的第一个大发展时期,汉律奠定了以后历代法律的基础,继承法也是如此。但是,因为资料的缺失,人们对汉代继承制度了解甚少,只能根据有限的文献资料间接地泛泛而论。[1]张家山汉简《二年律令》中有汉初继承制度的部分条文,可见西汉继承制度的基本框架,对继承人的确定、继承的内容、继承方式等可以有明确的了解。这不仅弥补了汉代继承制度研究的空白,更有助于我们从继承制度的层面把握汉代社会结构变迁的因素。本文不揣简陋,就此论述如下,就教于学界同仁。

一

先谈继承人的确定问题。继承人的确定,直接决定继承制度的性质和被继承人的权利、财产的延续和分割,是继承发生的前提。汉代继承方式有法定继承和遗嘱继承两种,现在先谈法定继承问题。

法定继承是指继承人依照法律规定而不是按照被继承人的意愿而发生的继承行为,法定继承人的继承权是基于其身份由法律明确赋予的。这首先要确定被继承人和继承人的法律资格,认定被继承权和继承权的法定条件,然后再认定继承顺序和权利。《二年律令》有《置后律》专章,在《户律》和《傅律》等篇中对也有补充规定。《置后律》云(下引《二年律令》律文只出篇名,律文之异体字、通假子均写作今字):

> 爵当即而有物故,夺□,以其数减后爵。其自贼杀,勿为置后。
> 尝有罪耐以上,不得为人爵后。诸当拶(拜)爵者,令典若正、伍里人毋下五人任占。[2]

---

[*] 原刊《文史哲》2003年第6期。
[1] 汉代继承制度基本上是研究的空白,迄今为止,只在极少的秦汉经济史和法律史的著作中略有提及,较有代表性的有于琨奇:《秦汉小农与小农经济》,合肥:黄山书社,1991年,第27-31页。孔庆明:《秦汉法律史》,西安:陕西人民出版社,1992年,第299-301页。马新:《两汉乡村社会史》,济南:齐鲁书社,1997年,第318-331页。
[2] 张家山二四七号汉墓竹简整理小组:《张家山汉墓竹简(二四七号墓)》,北京:文物出版社,2001年,第183、185页。

这儿的"物故"是因违法而死亡。将授而未授予爵位时,当事人因违法而死亡者,不再授予爵位,已授予的夺去其新授予爵位;"以其数减其后爵"之"后"是死者的法定继承人,被继承人新授予的爵位被废除之后,按照降级继承的规定决定其继承人所继承的爵位级别(关于降级继承,详下文);如果是自杀身亡,即剥夺其被继承权,"勿为置后"。有罪被处以耐刑以上者,不得作为爵位的法定继承人。被继承人有爵位者,其继承人要有基层官吏里典或者里正以及同里者五人以上担保,"任占"即担保的意思,以保证继承人身份的准确合法。

"置后"是地方政府的职责,不按时"置后"或者"置后"有误,都要受罚,《置后律》云:

　　□□□不审,尉史主者罚金各四两。

　　当置后,留弗为置后过旬,尉、尉史主者罚金各□两。[1]

不按时"置后",拖延超过十天者,尉和具体承办"置后"事务的尉史都要被罚金。根据上下文意和竹简的排列顺序推测,"□□□不审,尉史主者罚金各四两"应是关于"置后"的律文,很可能是"置后不审"的缺文,即确定继承人有误,尉和具体承办的尉史要被罚金四两。

汉代继承人的顺序,按血缘亲等来确定,但因被继承人的身份和继承发生的原因不同,同一继承人的继承顺序则有异。被继承人有爵位,其继承顺序如《置后律》规定:

　　疾死置后者,彻侯后子为彻侯,其无適(嫡)子,以孺子[子、良人]子(引者按:简文孺子"子"和"良人"三字漫漶不识,引文据整理小组注补)。关内侯后子为关内侯,卿侯(后)子为公乘,[五大夫]后子为公大夫,公乘后子为官大夫,公大夫后子为大夫,官大夫后子为不更,大夫后子为簪褭,不更后子为上造,簪褭后子为公士。其无適(嫡)子,以下妻子、偏妻子。[2]

"疾死置后"即被继承人因病死亡后依法确定其继承人;"后子"是诸子中之为"后"者。按律文,继承人按血缘亲等关系确定,亲子都是第一顺序,以嫡长子为第一继承人。彻侯的继承顺序为:嫡子—孺子子、良人子,关内侯以下各爵级则是嫡子—下妻子、偏妻子。按汉代制度,孺子、良人是列侯偏妻的名号,但孺子地位虽在良人之上,孺子之子和良人之子则同属于第二继承顺序。同

---

[1] 张家山二四七号汉墓竹简整理小组:《张家山汉墓竹简(二四七号墓)》,北京:文物出版社,2001年,第185页。

[2] 张家山二四七号汉墓竹简整理小组:《张家山汉墓竹简(二四七号墓)》,北京:文物出版社,2001年,第182-183页。

样,关内侯等爵级的下妻之子和偏妻之子也同属于第二继承顺序。

上述是关于军功爵者的身份继承而言的,若是一般意义上的户主继承虽然也是按血缘亲等确定,但继承人的范围要大得多。《置后律》云:

> 死毋子男代户,令父若母,毋父母令寡,毋寡令女,毋女令孙,毋孙令耳孙,毋耳孙令大父母,毋大父母令同产子代户。同产子代户,必同居数。弃妻子不得与后妻子争后。[1]

按律文,其继承人的顺序依次是子男—父、母—妻子—女儿—外孙(耳孙)—祖父母—"同产子"(侄)。所有子男无论是正妻还是偏妻之子,都是第一顺序继承人,在同一顺序有多个继承人时则后妻之子优先。若"同产子"代户必须是"同居数"即其本人与被继承人没有析产分居、单独立户,而是共同生活于一个家庭之中。若被继承人死亡时,其妻已怀孕,则要等到新生儿出生之后再确定其继承人,保护遗腹子的继承权利。《置后律》云:

> 死,其寡有遗腹者,须遗腹产,乃以律为置爵、户后。[2]

若遗腹子不是子男,则由第二顺序的继承人继承。《置后律》云:

> 同产相为后,先以同居,毋同居乃以不同居,皆先以长者。其或异母,虽长,先以同母者。[3]

"同产"即兄弟为继承人时,需满足三个条件,一是"同居"优先,即共同生活,没有析产分居者优先;二是同母优先;三是在以上条件相同的条件下,年长者优先。在户主死亡、无亲属为后的条件下,其继承人的范围可以扩大到奴婢。《置后律》规定:

> 死无后而有奴婢者,免奴婢以为庶人,以□人律其之□主田宅及余财。奴婢多,代户者毋过一人,先用劳久、有□子若主所言吏者。[4]

死而无后,所有奴婢均免为庶人,选择其"劳久"者一人继承其原来主人的户主身份。

上述继承人是被继承人正常死亡而发生的继承顺序,若有特殊原因,其继承顺序则另有规定。《置后律》云:

> □□□□为县官有为也,已其故死若伤二旬中死,皆为死事者,令子

---

[1] 张家山二四七号汉墓竹简整理小组:《张家山汉墓竹简(二四七号墓)》,北京:文物出版社,2001年,第184页。

[2] 张家山二四七号汉墓竹简整理小组:《张家山汉墓竹简(二四七号墓)》,北京:文物出版社,2001年,第184页。

[3] 张家山二四七号汉墓竹简整理小组:《张家山汉墓竹简(二四七号墓)》,北京:文物出版社,2001年,第184页。

[4] 张家山二四七号汉墓竹简整理小组:《张家山汉墓竹简(二四七号墓)》,北京:文物出版社,2001年,第184页。

> 男袭其爵。无爵者,其后为公士。毋子男以女,毋女以父,毋父以母,毋母以男同产,毋男同产以女同产,毋女同产以妻。诸死事当置后,毋父母、妻子、同产者,以大父,毋大父以大母与同居数者。[1]

"县官"是官府的代称,因公事而死是为"死事"即以身殉职,其子男继承其爵位,死者没有爵位则赐予其子男为公士,以示优抚。若无子男则有第二继承人继承,其继承人的顺序是:子男—女—父—母—兄弟—姐妹—妻—祖父—祖母。祖母为继承人者,与被继承人必须是共同生活关系。这里"毋子男以女"之"女"是指未婚女子,其继承顺序由正常"置后"的第四提前为第二。汉代未婚女子有继承权,出嫁之后,其土地财产相应地转移到夫家,《置后律》云:

> 女子为父母后而出嫁者,令夫以妻田宅盈其田宅。宅不比,弗得。其弃妻,及夫死,妻得复取以为户。弃妻,畀之其财。[2]

一旦出嫁,其财产即转入丈夫名下,充当其丈夫应授予的田宅,住宅数量不足其丈夫应得数量者不再补足。财产一经过户,即由其丈夫支配,只有被丈夫抛弃或者丈夫死亡时,财产才复归其所有,重新立户。这说明在夫妇关系中妇女处于从属地位,但仍有一定的独立性。

在确定继承人继承权利的同时,法律也规定了相应的义务,用现在的法律术语说,也就是注意到了权利和义务相一致的原则。《户律》规定:

> 孙为户,与大父母居,养之不善,令孙且外居,令大父母居其室,食其田,使其奴婢,勿贸卖。孙死,其母而代为户。令毋敢遂(逐)夫父母及入赘,及道外取其子财。[3]

户主必须尽到赡养老人的义务,否则,即剥夺其财产的享用权。孙为户主对祖父母赡养不善者不得居住于家中,其土地、住宅、奴婢都归其祖父母享用;孙子死亡,其母亲做户主,不得驱逐其公婆,不得招夫入家,不得用其他方式转移家财。这不仅仅是因为这些家财是其儿子所有,自己只是代管,更主要的是因为这些财产的重要目的是赡养老人,一旦做家招夫或者转移财产都会导致赡养义务的中断,故予以专门的规定禁止之,正体现了权利和义务相一致的立法思想。

汉初,战乱逋定,不完整家庭较多,寡妇为户主并不鲜见。若寡妇为户主

---

[1] 张家山二四七号汉墓竹简整理小组:《张家山汉墓竹简(二四七号墓)》,北京:文物出版社,2001年,第183页。

[2] 张家山二四七号汉墓竹简整理小组:《张家山汉墓竹简(二四七号墓)》,北京:文物出版社,2001年,第184页。

[3] 张家山二四七号汉墓竹简整理小组:《张家山汉墓竹简(二四七号墓)》,北京:文物出版社,2001年,第178-179页。

之后坐家招夫、重新组建家庭,其继承人的顺序与男子为户主者有异。《置后律》云:

> 寡为户后,予田宅,比子为后者爵。其不当为户后,而欲为户以受杀田宅,许以庶人予田宅。毋子,其夫;夫毋子,其夫而代为户。夫同产及子有与同居数者,令毋贸卖田宅及入赘。其出为人妻若死,令以次代户。[1]

这条律文,共有五层意思:第一,"寡为户后,予田宅,比子为后者爵"。这是对上举律文"死无子男代户,令户若母,无父母令寡"的补充,说明丈夫死后,妻子虽是第三顺序继承人,但其继承权力——继承的土地、爵位和第一继承人相同。第二,"其不当为户后,而欲为户以受杀田宅,许以庶人予田宅"。丈夫死后,无论是其子为户主,还是其公、婆为户主,寡妻都可以分居立户;如果分居,无论其丈夫原来的爵位高低、田宅多少,只能按庶人的标准授予其田宅。第三,"毋子,其夫;夫毋子,其夫而代为户"。此条规定当是指为户主之寡妇重新组建家庭之后的情况而言,寡为户主而再嫁者仍为户主,因为其财产是继承其前夫的,其前夫之子是第一顺序继承人,这儿的"毋子,其夫"之"子"应是指前夫之子;在前夫无子的情况下,才考虑其后夫的继承问题,但这并不等于其后夫就是第二顺序继承人,还要看是否"夫毋子"——和后夫是否生子,只有在前夫无子、与后夫也没生子的条件下,后夫才能"代为户"。也就是说,"寡为户后"而再嫁者,其继承人的顺序是:前夫子—与后夫所生之子—后夫。第四,"夫同产及子有与同居数者,令毋贸卖田宅及入赘"。这儿的"夫"是指后夫,后夫的兄弟姐妹及其子女与后夫虽然是共同生活关系,但是任何人不得卖出田宅,也不得坐家招夫,以保证户主对财产的支配权。第五,"其出为人妻若死,令以次代户",重新组建家庭之后,妻子虽然是户主,对家产拥有支配权,但其财产属于家庭共享,如果再改嫁,不能将财产带走,而是像正常死亡一样,按继承顺序由继承人继承。这起码表明在汉初夫妇继承权利具有对等性,上举律文"死毋子男代户,令父若母,毋父母令寡",丈夫为户主,妻子位于第三继承顺序;妻子为户主,丈夫也是位于第三继承顺序。

从上述继承人的顺序来看,可以看出汉代继承制度的一个明显特点是以血缘关系为中心,尽量做到财不出户,兼顾权利与义务相一致的原则。婚姻关系在继承关系中处于次要地位,妻子的继承人身份在一般情况下位于第三顺序;被继承人之子和父母与被继承人有血缘关系,故处于第一和第二继承顺序。上举为"死事县官""置后",将女儿由正常"置后"的第四继承顺序提前

---

[1] 张家山二四七号汉墓竹简整理小组:《张家山汉墓竹简(二四七号墓)》,北京:文物出版社,2001年,第185页。

为第二,就是因为女儿是"死事"者的直系血亲。户主正常死亡,未婚女儿与被继承人虽然是直系血亲,但因为其未婚,其财产要随其出嫁而转移到夫家,要被他姓所分割,故其为第四顺序继承人,这既兼顾了血缘亲等关系,又考虑到财不出户的原则。其"寡为户后"者以其前夫之子和与后夫新生之子为第一、第二顺序继承人也是基于血缘关系。而在被继承人因"死事"县官时,妻子则处于第七继承顺序,可见婚姻关系与血缘关系在继承关系中的轻与重。这反映了汉代父家长制的观念及其法律实践。

二

汉代法定继承的内容是身份及其所属的财产。身份继承又可分为爵位继承和一般意义上的户主继承。爵位继承即二十等爵及与之相应的财产和政治特权的继承。汉代的二十级爵位制度始行于商鞅变法,商鞅变法的基本原则是"有军功者,各以率授上爵……宗室非有军功,论不得为属籍。明尊卑爵制等级各以差次,明田宅臣妾衣服以家次"[1]。其赐爵的主要标准就是军功,按《商君书·境内》的说法,其授予标准是"能得甲首一者,赏爵一级,益田一顷,益宅九亩,除庶子一人"。众所周知,爵位是因战功得来的,无军功者无爵位。汉初的赐爵制度也是以功劳为依据的,以军功为主体,其他事功次之,是秦朝军功爵制的延续,严格地循名责实是不能世袭继承的。当然,因为军功爵制的权利之一是在正常的授田标准之外增加授田数量,而土地一经授予,没有特殊原因是不再收回的,其爵位不能继承,其财产是可以世袭的。这大约是秦朝未见爵位继承法规的原因。汉初,在继承秦律的同时,为了表示对开国功臣的优抚,采用了折中的办法,这就是军功爵的身份除了彻侯和关内侯两级采用原级继承之外,其余各级均降级继承。上举《置后律》律文云:"彻侯后子为彻侯……关内侯后子为关内侯,卿后子为公乘,五大夫后子为公大夫,公乘后子为官大夫,官大夫后子为不更,大夫后子为簪裹,不更后子为上造,簪裹后子为公士。"这儿的"卿"是第十级左庶长至第十八级大庶长的统称,从左庶长到大庶长的"后子"一律为公乘,从第九级五大夫到第三级簪裹的"后子"均降两级继承,最低的两级上造和公士的"后子"无爵位、自动降为庶人。

众所周知,在古代社会里,多子多福是普遍的社会观念。汉初为了增加人口,更鼓励早婚多育;又因战争过程中男子战死者众,男女性别比例失调,一夫一妻多妾制是合法的普遍存在,那些新兴的军功地主更是因其政治地位和经济实力而广蓄妻妾,上举律文说的"偏妻"、"下妻"云云即其适例,多子女

---

[1]《史记》卷六八《商君列传》,北京:中华书局,1959年,第2230页。

家庭是普遍的。而财产继承是附属于身份继承的,若户主的爵位不能分割继承,则其财产的分割继承也就失去了法律基础,"后子"之外的其余子女也就不能分得家产,必然导致嫡长子和其余诸子之间政治地位和财产差别过大,诸子之间因争夺财产必然发生剧烈冲突,影响家庭的稳定。为解决这一矛盾,就要有相应的法律以解决同一继承顺序有多个继承人之间的权利和财产分割问题,既要确保嫡长子优先继承权,又要兼顾多子女的财产分割。对此,汉律采用的是不均等继承,即除了法定之"后"降级继承外,其余诸子再降级继承,《傅律》云:

> 不为后而傅者,关内侯子二人为不更,它子为簪袅;卿子二人为不更,它子为上造;五大夫子二人为簪袅,它子为上造;公乘、公大夫子二人为上造,它子为公士;官大夫及大夫子为公士;不更至上造子为公卒。当士(仕)为上造以上者,以适(嫡)子;毋适(嫡)子,以(扁)偏妻子、孽子,皆先以长者。若次其父所,所以以未傅,须其傅,各以其傅时父定爵士(仕)之。父前死者,以死时爵。当为父爵后而傅者,士(仕)之如不为后者。[1]

按传统解释,"傅"是指到规定年龄登记于官府,正式服徭役,也就是成丁开始服役的意思。《汉书·高帝纪》汉二年五月"萧何发关中老弱、未傅者悉诣军"。颜师古注云"傅,著也。言著名籍,给公家徭役也"。现在看来,傅籍的意义不仅仅是服徭役,也伴有其他的权利和义务。傅籍之后,无论被继承人是否死亡,继承人是否在继承期待期间,都可以行使继承权。除"后子"之外,其余诸子无论是正妻还是"偏妻"、"下妻"之子,按照嫡子优先、年龄次之的顺序,先确定诸子中的两位高出其余兄弟一级、其余兄弟均再降一级继承。其降级继承可分为五个档次:关内侯为一个级别,其二子为不更,其余为上造;从大庶长到左庶长(即"卿")是第二个级别,其二子为不更,其余为簪袅;公乘、公大夫为第三个级别,其二子为上造,其余为公士;官大夫、大夫之子均为公士,不更至上造子均为公卒。在众兄弟中确定不同级别继承人的依据依然是血缘亲等,嫡子优先,庶子次之。也就是说在确定了"后子"之后,再于嫡子中间按年龄确定两人较"后子"降级继承,无嫡子者则于庶子中间按年龄长幼确定两名较"后子"降级继承,其余诸子再降级继承。为表述的方便,可以用"后子"、"准后子"、"次后子"来表达爵位的等级继承,即爵位降级继承按"后子"、"准后子"、"次后子"的关系确定诸子的继承等级。"后子"一人,"准后子"二人,"次后子"人数不限。其继承等级按继承人"傅"时被继承人的等级

---

[1] 张家山二四七号汉墓竹简整理小组:《张家山汉墓竹简(二四七号墓)》,北京:文物出版社,2001年,第182页。

计算。若被继承人已先期死亡，则按其死亡时的爵级计算。需要指出的是，这些继承人所得到的爵位，虽然与继承权有关，但并不是严格意义上的继承而来；因为无论被继承人是否死亡，只要达到傅籍年龄，就能得到爵位，所以这些"不为后而傅者"所得到的爵位和财产，不是分割被继承人的权益所得，而是凭借被继承人的地位从官府那里获得的。若从法理的层面分析，继承是在被继承人死亡之后发生的依法进行的财产转移和分割，《傅律》的规定是以继承人的傅籍为标准而不是以被继承人的死亡为前提，所以是法定继承权利的延伸，是国家对有爵位者的优待。

汉代军功爵者可以享有众多的政治经济特权，如可以减刑、可以免役等，如《亡律》规定"吏民亡，盈卒岁，耐。不盈卒岁，系城旦舂；公士、公士妻以上作官府，皆偿亡日"。《具律》规定"上造、上造妻以上及内公孙、外公孙、内公耳玄孙有罪，其当刑及当为城旦舂者，耐以为鬼薪、白粲"[1]。公士和上造是最低的两级爵位，普通吏民逃亡不到一年者要"系城旦舂"即判刑一年，而公士及其妻子只要在官府服徭役顶替逃亡的天数就可以了；上造的妻子和内公孙、外公孙、内公耳玄孙一样减免刑罚，"其当刑及当为城旦舂，耐以为鬼薪白粲"。至于高于上造的各个爵级拥有者的减免特权自然更多。除此之外，有爵位者在平时可以享受和现任官吏相应的政治待遇。如《赐律》规定：

  赐不为吏及宦皇帝者，关内侯以上比二千石，卿比千石，五大夫比八百石，公乘比六百石，公大夫、官大夫比五百石，大夫比三百石，不更比有秩，簪裹比斗石，上造、公士比佐史。毋爵者，饭一斗、肉五斤、酒大半斗、酱少半升。司寇、徒隶，饭一斗，肉三斤，酒少半斗，盐二分升一。[2]

《赐律》是官府赏赐吏民包括有爵位者和无爵位的庶民在内的各个阶层的酒食衣物的专门法。官府赏赐百官及平民衣物酒食时按等级高低决定数量多少，绝大多数有爵位的人不是在职官吏，但其待遇按爵位和现任官吏相对应。彻侯和关内侯相当于二千石官即相当于郡守和九卿，由左庶长到大庶长的卿级爵位相当于千石级官，其余各级均有对应，最低级的不更、簪裹、上造、公士相当于基层的斗食佐史等小吏。庶人以下也各有标准。刘邦曾经下诏，谓"异日秦民爵公大夫以上，令丞与亢礼，今吾于爵非轻也……其令诸吏善遇高爵，称吾意"[3]。刘邦所言是得到严格执行的。继承了爵位，自然享有相应的政治特权。

---

[1] 张家山二四七号汉墓竹简整理小组：《张家山汉墓竹简(二四七号墓)》，北京：文物出版社，2001年，第154、145页。

[2] 张家山二四七号汉墓竹简整理小组：《张家山汉墓竹简(二四七号墓)》，北京：文物出版社，2001年，第173页。

[3] 《汉书》卷一下《高帝纪下》，北京：中华书局，1962年，第54页。

当然，爵位的政治权利还不是最重要的，最重要的还是土地。西汉授田制度规定，庶人的授田标准是每夫百亩田、一区宅，有爵位者按爵位高低增加授予数量。《户律》规定：

> 关内侯九十五顷，大庶长九十顷，驷车庶长八十八顷，大上造八十六顷，少上造八十四顷，右更八十二顷，中更八十顷，左更七十八顷，右庶长七十六顷，左庶长七十四顷，五大夫廿五顷，公乘廿顷，公大夫九顷，官大夫七顷，大夫五顷，不更四顷，簪褭三顷，上造二顷，公士一顷半顷，公卒、士五(伍)、庶人各一顷，司寇、隐官各五十亩。不幸死者，令其后先择田，乃行其余。它子男欲为户，以为其□田予之。其已前为户而毋田宅，田宅不盈，得以盈。宅不比，不得。
>
> 宅之大，方卅步。彻侯受百五宅，关内侯九十五宅，大庶长九十宅，驷车庶长八十八宅，大上造八十六宅，少上造八十四宅，右更八十二宅，中更八十宅，左更七十八宅，右庶长七十六宅，左庶长七十四宅，五大夫廿五宅，公乘廿宅，公大夫九宅，官大夫七宅，大夫五宅，不更四宅，簪褭三宅，上造二宅，公士一宅半宅，公卒、士五(伍)、庶人一宅，司寇、隐官半宅。欲为户者，许之。[1]

田、宅同步授予，田以百亩为单位，宅三十平方步为一宅。一顷田、一区宅为一个基本的授予单位。彻侯是一百零五宅，从上下文之间的逻辑推断，还应有一百零五顷土地；关内侯九十五宅、九十五顷土地，其余爵级各有标准；没有爵位的普通农民包括公卒、士伍、庶人各色人等，授予标准是一顷田、一区宅。只是有爵位者的级差变化复杂一些，不像《商君书·境内》所说的"能得甲首一者，赏田一级，益田一顷，益宅九亩"那样简单。若户主死亡，由其"后"优先选择土地，其余众子再行分割；没立户而欲立户者可以立户，如果已经单独立户而土地不足，则予补足；住宅不足者，不再补足。

上已述及，二十级军功爵制实行于商鞅变法后的秦国，秦朝统一后，有军功爵者均是秦人，原来六国贵族、豪强大姓统统成为普通的授田民。刘邦是凭借秦人之地、依靠秦人之力完成统一大业、建立大汉王朝的，除了随刘邦入关的丰沛子弟和少量的"诸侯子"即东方士卒之外，绝大多数的关东吏民是没有军功爵位的。也就是说，汉初之有军功爵者主要集中在原来的秦国人和随刘邦入关的"诸侯子"身上，这也是刘邦立国伊始就宣布"复故爵田宅"，即恢复秦朝军功爵制和土地制度的深层原因。对这些没有爵位的家庭来说，其法定继承只是纯粹的户主继承，其户主由嫡长子继承，其财产分割则

---

[1] 张家山二四七号汉墓竹简整理小组：《张家山汉墓竹简(二四七号墓)》，北京：文物出版社，2001年，第175-176页。

在诸子之间平均分配,各自为户;不单独立户者则同居共财,不存在遗产分割问题。

三

汉代除了身份继承之外,还存在着单纯的财产继承,其继承方式除了法定继承之外还有遗嘱继承。《户律》云:

> 民欲先令相分田宅、奴婢、财物,乡部啬夫身听其令,皆参半券书之,辄上如户籍。有争者,以券书从事;毋券书,勿听。所分田宅,不为户,得有之,至八月书户。留难先令,弗为券书,罚金一两。[1]

"先令"即遗嘱[2]。律文表明,遗嘱内容只限于田宅、奴婢、财物的分割继承,不含户主的身份;立遗嘱时要有乡部啬夫等基层官吏在场,以示其公证和立遗嘱人意思的真实;遗嘱一式三份,像户籍簿一样分别由乡部和县廷保管,以防止篡改;当对财产分割发生异议时,以券书所写遗嘱为准;券书所无或者没有券书者,不予采纳。继承人虽然没有单独立户,但仍然合法拥有按照遗嘱所分的田宅、奴婢等财物,到八月再统一登记立户。和"置后"一样,为当事人立遗嘱、保管遗嘱是乡部官吏的法定职责之一,若乡部啬夫扣留"先令"、不写券书则罚金一两。这是汉代遗嘱的确立及其生效的基本程序和要件,但在实际生活中,除了乡部啬夫之外,还有其他基层小吏和亲戚邻里作为见证,遗嘱的内容也因立嘱的原因而有繁简。江苏仪征胥浦西汉墓曾出土平帝元始年间关于土地继承的"先令"券书一件,可具体说明上述《户律》的施行状况。现引如下:

> 元始五年九月壬辰朔辛丑□,高都里朱凌凌庐居新安里,甚疾其死,故请县、乡三老、都乡有秩、佐、里师、田谭等为先令券书。凌自言:有三父(夫),子男女六人,皆不同父。欲令子各知其父家次。子女以君、子真、子方、仙君,父为朱孙;弟公文,父吴衰近君;女弟弱君,父曲阿病长实。
>
> 妪言:公文年十五去家自出为姓,遂居外,未尝持一钱来归。妪予子真、子方自为产业;子女仙君、弱君等贫,毋产业。五年四月十日,妪以稻田一处、桑田二处分予弱君,波(陂)田一处分予仙君。于至十二月,公文伤人为徒,贫无产业。于至十二月十一日,仙君、弱君各归田于妪,让于公文。妪即受田,以田分于公文:稻田二处、桑田二处;田界易如故,公文

---

[1] 张家山二四七号汉墓竹简整理小组:《张家山汉墓竹简(二四七号墓)》,北京:文物出版社,2001年,第178页。

[2] 《汉书》卷五三《景十三王传·赵肃敬王传》:武帝时大鸿胪弹劾缪王,谓缪王"病,先令令能为乐奴婢从死,迫胁自杀者凡十六人,暴虐不道"。颜师古注云"先令者,预为遗令也"。北京:中华书局,1962年,第2421页。

不得移卖田于他人。时任知者：里师、伍人谭等及家属孔聚、田文、满真。先令券书明白，可以从事。[1]

这份"先令券书"完全符合法定程序，先向县乡三老和都乡有秩、乡佐、里师等基层官吏提出请求，请他们主持建立遗嘱；实际立遗嘱时，则由里师主持，有亲属、邻里数人见证。这份遗嘱，因为在立嘱之前请示了县乡三老、都乡有秩，虽然最后是由里师主持立嘱而不是像上举律文那样有"乡部啬夫身听其令"，但仍有法律效力。该"先令"云户主朱凌先后有三个丈夫，共生有三男公文、真、方和三女以君、弱君、仙君。公文十五岁时即"自出为姓"——大约是入赘女方，"未持一钱来归"，和家中素无经济往来；其余二子真、方均"自为产业"即单独立户；三个女儿已经出嫁，但"贫无产业"，朱凌乃以"稻田一处、桑田二处分予弱君、波(陂)田一处分予仙君"。后公文犯罪家贫，弱君、仙君把分得的土地退回给母亲，"让于公文"。朱凌遂将"稻田二处、桑田二处"分给公文，确定田界，并约定"公文不得卖于他人"。这说明户主朱凌生前与其子女是分居的，朱凌有财产处分权，其子、女均有财产继承权；土地分予子女之后，子女有权出卖土地。券书之所以约定"公文不得卖于他人"是因为公文自十五岁"自出为姓"后与母亲、兄妹一直没有往来，与其母亲兄妹已不是一个家庭，本来没有土地继承权，在其犯罪、家贫无以为生的情况下，按照《户律》"子谒归户，许之"[2]的规定才回到母亲家，其获得的"稻田二处、桑田二处"本是其姐妹的土地，属于非正常继承，具有临时济贫性质，故约定"不得卖于他人"。这也是遗嘱继承和法定继承的区别，继承的内容、分割方式、份额的划分均按被继承人的意愿执行。

在财产继承上，有遗嘱按遗嘱执行，若无遗嘱还可以协商继承。《户律》云：

民大父母、父母、子、孙、同产、同产子，欲相分予奴婢、马牛羊、它财物者，皆许之，辄为定籍。

诸后欲分父母、子、同产、主母、叚(假)母，及主母、叚(假)母欲分孽子、叚(假)子田以为户者，皆许之。[3]

人死之后，包括其祖父母、父母、子(这儿的"子"是子男、子女的统称)、兄弟、侄子在内的家人经协商，欲分割其奴婢、畜产和其他动产者，官吏要予以登记。至于土地，因是不动产，是国家授予的，分割之后要单独立户，也允许协

---

[1] 李均明、何双全：《散见简牍合辑·江苏扬州胥浦101号汉墓竹简、木牍、封检》，北京：文物出版社，1990年，第105—106页。

[2] 张家山二四七号汉墓竹简整理小组：《张家山汉墓竹简(二四七号墓)》，北京：文物出版社，2001年，第179页。

[3] 张家山二四七号汉墓竹简整理小组：《张家山汉墓竹简(二四七号墓)》，北京：文物出版社，2001年，第178、179页。

商分割立户。律文中的"诸后"就是指有权继承死者土地的继承人,和法定继承制的依法所置之"后"有所不同。法定继承之"后"只能是一个人,其继承权的大小均决定于法律的有关规定,不存在协商问题。

财产继承的基本原则是诸子均分。上述爵位的不均等继承制度本身已包含了一定范围内的均等继承,上举《傅律》在规定爵位不均等继承的同时,也规定了部分的均等继承制,律文的"它子"也就是本文所说的"次后子"所继承的爵级虽然低于"后子"和"准后子",但彼此之间所继承的爵级是相同的,这可以说是有限的平均继承制。至于单纯的财产继承则是诸子均分。吕后时,陆贾以"病免,以好畤田地善,往家焉。有五男,乃出所使越橐中装,卖千金,分其子,子二百金,令为生产。贾常乘安车驷马,从歌鼓瑟侍者十人,宝剑值百金,谓其子曰:'与汝约:过汝,汝给人马酒食极欲,十日而更。所死家,得宝剑车骑侍从者'"。[1]按汉初标准,中民之产是十金,二百金是大地主的财产了。[2]陆贾给予其子各两百金的财富,他们的义务就是轮流供应其消费。陆贾此举是为了躲避诸吕专权可能带来的政治危险,向吕氏表明自己无意于朝中的政治纷争而一意于声色犬马,但是,他与诸子的约定则反映了财产继承的一般原则,即诸子均分和权利与义务相一致。这可以说是一份非正式的口头"先令"。[3]

将财产的平均继承和爵位的降级继承结合起来,对汉代军功地主阶层的变迁不难有新的认识。众所周知,西汉立国,完全继承了秦朝的二十等爵制,按功劳大小赏有劳、酬有功,培植起一批新的军功地主阶层;同时,称帝伊始,刘邦即下诏"复故爵田宅",即承认秦代的军功爵到了汉代仍然有效,并且予以进一步的优惠,"故大夫以上赐爵各一级,其七大夫以上,皆令食邑,非七大夫以下,皆复其身及户,勿事"[4]。这儿的"故大夫以上"包括了秦爵在内,"故大夫以上赐爵各一级"也包括对秦朝大夫以上爵位拥有者的优惠;其"七

---

[1]《汉书》卷四三《陆贾传》,北京:中华书局,1962年,第2114页。
[2]《汉书》卷四《文帝纪》文帝云"百金,中人十家之产也"。北京:中华书局,1962年,第134页。
[3] 诸子均分是汉代财产继承的基本原则在两汉书及其他文献资料多有记载。如《后汉书》第七十六卷《循吏传》云:许荆"祖父武,太守第五伦举为孝廉。武以二弟晏、普未显,欲令成名,乃请之曰:'礼有分异之义,家有别居之道。'于是共割财产以为三分,武自取肥田、广宅、奴婢强者,二弟所得并悉劣少。乡人皆称弟克让而鄙武贪婪,晏等以此并得举选。武乃会宗亲,泣曰:'吾为兄不肖,盗声窃位。二弟年长,未预荣禄,所以求得分财,自取大讥。今理财所增三倍于前,悉以推二弟,一无所留。'于是郡中翕然,远近称之"。这是一则沽名钓誉的故事。许武沽名钓誉之所以获得成功,就是因为"礼有分异之义,家有别居之道"的"义"和"道"是平分家产。许武身为长子,虽然把家产一分为三,但"自取肥田广宅奴婢强者,二弟所得并悉劣少",违背了均分的原则,所以才有"乡人皆称弟克让而鄙武贪婪"的事情发生。汉代如此,以后历朝皆然。对此,时贤曾有论述。参见马新《两汉乡村社会史》,济南:齐鲁书社,1997年,第318-331页。
[4]《汉书》卷一下《高帝纪下》,北京:中华书局,1962年,第54页。

大夫以上皆令食邑,非七大夫以下,皆复其身及户,勿事"是进一步提高对军功爵者的待遇。张家山汉简律文的公布说明了汉初军功爵制的详细和严密,仅从上举关于爵位继承的部分律文可见其一斑。[1]因而汉初的军功地主阶层是统治阶级的主体,西汉政权是军功地主利益的代表这一传统认识是符合实际的。但是,我们从上述的继承制度中不难看出,军功地主阶层在西汉前期是处于衰变之中的,除了彻侯和关内侯两级之外,其余各级均为降级继承,随着时间的流逝,其后代则逐步地失去其原来的爵位,由军功贵族演变为豪民地主。以第十八级爵大庶长而论,其"后子"第一代为公乘,第二代为官大夫,第三代为不更,第四代为上造,至此,其"后子"最终成为普通的庶人;至于其"后子"之外的众子,即"准后子"、"次后子"无论是为"不更"还是为"上造",除这些不更、上造的"后子"降级继承其爵位、可以延续两代之外,其余只传一代即降为庶人。至于大庶长以下的"后子"的爵位传承至第三代就终止了,其"准后子"、"次后子"第二代即成为庶人。但是,他们的身份变了,其财富没有因此而减少,他们继承其父祖的田宅、奴婢、畜产等动产和不动产,一方面经营农业,另一方面还从事工商业以追逐财富,更因其家势,交通官府,兼并农民,横行乡里,成为西汉前期严重影响乡里社会的豪民地主重要组成部分。对此,以往无人涉及,需略加说明。

司马迁曾指出西汉前期有能"与千户侯等"的"素封"之家,谓"今有无秩禄之奉、爵邑之入,而乐与之比者,命曰素封。封者食租税,岁率户二百。千户之君则二十万,朝觐聘享出其中。庶民农工商贾,率亦岁万息二千,百万之家则二十万,而更徭租赋出其中。衣食之欲,恣所好美矣"[2]。司马贞《索隐》谓"素,空也"。张守节《正义》云"言不仕之人自有园田收养之给,其利比于封君,故曰素封也"。司马迁所说的"素封"之家就是那些百万家财、年增息有二十万、和千户侯收入相等、"衣食之欲恣所好美"的"庶民农工商贾"。这些"庶民农工商贾"就是西汉前期兴起的豪民阶层。以往认为这些豪民的兴起是因为汉初工商业发达的结果,这固然正确,但还不够深入,还不能深入揭示当时社会结构变迁的深层原因。司马迁所说的"庶民农工商贾"起码包含了两大阶层:农民和工商业者,而这儿的"庶民"是说明这些农民和工商业者没有爵位、封号等政治身份;而西汉初期,严格按照二十等爵位授予田宅,无爵位的庶民只能拥有土地一顷、住宅一区,这些拥有三十步住宅和一顷土地

---

[1] 关于张家山汉简军功爵制的研究,参见朱绍侯:《西汉初年军功爵制的等级划分》,《河南大学学报》2002年第2期;《吕后二年赐田宅制度试探》,《史学月刊》2002年第12期。李均明:《张家山汉简所反应的二十等爵制》,《中国史研究》2002年第2期。
[2] 《史记》卷一二九《货殖列传》,北京:中华书局,1959年,第3272页。

的小农是无法从事诸如矿冶、铸钱、煮盐、种植、畜牧等工商业生产来致富的,起码绝大多数的个体小农无法从事诸如矿冶、铸钱、煮盐、种植、畜牧等工商业生产来致富,他们也无力交通官府以取得矿山、牧场、山林等经济资源的使用权,他们只能成为那些家财百万、千万的包括工商业主在内的豪民的兼并对象[1]。现在,明白了西汉前期的继承制度之后,我们对司马迁所说的这些"素封"之家的来源的认识就可以深入一层:即这些豪民固然有借助于汉初"弛商贾之律"[2]的历史机遇凭借其工商特长而致富者,但还有相当一部分是军功地主的后代转变而来,他们没有经过普通工商业者的创业过程,而是继承其父祖的财产而致富,他们还凭着其父祖政治权利的基础而横行乡里,西汉前期豪民的种种不法行为与他们是密不可分的。对此,这里只是略事说明,限于主旨,详论留待另文。

---

[1] 关于西汉前期土地制度、工商业的发展及其与社会变动的关系,参阅臧知非:《张家山汉简所见西汉授田制度和田税征收方式》,《江海学刊》2003年第3期;《张家山汉简所见西汉矿业税收制度试析》,《史学月刊》2003年第3期。
[2] 《汉书》卷二四下《食货志下》,北京:中华书局,1962年,第1153页。

试论汉代中尉、执金吾和北军的演变[*]

古今学者对汉代中尉、执金吾的关系多不加甄别,往往混而为一。其实,中尉易名执金吾以后,不仅是名称的变化,职权亦大不相同。而中尉、执金吾的职权变迁和北军制度的演变是紧密相连的,欲辨中尉和执金吾的关系不能不论述北军制度的变迁,反之亦然。前人对北军制度虽多有研究[1],但仅限于考察名称和汉初的职守,缺少完整的纵向论述,更没有把北军、中尉、执金吾三者联系起来考察,才把中尉和执金吾混为一谈。本文试就此做一系统论述,以就正于方家。

一

《汉书·百官公卿表》云:"中尉,秦官,掌徼循京师,有两丞、候、司马、千人。武帝太初元年更名执金吾。属官有中垒、寺互、武库、都船四令丞。都船、武库有三丞、中垒两尉。又式道左右中候、候丞及左右京辅都尉,尉丞兵卒皆属焉。"从这一段记载看,中尉和执金吾确是一官异名,其职守完全相同,这也是人们把二者合而为一的依据。但是,细析其他史实,就会发现班固的记载文字过于简略,是就其相同的一面说的,而少其相异的一面,没有反映出二者的区别:在朝廷中,中尉主北军;在地方上,中尉主内史地方兵。而执金吾既不领北军,也不领三辅(即原内史)地方兵。

中尉主北军,古今学者论说甚详,此不赘述。这儿要补充的是中尉有时要听命于将军。汉朝有时设将军负责京城防备,总理京师各军,蔡质《汉仪》云:"汉兴,置大将军、骠骑,位次丞相,车骑、卫将军、左、右、前、后皆金紫,位次上卿。典京师兵卫,四夷屯警。"[2]这儿的京师兵卫亦包括北军。汉初已经如此,如吕后时,吕禄、吕产均以将军领南北军,文帝入继大统也曾以亲信

---

[*] 原刊《益阳师专学报》1989年第2期。
[1] 叙述两汉南北军的主要有如下著作:《通典》、《文献通考》,宋人钱文子《补汉兵志》,陈傅良《历代兵制》卷二,贺昌群《汉初之南北军》(《贺昌群史学论著选》),苏诚鉴《西汉南北军的由来及其演变》(《安徽师大学报》1980年第3期),孙毓棠《西汉的兵制》(《中国社会经济史集刊》第5卷第1期),陈连庆《汉代兵制述略》(《史学集刊》1983年第2期)。
[2] 《后汉书》卷一一四《百官志》一注,北京:中华书局,1965年,第3563页。

宋昌为卫将军领南北军。但这些将军都是因人因时而设,所掌也仅是发兵权,平时京师兵的训练、管理仍各有专官。前人只云中尉是北军统帅,忽视了将军亦可统帅北军,好像北军只隶属于中尉,不受他官指挥,是应予补正的。

关于中尉主内史地方兵问题,前人很少论及,须加说明。史籍中没有明确记述中尉领内史军务,但我们可以从诸侯王国的制度中得之。《百官公卿表》述汉初王国制度云:"诸侯王……有太傅辅王,内史治国民,中尉掌武职,丞相统众官,群卿大夫都官如汉朝。"按内史本为周官,汉代仍之,于王国和汉廷均置内史,王国内史治一国民事,汉廷内史掌治内史地区民事。汉廷内史又是一个相当于郡或王国的行政区,归皇帝直辖,含京师附近即关中地区的五十余县。王国的内史和中尉分治一国民事和军事,汉朝的内史和中尉也必然分治内史地区的军事和民事,因为汉初王国的职官设置和朝廷相同,只是规模较小而已。在汉初发京师兵宿卫长安时期都曰:"中尉卒",也说明了中尉主内史军事,如高帝十一年,淮南王英布反,刘邦亲征,太子仁弱,恐京师有变,"乃发上郡、北地、陇西车骑,巴蜀材官及中尉卒三万人,为皇太子卫"[1]。文帝三年,匈奴入寇,威胁长安,"发中尉材官属卫将军,军长安"[2]。这儿的"中尉卒"、"中尉材官"都是指内史各县兵卒。又如武帝时王温舒为中尉坐法免,武帝"欲作通天台而未有人,温舒请覆中尉脱卒,得数万人作,上说,拜为少府"[3]。"脱卒"即指应服徭役(含兵役)而未服者,这儿的"中尉脱卒"显然也是指内史地区的役龄男子。这些都直接说明了中尉掌管内史军务。

中尉既主内史军务,亦主内史治安,所谓"徼循京师"即指治安而言。如景帝末年,郅都为中尉,"都迁为中尉,丞相条侯至贵居也,而都揖丞相。是时民朴,畏罪自重,而都独先严酷,致行法不避贵戚,列侯宗室见都侧目而视,号曰苍鹰"。郅都死后,"长安左右宗室多犯法",武帝"召成为中尉。其治效郅都,其廉弗如,然宗室豪桀人皆惴恐"。后来王温舒为中尉,"素习关中俗,知豪恶吏,豪恶吏尽复为用。吏苛察淫恶少年,投缿购告言奸,置伯落长以收司奸。温舒多诣,善事有势者。即无势,视之如奴。有势家,虽有奸如山,弗犯。无势,虽贵戚,必侵辱。舞文巧,请下户之猾,以动大豪。其治中尉如此。奸猾穷治,大氐尽靡烂狱中,行论无出者。其爪牙吏虎而冠。于是中尉部中中猾以下皆伏,有势者为游声誉,称治"[4]。因此,中尉之与内史从职权划分来说,相当于郡尉之与郡守,只是中尉有宿卫京城重任,地位高于内史(中尉秩

---

[1]《汉书》卷一下《高帝纪下》,北京:中华书局,1962年,第73页。
[2]《汉书》卷四《文帝纪》,北京:中华书局,1962年,第119页。
[3]《汉书》卷九〇《酷吏传》,北京:中华书局,1962年,第3658页。
[4]《汉书》卷九〇《酷吏传》,北京:中华书局,1962年,第3648、3649、3657页。

中二千石，内史秩二千石），直接听命于天子，而不像郡尉那样要受郡守节制。但是，到了武帝后期，内史改为三辅，中尉职权大为削弱。

从秦朝开始，为削弱关东地方势力和加强对关中的开发，就迁徙地方富豪、六国贵族于关中。刘邦立国以后，沿袭了这一措施。如高祖九年，"徙贵族楚昭、屈、景、怀，齐田氏关中"[1]。"后世世徙吏二千石、高赀富人及豪杰并兼之家于诸陵，盖亦以强干弱枝，非独为奉山园也。"[2]内史地区是外戚宗室、贵族豪杰、高赀富人并兼之家的聚居区，"五方错杂，风俗不一，贵者崇侈靡，贱者薄仁义，富强则商贾为利，贫窭则盗贼不禁。闾里嫁取，尤尚财货，送死过度，故汉之京辅，号为难理"[3]。随着人口的增长，为便于管理，景帝二年，分内史为左右二内史，武帝元鼎四年分别设左右二辅都尉[4]，初步地削弱了中尉兵权。众所周知，都尉（景帝中二年更名郡尉为都尉）是直接管理一郡军务、治安之官，二辅都尉之设即代替了中尉直接管理左右内史的军务、治安的职能，中尉也就不能再直接率领左右内史的军队。武帝太初元年，更名右内史为京兆尹，左内史为左冯翊，主爵都尉为右扶风，于京兆另设京辅都尉，是为三辅，内史一分为三。其军队亦属三辅都尉，中尉逐失三辅兵权，乃易名为执金吾。

《百官表》说执金吾和中尉一样，"掌徼循京师……左右京辅都尉、尉丞兵卒皆属焉"。似乎执金吾仍领三辅军队，其实这是就治安问题而言的，是说执金吾和中尉都有徼循京师之责，三辅都尉要配合其行动。不能据此说执金吾有三辅兵权。理由有二。第一，执金吾所领之兵不是调自三辅都尉，而是另有来源。如成帝时宦官石显专权，诬陷太傅萧望之图谋不轨，"因令太常急发执金吾车骑驰围其第"[5]。《汉旧仪》云："执金吾，车驾出，从六百骑、走六千二百人。"[6]胡广《汉官》云执金吾有"缇骑二百人，持戟五百二十人，舆服导从，光满道路，群僚之中，斯最壮矣。世祖叹曰：'仕宦当作执金吾。'"[7]这些车骑、持戟、缇绮显然不是调自三辅都尉而是专属执金吾的特种仪仗兵。第二，汉制规定，郡守、郡尉管理治安时不得越界逐辅，三辅也是如此。而三辅辖区相连，治所同在长安，互不统属，彼此不能协调行动，不法分子往往作案

---

[1]《史记》卷八《高祖本纪》，北京：中华书局，1959年，第386页。
[2]《汉书》卷二八下《地理志下》，北京：中华书局，1962年，第1642页。
[3]《三辅黄图》卷一。陈直：《三辅黄图校证》，西安：陕西人民出版社，1980年，第21页。
[4] 考西汉一代，最早任京辅都尉者为田仁，然亦在太初以后。
[5]《汉书》卷七八《萧望之传》，北京：中华书局，1960年，第3288页。
[6] 虞世南：《北堂书钞》卷五十四《设官部·执金吾》引，孙星衍等初校、孔广陶续校，光绪木刻本，北京：中国书店，1989年影印，第167页。
[7]《后汉书》卷一一七《百官志四》注释，北京：中华书局，1965年，第3605－3606页。

后逃离本地,从而避免制裁,逍遥法外,造成严重的治安问题。如宣帝时,赵广汉为京兆尹,"左冯翊,右扶风皆治长安中,犯法者从迹喜过京兆界。广汉叹曰:乱吾治者,常二辅也。诚令广汉得兼治之,直差易耳"[1]。这当然不是宣帝时才出现的状况。为解决这一矛盾,乃由执金吾统筹管理三辅治安,在社会动乱,三辅逐捕不力时,由执金吾领兵镇压。如成帝末年,"南山群盗起,以(尹)赏为右辅都尉,迁执金吾,督大奸猾。三辅吏民甚畏之"[2]。这是在群盗蜂起的情况下,尹赏由右辅都尉迁为执金吾以后,"督大奸猾而三辅吏民甚畏之",说明执金吾有管理三辅治安之职,同时说明平时治安由三辅负责,只在特殊情况下,执金吾才过问,也不是其专职。至于北军兵权,执金吾更不得染指,这一点留待下文详论。

中尉和执金吾性质不同,我们从名称的含意上也可窥其端倪。应劭云:"自上安下曰尉,武官悉以为称。"[3]《说文》云:"中,内也。"中尉即示其为朝中的领兵之官。而执金吾则否。应昭云:"吾者,御也,掌金革以御非常。"师古云:"金吾,鸟名也,主辟不祥。天子出行,职主先导,以御非常,故执此鸟之象,因以名官。"[4]清人俞越补充应说而驳师古云:"崔豹《古今注》金吾,棒也,以铜为之,黄金涂两末。御史大夫、司隶校尉亦得执焉。御史、校尉、郡守都尉,县长之类,皆以木为吾。据此,汉制有金吾、有木吾岂得以金吾为鸟名乎!吾,实大棒之名,以大棒可御非常,故以吾名之,执金吾者,执此棒也。"[5]但不管是应说还是颜说,都表明执金吾不是一般领兵之官,和中尉有本质区别。

执金吾的职权两汉变化甚大,总体趋势是东汉小于西汉。在西汉一代,执金吾职权有如下几个方面:第一,一统筹管理三辅治安,包括京城,已如上述。第二,治理大狱,如上举成帝令太常发执金吾车骑逮捕萧望之即为一例。这两项权力都是中尉职权的遗存。中尉治内史治例已如上举,其治狱例如景帝时曾有中尉"召(晁)错,绐载行市,错衣朝衣斩东市"[6]。第三,主皇帝出行的清道、警卫事宜,《后汉书·百官志·执金吾》条云:"车驾出,掌在前清道,还持麾至宫门,宫门乃开。"执金吾属官中的式道左右中侯即司此事。东汉执金吾只是负责京城之内、皇宫之外水火非常之官,《百官志》云:"掌宫外戒司非常水火之事。月三绕行宫外,及主兵器。"偶尔随皇帝出行,如耿秉为

---

[1]《汉书》卷七六《赵广汉传》,北京:中华书局,1962年,第3203页。
[2]《汉书》卷九〇《酷吏传》,北京:中华书局,1962年,第3675页。
[3]《汉书》卷一九上《百官公卿表上》注,北京:中华书局,1962年,第725页。
[4]《汉书》卷一九上《百官公卿表上》注,北京:中华书局,1962年,第733页。
[5] 王先谦:《汉书补注》卷十九《百官公卿表》上,北京:书目文献出版社,1995年影印,第281页。
[6]《汉书》卷四九《爰盎晁错传》,北京:中华书局,1962年,第2302页。

执金吾"甚见亲重,帝每巡郡国及幸宫观,秉常领禁兵宿卫左右",这是甚见亲幸的结果,而非西汉时有巡必随。西汉时期的式道左右中候三人只剩一人"又不常置,每出,以郎兼式道候,事已罢,不复属执金吾。又省中垒、寺互、都船令、丞、尉及左右京辅都尉"〔1〕。远不能和西汉时相比。人们不察两汉执金吾职权的差别,往往笼统叙之,如清人陈树庸《汉官答问》就是如此,今人仍多沿其说,是应予纠正的。

二

中尉和执金吾的关系既明,现在专门讨论北军的演变。

北军原由内史地区正卒轮番充任的,由于内史改为三辅,其正卒亦分属三辅都尉,原来的北军体制就相应地瓦解,遂有八校尉之设,即新设中垒、屯骑、步兵、越骑、长水、胡骑、射声、虎贲八个校尉代替原来的北军。人们往往以为汉武帝是在北军之外或在北军之中增置了八个校尉,是汉武帝好大喜功,加强京城防卫的结果。这种看法是片面的,到太初年间,西汉内部诸侯王国的分裂势力早已剪除,外部匈奴势力亦衰,西汉政权内外都不存在威胁,武帝没有必要在北军之外或在北军之中增置八个校尉。真正的原因是三辅分解了中尉管理内史军务的职权;其正卒各充本地地方兵,分解了北军兵源;原来的北军体制无法维持,才代以八校尉,直属于皇帝。中尉不领北军,也就改名执金吾了。

古往今来,人们习惯上仍称汉武帝所置八校尉为北军,但此时之北军已大异于中尉所领之北军,管理体制也较混乱。中尉之北军是因其屯于长安城北部而得名,和屯于长安城南部的长乐、卫央诸宫垣内卫尉所领之卫士即南军相对而言,而八校尉远非全部屯于长安城北部,如步兵校尉屯于上林苑,长水校尉屯于长水宣曲,胡骑校尉屯于池阳,均在长安城外,可考者只有中垒校尉屯于原北军旧址,百官表云:"中垒校尉掌北军垒门内",何以全称北军?因此之故,当时人并不以北军代替八校尉,班固亦不以北军当之。如昭帝元凤四年五月孝文庙正殿火,"发中二千石将五校士作治,六日成"。师古云"率领五校之士以作治也"〔2〕。宣帝时,霍光薨,宣帝"发材官、轻车、北军、五校士军陈至茂陵"〔3〕。西汉只有八校尉而无五校兵,这儿的五校只能是八校尉中的某五校。论者或谓这是班固以东汉五校代指西汉八校;但这只能是臆测,班固以一代良史之才断不会把如此重要制度屡次混淆。而宣帝发北军,五

---

〔1〕《后汉书》卷一一七《百官志》,北京:中华书局,1965年,第3605-3606页。
〔2〕《汉书》卷七《昭帝纪》,北京:中华书局,1962年,第230页。
〔3〕《汉书》卷六八《霍光传》,北京:中华书局,1962年,第2948页。

校,把北军五校并列,正说明北军和五校有别。这儿的北军应当是指屯于原北军营垒的中垒校尉,说明当时八校尉和北军并不等同。

西汉八校尉之间没有统属关系,也无共同的统帅。汉武帝设北军使者监领北军,驻于中垒校尉营,并非管理八校尉全部。如巫蛊祸起时,太子刘据已遣使发城外的池阳、宣曲胡骑(属胡骑、长水二校尉),又立车北军门外,"召监北军使者任安发北军兵,安受节已,闭军门,不肯应太子"[1]。如长水、胡骑校尉在任安监领之下,刘据就不能自行遣使发池阳、宣曲胡骑,也必须征得任安同意;反之,则说明任安不领长水、胡骑二校尉。又《汉书·胡建传》载,胡建为守军正丞,"时监军御史为奸,穿北军垒垣以为贾区。建欲诛之,乃约其走卒……遂斩御史,护军及诸校皆愕惊,不知所以"。这儿的"军"当是指屯于原北军营垒者,指的是北军。这也说明八校尉并非全称北军。因为北军使者不监领八校尉,对于驻在三辅诸校往往以他官领之,如成帝曾令金涉为"侍中骑都尉,领三辅胡越骑"。师古云"胡越骑之在三辅者,若长水、长杨、宣曲之属是也"[2]。这些说明西汉对八校尉的管理不够完善。

东汉建武年间,京师屯兵废置无定,建武七年罢长水,射声二校尉官,九年置青巾左校尉;十五年复置屯骑、长水、射声三校尉,改青巾左校尉为越骑校尉[3],此后未见更动。《后汉书·百官志四》云东汉中央诸校尉废置状况云:"省中垒,但置中候,以监五营。胡骑并长水。虎贲主轻车并射声。"即省中垒校尉,改置北军中候,秩六百石,监领屯骑、步兵、越骑、长水、射声五校尉。五校尉秩仍二千石。北军中候并不领兵。只是监视五校,上传召令而已。因中候是由西汉掌北军营垒之事的中垒校尉演变而来,五校尉遂全称北军,但这仅仅是沿用西汉的名称,完全抛弃了北军命名的依据。

三

随着北军建制的改变,其来源、职能都发生了很大的变化。在西汉前期,中尉之北军均调自内史。八校尉之兵则否,其来源大约有三:第一,调自三辅正卒者,如中垒、屯骑、步兵三校。中垒掌北军营垒,当承北军旧制。步兵屯于上林苑,当征京兆正卒充任。宣帝时,黄霸为京兆尹。"坐发民治驰道不先以闻,又发骑士诣北军马不适士,劾乏军兴,连贬秩。"[4]这儿的骑士即补充屯骑校尉兵员,因为八校尉中有四校尉领尉兵,其中长水,胡骑为外族兵,越

---

[1]《汉书》卷六六《刘屈氂传》,北京:中华书局,1962年,第2881页。
[2]《汉书》卷六八《金日磾传附安上传》,北京:中华书局,1962年,第2964页。
[3]《后汉书》卷一下《光武帝纪下》,北京:中华书局,1965年,第53、55、66页。
[4]《汉书》卷八九《循吏传·黄霸传》,北京:中华书局,1962年,第3631页。

骑为选募,只有屯骑为征发。

第二个来源是选募,如越骑、射声、虎贲三校。越骑,如淳曰:"越人内附,以为骑也。"晋灼曰:"取其材力超越也。"师古曰:"《宣纪》言佽飞、射士、胡、越骑,又此有胡骑校尉,如说是。"[1]今人多从此说。按越人所居为南方水网温湿地带,不产马,不出骑兵,"越人绵力薄材,不能陆战,又无车骑弓弩之用"[2]。汉武帝不会专用越人组成一支宿卫兵。宣帝神爵元年西羌反,曾发"三辅、中都官徒驰刑,及应募佽飞、射士、羽林孤儿,胡、越骑,三河、颍川、沛郡、淮阳、汝南材官,金城、陇西、天水、安定、北地、上郡骑士、羌骑,诣金城"[3]。这儿的胡、越骑是指胡骑校尉和越骑校尉之兵,不是越人之骑。元帝永光三年,陇西羌反,冯奉世为右将军率师征伐,所部有:"三辅、河东、弘农越骑、迹射、佽飞、彀者、羽林孤儿。"[4]西汉未见迁越人于三辅、河东、弘农的记载,这儿的越骑显然不是越人之骑。又建武十五年,刘秀改青巾左校尉为越骑校尉,也说明越骑非越人之骑。可证,越骑是由材力超越者组成之骑兵,是选募而来。射声,服虔云:"工射者也,冥冥中闻声则中之,因以名也。"应劭曰:"须诏所命而射,故曰待诏射也。"[5]二者并不矛盾,服虔云射声名称的由来,应劭指因何而射,都是指优秀射手。虎贲之贲含义同奔走之奔,古今没有异议,勇士代称。这些骑手射士、勇武绝群之兵只能是选募而来,征发的普通士兵是达不到这个标准的。

第三个来源是外族兵,有长水,胡骑二校尉,分别屯于长水、宣曲、池阳。东汉移都洛阳,其北军五校尉是否有征自河南尹者,史料缺载,不得而知。其越骑,射声出自选募,长水选自外族则无疑。但东汉兵政不修,五校官兵平时无所事事,养尊处优,"时五校官显职闲,而府寺宽敞,舆服光丽,伎巧毕给。故多以宗室肺腑居之"[6]。五营兵的地位比较优越,久之有父死子继的现象,如安帝元初二年,"遣任尚为中郎将,将羽林、缇绮、五营子弟三千五百人,代班雄屯三辅"[7]。"五营子弟"说明五营兵又有世兵一途。东汉后期,政治腐败,卖官成风,又有以买卖入五营者,如安帝永初三年,"三公以国用不足,奏令吏人入钱穀得为关内侯、虎贲羽林郎、五大夫、官府吏、缇绮、营士各有差"[8]。桓帝延熹四年,"占卖关内侯、虎贲、羽林缇绮、营士、五大夫钱各有

---

[1]《汉书》卷一九上《百官公卿表上》,北京:中华书局,1962年,第738页。
[2]《汉书》六四上《严助传》,北京:中华书局,1962年,第2781页。
[3]《汉书》卷八《宣帝纪》,北京:中华书局,1962年,第260页。
[4]《汉书》卷七九《冯奉世》,北京:中华书局,1962年,第3298页。
[5]《汉书》卷一九上《百官公卿表上》注,北京:中华书局,1962年,第738页。
[6]《后汉书》卷三九《刘般传》,北京:中华书局,1965年,第1304页。
[7]《后汉书》卷八七《西羌传》,北京:中华书局,1965年,第2889-2890页。
[8]《后汉书》卷五《安帝纪》,北京:中华书局,1965年,第213页。

差"[1]。这儿的营士即是五营士则北军来源又增买卖一途。但这是政治腐败的结果,而非原来的制度。

北军职能,在西汉前期专门拱卫京师。自武帝以后,有所变化,表现在:第一,不司三辅社会治安事。第二,宿卫京城之职被城门校尉代替。宿卫京城是原北军的重要职责,设八校尉以后,则由中垒校尉负责。《百官公卿表》云中垒校尉:"掌北军垒门内,外掌西域。"这儿的西域是四城之误。荀悦《汉纪》卷五云:"中垒校尉,掌北军垒门内,外及掌四城。"清人王念孙《读书杂志·汉书第三》云:"西域当为四城……四西城域字相似,又涉下文西域而误耳。"但,颜师古注云"外掌西域",今人遂多从之,认为京城警卫已有城门校尉负责,无须中垒校尉再司其事,武帝时无专职西域之官,正由中垒校尉兼之。[2]今按城门校尉之设始于征和二年。前此之长安城正由中垒校尉警卫;在汉武之世,西域与汉仅是使节往来,并没有成为汉帝国的一个组成部分,自有典客主其事,无须中垒兼管;因此,荀悦之说是对的,西域是四城之误。但,征和二年,巫蛊祸起,太子刘据战败出走。"以太子在外,始置屯兵长安诸城门。"[3]始设城门校尉,秩比二千石,"掌京师城门屯兵,有司马、十二城门候"[4]。这可能是因为办巫蛊之乱中,北军使者任安曾受节于太子,城门警卫不严,致使太子得出长安,武帝对北军不太放心,而另设城门校尉,不属北军。此后成为定制,北军和京师治安、京城防务均无直接关系。第三,北军有外出征伐的职能。如元鼎六年冬,"发陇西、天水、安定骑士及中尉、河南、河内卒十万人,遣将军李息、郎中令徐自为征西羌,平之"[5]。这儿的中尉卒既含左右内史兵也含北军。宣帝神爵元年,西羌反,赵充国为将,"有诏将八校尉与骁骑都尉、金城太守合疏捕山间虏,通转道津渡"[6]。说明北军已从京师警卫部队向野战军转化。

逐捕不法是中尉职责之一,故在北军设立监狱,北军尉治之。如成帝末,江充为直指绣衣使者,"督三辅盗贼,禁察踰侈,贵戚近臣多奢僭,充皆举劾,奏请没入车马,令身待北军击匈奴。奏可……于是贵戚子弟惶恐,皆见上叩头哀求,愿得入钱赎罪。上许之,令各以秩次输钱北军,凡数千万"[7]。《汉

---

[1]《后汉书》卷七《桓帝纪》,北京:中华书局,1965年,第309页。
[2] 陈直:《汉书新证》,天津:天津人民出版社,1979年,第123页,上揭苏诚鉴文《西汉南北军的由来及其演变》。
[3]《汉书》卷六六《刘屈氂传》,北京:中华书局,1962年,第2882页。
[4]《汉书》卷一九上《百官公卿表》,北京:中华书局,1962年,第737页。
[5]《汉书》卷六《武帝纪》,北京:中华书局,1962年,第188页。
[6]《汉书》卷六九《赵充国传》,北京:中华书局,1962年,第2976页。
[7]《汉书》卷四五《江充传》,北京:中华书局,1962年,第2177页。

官仪》云：卫尉属官有公车司马，主殿司马门，夜徼官中，"天下上事及阙下凡所征召皆总领之"[1]。上书不合法者则由北军治之，元帝时，刘向上疏云："今贤不肖混淆，白黑不分，邪正杂糅，忠谗并进，章交公车，人满北军。"如淳注引《汉仪注》云："中垒校尉主北军垒门内，尉一人，主上书者狱，上章于公车，有不如法者，以付北军尉，北军尉以法治之。杨恽上书。遂幽北阙。北阙，公车所在。"[2]北军还有接受上书言事的职责。西汉后期"上书以青布囊素裹封书，书不中式不得上，既上，诣北军待报，前后相尘，连岁月乃决。"刘秀鉴于旧制效率低下，乃"亲躬万机，急于下情。乃令上书启封则用，不得刮玺书，取具文字而已。奏诣阙，平旦上，其有当见及冤结者，常以日出时，驺骑驰出诏入，其余以俟中使者出报，即罢去，所见如神，远近不偏，幽隐上达，民莫敢不用情"[3]。这虽是对刘秀的溢美之词，却反映了北军职责范围。但自武帝以后，北军已不自行逐捕，仅有狱以押犯人，主要是上书不法者，由中垒校尉主之，已异于西汉前期。

东汉北军职能和西汉有别者四：第一，北军亦充任天子出行的前导。应劭《汉官仪》云天子出行，"旧选羽林郎旄头，被发为前驱，今但用营士"[4]。这儿的"营士"就是北军五营的士卒。如刘般永平十一年以执金吾兼屯骑校尉，帝"每行幸郡国，般常将长水胡骑从"[5]。第二，五校尉官多以宗室肺腑、天子近幸之臣充任，不仅是领兵之官，亦得参与其他政事。如丁鸿在永平十年"拜侍中，十三年兼射声校尉"。桓郁以侍中兼虎贲中郎将，永平十五年"入授皇太子经，迁越骑校尉……建初二年，迁屯骑校尉"。桓焉"永初元年，入授安帝，三迁为侍中步兵校尉"[6]。侍中是加官，加此官号者即可入禁中，侍候天子参与国政。校尉加侍中，在西汉是没有的。这说明东汉五校尉官在朝中地位较西汉重要。同时既加侍中，校尉也不纯粹是武官了。第三，外备征战的职能更加重要。这些史例，俯拾即是，无须一一举证。大体说来，西汉北军出征不是经常的，东汉则有征必出；西汉北军出征，战事毕则返朝，东汉则兼屯边戍。东汉之北军已完全成为天子手中的野战军，京城宿卫已无足轻重。第四，刘秀既省中垒校，北军狱当然废除，北军亦不主狱事，在东汉史籍中也从未见北军主狱事史例。

---

[1]《汉书》卷一九上《百官公卿表》注引，北京：中华书局，1962年，第729页。
[2]《汉书》卷三六《刘向传》，北京：中华书局，1962年，第1941页。
[3] 吴树平校：《东观汉纪》卷一《光武帝纪》，郑州：中州古籍出版社，1987年，第9页。
[4] 孙星衍辑、周天游校：《汉官六种》，北京：中华书局，1990年，第185页。
[5]《后汉书》卷三九《刘般传》，北京：中华书局，1965年，第1305页。
[6]《后汉书》卷三七《桓荣传》，北京：中华书局，1965年，第1255、1257页。

"谪戍制"考析

《史记·秦始皇本纪》载始皇三十三年:"发诸尝逋亡人、赘婿、贾人略取陆梁地,为桂林、象郡、南海,以適(谪)遣戍。西北斥逐匈奴。自榆中并河以东,属之阴山,以为四十四县……徙谪,实之初县。"[1]这是"谪戍"制度在秦代历史上首次出现。其后,始皇三十四年、三十五年、三十七年屡有谪发。晁错总叙其制说:"臣闻秦时北攻胡貉,筑塞河上;南攻扬粤,置戍卒焉……因以谪发之,名曰'谪戍'。先发吏有谪及赘婿、贾人,后以尝有市籍者,又后以大父母、父母尝有市籍者,后入闾,取其左。"[2]据此可知,"谪戍制"是罚尝逋亡人、有罪吏、赘婿、商人戍边的制度[3],始于秦始皇三十三年。但是,有的学者认为"谪戍制"始于商鞅变法,其理由大致有二:一是秦简中有许多对罪犯"迁之"或"迁"的规定,而"秦法,有罪迁徙之于蜀汉"[4],这和罚有罪戍边的谪戍同义。二是《史记·商君列传》载商鞅变法曾把"乱化之民""尽迁之边城",《秦本纪》载秦昭王也曾把罪人"迁之南阳",把"南阳免臣迁居"上庸,而秦简是商鞅变法以后到秦始皇三十年以前的东西,所以"谪戍制"始于商鞅变法。[5]笔者以为此说不确,故对"谪戍制"的来龙去脉做些考析,以就教于方家。

一

在秦史上,"迁"和"谪"并不完全相同。"迁"有这样几种情况。

一是把居民移徙于新占领的地方或劳动力缺少的地区,目的是巩固对该地的统治,或发展其生产,诸迁者可以因此而改善自己的生活状况和社会地

---

* 原刊《徐州师范学院学报》1984年第3期。
[1] 《史记》卷六《秦始皇本纪》,北京:中华书局,1959年,第253页。
[2] 《汉书》卷四九《爰盎晁错传》,北京:中华书局,1962年,第2283—2284页。
[3] 尝有市籍者,父母、大父母尝有市籍者也属于商人一类,"闾左",本不在谪发之列,是秦二世时的特例。
[4] 《汉书》卷一上《高祖纪》如淳注,北京:中华书局,1962年,第30页。
[5] 田人隆先生《"闾左"试探》认为,"谪戍的出现则可追溯到商鞅变法",但未加论证。(见《中国史研究》1979年第2期)。高敏先生《秦汉史论集·秦汉史杂考十二题》中有详细论证,郑州:中州书画社,1982年。

位。如《史记·秦本纪》载昭王二十一年,"错攻魏河内。魏献安邑,秦出其人,募徙河东赐爵,赦罪人迁之"[1]。"二十八年,大良造白起攻楚,取鄢、邓,赦罪人迁之。"[2]"赦"之",则已非罪人,迁他们于新地不存在对罪人的惩罚问题。这儿的"迁"即移民,和秦始皇二十八年"徙黔首三万户琅邪台下,复十二岁"[3],三十六年"迁北河榆中三万家,拜爵一级"[4]的"徙""迁"同义。因二者被移前的身份不同,所以后者的待遇高于前者,但都因"迁"而提高了自己的社会地位则属无疑。显然,说"迁"就是"谪戍",都是对罪人的惩罚,是不对的。

二是作为刑罚的一种,即后世的"流"刑。秦简中的"迁"大多用作此意。如《秦律杂抄》云:"吏自佐、史以上负从马、守书私卒,令市取钱焉,皆辠(迁)"[5],"百姓不当老,至老时不用请,敢为酢(诈)伪者,赀二甲,典老弗告,赀各一甲,伍人、户一盾,皆辠(迁)之"[6]等等。商鞅把"乱化之民""尽迁之边城",秦昭王把"南阳免臣迁居"上庸也是此义。如淳说"秦法有罪迁徙之蜀汉"是对的,秦简《封诊式》云:"某里士五(伍)甲告曰:谒鋈亲子同里士五(伍)丙足,(迁)蜀边县,令终身毋得去辠(迁)所。"[7]秦始皇平定嫪毐叛乱后,"灭其宗,及其舍人,轻者为鬼薪。及夺爵迁蜀四千余家,家房陵"[8]。但是,迁蜀的目的不是戍边。蜀原为"西僻之国","戎狄之长","得其地足以广国,取其财足以富民缮兵"[9],所以秦惠王为了"广其地""富其民"才伐而有之。秦迁罪人于蜀的目的,政治上是为了把一些"犯法"的人赶出都城或中原地区,以保安全;经济上是为了增加该地人口,强迫他们从事生产,开发资源以供应对东方用兵之军需。后来的事实也证明蜀是秦的军需基地。如果说迁罪人于蜀是为了戍边,与上引史料相证,是说不通的。我们知道,既然要戍边,就要有健壮的体魄,起码不能要四肢不全的残废,而上引《封诊式》记述的是把一个斩去了足(即鋈足)的人迁蜀,试想能要一个残疾人临敌作战吗?可见,"谪戍"和迁蜀不是一回事。

三是对特殊人物的迁徙。秦简《法律答问》云:"甲有完城旦罪,未断,今甲疠,问甲可(何)以论?当辠(迁)疠所处之;或曰当辠(迁)辠(迁)所定杀。"又

---

[1] 《史记》卷五《秦本纪》,北京:中华书局,1959年,第212页。
[2] 《史记》卷五《秦本纪》,北京:中华书局,1959年,第213页。
[3] 《史记》卷六《秦始皇本纪》,北京:中华书局,1959年,第244页。
[4] 《史记》卷六《秦始皇本纪》,北京:中华书局,1959年,第259页。
[5] 睡虎地秦墓竹简整理小组:《睡虎地秦墓竹简》,北京:文物出版社,1978年,第133页。
[6] 睡虎地秦墓竹简整理小组:《睡虎地秦墓竹简》,北京:文物出版社,1978年,第143页。
[7] 睡虎地秦墓竹简整理小组:《睡虎地秦墓竹简》,北京:文物出版社,1978年,第261页。
[8] 《史记》卷六《秦始皇本纪》,北京:中华书局,1959年,第227页。
[9] 《史记》卷七〇《张仪列传》,北京:中华书局,1959年,第2283页。

云:"城旦、鬼薪疠,可(何)论? 当罨(迁)疠(迁)所。"[1]"疠"即麻风病,为防止传染,要把他们集中到特定的地方。

秦简中有四条罚有罪戍边的规定,但都不云"迁"。《秦律杂抄》云:

> 驾驺除四岁,不能驾御,赀教者一盾;免,赏(偿)四岁繇(徭)戍。[2]

> 不当禀军中而禀者,皆赀二甲,法(废);非吏殹(也),戍二岁;徒食、敦(屯)长、仆射弗告,赀戍一岁;令、尉、士弗得,赀一甲[3]。

> 军人买(卖)禀禀所及过县,赀戍二岁;同车食、敦(屯)长、仆射弗、告,戍一岁。[4]

> 冗募归,辞日日已备,致未来,不如辞,赀日四月居边。[5]

法律用语,言简意赅,每置一词,都有一定的含义,此处直书"徭戍"、"赀戍"、"戍"、"居边",而不云"迁"者,正说明有罪戍边和迁刑是有区别的。从这几条规定中可以看出,这些被罚戍边的人或是为军队训练驭手不称职,或者冒领军粮,或者盗卖军粮,或者擅自逃离前线,无一不与军事有关。这不是偶然巧合,而是制度使然,这说明了当时并非任何人犯罪都被罚戍边,而是只有军人或服役于军中的人,犯了军令才被罚戍边。

至此,我们可得以出结论:秦律把罪犯"迁之"、"迁"、"迁之蜀汉",和"谪戍制"是不同性质的两种制度,"戍制谪"始于秦始皇十三年。

二

因为"谪"是惩罚的意思,后人常把刑徒兵和"谪戍"的性质混淆。[6]事实上,"谪戍"和刑徒兵的性质是不同的,被谪发的有罪吏、赘婿、商人,并不是刑徒。列宁指出:"在奴隶社会和封建社会中,阶级的差别也是用居民的等级划分而固定下来的,同时还为每个阶级确定了在国家中的特殊法律地位。所以,奴隶社会和封建社会(以及农奴制社会)的阶级同时也是一些特别的等级。"[7]不同等级的人有不同的法律地位,不同等级的人犯罪所受的制裁也不一样。根据秦简,"吏"是当时的一个特殊阶层,虽然"有罪",仍和刑徒有别。所谓刑徒是已被判决而正在服刑的罪犯,"有罪吏"是查出有罪被废黜的

---

[1] 睡虎地秦墓竹简整理小组:《睡虎地秦墓竹简》,北京:文物出版社,1978年,第204页。
[2] 睡虎地秦墓竹简整理小组:《睡虎地秦墓竹简》,北京:文物出版社,1978年,第128页。
[3] 睡虎地秦墓竹简整理小组:《睡虎地秦墓竹简》,北京:文物出版社,1978年,第133-134页。
[4] 睡虎地秦墓竹简整理小组:《睡虎地秦墓竹简》,北京:文物出版社,1978年,第134页。
[5] 睡虎地秦墓竹简整理小组:《睡虎地秦墓竹简》,北京:文物出版社,1978年,第145页。
[6] [清]郭嵩焘《史记札记》云:"秦汉发兵,皆囚徒有罪者,是以谓之谪戍。"今人劳干《汉代兵制及汉简中的兵制》把"谪戍"和刑徒划归一类,见《"中央研究院"历史语言研究所集刊》第十本。陈连庆《汉代兵制述略》也把"谪戍"归入刑徒兵,见《史学集刊》1983年第2期。
[7] 《列宁全集》,第6卷,北京:人民出版社,1960年,第93页。

官吏。所以发刑徒为兵不是对其惩罚而是赦宥，因为恢复了他们自由的身份，后来屡见不鲜的"发弛刑士"，"赦囚徒"，"减死罪一等"从军的"弛"、"减"、"赦"就是证明；发有罪吏戍边是对其犯罪的惩处，故曰"谪"。至于商人、赘婿仅仅是因为政治地位低贱而被谪发，更谈不上和刑徒兵一样了。对待商人，从商鞅变法到秦始皇，虽然都执行抑商政策，但是，仅采取经济上的重税和政治上的歧视政策而已，并没有采用暴力措施。[1]赘婿是家贫无财娶妇而入赘女家为婿的人，秦俗尚富，赘婿是被人看不起的，但绝不是刑徒。所以，我们说"谪戍制"和刑徒兵的性质是不同的。

可是，有罪吏、商人、赘婿早已有之，何以直到秦始皇三十三年才被谪发戍边？这就需要做进一步的探索。

秦自商鞅变法以后，建立了严密的户籍制度，"四境之内，丈夫女子皆有名于上，生者著，死者削"[2]。百姓欲徙他处，必须得到官府的批准，秦简《法律答问》所云："甲徙居，徙数谒吏，吏环，弗为更籍，今甲有耐、赀罪，问吏可（何）论？耐以上，当赀二甲。"[3]这就证明其目的是为了保证封建国家的税源和役源。发生战事时，士兵"能得甲首一者，赏爵一级，益田一顷，益宅九亩，一除庶子一人，乃得人（当为入）兵官之吏"[4]。积功得地而为地主，进入统治阶级的行列。所以当兵打仗被看作十分荣耀的事情，而且，并非是人人都可以兵的。因为人们是被按职业分贵贱立籍的。如官吏有"宦籍"，随官吏学习律令的有"弟子籍"，游士有"游士籍"，商人有"市籍"等等。[5]不同户籍的人有不同的权利和义务。当兵只是那些从事本业的编户齐民。至于有罪吏、赘婿、商人都在另策之列，是没有资格当兵的，他们只能服徭役，诸如秦简《徭律》所规定的筑城堡、修禁苑、为前线输送给养等，也就是李斯说的"漕转作事"。

反之，如说秦国有罪吏、赘婿、商人可以当兵，于秦律是解释不通的。秦制废官不能再为吏，《秦律十八种·内史杂》云："侯（候）、司寇及群下吏毋敢为官府佐、史及禁苑宪盗。"[6]《秦律杂抄·除吏律》云："任法（废）官者为吏，

---

[1] 关于秦的抑商政策，参见臧知非：《"事末利及怠而贫者以为孥"试析》，《徐州师范学院学报》1983年第3期。
[2] 《商君书》卷一九《境内》，上海：上海人民出版社，1974年，第63页。
[3] 睡虎地秦墓竹简整理小组：《睡虎地秦墓竹简》，北京：文物出版社，1978年，第213—214页。
[4] 《商君书》卷一九《境内》，上海：上海人民出版社，1974年，第65页。
[5] 《史记·蒙恬列传》："（赵）高有大罪，秦王令蒙毅法治之。毅不敢阿法，当高罪死，除其宦籍。"云梦秦简《秦律杂抄·除弟子律》："当除弟子不得，置任不审，皆耐为候（候）。"《秦律杂抄·游士律》："游士在，亡符，居县赀（赀）一甲，卒岁，责之。"符即身份证，凭之出入关，凡有名于上者才能获得，故游士亦当有户籍。
[6] 睡虎地秦墓竹简整理小组：《睡虎地秦墓竹简》，北京：文物出版社，1978年，第107页。

赀二甲。"〔1〕从汉初制度可以推知商人也不得为官,《史记·平准书》云:"孝惠、高后时,为天下初定,复弛商贾之律,然市井之子孙亦不得仕宦为吏。"〔2〕汉承秦制,"亦不得仕宦为吏"说明此制是承秦而来。商人既然不能为官,赘婿地位比商人还低(先于商人被谪发),当然也不能为官。如果说有罪吏、赘婿、商人可以当兵,是和这些法律精神相违背的。秦时(统一以后有变化),有爵斯有官,也就是韩非说的商君之法"斩一首者爵一级,欲为官者,为五十石之官;斩二首者爵二级,欲为官者,为百石之官。官爵之迁与斩首之功相称也"〔3〕。有罪吏如能从军,则可以因军功为官而重立于宦者之林;赘婿、商人亦可因此而得爵入仕,跻身于统治者之列,这都是当时的法律制度所不允许的。当然,说他们不能入仕,地位低贱,是从法律意义上说的,并不等于他们的实际地位都低人一等,特别是商人,他们不服兵役,客观上有利于从事贸易活动,积财致富,以其经济力量,左右地方官府。正因为如此,秦一方面抑商,另一方面商业仍在不断发展(当然,社会经济的发展是其根本原因),商人力量不断增长,秦始皇也不得不对其佼佼者褒奖之。

    秦始皇统一全中国以后,随着社会条件的变迁,军人的称号,已失去了昔日的光荣。这是因为战争不是像统一以前那样在中原各国间进行,而是对匈奴、百越作战。"胡貉之地,积阴之处也,木皮三寸,冰厚六尺,食肉而饮酪,其人密理,鸟兽毳毛,其性能寒。扬粤之地,少阴多阳,其人疏理,鸟兽希毛,其性能暑。秦之戍卒,不能其水土,戍者死于边,输者偾于道。秦民见行,如往弃市。"〔4〕纵然有军功爵制,也不能激起人们参战的热情;赏赐再丰厚,也因"死于边""仆于道"而不能得益。所以人们不是"勇于公战",而是视公战如弃市了。另一方面,秦始皇统一以后,除了大规模用兵匈奴、百越外,又筑长城,起陵墓,修宫殿,开驰道,力役繁兴,征调不止,人们为了躲避兵徭之役,有的逃亡山泽,如彭越亡于巨野泽中为盗;有的避诸异域,如《后汉书·东夷列传》:"辰韩,耆老自言秦之亡人,避苦役,适韩国,马韩割东界地与之。"结果举国之内,人民转死流亡,可征之兵、可役之民,日趋减少。秦始皇为了扩大兵源,乃变革旧制,把那些从前没有资格当兵的有罪吏、赘婿、商人编入军队,他们当然也不愿意戍边,于是用强制手段,以"谪"为名,是为"谪戍"。当然,秦始皇所发的商人,只能是商人的一部分。时至秦二世,诸役益剧,仅谪发有罪吏、赘婿、商人尚不能满足需要,于是扩大谪发范围,把普通贫苦百

---

〔1〕 睡虎地秦墓竹简整理小组:《睡虎地秦墓竹简》,北京:文物出版社,1978年,第127页。
〔2〕 《史记》卷三〇《平准书》,北京:中华书局,1959年,第1418页。
〔3〕 梁启雄:《韩子浅解》,北京:中华书局,1960年,第409-410页。
〔4〕 《汉书》卷四九《爰盎晁错传》,北京:中华书局,1962年,第2284页。

姓——"闾左"也用强迫方式,谪发戍边,结果激发了农民起义,赫赫有秦,灰飞烟灭。

三

根据秦简,秦国有奴隶斩首得爵的事实。《军爵律》规定:"欲归爵二级以免亲父母为隶臣妾者一人,及隶臣斩首为公士,谒归公士而免故妻隶妾一人者,许之,免以为庶人。工隶臣斩首及人为斩首以免者,皆令为工。其不完者,以为隐官工。"[1]由此律看来,奴隶是可以当兵的。众所周知,无论是有罪吏,还是赘婿、商人,地位都高于奴隶,如果奴隶可以当兵,怎能说有罪吏、商人、赘婿没有资格当兵呢?

下面我们就来考察,秦时奴隶是否普遍可以从军。

秦自商鞅变法后,还存在着大量的奴隶,分为私奴隶和官奴隶两种。先看私奴隶。这类奴隶可以买卖,云梦秦简《封诊式》告臣爰书云:"某里士五(伍)甲缚诣男子丙,告曰:丙,甲臣,桥(骄)悍,不田作,不听甲令。谒买(卖)公,斩以为城旦,受贾(价)钱。……令少内某、佐以市正贾(价)贾丙丞某前,丙中人,贾(价)若干钱。"[2]主人请求把奴隶卖给官府,是按市价售出的,说明当时有奴隶市场,买卖奴隶是普遍的、合法的。奴隶有罪,经官府处罚后仍归原主,云梦秦简《法律答问》云:"人奴擅杀子,城旦黥之,畀主。"[3]奴隶不算作主人的家庭成员,《法律答问》云:"盗及者(诸)它罪,同居所当坐。可(何)谓同居?户为同居。坐隶,隶不坐户之谓殹(也)。"[4]按秦连坐法,一人有罪,罪及全家邻里,这儿规定主人有罪,奴隶不受连坐,足证奴隶不算作主人的家庭成员。奴隶不是人,《法律答问》云:"夫有罪,妻先告,不收。妻媵(腾)臣妾、衣器当收不当?不当收。"[5]"媵臣妾"即陪嫁来的奴隶,他们和衣器一样都是主人的财产。这一切都告诉我们:私人奴隶是不当兵的。因为奴隶当兵,不管是立功得爵获得解放,还是战死,都是主人财产的损失。法律既然维护主人对奴隶的所有权,也就不会规定奴隶要当兵。

我们知道,户籍是征发军队的依据,私奴隶既然是主人的私有财产,不是"人",他们于官府是没有户籍的。否则买卖奴隶将成为不可思议的事情。因为秦对户籍管理极严,居民迁居他处,必须得到官府批准,人们买卖奴隶,可以早上买进,晚上卖出,今天买进,明天卖出,如果奴隶有户籍,将无法管理。

---

[1] 睡虎地秦墓竹简整理小组:《睡虎地秦墓竹简》,北京:文物出版社,1978年,第93页。
[2] 睡虎地秦墓竹简整理小组:《睡虎地秦墓竹简》,北京:文物出版社,1978年,第259页。
[3] 睡虎地秦墓竹简整理小组:《睡虎地秦墓竹简》,北京:文物出版社,1978年,第183页。
[4] 睡虎地秦墓竹简整理小组:《睡虎地秦墓竹简》,北京:文物出版社,1978年,第160页。
[5] 睡虎地秦墓竹简整理小组:《睡虎地秦墓竹简》,北京:文物出版社,1978年,第224页。

汉代的私奴隶也是作为主人的财产登记于资产簿上,如《居延汉简甲乙编》第三七·三五号简文云:"候长觚得广昌里公乘礼忠年卅,小奴二人直三万,用马五匹直二万,宅一区万;大婢一人二万,牛车二两直四千,田五顷五万;轺车二乘直万,服牛二六千,凡赀直十五万。"[1]这些私奴隶也是不入户籍的。[2]此制当承秦而来。既然私奴隶不入户籍,官府也就无法征发他们。

秦时,军队士兵除吃饭外的开支均为自备,如云梦睡虎地四号秦墓出土的两件木牍就是叫黑夫和惊的二戍卒写向家里要钱的信。黑夫的信云:

　　黑夫寄益就书曰:遗黑夫钱,毋操夏衣来。今书节(即)到,母视安陆丝布贱,可以为禅裙襦者,母必为之,令与钱偕来。其丝布贵,徒(以)钱来,黑夫自以布此……愿母遗黑夫用毋少。

惊的信云:

　　……钱衣,愿母幸遗钱五、六百,绔布谨善者毋下二丈五尺。……用垣柏钱矣,室弗遗,即死矣,急急急。[3]

不难想见,奴隶自身都是主人的财产,如果他们从军的话,这些开支从哪儿来?他们的主人是不会千里迢迢寄钱寄衣给他们的。因为自己的奴隶从军,财产已受损失,还会再搭上些金钱吗?可证私奴隶是不能从军的。

现在来讨论官奴隶的情况。笔者以为,上引《军爵律》关于奴隶斩首得爵的规定,是指官奴隶而言。但是官奴隶并非按征兵制度应征入伍。因为他们既是奴隶,不是"人",只是会说话的工具,官府可以把他们出借,《仓律》规定:"妾未使而衣食公,百姓有欲叚(假)者,叚(假)之,令就衣食焉,吏辄被事之。"[4]《金布律》规定:"百姓叚(假)公器及有责(债)未赏(偿),其日赎以收责之。"[5]可见官奴隶只不过是"公器"而已。他们被广泛地使用于官府充当杂役人员;在官手工业作坊中充当工匠,也就是"工隶臣",如果按规定征发他们当兵,势必影响官府的日常工作,和官手工业的正常生产。他们执兵作战,斩首立功,是在城池被围时的特殊情况。《商君书·兵守》篇云,守城时全城男女老少都要参战,"壮男"、"壮女"、"男女之老弱者"各为一军,是为三军,分理守城事务。《墨子》中的《备城门》《号令》诸篇亦云,守城时男女老弱一起上

---

[1] 中国社会科学院考古研究所:《居延汉简甲乙编》下册,北京:中华书局,1980年,第25页。
[2] 关于汉代奴隶不入户籍问题,傅举有《从奴婢不入户籍谈到汉代的人口数》一文有比较详细的论述,见《中国史研究》1983年4期。
[3] 湖北孝感地区第二期亦工亦农文物考古训练班:《湖北云梦睡虎地十一座秦墓发掘简报》,《文物》1976年第9期。
[4] 睡虎地秦墓竹简整理小组:《睡虎地秦墓竹简》,北京:文物出版社,1978年,第224页。
[5] 睡虎地秦墓竹简整理小组:《睡虎地秦墓竹简》,北京:文物出版社,1978年,第60页。

阵。[1]既然男女老少都参与守城,官奴隶当然也要参加。为了鼓励他们奋力作战,为统治阶级卖命,制定奴隶斩首可以得爵的法律条文,就没有什么奇怪的了。

上述证明,秦自商鞅变法后,一般情况下,奴隶是不能从军的,不能以特殊情况下的奴隶斩首得爵为根据,得出奴隶可以从军的普遍结论,来论证有罪吏、赘婿、商人可以当兵。

四

汉武帝时,连年用兵,为扩大兵源,也实行了"谪戍制"。《汉书·武帝纪》载:太初元年"遣贰师将军李广利发天下谪民西征大宛"。天汉元年秋"发谪戍屯五原"[2]。天汉四年春正月"发天下七科谪及勇敢士……"张晏曰:"吏有罪一,亡命二,赘婿三,贾人四,故有市籍五,父母有市籍六,大父母有市籍七,凡七科也。"[3]和秦相比,有如下变化:

一是谪发的范围扩大,较秦多了"恶少年"。《汉书·李广利传》云:"太初元年,以广利为贰师将军,发属国六千骑及郡国恶少年数万人以往,期至贰师城取善马,故号'贰师将军'。"这儿的郡国恶少年,即《武帝纪》的"谪民",说明"恶少年"在谪发之列。颜师古注云:"恶少年谓无行义者。"又于《昭帝纪》注云:"恶少年,为无赖子弟也。"《汉书·尹赏传》对恶少年的作为有叙述:"长安中奸猾浸多,闾里少年群辈杀吏,受赇报仇,相与探丸为弹,得赤丸者斫武吏,得黑丸者斫文吏,白者主治丧;城中薄暮尘起,剽劫行者,死伤横道,枹鼓不绝。"所谓"闾里少年"即"恶少年"。这虽然是成帝时的情况,武帝时的情况去此也不会太远。这些恶少年横行乡里,危及官府,严重扰乱社会治安,谪发他们戍边,既有利于社会治安,又补充了军队。

二是商人被谪发的原因不同。在目前的大部分史学论著中,都说发"七科谪"是汉武帝执行抑商政策最有力的措施,但是,仅作这样的理解是不够的。汉武帝在推行盐铁官营等一系列经济政策的时候,是重用了一批工商业者的,他谪发的只能是部分商人。那么这是哪一部分商人,被谪发的原因是什么?都还需要研究。

有的论者认为,被谪发者是当时奴隶主阶级残余势力的代表——盐铁工商业者,这是新兴地主阶级和奴隶主阶级残余势力斗争的反映。笔者以为此说难以成立。第一,在汉代,无论是地主,还是官僚都拥有相当数量的奴隶,

---

[1]《墨子·备城门》以下各篇,是秦国墨者所作,所述当是秦国情况,故引以证秦制。
[2]《汉书》卷六《武帝纪》,北京:中华书局,1962年,第200、203页。
[3]《汉书》卷六《武帝纪》,北京:中华书局,1962年,第205页。

不仅仅是盐铁工商业者拥有奴隶;地主和奴隶主已经合而为一,说这时还有奴隶主阶级残余存在难免片面之嫌。如果说盐铁工商业者因为有众多的奴隶而成为奴隶主阶级残余势力代表的话,那么拥有众多奴隶的地主官僚该算作哪个阶级的代表?第二,我们从元狩四年颁布的打击工商业者的法令——"算缗令"来看,盐铁工商业者较其他工商业者并没有受到特别重的打击。"算缗令"规定:"诸贾人末作贳贷卖买,居邑稽诸物,及商以取利者,虽无市籍,各以其物自占,率缗钱二千而一算。诸作有租及铸,率缗钱四千一算。非吏比者三老、北边骑士、轺车以一算;商贾人轺车二算;船五丈以上一算。"[1]所谓"诸有作及铸"当然包括盐铁工商业者了,他们交纳的税率较其他商人低了一倍,所受的打击反而较轻。可见,说盐铁工商业者受到特别重的打击,显然是不符合史实的。

其实,只要我们仔细考察一下"算缗令"的全文,这个问题是不难解决的。"算缗令",在规定如何算缗的同时,为了防止匿财不报,又规定"匿不自占,占不悉,戍边一岁,没入缗钱。有能告者,以其半畀之。贾人有市籍者,及其家属,皆无得籍名田,以便农。敢犯令,没入田僮"[2]。但是,尽管有如此规定,那些富商大贾仍匿财避税,遂有告缗:"杨可告缗徧(遍)天下,中家以上大抵皆遇告。杜周治之,狱少反者。……于是商贾中家以上大率破。"[3]只要把"算缗令"和"七科谪"联系起来看,答案就昭然若揭了:"贾人,故有市籍者,父母有市籍,大父母有市籍"者,不正是"算缗令"所说的商人和"虽无市籍"而"商以取利者"吗?谪发他们征伐大宛,不正合"戍边一岁"的规定吗?所以,被谪发的商人是因为他们违反了"算缗令",而不是因经商,更不是因从事盐铁业。

汉武帝以后,"谪戍制"即废止。《汉书·昭帝纪》注引如淳云:"《食货志》曰:'月为更卒,已复为正,一岁屯戍,一岁力役,三十倍于古。'此汉初因秦法而行之也。后遂改易,有谪乃戍边一岁耳。"这儿的"有谪",究竟是什么人有谪有什么谪,均无从知晓,而从汉武帝以后不再见谪发有罪吏、商人、赘婿戍边的记载,所以,如淳注的"有谪乃戍边一岁",当是武帝更改秦法后的新制,即"告缗令"中的"戍边一岁"。汉武帝以后,"谪戍制"已经不存在了。这里附带指出:据如淳语,在确定了"有谪乃戍边一岁"的制度以后,似乎"月为更卒,已复为正,一岁为戍"的制度就被改变了。其实终两汉之世,这个制度都没有变。

---

[1]《史记》卷三〇《平准书》,北京:中华书局,1959年,第1430页。
[2]《史记》卷三〇《平准书》,北京:中华书局,1959年,第1430页。
[3]《史记》卷三〇《平准书》,北京:中华书局,1959年,第1435页。

综上所述，"谪戍制"是征发有特殊身份的人戍边的制度，不同于以刑徒为兵。它始于秦始皇三十三年，止于汉武帝末年。在秦代被谪发者的身份是"贱民"，原本没有资格当兵，汉代与秦不同，商人是因为违反了"算缗令"而被谪发，而这一变化是由社会的客观发展所决定的。

西汉屯戍制度的几个问题[*]

由于汉简的大量出土,史学界对西汉屯戍制度的研究较深,而劳干先生和陈直先生的研究尤为世人所推重。但是,有些问题如诸侯王国之民戍边问题,戍卒交纳算赋问题,戍卒的月俸问题,戍卒的"私衣"来源问题,都还存在着疑问。本文即就这几个问题谈点看法。

诸侯王国民自汉初就有戍边义务

汉代每一个役龄男子一生中有"一岁屯戍"的义务,即做卫士或戍边一年,做卫士就不戍边,戍边就不做卫士。但是,汉代的地方行政是郡县和封国双轨制,劳干先生和陈直先生都认为诸侯王国民是不戍边的。劳干先生说:"凡戍卒率为诸郡人,无诸侯王国人,盖诸侯王国人自为其国之卫士,不为戍卒也。"陈直先生说:"诸侯王国人只充卫士,不戍边充戍卒。"[1]笔者以为此说不能成立。

第一,劳、陈之说的依据是贾谊上文帝疏中的一段话,疏云:"今淮南地远者或数千里,越两诸侯而县(悬)属于汉,其吏民徭役往来长安者,自悉而补,中道衣敝,钱用诸费称此,其苦属汉而欲得王至甚,逋逃而归诸侯者已不少矣。其势不可久,臣之愚计……"[2]淮南本是刘邦少子刘长的封国,文帝六年,因其谋反废而属汉,十二年徙城阳王喜王其地。[3]十六年封刘长三子分王其地。贾谊疏即上于刘长废而尚未重新立国之时,文帝就是"从谊计,乃……徙城阳王喜为淮南王,抚其民"的[4],故颜师古注"县属于汉"云:"为县而属汉也。"秦汉时代,劳役和兵役均可称作徭役,"其吏民徭役往来长安

---

* 原刊《徐州师范学院学报》1986 年第 4 期。
[1] 劳干:《居延汉简考证·内郡人与戍卒》,"中央研究院"历史语言研究所集刊编辑委员会编:《历史语言研究所集刊》第三十本上册,台北:"中央研究院"历史语言研究所,1959 年,第 446 页;又载《劳干学术论文集甲编》上册,台北:艺文印书馆,1976 年,第 394 页。
陈直:《西汉屯戍研究》,收入《两汉经济史料论丛》,西安:陕西人民出版社,1980 年,第 5 页。
[2] 《汉书》卷四八《贾谊传》,北京:中华书局,1962 年,第 2261 页。
[3] 此据《淮南王传》,《诸侯王表》作文帝八年徙喜王淮南。
[4] 《汉书》卷四八《贾谊传》,北京:中华书局,1962 年,第 2263 页。

者",即包括淮南之民到长安做卫士。因为路途遥远,道路艰苦,人民不愿到长安服徭役而逃亡诸侯王国,说明诸侯王国之民是不到汉廷服劳役和做卫士的。陈直先生说王国之民"只充卫士"恰恰与贾谊原意相反。但是,从这里也得不出诸侯国之民不戍边的结论,因为奏文只说"徭役往来长安",未云"徭役往来于边境",而做卫士和做戍卒是两种不同种类的兵役,人民只服其中的一项,不做卫士不等于不戍边。

第二,封国和郡县虽然在行政区划和组织机构方面有许多不同之处,但是平时施行的法律赋役制度则是相同的,诸侯王国仍要依汉法行事。如贾谊说文帝云:"若此诸王,虽名为臣,实皆有布衣昆弟之心,虑亡不帝制而天子自为者,擅爵人,赦死罪,甚者或戴黄屋,汉法令非行也。"[1]又云:"诸侯犹且人恣而不制,豪植而大强,汉法不得行矣。"[2]这"汉法令非行也","汉法不得行矣",都是诸侯王僭越所致,说明正常制度,诸侯王国要行"汉法令"。这儿的"汉法令"不仅仅指政治上的各种制度,也包括经济制度,这一点古今均无异议,已无须一一举证。而这些都是汉初情况,景武以后,诸侯王无治民之权,王国要执行汉法,自不待言。那么,诸侯王国民已不做卫士,如果也不戍边,就等于说汉代存在着两种兵役制度,这显然不合事实。果真如此,有汉一代,郡县和诸侯王国不时更动,势必导致制度混乱。

劳干先生说王国民虽不做戍卒,但要"自为其国之卫士",似乎王国民仍有一岁屯戍之役,只是服役地点不同于郡县民而已。诚然,王国民虽不做汉廷的卫士,而要做王廷的卫士,王国中的卫尉一官就是专掌卫士的。这是诸侯王治民权的一个体现,是其政治权力之一。但是,这并不能说明王国民和郡县民一样,都有一岁屯戍之役。因为王国卫士的数量是很少的,特别是在武帝以后,其数量更少,远远不需要人人都做其卫士;同时,随着王国封地的减少,其民做卫士实际上相当于当郡兵,服役地点是相同的。这怎能和郡县民千里迢迢地服役于长安相提并论?因此,如果因王国民要"自为其王国之卫士"而说王国民不做戍卒的话,实际上等于取消了王国民"屯戍一岁"的义务,也是不能成立的。

第三,汉简证明王国民是要做戍卒的。根据《居延汉简甲乙编》的不完全统计,其戍卒(包括田卒。田卒即戍卒之屯田者)来自昌邑国者二十二人,梁国者六人,赵国者三人,平干国者一人。但是,劳干先生和陈直先生都认为昌邑国是废国,其民戍边是特例。陈先生并进一步认为梁国、赵国的戍卒也可

---

[1] 《汉书》卷四八《贾谊传》,北京:中华书局,1962年,第2234页。
[2] 《汉书》卷四八《贾谊传》,北京:中华书局,1962年,第2260页。

能别有原因。[1]今按：昌邑本是县名,属山阳郡,武帝天汉四年封刘髆为昌邑王,改山阳郡为昌邑国,昭帝元凤元年废刘髆之子贺为海昏侯,复名山阳郡；又按汉简戍卒籍贯的书写顺序,均是郡、县、里；如果汉简中的昌邑戍卒是昌邑国废后征发的,其籍贯应书山阳郡,而不应书昌邑国,反之,书昌邑国则说明是在昌邑国未废时征发的,此其一。居延汉简第二七五·一六号简文云："出糜七石二斗,六月丁巳朔以食昌邑校士四人,尽丙戌卅日积百廿人,人六升。"[2]第三〇八·三四号简文云："□昌邑校士三人,七月辛巳尽庚戌卅日积九十人,人六升。"[3]根据长历推算,这两简分别为武帝后元元年和后元二年之物。[4]"校士"是低级军吏,和普通戍卒一起应征,有昌邑校士,则有昌邑戍卒,而此时昌邑国则未废除。又平干国立于征和二年,五凤二年国除,而第二九三·五号简文云："田卒平干国□□石安里李强年卅七,本始五年十二月丁未疾,心腹支满死,右塞前丞报□。"[5]按本始为宣帝年号,无五年,四年即改元地节,简文云五年可能是因为边境僻远,未闻朝廷改元,仍用本始年号之误。但无论是本始五年还是地节元年,平干国均未废除。这些都是西汉王国民要做戍卒的有力证明,至于说梁国、赵国之民戍边是别有原因,只能是臆测之词。

有的同志鉴于汉简资料,认为王国民戍边是景帝武帝剥夺了诸侯王治民权以后的事情,在景帝以前,诸侯王有治民权,其民是不戍边的。这同样是对贾谊话的误解所致。上文已说明汉初诸侯王势力虽然很大,有治民权,但其所行各项法律制度仍是汉制,人民的封建义务和郡县民没有什么不同。景帝、武帝以后,诸侯王虽然没有治民权,但是,这只不过是由王国相代替诸侯王行使而已,诸侯王仍是王国中赋税的食用者,所谓"惟得衣食租税",就是说原先有治民权和衣食租税权,现在治民权归相行使,只有衣食租税权了。封国的性质并未因诸侯王治民权的失去而改变,王国民的封建义务更没有因此而变化。

戍卒不纳算赋

汉代有人口税,分为儿童和成人两种,从七岁起(武帝改为三岁起,元帝复为七岁)到十四岁,岁二十三钱(原是二十钱,武帝起另加三钱),曰口钱或

---

[1] 劳干：《居延汉简考证·内郡人与戍卒》。《劳干学术论文集甲编》上册,台北：艺文印书馆,1976年,第394页。陈直：《汉书新证》,天津：天津人民出版社,1979年,第372页。
[2] 中国社会科学院考古研究所：《居延汉简甲乙编》,北京：中华书局,1980年,第198页。
[3] 中国社会科学院考古研究所：《居延汉简甲乙编》,北京：中华书局,1980年,第215页。
[4] 陈公柔、徐苹芳：《瓦因托尼出土廪食简的整理与研究》,《文史》,第13辑。
[5] 中国社会科学院考古研究所：《居延汉简甲乙编》,北京：中华书局,1980年,第209页。

口赋,自十五岁到五十六岁(昭帝以前为六十岁),岁纳一百二十钱,曰算赋。汉简中有许多"赋"、"赋钱"的记载,陈直先生据此认为,戍卒的算赋"照常缴纳"这些"赋"、"赋钱"就是戍卒交纳算赋的记录,陈先生说:"简文注明赋或秋赋的,决为口赋及算赋,因汉代收算赋皆在每年八月,汉张迁碑有'八月算民,不烦于乡'等语可证。"[1]陈先生此说不确。

第一,汉代"赋"之为义极为广泛,有作名词的,也有作动词用的。作名词用时,不仅指口赋、算赋,也兼指其他税收,不仅指钱,也指实物,如"更赋"也称作赋,《汉书·食货志》云:"天下赋输或不偿其僦费。"颜师古注云:"言所输赋物不足偿其余雇庸之费也。"可见这儿的"赋"不是指钱,而是指实物。作动词用时,不仅有敛取征收之义,也有给予之义,如《汉书·元帝纪》初元元年诏:"赋贷种、食",这儿的"赋"就是给予的意思,颜师古注说:"赋,给予之也。"汉简中的"赋"也有用作此义的,如第二六·一九号简文云:"【甲】渠第二隧长任尊,【巳】得十月尽十二月积三月奉,用钱千八百,已赋毕。"[2]第一九六·八号简文云:"出钱六百,赋乐哉隧长夏安四月奉,五月丁酉。"[3]对此,金少英先生有详细论述,并指出不能把汉简中的"赋"字都理解为算赋或口赋,一定程度上纠正了陈先生之非。[4]但是,汉简中作敛取用的赋字是不是向戍卒征收算赋?作名词用的"赋"字是不是包括戍卒所交算赋在内?都还没有解决。

第二,众所周知,根据汉简,戍卒戍边的衣食均由官给(也有认为自备者,详下),而且其家属在边者之衣食也是官给,如第一九一·一○号简文云:"卒家属在署廪名籍。"[5]第一二二·一号简文云:"第十七部建平四年十二月戍卒家属在署廪名籍。"[6]对此,史学界均无异议,陈先生亦主是说。那么,人们不禁要问:官府一方面供给戍卒及其家属的衣食,一方面又向他们征收算赋口钱,二者岂不矛盾?同时,戍卒及其家属的衣食均是官给,说明他们并无资产,拿什么交纳算赋口钱?

第三,汉简内容,极为丰富,不仅反映了屯戍制度,而且反映了边郡的各种行政制度,其中关于"赋钱"、"赋"的记载,当然不排除征收算赋口赋的可能性,如简文云:

建平五年八月戊□□□□广明乡啬夫客假佐玄敢言之:善居里男子

---

[1] 陈直:《两汉经济史料论丛》,西安:陕西人民出版社,1980年,第21-22页。
[2] 中国社会科学院考古研究所:《居延汉简乙编》,北京:中华书局,1980年,第16页。
[3] 中国社会科学院考古研究所:《居延汉简乙编》,北京:中华书局,1980年,第132页。
[4] 金少英:《汉简臆谈及其他》,甘肃师范大学(今西北师范大学)内部铅印本,第103-108页。
[5] 中国社会科学院考古研究所:《居延汉简甲编》,北京:中华书局,1980年,第129页。
[6] 中国社会科学院考古研究所:《居延汉简甲编》,北京:中华书局,1980年,第84页。

丘张自言与家买客田居延都亭部,欲取□□。案张等更、赋皆给,当得取
检,调移居延如律令,敢言之(A面)。放行(B面)五〇五·三七[1]。
简文是说丘张要移居居延都亭部,经乡啬夫查明其移居原因,徭役赋税均已
服完纳清,上言于县,发给过所,准予迁居。"检"即过所。"更赋皆给"之更指
更役,赋指赋税即包括田赋、口赋、算赋等项。有的史家把这儿的"更赋"合为
一项,释作"戍边三日"的代役钱[2],这是不对的。"皆给"二字已说明更是
更,赋是赋,而不是一项。又简文是说百姓欲移居别处,必须纳完当时应交的
赋税,服完当时应服的徭役,才能得到批准,如释这儿的"更赋"为"戍边三日"
的代役钱,就等于说百姓只需缴纳"戍边三日"的代役钱,而不必缴纳田赋、算
赋、口赋等其他税收就可以迁居了。这显然不符合事实,也不合情理。但是,
这儿的"更、赋皆给",是指边郡居民而言,简文说的十分明白,而不是指一岁
而更的戍卒,所以不能因汉简中有征收算赋口赋的记载,就得出戍卒要"照常
缴纳"算赋的结论。

第四,陈先生说"汉代收算赋,皆在每年八月",也是不确切的。《后汉
书·皇后纪》注引《汉仪注》云:"八月初为算赋,故曰算人。"似乎八月算民就
是在八月收算赋,但细考史实,"八月算民"不是指在八月收算赋,而是整理户
籍,计核户口,以确定应役纳税人数。汉制"算民",又称"案比",《后汉书·安
帝纪》元初四年诏云:"方今案比之时。"李贤注云:"《东观记》曰:'方今八月
案比之时。'谓案验户口,次比之也。"《后汉书·礼仪志》(中)云:"仲秋之月,
县道皆案户比民",仲秋之月即八月。《后汉书·江革传》:"建武末年,与母归
乡里。每至岁时,县当案比,革以母老,不欲摇动,自在辕中挽车,不用牛马,
由是乡里称之曰江巨孝。"如果"八月算民"是征收算斌,江革是不需要亲送其
母于县廷的,有乡啬负责其事就行了,乡啬夫的职责就是"知民善恶,为役先
后,知民贫富,为赋多少,平其差品"[3]。而江革之所以要亲送其母于县廷,
就是要接受主吏的验阅,而后登记于策。因此之故,李贤才把汉之案比,比作
唐之貌阅:"犹今貌阅也";张迁为谷城长,"八月算民,不烦于乡,随就虚落,存
恤高年"[4],也才成为惠政。可见,释"八月算民"征收算赋是不确切的。

当然,征收算赋也是"八月算民"的目的。但,征收算赋绝非都在八月。
1973年在湖北江陵凤凰山西汉前期墓葬中出土了一批木牍,记载了汉代征收
算赋的情况,现摘引几段于下。

---

[1] 中国社会科学院考古研究所:《居延汉简甲乙编》,北京:中华书局,1980年,第259页。
[2] 高敏:《秦汉史论集》,郑州:中州书画社,1982年,第80页。
[3] 《后汉书》卷一一八《百官志》第二十八,北京:中华书局,1965年,第3624页。
[4] 高文:《汉碑集释》,开封:河南大学出版社,1985年,第490页。

四号木牍正面：

市阳二月二百一十二算算卅五钱三千九百廿正偃付西乡偃佐缠吏奉受正忠(?)二百卌八

市阳三月百九算算九钱九百八十一正偃付西乡偃佐赐

市阳四月百九算算廿六钱二千八百卅四正偃付西乡佐赐

四号木牍背面：

市阳五月百九算算九钱九百八十一正偃付西乡偃佐思

市阳六月百廿算算卅六钱四千三百廿付□得奴

郑里二月七十二算算卅五钱二千五百廿正偃付西乡偃佐缠吏奉部

五号木牍正面：

当利正月定算百一十五

当利二月定算百〔1〕

据研究，木牍文字中的市阳、郑里、当利均为里名，算即人口税——算赋。据此，在正月、二月、三月、四月、五月、六月都征收算赋。所以，我们决不能把汉简中的"赋钱""秋赋"钱都理解为算赋。

戍卒没有月俸

陈直先生认为戍卒要纳算赋，可能与他认为戍卒有月俸有关。汉简云："宗遣十日奉百二十一"，陈先生云："虽未注明宗遣的身份，当为戍卒或田卒无疑。据此，戍田卒每月俸钱约为三百五六十钱，只合候长燧长的半数。"〔2〕按此论不合事实。

第一，根据简文，三百六十钱是佐史之类小吏的月俸，如简文云：

出河内廿两帛八匹一丈三尺四寸大半寸直二千九百七十八给佐史一人元凤三年正月尽九月积八月少半月奉（原文作"少半日奉"。日当是月之误释，今据陈梦家先生改。据此，佐史俸约合三百六十钱）三〇三·五〔3〕

书佐樊奉始元三年六月丁丑除，未得始元六年八月奉，用钱三百六十。三〇三·二一〔4〕

书佐孙临国始元四年六月丙寅除，未得始元六年五月奉用钱三百六

---

〔1〕裘锡圭：《湖北江陵凤凰山十号汉墓出土简牍考释》，《文物》1974年第7期。
〔2〕陈直：《两汉经济史料论丛》，西安：陕西人民出版社，1980年，第16页。
〔3〕中国社会科学院考古研究所：《居延汉简甲乙编》，北京：中华书局，1980年，第211页。
〔4〕中国社会科学院考古研究所：《居延汉简甲乙编》，北京：中华书局，1980年，第212页。

十。三〇三·四九[1]

书佐是佐史的一种,是掌管文书工作的小吏,要有一定的文化,《汉书·艺文志》云:"汉兴,萧何草律,亦著其法,曰:'太史试学童,能讽书九千字以上,乃得为史。又以六体试之,课最者以为尚书御史、史书令史。'"[2]这是对中央诸官府中的史的要求,至于地方特别是文化不发达的边郡地区之史的要求不可能这样高,但这些小吏要有一定的文化是没有疑问的,其身份要高于普通百姓,也高于戍卒。三百六十钱既是书佐的月俸,就不可能同时也是戍卒的月俸。

第二,戍卒是由普通百姓充任的,其地位亦最低,如果三百六十钱是戍卒的月俸,则这应是最低一级的月俸,但是在汉简中还有三百钱、二百钱、一百钱的月俸级别[3]。如:

□光六月奉钱三百□以□□□□□二三一·三八[4]

弘日若即疆十月奉钱三百□□□□三一七·二六[5]

月尽五月积六月奉用钱千二□□□□四三三·九[6]

□第君当二千石诸侯相谓奉百以上闰月廿五日见前居延肩水后□□八一·一一[7]

那么这月俸三百钱、二百钱、一百钱的地位当低于戍卒,这是什么身份的人?按汉代制度,佐史小吏的月俸又分若干不同级别[8],这三百钱、二百钱、一百钱和三百六十钱一样,都是佐史之类小吏的月俸,而不是戍卒的月俸。

汉代施行征兵制,当兵是人人必尽的义务,戍边也是义务,戍卒是没有月俸的。

戍卒的"私物"应是官给

戍卒的衣物有"官""私"之别,如:

田卒淮阳郡长平邬阳里公士兒尊年廿七 袭一领,犬练一两 绔一

---

[1] 中国社会科学院考古研究所:《居延汉简甲乙编》下册,北京:中华书局,1980年,第212页。

[2]《汉书》卷三十《艺文志》,北京:中华书局,1962年,第1721页。

[3] 关于汉代俸禄制度,参考陈梦家先生《汉简所见奉例》,见陈梦家:《汉简缀述》,北京:中华书局,1980年,第135-148页。

[4] 中国社会科学院考古研究所:《居延汉简甲乙编》,北京:中华书局,1980年,第160页。

[5] 中国社会科学院考古研究所:《居延汉简甲乙编》,北京:中华书局,1980年,第219页。

[6] 中国社会科学院考古研究所:《居延汉简甲乙编》,北京:中华书局,1980年,第239页。

[7] 中国社会科学院考古研究所:《居延汉简甲乙编》,北京:中华书局,1980年,第60页。

[8] 关于汉代佐史问题,参考陈梦家:《汉简所见太守、都尉二府属吏》,氏著:《汉简缀述》,北京:中华书局,1980年,第97-124页。

两　　私练一两　贯赞取　　一九·四〇[1]
　　　田卒淮阳郡长平北利里公士陈世年廿三　袭一领　犬练一两　绔一
　　两　私练一两。贯赞取　五〇九·六[2]
　　　田卒淮阳郡长平东洛里公士尉充年卅　袭一领，私练单一，犬练一
　　两，绔一两，私绔练，私练一两。贯赞取　五〇九·七[3]
　　　方秋天寒，卒多毋私衣　四七八·五[4]

田卒和戍卒的身份是相同的，劳干先生说：戍卒的衣食"除过公家的衣食外，还有一部分是私家的，但有烽燧发下，再由戍卒来取，可见不是亲自带到烽燧，而是由戍卒家中交给县官，再运到烽燧的"[5]。即戍卒的私衣物是自备，只是由县官代运至烽燧而已。但仔细分析，此说颇有疑问：如果是自备，衣物的多少当因戍卒家庭贫富程度的不同而有多寡之别，而简文表明私物数盘是相同的，如私练均是一两，显然是按统一标准连同官衣物一起发给的，"自备"之说与此不符。事实上，官府也不会千里迢迢地为每个戍卒运送私物于边境，与其如此，不如统一征收于郡民而后运往边地发给戍卒省事，免得按照名籍让家属缴纳衣物，而后再注明主人的姓名籍贯，以免弄错。因此，笔者以为戍卒的"私衣物"也是官给，相对于只有使用权而没有所有权的"官物"而言。

按汉代制度，戍卒所领官衣物使用完毕后要缴还官府。第一五七·五号简文云：

　　　阳朔元年五月丁未朔丙辰，殄北守候塞尉广，移甲渠侯官书曰：第廿
　　五隧责殄北石隧长王子恩官袍一领，直千五百。饼庭隧卒赵回责殄北
　　备寇。[6]

劳干先生据此认为，"袍既已与戍卒，即得卖之，不更缴还也"[7]。今按此解非是，因为买卖官袍是非法的。如第四·一号简文云：

　　　二月戊寅，张掖太守福、库丞熹兼行丞事，敢告张掖农都尉，护田校
　　尉：府卒入谓县，律曰臧官物非录者，以十月平贾计。案戍田卒，受官袍
　　衣物，贪利贵贾，赏予贫困民，吏不禁止，滥益多，又不以时验问。[8]

----

[1] 中国社会科学院考古研究所：《居延汉简甲乙编》，北京：中华书局，1980年，第13页。
[2] 中国社会科学院考古研究所：《居延汉简甲乙编》，北京：中华书局，1980年，第262页。
[3] 中国社会科学院考古研究所：《居延汉简甲乙编》，北京：中华书局，1980年，第262页。
[4] 中国社会科学院考古研究所：《居延汉简甲乙编》，北京：中华书局，1980年，第244页。
[5] 劳干：《居延汉简考证·内郡人与戍卒》，载《劳干学术论文集甲编》，台北：艺文印书馆，1976年，第55—56页。
[6] 中国社会科学院考古研究所：《居延汉简甲乙编》，北京：中华书局，1980年，第109页。
[7] 劳干：《居延汉简考证·塞上衣著一》，载《劳干学术论文集甲编》，台北：艺文印书馆，1976年，第63页。
[8] 中国社会科学院考古研究所：《居延汉简甲乙编》，北京：中华书局，1980年，第2页。

这条简文可以说明如下两个问题：一是官物都是按"平贾"——官府根据当时的市场价格制定的官价作价后发给戍卒的,其目的是防止戍卒买卖,如有买卖则按"平价"赔偿。二是官吏要按时检查戍卒官物的使用情况,禁止买卖官衣物,如有违法处理者,要上报请求处罚。上引第一五七·五号简文所云就是疹北燧长等人私自买卖官袍被查出而上报甲渠候长的。同时说明,由于官物平价有时低于市场价格,戍卒仍有私下买卖的,不过,这是违法的。这说明戍卒对官衣物只有使用权,而无所有权,使用完毕仍要缴还;这些官衣物只供戍卒戍守屯田之用。

所以,把简文中戍卒的"私衣物"释为官给更合理一些。

最后,附带谈谈戍卒于服役途中的饮食供给问题。上引贾谊语云:"今淮南地远者或数千里,越两诸侯而县(悬)属于汉,其吏民徭役往来长安者,自悉而补,中道衣敝,钱用诸费称此。"[1]应劭注云:"自悉其家资财,补缝作衣。"[2]《汉书·匈奴传》载中行悦诘汉使云:"汉俗屯戍从军当发者,其亲岂不自夺温厚肥美斋送饮食乎?"有的学者据此认为汉代"征来的兵士,除兵器、车马由封建国家供给外,其衣食以及去京师和边疆服役的路费完全自备"[3]。按此说只有一点是正确的,即兵士于服役途中的衣物自备是对的,至于说途中饮食和到戍所后的衣食自备则是错误的。应劭注文只云"自悉其资财,补缝作衣"而未及饮食就是因为途中饮食是由官给。秦时已是如此,如秦用兵匈奴,"使天下飞刍挽粟,起于黄、腄(县名,属东莱郡)、琅邪负海之郡,转输北河,率三十钟而致一石"[4]。颜师古注云:"六斛四斗为钟,计其道路所费,凡用百九十二斛,乃得一石至。"汉武帝时通西南夷道,"作者数万人,千里负担馈粮,率十余钟致一石"[5]。秦从"负海之郡"到北河之地数千里之遥"三十钟而至一石",和汉武帝"千里负担馈粮,率十余钟至一石",沿途所耗相当。这些"道路所费"即为转输人、畜的沿途饮食之用。转输人员的饮食是官家之物,而兵士的途中饮食却要自备,天下绝无此理。上文已经论及,戍卒到戍所后的衣食均为官给,卫士也当同此,此处不再赘述。据此,怎能说汉代兵卒的衣食均为自备?中行悦之语只是说明兵卒自备衣财作沿途或戍边生活的补贴而已,不能说明汉代兵卒衣食均为自备。

---

[1]《汉书》卷四八《贾谊传》,北京:中华书局,1962年,第2261页。
[2]《汉书》卷四八《贾谊传》,北京:中华书局,1962年,第2262页。
[3] 萧永清主编:《中国法制史简编》上册,太原:山西人民出版社,1981年,第162页。
[4]《汉书》卷六四上《主父偃传》,北京:中华书局,1962年,第2800页。
[5]《史记》卷三〇《平准书》,北京:中华书局,1959年,第1421页。

汉代兵役制度演变论略*

西汉中期以后,募兵、少数民族兵、刑徒兵的使用日益增多,降至东汉末期,征兵制度已没有多少实际意义。这些史实,古今学者都曾指出,却很少深究其原因及两汉的区别。故撰本文,以就教于方家。

一

征兵松弛,原因颇多,最直接者是征兵不能有效地适应对外战争的需要。征兵制通行于战国,是符合当时战争特点的。其时主要是邻国之战,各国的战术训练、兵种配备、兵器组合、地理气候,都大同小异,将士转战南北,并无不适现象。秦汉时代,天下一统,战争对象为周边少数民族,主要是北方草原、深山、大漠之上的匈奴族,征兵就不太适应这一新形势,这表现在如下几个方面:

第一,内郡士兵不适应边地气候、环境,影响战斗力。晁错在总结秦用兵匈奴的教训时指出南北方地理环境、气候条件差异太大,调南方诸郡民戍北边,"不能其水土,戍者死于边,输者偾于道,秦民见行,如往弃市"[1]。古时医疗条件低下,晁错所云当是实情。自然减员如此,戍守能力可以想见。秦朝如此,汉代亦然,已有秦鉴在先,汉代就要设法避免。

第二,内郡兵不适应匈奴的战略战术。征兵制之下,虽然丁男都要在各郡接受一年的军训,但所受的训练以平原步战为主,排军列阵,什伍俱前的对垒战是其长处。这要受到地形地物的限制,机动灵活感则不足,个人的作战能力也有限,人自为战比较困难。而匈奴则擅长骑战,不拘阵法,可以充分利用地形地物,进退灵活,来去如风。这在北边的多山地带和草原大漠之上,汉兵居于明显的战术劣势。汉高祖曾率32万大军北征匈奴,因为多是步兵,前后中断,被围于平城白登山达七日之久,几乎成为冒顿的阶下囚,就是因为缺乏骑兵,不了解匈奴的作战特点。

第三,即以防御而论,征来的戍卒一年一换,也难以遏制匈奴的攻势。因

---

* 原刊《山东大学学报》1991年第1期。

[1]《汉书》卷四九《晁错传》,北京:中华书局,1962年,第2284页。

为这些戍卒先要适应边地气候和了解匈奴的作战特点,然后才能有针对性的训练,及至完成这一切,距轮换的时间已近。同时戍卒还有妻小的挂念,作战主动性也不足。匈奴正是抓住汉朝防守的这一弱点,仗其骑兵轻捷的优势,机动灵活地实施骚扰,小入则小利,大入则大利,以至于威胁长安的安全,烽火曾直通甘泉,使汉兵防不胜防。晁错说:"今使胡人数处转牧行猎于塞下,或当燕代,或当上郡、北地、陇西,以候备塞之卒!卒少则入。陛下不救,则边民绝望而有降敌之心,救之,少发则不足,多发,远县勉至,则胡又已去。聚而不罢,为费甚大;罢之,则胡复入。"[1]晁错因此建议徙民实边,增加边地人口,增强边地自保能力。这虽然和征兵制并不矛盾,仍是寓兵于农的政策,但这说明了征兵制之下更戍制的不足:如果汉军都经过良好的骑射训练,匈奴来犯时,就可以主动迎击,彼此救援就会及时,起码不至于老是被动挨打,受制于人。

除军事原因之外,社会经济的变动,小农的破产,是征兵制松弛的根本原因。征兵的依据是户籍和民数,户籍和民数的准确与否是以小农经济的稳定为前提的,而小农的稳定则与土地制度紧密相连。征兵制确立于战国,就是以当时的土地和户籍制度为基础的。战国时期,土地国有,每家在耕种官府授予的一份土地的同时,无不著名户籍,生者著,死者削,什伍相连,不得随意迁徙和流动。农民如擅自迁徙,不仅要受到法律制裁,而且一旦脱离户籍,也就失去了原来的土地。土地和户籍密不可分。降至汉代,土地私有,土地和名籍分离,农民有了土地所有权,获得了游离于政府控制之外的经济条件,有了一定的自由。国家要准确地掌握户籍民数远较土地国有制之下困难。因为在土地国有制之下,行国家授田制,农民土地由国家授予,农民要获得土地,必须向官府申报户口,才能领取土地;而在私有制之下,户籍和土地分离,户籍对农民来说只意味着交纳人头税,和土地没有关系,故而农民必然千方百计地躲避户籍登记,国家就难以准确地掌握民数。此其一。

其二,土地私有之后,买卖盛行,土地兼并迅速发展起来,小农纷纷破产,或者沦为奴隶,或者成为地主豪强的佃农、宾客、依附民,或者离乡背井,四处流浪,成为流民,甚或啸聚山林。奴隶是主人的财产,不在户籍之上,不能征他们当兵,流民当然更不能征之以兵,地主豪强的宾客、依附民虽然在法律规定上有当兵的义务,但这些地主豪强大都把持地方政权,或和官府勾结,怕影响自己剥削的正常进行,而千方百计地阻止其依附民、宾客从军,东汉时代,这种状况尤其严重。如《三国志·魏书·司马芝传》云东汉末年,司马芝任营长:"郡主簿刘节,旧族豪侠,宾客千余家……芝调节客王同等为兵,掾史据

---

[1]《汉书》卷四九《晁错传》,北京:中华书局,1962年,第2285页。

曰:'节家前后,未尝给徭,若至时藏匿,必为留负。'芝不听……兵已集郡,而节藏同等……县掾史穷困,乞代同行。"这种状况绝非东汉末才有,自西汉后期到东汉灭亡,强宗豪佑,官僚地主遍天下,都拥有众多的宾客依附民,他们都是不能像个体小农那样应征入伍的。

小农的破产,不仅仅是动摇征兵制的基础,而且影响到封建国家的税收。汉代赋税分为田税和人口税两大项,后者远远高出前者。其征税也是依据户籍进行,农民的破产流亡,脱离版籍,势必影响到国家税收的正常进行,这就迫使官府想方设法把农民安置于土地之上,以隶名版籍。

小农为什么纷纷破产?原因固然多样,兵徭之役则是其最重要的一项,也就是说,征兵加速了小农的破产。制度规定,农民在役龄之内,除两年正役:一年郡兵和一年戍卒(或一年卫士)之外,都是国家的预备役,随时有应征入伍的义务,这就为统治者滥用民力提供了制度上的依据。秦末之农民起义就是兵徭太重所致。晁错也把"治官府,给徭役"列为文帝时农民"卖田宅、鬻子孙以偿责"[1]的原因。汉武帝外事四夷,内兴功利,役费并兴,征战连年,"父战死于前,子斗伤于后,女子乘亭障,孤儿号于道"[2]。"百姓流离,物故者半。"[3]农民背井离乡,四处流亡,仅元封四年关东就有流民200万,不书名数者40万,这是官方的不完全统计,全国流民总数当不止此数,国家民数锐减,几近一半;农民起义,此伏彼起。显然要缓解社会矛盾,必须减少兵役的征发,息兵罢战,使农民转归田亩。

但是,国家不能无兵,怎样才能既保证军队规模的稳定,保证其质量,又不至于导致农民的再破产,或把农民破产的限度降到最低点?那就只好另觅兵源,不再局限于征兵制度。募兵、刑徒兵、少数民族兵因此而登上了历史舞台。当然其使用规模、与在军队中的比重,是因时而异的。在西汉初,均是作为征兵的补充而使用,因为其时征兵的经济基础还比较稳定,以后随着小农的破产,而日益增大。降至东汉,地主经济进一步发展,土地集中更加严重,地主的依附民进一步增多,国家掌握的户口本来有限,如果再大肆征兵,后果必然是为渊驱鱼,把更多的编户民赶到地主私人的门下,小农进一步破产,必将进一步导致国家税源的减少,影响社会统治的稳定。在这种情况下,国家就不能不慎重考虑征兵的不利后果,尽量减少征兵数量,而采取其他的集兵方式。所以东汉一代募兵,少数民族兵、刑徒兵的规模远大于西汉,到东汉末期,征兵制度虽然存在,但在实际上已没有多少实际意义。究其根源,皆在于斯。

---

[1]《汉书》卷二四上《食货志上》,北京:中华书局,1962年,第1132页。
[2]《汉书》卷六四下《贾捐之传》,北京:中华书局,1962年,第2833页。
[3]《汉书》卷七五《夏侯胜传》,北京:中华书局,1962年,第3156页。

二

使用募兵、少数民族兵、刑徒兵，既能补充征兵军事技能的不足，又能减少征兵所带来的各种不利后果。

先谈募兵。募兵军事素质优于征兵，这表现在如下几点：第一，有充裕的训练时间，可接受系统的有针对性的训练。募兵是职业兵，不存在按时更代问题，长期驻守，既可适应边地气候，又能了解匈奴的作战特点，进行相应的军事训练，其军事技能高于征兵。第二，招募时有一定的技能标准，不是像征兵那样按名籍征发，不管是否具有军事技能。西汉时往往把募兵称作"射声"、"虎贲"、"奔命"、"佽健"、"佽飞"、"勇敢"等名，均示其技艺超群，根据各自特长，分别名之。如：射声："工射者也，冥冥中闻声则中之，因以名也。"[1] 虎贲："贲：读与奔同，言如猛兽之奔。"[2] 奔命："选取精勇，闻命奔走，故谓之奔命。"[3] 佽健："佽，强也"，佽健即强健。佽飞："取古勇力之人以名官……亦因取其便利轻疾若飞，故号佽飞。"[4] 李陵在武帝时曾"将勇敢五千人，教射酒泉、张掖以备胡"，"皆荆楚勇士，奇才剑客也，力扼虎，射命中"。[5] 这些射声、勇敢等都是经过挑选的，都具有强建的体魄、一定的技能，辅以专门的训练，其军事素质远非征兵可比。第三，作战主动性强。募兵大多来自那些破产农民或社会闲散人员，他们不事产业，或无业可做，没有家室之累，少后顾之忧，置之于社会，是社会不安定因素，募以为兵，则各得其所，打起仗来，这些人有冒险精神，作战主动性，高于征兵。

但两汉 400 余年历史，募兵质量并非一成不变。东汉募兵质量远低于西汉。这表现在两个方面：一是招募缺乏西汉的才力标准。西汉时表示募兵骁勇的专有名称"佽健"、"佽飞"、"奔命"、"虎贲"、"勇敢"等大多消失，只在北军五校中留有"射士"，但徒具虚名而已。二是战时临时招募，缺乏训练。《三国志·魏书·王郎传》注引《魏名臣奏》云东汉武备不修，"有警而后募兵，军行而后运粮，或乃兵既久屯，而不务营佃，不修器械，亡有贮聚"。应劭进一步指出："一方有难，三面救之，发兴雷震，烟蒸电激，一切取辨，黔首嚣然。不及讲其射御，用其戒誓，一旦驱之以即强敌，犹鸠鹊捕鹰鹯，豚羊弋豺虎。"[6] 这儿的"一切取办"是指临时募兵。这些临时应募者，大都是一些地痞无赖、鸡鸣

---

[1]《汉书》卷一九上《百官公卿表》上服虔注，北京：中华书局，1962年，第738页。
[2]《汉书》卷一九上《百官公卿表》颜师古注，北京：中华书局，1962年，第728页。
[3]《汉书》卷七《昭帝纪》始元元年应劭注，北京：中华书局，1962年，第219页。
[4]《汉书》卷八《宣帝纪》神爵元年颜师古注，北京：中华书局，1962年，第261页。
[5]《汉书》卷五四《李陵传》，北京：中华书局，1962年，第2451页。
[6]《后汉书》卷一一八《百官志五》注引应劭《汉官》，北京：中华书局，1965年，第3622页。

狗盗之辈,如虞诩为朝歌长,"设令三科以募求壮士……其攻劫者为上,伤人偷盗者次之,带丧服而不事家业为下"[1]。他们当兵是为了钱财,有利则向前,无利则后退,甚或倒戈相向。桓帝时募兵镇压长沙、零陵等地农民起义,预章、艾县六百余人前来应募而"不得赏值,怨恚遂反","荆州兵朱盖等,征戍役久,财赏不赡,忿恚,复作乱"。[2]这样的军队当然谈不上什么战斗力。

两汉募兵质量有如此差别,是两汉治国方针不同之故。这一点前人从未提及。西汉承秦余绪,加之以开国伊始就受匈奴的威胁,君臣均以强兵自励,重赏战功,立军功可以得到爵位、钱财、入仕,社会上尚武风气甚浓,有相当一批人,都想通过军事冒险邀功当世。每有大军出发,常有私自从军者,如武帝元狩五年,卫青霍去病北击匈奴,"发十万骑,私负从马凡十四万匹,粮重不予焉"。师古注云:"私负衣装者及私将马从者,皆非公家发与之限。"[3]私从者竟超出国家正规军,说明当时确有一批人以出征为荣,施行募兵有着广泛的社会基础,有选拔的余地。而东汉,刘秀鉴于新莽末年的战乱,一反西汉文武并重的治国方针,偃武兴文,以柔道治天下。"退功臣而进文吏,戢弓矢而散马牛"[4],即使元功宿将也不得典权执政(在功臣中只有邓禹、李通、贾复三人可予国事,亦议论而已),其余均以文士治国。杜诗有见于此,曾上疏陈述重用军功之士的理由,刘秀虽以为有理,但不合其旨趣而不予采纳。终东汉一代,军功赏赐极轻,军功入仕之途不通。故社会上重文轻武,军人地位甚低,人民不愿当兵,只是迫于生计才混迹其间,当然没有战斗积极性可言。一些将帅们为鼓励士兵,只好纵兵掳掠,这又进一步降低了军人的社会地位。故而东汉在战争中多倚重少数民族兵。

三

现在讨论少数民族兵的使用问题,少数民族兵的使用始自汉初,其原因也是补充征兵技术的不足,是由贾谊和晁错首先提出来的。文帝时,贾谊针对汉匈关系紧张,汉朝被动挨打无力还击的状况,首次提出"以匈奴为捍卫"的主张,使匈奴"千家而为一国,列处之塞外,自陇西延至辽东,各有分地以卫边,使备月氏、灌窳之变,皆属之直郡"。[5]这在理论上固然有合理之处,可补汉兵之不足,但必须征服匈奴之后才能实行,在当时则不切实际。与此同时,晁错则提出了"以蛮夷制蛮夷"的主张。晁错分析了汉匈军事技术的长短之

---

[1]《后汉书》卷五八《虞诩传》,北京:中华书局,1965年,第1867页。
[2]《后汉书》卷三八《度尚传》,北京:中华书局,1965年,第1286页。
[3]《汉书》卷九四上《匈奴传上》,北京:中华书局,1962年,第3769-3770页。
[4]《后汉书》卷一下《光武帝纪》,北京:中华书局,1965年,第85页。
[5] 贾谊:《新书·匈奴》,《贾谊集》,上海:上海人民出版社,1976年,第69页。

后，建议文帝把汉朝的"坚甲絮衣，劲弓利矢"赐予饮食习惯同于匈奴、已归附汉朝的"义渠蛮夷之属"，在山林险阻之地以蛮夷之兵挡之，平原则以汉兵挡之，二者相为表里。[1]此后，"以蛮夷制蛮夷"成为汉代御边方略之一，少数民族兵的使用逐步增多。而匈奴等少数民族当时大都处于奴隶社会初期阶段，有的则处在原始社会向奴隶社会的过渡时期，掠夺是获取财富的正常方式之一，尚武是其民族共性，在战争中谁获得的战利品即归私有，他们和汉朝开战的目的就是掠夺财富。在他们无力与汉朝抗衡而归附汉朝之后，掠夺中原地区的财物已不可能，而通过对其他民族的战争既可获得汉朝的大量赏赐，又能在战争中放手掳掠，因而调少数民族兵征战，是符合其愿望的，起码是符合其头人的愿望。所以在西汉的历史上，特别是东汉的历史上，有募兵、征兵反叛的事，却不见少数民族兵叛乱的事。

随着少数民族兵使用的增多，人们的认识已不限于军事技术方面的长短，而有更深刻的经济政治原因。第一，可以减少军费开支。征发内郡兵，转战边地，人畜车马获辎重转运，沿途耗费十分惊人，如秦始皇用兵匈奴，"使天下蜚刍挽粟，起于黄、腄（属东莱郡）、琅邪负海之郡，转输北河，率三十钟而至一石"[2]。汉武帝开西南夷道，"作者数万人，千里负担馈饷，率十余钟致一石"[3]。大部分粮食都在转运途中消费掉了，这是用兵周边各族时最难解决的问题。使用少数民族兵则不存在这个问题。少数民族世居边地，战马随地而牧，人主要以奶酪畜肉为食，不需要从内郡运送大量粮食，这就大大地减少了军费开支。如西汉元帝建昭三年，甘延寿、陈汤擅发西域诸国兵击康居，斩匈奴郅支单于，群臣大都以为甘、陈二人矫制当斩，元帝则以为"虽踰义干法，内不烦一夫之役，不开府库之藏，因敌之粮以赡军用，立功万里之外……乃封延寿为义成侯，赐汤爵关内侯，食邑各三百户，加赐黄金百斤"[4]。矫制发兵，罪当诛灭，却因"内不烦一夫之役"而封侯食邑，使用外族兵的经济原因于斯可见。第二，减少内郡农民的兵徭负担，可缓和社会矛盾，有利于封建统治。对此，汉朝君臣是有深刻认识的。东汉章帝元和二年，日南象林诸族反，三年朝廷议欲发荆扬衮豫四州兵征讨。大将军从事中郎李固列举七条理由反对：

若荆杨无事，发之可也。今二州盗贼盘结不散……如复扰动，必更生患。其不可一也。又兖豫之人卒被征发，远赴万里，无有还期，诏书迫

---

[1]《汉书》卷四九《爰盎晁错传》，北京：中华书局，1962年，2282页。
[2]《史记》卷一一二《主父列传》，北京：中华书局，1959年，第2954页。
[3]《汉书》卷二四下《食货志下》，北京：中华书局，1962年，第1158页。
[4]《汉书》卷七十《陈汤传》，北京：中华书局，1962年，第3019－3020页。

促,必致叛亡,其不可二也。南州水土温暑,加有瘴气,致死亡者十必四五,其不可三也。远涉万里,士卒疲劳,比至领南,不复堪斗,其不可四也。军行三十里为程,而去日南九千余里,三百日乃到,计人禀五升,用米六十万斛,不计将吏驴马之食,但负甲自致,费便若此。其不可五也。设军到所在,死亡必众,既不足御敌;当复更发,此为刻割心腹以补四肢,其不可六也。九真日南相去千里,发其吏民,犹尚不堪,何况乃苦四州之卒,以赴万里之艰哉,其不可七也。[1]

这七点理由可归纳为三,一是征发内郡民当兵会导致新的社会不稳,二是增加军费开支,三是内郡民不习边地气候,长途跋涉,不能任战事。根本的还是前两条。不仅如此,若军队纪律败坏,给当地民众带来的危害更大,李固举例说"前中郎将尹就讨益州叛羌,益州谚曰:'虏来尚可,尹来杀我。'后就征还,以兵付刺史张乔。乔因其将吏,旬月之间,破殄寇虏。此发将无益之效,州郡可任之验也"[2]。怎么办? 李固建议:

> 还募蛮夷,使自相攻,转输金帛,以为其资。有能反间致头首者,许以封侯裂土之赏。[3]

举朝上下,一致同意这个方案。这是对晁错"以蛮夷制蛮夷"理论的全面补充和发展,说明使用少数民族兵已是汉代社会发展的必然趋势。

上已指出,少数民族之出征,是为了掠虏和赏赐,使用越多,赏赐也越多。不仅战时要"转输金帛以为其资",平时也要有大量的金帛财物以资安抚。东汉时代,尤其如此。其时制度,每年单于遣使入朝之后,汉廷"令谒者将送,赐彩缯千匹,锦四端,金十斤,太官御食酱及橙、桔、龙眼、荔枝赐单于母及诸阏氏、单于子及左右贤王、左右谷蠡王、骨都侯有功善者,缯彩各万匹,岁以为常"。[4]平时仅给南匈奴的常费每年达一亿九十余万钱,西域每年七千四百八十万钱[5],由青、徐二州给鲜卑二亿七千万钱[6]。平时赏赐如此,战时赏赐当更多,有一套专门的制度。这是一笔不小的开支,尽管比使用征兵所付出的代价要小得多,但对财政困难的东汉政府来说,不能不考虑。怎样才能既减少开支,又有兵可用? 使用刑徒兵是最好的方法。

刑徒兵的使用始于秦二世二年发骊山徒进攻陈胜大将周文的军队。汉

---

[1]《后汉书》卷八六《南蛮西南夷传》,北京:中华书局,1965 年,第 2838 页。
[2]《后汉书》卷八六《南蛮西南夷传》,北京:中华书局,1965 年,第 2838 页。
[3]《后汉书》卷八六《南蛮西南夷传》,北京:中华书局,1965 年,第 2838 页。
[4]《后汉书》卷八九《南匈奴传》,北京:中华书局,1965 年,第 2944 页。
[5]《后汉书》卷四五《袁安传》,北京:中华书局,1965 年,第 1521 页。
[6]《后汉书》卷九〇《乌桓鲜卑传》,北京:中华书局,1965 年,第 2986 页。

高祖十一年，淮南王英布反，刘邦也曾"赦天下死罪以下，皆令从军"[1]。这都是临时应急措施，不是经常制度。汉武帝以后，或以刑徒出征，或以刑徒戍边，渐成常制。到东汉则进一步发展，戍边从军几乎是刑徒的唯一出路。东汉好大赦，目的就是赦之以从军，据《后汉书》诸帝纪的统计，从光武帝到桓帝共有22次大赦令，多数获赦刑徒并没有因此返回故里，而是减刑以后再以戴罪之身从军，对死刑犯几乎全部如此。在西汉，刑徒从军有一定期限，基本是犯人只身前往，家属是否同行，政府不予过问。东汉刑徒家属则一律迁居边地，否则以"乏军兴"论处，在这22道赦令中往往申明这一点，如章帝建初六年诏："天下系囚减死一等，勿笞，诣边戍，妻子自随，占著所在，父母同产欲相从者，恣听之，有不到者，皆以乏军兴论。"[2]这些刑徒到边地后实际是终身服役，其妻小则世居边地，成为边民。西汉刑徒从军立功后可免罪而解除刑徒身份，功高者可以获得赏赐，东汉不赏军功，刑徒兵是没有这个待遇的。西汉刑徒戍边有一定的选择性，如武帝元鼎五年南粤等部反叛，"汉乃发巴蜀罪人当击南粤者八校尉击之"[3]。有"当击南粤者"，说明还有不当击者，不是所有犯人都出征，东汉则是所有在赦之列者都要从军。说明，东汉刑徒兵远较西汉为多，戍卒几乎都由刑徒担任。

和募兵、少数民族兵相比，使用刑徒兵对国家最有利：第一，既不要像募兵那样付予雇值，也不要像对少数民族兵那样给予赏赐；增加了边兵数量，巩固边防，又不增加军费开支，还省却了征发内郡戍卒的繁费和矛盾。第二，迁刑徒家属于边地，增加了边地人口，利于边地经济开发，增强了边区自保能力，刑徒们为了保卫妻小的安全，不能不尽心职守，客观上提高了防御能力。第三，赦刑徒戍边对刑徒自身也有利。戍边者一般都是重刑犯，东汉则以死囚为多。这些人平时披枷戴锁，从事苦役，或者等待被处决，获赦以后，身份成了"弛刑徒"，解除刑具，获得了人身自由，还能和妻小团聚，虽然迁居边地，但有了生的权利，故对其本身来说也有好处。真可谓有百利而无一弊。不过刑徒数量毕竟有限，刑徒兵在国家军队中只居于次要地位，尽管东汉时代因社会矛盾严重而极重视使用刑徒兵。

综上所述，汉代兵役制度由汉初的征兵制演变为征兵、募兵、少数民族兵、刑徒兵诸种方式并存，最后征兵名存实亡，既有军事原因更有经济政治原因。在汉初主要是出于军事方面的考虑，西汉中期以后则主要是经济、政治的考虑了。这个演变过程是渐进的，征兵在国家军队中的比重随着时间

---

[1]《汉书》卷一下《高帝纪下》，北京：中华书局，1962年，第73页。
[2]《后汉书》卷三《章帝纪》，北京：中华书局，1965年，第143页。
[3]《汉书》卷九五《西南夷传》，北京：中华书局，1962年，第3841页。

的推移而不断变小;反之,募兵等的比重则不断扩大。这和汉代小农破产、土地集中的趋势是一致的,是由农民和土地的分离所决定的。正因为如此,至曹魏时期,为保证军队的稳定,遂实行屯田制(指军屯)、世兵制,再把农民和土地用行政手段固着一起,以保证兵源的稳定,中国的兵役史又翻开了新的一页。

汉代家兵初探

家兵是豪强地主的私家武装,它产生于西汉后期,发展于东汉,大盛于魏晋南北朝,在其后的封建社会中都程度不同地存在着。在目前的有关论著中,虽曾指出汉代有家兵的存在,而对其产生和发展、构成、管理、作用诸问题,缺乏系统的分析。本文即就此做初步的探讨。不当之处,敬请指正。

汉代家兵的产生和发展

家兵是豪强地主为了抵抗、镇压农民起义,保护自己的生命财产而组织的私家武装,是地主经济发展、阶级矛盾激化的产物。西汉是地主经济大发展的时代,在西汉之初,虽然一定程度上沿袭了秦朝打击地方豪强势力、重农抑商的措施,但由于土地买卖盛行,土地兼并逐步兴起,到景武之世,"或至兼并豪党之徒,以武断于乡曲"[1]。武帝一方面采用行政手段,限制强宗豪右,田宅逾制;一方面采取垄断盐铁,算缗告缗等措施,有计划地打击豪强地主势力,一度缓和了土地兼并的势头。昭宣之后,土地兼并再入高潮,阶级矛盾随之激化。在号称中兴的宣帝之世已有局部性的农民起义,如"渤海左右郡岁饥,盗贼并起"[2]。随后,"盗贼并兴"、"起为盗贼"的记载不绝于史。这些"盗贼"的矛头都是指向地主豪强和官府的,于是,地主的家兵应运而生。如鲍宣说哀帝时民有七亡:"部落鼓鸣,男女遮迣,六亡也。"[3]晋灼注:"迣,古列字也。"师古曰:"言闻桴鼓之声以为盗贼,皆当遮列而追捕。"[4]这些"盗贼"实即暴动之饥民,"遮列"之男女就是地主的庄民,也是地主的家兵成员。又王褒《僮约》有云:"犬吠当起,惊告邻里。帐门柱户,上楼击鼓。荷盾曳矛,还落三周。"[5]说明西汉后期不仅有家兵,而且建有工事,既有候望用的高

---

* 原刊《史林》1988年第1期。
[1]《史记》卷三〇《平准书》,北京:中华书局,1959年,第1420页。
[2]《汉书》卷八九《循吏传》,中华书局,1962年,第3639页。
[3]《汉书》卷七二《鲍宣传》,北京:中华书局,1962年,第3088页。
[4]《汉书》卷七二《鲍宣传》,北京:中华书局,1962年,第3089页。
[5] 严可均辑:《全上古三代秦汉三国六朝文》、《全汉文》卷四二,王褒《僮约》,北京:中华书局,1958年,第359页。

楼，又有报警用的鼓，僮仆也有执兵警戒的义务。

新莽末年，绿林、赤眉军起，郡国大姓拥家兵自保者甚众。如更始元年，农民军挺进长安，"大姓栎阳申砀、下邽王大……属县槐里严春、茂陵董喜、蓝田王孟、槐里汝臣、盩厔王扶、阳陵严本、杜陵屠门少之属，众皆数千人，假号称汉将"[1]。至新莽灭亡，三辅"郡县大姓各拥兵众"[2]。其他地区如"赵、魏豪右往往屯聚，清河大姓赵纲遂于县界起坞壁、缮甲兵，为在所害"[3]。樊宏与"宗家亲作营堑自守，老弱归之者千余家"[4]。刘秀就是靠家兵起家的，在统一全国的过程中，其用兵对象有相当一部分是地主家兵。

东汉一代，地主经济进一步发展，组织家兵是地主日常事务之一。如《四民月令》说三月要"缮修门户，警设守备，以御春饥草窃之寇"[5]。九月要"缮五兵，习战射，以备寒冻穷厄之寇"[6]。《四民月令》是东汉地主田庄安排一年生产生活内容的文件，反映的是全社会状况。近年出土的东汉画像石、砖和坞壁实物模型证明了《四民月令》关于田庄中军事活动规定的普遍性。这些资料甚多，著名的如四川成都曾家包和新都的东汉画像砖都有武库图，库内兵器架上有戟、矛，墙上挂弓、弩。[7]广州动物园和甘肃武威雷台东汉墓都出土过坞壁模型，而以雷台出土的结构最为复杂：坞壁呈四方形，正面大门上建门楼，四角建两层角楼；正面以外的三面筑重墙，院中筑五层楼阁，正面有门窗以作瞭望和战射之用。[8]在内蒙古和林格尔、甘肃嘉峪关东汉墓的壁画中都有坞壁图，并有"坞"字题记。[9]在中原地区此类资料更多，如山东滕县西户口、龙阳店、徐州青山泉、白集出土的画像石均有武库图。[10]河南陕县刘家渠汉墓一次出土了七件楼阁模型，均为三层，在第二层、第三层的四角均有武士执兵守卫，注视四周。[11]这些都是墓主生前拥有家兵的生动写照，说明

---

[1] 《汉书》卷九九下《王莽传下》，北京：中华书局，1962年，第4189页。
[2] 《后汉书》卷一七《冯异传》，北京：中华书局，1965年，第645页。
[3] 《后汉书》卷七七《酷吏传》，北京：中华书局，1965年，第2492页。
[4] 《后汉书》卷三二《樊宏传》，北京：中华书局，1965年，第1120页。
[5] 崔寔著，石声汉校注：《四民月令校注》，北京：中华书局，1965年，第29页。
[6] 崔寔著，石声汉校注：《四民月令校注》，北京：中华书局，1965年，第65页。
[7] 四川博物馆：《四川新都县发现一批画像砖》，《文物》1980年第2期。成都市文物管理处：《四川成都曾家包东汉画像砖石墓》，《文物》1981年第10期。
[8] 广州市文物管理委员会：《广州动物园东汉建初元年墓清理简报》，《文物》1959年第11期。甘肃博物馆：《武威雷台汉墓》，《考古学报》1974年第2期。
[9] 内蒙古自治区博物馆文物工作队编：《和林格尔汉墓壁画》，北京：文物出版社，1978年。嘉峪关市文物清理小组：《嘉峪关汉画像砖墓》，《文物》1972年第12期。
[10] 山东省博物馆，山东省文物考古研究所编：《山东汉画像石选集》，济南：齐鲁书社，1982年。南京博物院：《徐州青山泉白集东汉画像石墓》，《考古》1981年第2期。
[11] 黄河水库考古工作队：《河南陕县刘家渠汉墓》，《考古学报》1965年第1期。

东汉一代,北起长城脚下,南讫南海之滨,都有家兵的存在。

自黄巾起义以后,统一的东汉政权瓦解,一时天下无主,地主豪强纷纷拥兵以待所归,家兵的规模空前壮大,少则数百,多则数千上万,如许褚、田畴有宗族部曲数千家或五千余家,每家一人为兵,有四五千人。这些史料甚多,不再征引。魏晋时期的家兵部曲制就是由此发展而来。

汉代家兵的构成

家兵是由不同的阶级、阶层组成的,概括起来,有如下几个阶级或阶层。

第一,宾客。汉代承战国余绪,养客之风盛行,宾客成分亦杂。有的宾客出身于地主家庭,或身为封建知识分子,投在王侯公卿、达官显贵门下,以寻得政治上的出路;有的虽然出身贫贱,但却是地痞无赖,投在地主豪强门下充当刺客死士,为虎作伥,鱼(渔)肉乡里。这两种人都不事产业,靠主人的豢养生活,属于剥削阶级分子。到西汉后期和东汉时代,大批无地农民投在地主门下充当佃客、依附民,历史上也把这些人称作宾客,但他们都是劳动者,是被剥削者,是封建依附民。这里所说的宾客是指前者。

战国时代之宾客就有为主人执兵前驱的义务,如信陵君窃符救赵之前,曾"请宾客,约车骑百余乘,欲以客往赴秦军,与赵俱死"[1]。秦汉之时仍之,如秦时项羽避仇吴中,常"阴以兵法部勒宾客及子弟"[2]。刘邦起兵,任敖、周苛、张苍均以客从。刘濞反叛以宾客为将帅,刘据举兵亦然。这些宾客都是政客辩士,欲籍主人之力踏入仕途。至西汉后期,家兵产生,这些宾客遂为家兵的重要组成部分,新莽末年各地豪强大多以宾客为兵。如隗嚣之起兵陇西,即因其"季父崔,素豪侠"[3],其首议起兵者如上邽杨广、冀人周宗之辈均是其季父之客。琅琊人吕母倾家荡产,聚客报杀子之仇,致数千人。[4]南阳刘氏集团更是以客为军事骨干,如刘縯"不事家人居业,倾身破产,交结天下雄俊"。这些"天下雄俊"即其宾客,其起兵时"召诸豪杰计议……分遣亲客……部署宾客,自称柱天都部"。[5]刘秀之云台二十八将多有宾客为兵,如刘植"率宗族宾客,聚兵数千人,据昌城"[6]。耿纯与"从昆弟䜣、宿、植共率宗族

---

[1]《史记》卷七七《魏公子列传》,北京:中华书局,1959年,第2379页。
[2]《史记》卷七《项羽本纪》,北京:中华书局,1959年,第296页。
[3]《后汉书》卷一三《隗嚣传》,北京:中华书局,1965年,第513页。
[4]《后汉书》卷一一《刘玄传》,北京:中华书局,1965年,第477页。
[5]《后汉书》卷一四《宗室四王三侯列传》,北京:中华书局,1965年,第549页。
[6]《后汉书》卷二一《刘植传》,北京:中华书局,1965年,第760页。

宾客二千余人"[1]迎光武帝于育,等等。这些史例说明西汉末的宾客都有为主人当兵的义务。

东汉时代,达官显贵仍养宾客以延声誉扩大势力,如马防兄弟贵盛,"宾客奔凑,四方毕至,京兆杜笃之徒数百人,常为食客,居门下。刺史、守、令多出其家"[2],其他外戚如梁氏、窦氏、阴氏,宦官张让、段珪等均多蓄宾客。一般地主也养宾客作为打手,如任延建武时为武威太守,"将兵长史田绀,郡之大姓,其子弟宾客为人暴害,延收绀系之,父子宾客伏法者五六人。绀少子尚乃聚会轻薄数百人,自号将军,夜来攻郡"[3]。这儿的"轻薄数百人"就含宾客,"夜来攻郡"说明宾客要为主人当兵。东汉时代,儒学兴盛,封建士人多以门生身份投在达官显贵门下以求入仕,养客之风衰于西汉,家兵中宾客渐少,而日益让位于依附民等其他身份的人。

第二,宗族成员。宗法统治是我国奴隶社会的政治特点之一,降至战国,宗法大坏。秦和汉初对宗族势力都采取打击措施,如商鞅变法强迫百姓析产分居,秦始皇和汉高祖迁徙六国贵族和天下富豪政策,都是为了打击地方宗族势力。但由于土地兼并的发展,为宗族势力的发展提供了经济基础,到景武之世已出现了许多强宗大姓。武帝以后,父子兄弟数世同产为统治者所提倡,宗族势力遂迅速发展起来。西汉后期和东汉的大地主往往拥有数百家和上千家的"宗人"。这些大地主就是"宗人"即宗族成员的家长;宗族成员则贫富不等,或为自耕农,或租种"家长"的土地,他们都要听命于"家长",充当家兵。新莽末年的豪族武装大多有众多的宗族成员,刘秀的开国功臣寇恂所将"皆宗族昆弟也"[4]。刘植有"宗族宾客,聚兵数千人"[5]。耿纯率"宗族宾客"从刘秀,"老病者皆载木自随"[6],又自焚家园以绝宗人反顾之望。耿纯举宗为国,所向陷敌,功效尤著。冯勤率"老母兄弟及宗亲归"[7]刘秀。阴识"率子弟、宗族、宾客千余人往诣伯升(刘縯)"[8]。王丹"率宗族上麦二千斛"于刘秀大将军邓禹等等。[9]这些是两汉之际的情况。东汉末以宗族成员为家兵者更多,如初平年间,"胶东人公沙卢宗强,自为营堑,不肯应发调"[10]。

---

[1]《后汉书》卷二一《耿纯传》,北京:中华书局,1965年,第762页。
[2]《后汉书》卷二四《马援传》,北京:中华书局,1965年,第857页。
[3]《后汉书》卷七六《循吏传》,北京:中华书局,1965年,第2463页。
[4]《后汉书》卷一六《寇恂传》,北京:中华书局,1965年,第622页。
[5]《后汉书》卷二一《刘植传》,北京:中华书局,1965年,第760页。
[6]《后汉书》卷二一《耿纯传》,北京:中华书局,1965年,第762页。
[7]《后汉书》卷二六《冯勤传》,北京:中华书局,1965年,第909页。
[8]《后汉书》卷三二《阴识传》,北京:中华书局,1965年,第1129页。
[9]《后汉书》卷二七《王丹传》,北京:中华书局,1965年,第931页。
[10]《三国志》卷一一《魏书·王修传》,北京:中华书局,1959年,第345页。

许褚于"汉末,聚少年及宗族数千家,共坚壁以御寇"[1]。类似史例,俯拾即是。族是家的扩大,族长和家长是合一的,在一个小家庭中,家庭成员要听命于家长;在一个宗族中,宗族成员就要听命于族长,宗族成员当家兵是天经地义的。

第三,依附民。封建依附关系,在春秋时期已经产生,兹后迅速发展,到西汉武帝时期已出现了拥有数千家依附民的大地主。如宁成"贳贷陂田千余顷,假贫民,役使数千家"[2]。这"数千家"是宁成的佃户,久之即成为宁成的依附民。《盐铁论·未通》称武帝时"军阵数起,用度不足,以訾征赋,常取给见民,田家又被其劳,故不齐出于南亩也。大抵逋流,皆在大家。吏正畏惮,不敢笃责……"[3]"大抵逋流,皆在大家"即流民投在大地主门下求得荫庇,充当依附民。到东汉时代,无地农民几乎都沦为依附民。崔寔《政论》说:"下户踦跔,无所跱足,乃父子低首,奴事富人,躬帅妻孥,为之服役。"[4]仲长统称东汉"豪人之室……奴婢千群,徒附万计"[5]。这"下户"、"徒附"都是指依附民,他们在向主人交纳地租服劳役的同时,也有当兵的义务。在成都天回山崖墓中出土的农夫俑和武士俑衣着基本相同,都身着短衣,足蹬草鞋,身佩环首大刀。[6]出土的画像石、画像砖和壁画,往往武库图和织室、仓库相连,也从一个侧面说明农民和家兵是合而为一的。因为这些依附民大多是投在地主门下的流民,故也称之为"宾客"或"客"。但这和上文所说的"宾客"性质不同,前者属于剥削阶级,后者属于被剥削阶级。如马援亡命北地,"因留牧畜,宾客多归附者,遂役属数百家,转游陇汉间……因处田牧,至有牛马羊数千头,谷数万斛"[7]。这数百家"宾客",显然是马援的依附民。

第四,奴隶。汉代私家奴隶甚多,他们除参加家内劳动和各种生产活动外,也要为主人执兵巡视,护卫家园,充当家兵。上引王褒《僮约》是证明。江陵凤凰山九号汉墓出土的简牍"遣策"中有"小奴众□者操戟"等文,"偶人籍"之奴隶有"擢、骑、从或从车、御、车竖"[8]等名;武威雷台汉墓中出土铜俑铭文有"将车奴"、"牵马奴"等文,显然,这些奴隶都有宿卫主人之职。

以上这四个阶层都在"家长"领导之下,但地位有别。宾客和宗族成员中

---

[1]《三国志》卷一八《魏书·许褚传》,北京:中华书局,1959年,第542页。
[2]《汉书》卷九十《酷吏传》,北京:中华书局,1962年,第3650页。
[3] 桓宽撰,王利器校注:《盐铁论校注》(增订本)(上册),天津:天津古籍出版社,1983年,第191页。
[4] 严可均辑:《全上古三代秦汉三国六朝文》,《全后汉文》卷四六,崔寔《政论》,北京:中华书局,1958年,第726页。
[5]《后汉书》卷四九《仲长统传》,北京:中华书局,1965年,第1648页。
[6] 刘志远:《成都天回山崖墓清理记》,《考古学报》1958年第1期。
[7]《后汉书》卷二四《马援传》,北京:中华书局,1965年,第828页。
[8] 黄盛璋:《江陵凤凰山汉墓简牍及其在历史地理研究上的价值》,《文物》1974年第6期。

的上层分子属于剥削阶级,他们是家兵的领导阶层。宗族成员中的贫困者和依附民、奴隶是被剥削阶级,是各种事役的承担者,是家兵的主力。

这四个阶层也非一成不变,随着时间的推移,宾客比重渐少,依附民、宗族成员则渐多。这反映了汉代养客风气的演变,和封建宗法关系、依附关系的发展轨迹。

汉代家兵的管理

汉代的地主豪强通常以如下几种方式管理家兵:

第一,用封建依附关系维护家兵的整体性。在家兵成员中,无论是宾客、宗族成员,还是依附民和主人都有程度不同的经济、政治上的依附关系:宾客为主人所豢养,又欲假主人的势力求得政治上的出路;依附民和贫困的宗族成员,或耕种地主的土地,或受地主经济上的照顾,又欲籍地主的势力逃避官府更苛重的盘剥。所以地主和家兵及家兵成员之间虽然有不同的阶级划分,但对立程度并不十分激烈。地主对这些依附民、宗族成员的剥削较官府要轻。宾客、依附民、宗族成员充当家兵,虽迫于对地主的依附,但也有一定的主动性。在保护了地主生命财产的同时,也使自己的小家庭免遭战火。因此,家兵的团聚性很强,即使溃败仍可复聚。建武十五年下度田令,次年"郡国大姓及兵长、群盗处处并起,攻劫在所,害杀长吏。郡县追讨,到则解散,去复屯结"[1]。这"大姓""兵长"都是家兵领袖,"群盗"主要是指地主的家兵,"到则解散,去复屯结"说明了家兵很强的团聚性。

第二,用宗法血缘关系掩盖主人和家兵及家兵成员之间的阶级对立。在汉代,地主、"家长"、家兵领袖是合一的。地主豪强不是赤裸裸地以政治、经济手段驱使其依附民等为兵,而是以"家长"的身份要求家人,故友为兵,以宗法关系的远近亲疏掩盖政治经济上的对立。如《四民月令》称正月祭祀祖祢已毕,"家室尊卑,无小无大,以次列坐于先祖之前,子、妇、孙、曾,各上椒酒于其家长……谒贺君、师、故将、宗人、父兄、父友、友、亲、乡党耆老"[2]。十二月,"请召宗、亲、婚姻、宾旅,讲好和礼,以笃恩纪"[3]。在宗人贫穷不堪时,家长则施以小恩小惠,《四民月令》说三月要"振赡匮乏,务先九族,自亲者始"[4]。九月"存问九族:孤、寡、老、病不能自存者,分厚彻重,以救其寒"[5]。十月"同

---

[1] 《后汉书》卷一下《光武帝纪下》,北京:中华书局,1965年,第67页。
[2] 崔寔著,石声汉校注:《四民月令校注》,北京:中华书局,1965年,第1页。
[3] 崔寔著,石声汉校注:《四民月令校注》,北京:中华书局,1965年,第74页。
[4] 崔寔著,石声汉校注:《四民月令校注》,北京:中华书局,1965年,第28页。
[5] 崔寔著,石声汉校注:《四民月令校注》,北京:中华书局,1965年,第65页。

宗有贫窭久丧不堪葬者,则纠合宗人,共兴举之。以亲疏贫富为差,正心平敛,毋或踰越,务先自竭,以率不随"[1]。尽管从这几段文字中已表现出家长和宗人及乡党之间的严重对立,但因宗法的远近亲疏关系而显得模糊。与此并行的是儒家忠孝仁义的伦理教育,如《四民月令》云正月、十月"命成童以上入大学"[2]读五经;十一月"命幼童……入小学"[3],读《孝经》《论语》。尽管能入学者多是富家子弟,但普通族人也必受其影响。这是家兵团聚性强的精神原因。

第三,家兵成员忙时生产,闲时军训,农战合一,没有正规的军事编制,数量的多少多以家计。《四民月令》对一年十二个月的安排充分体现了这一点。每年二三月和九月以后注重练兵习射防备不虞,其他诸月则从事生产和其他活动,就说明放下兵器就是农民,武装起来就是家兵。四川广汉出土的汉代农夫俑和武士俑衣着相似,各地画像石中武库和织室,仓库相傍,也说明了家兵农战合一的特点。

汉代政府军队有部曲编制,《后汉书·百官志》将军条云:"其领军皆有部曲,大将军营五部,部校尉一人……部下有曲……曲下有屯。"部和曲是将军之下的两级编制。李广行军,"无部曲行陈,就善水草顿舍,人人自便……程不识正部曲行伍营阵"[4]。汉简中也有许多部曲的记载。东汉时,史书把家兵称为部曲,如马武归刘秀后,"复使将其部曲"[5];汉末满宠为郡督邮"时郡内李朔等各拥部曲,害于平民"[6];等等。但就其军事职能而言,家兵内部并无部、曲等军事编制,家兵的多少不是以人计,而是以家计。如汉末李通起兵于郎陵,"时有周植者,众二千余家",李通后为汝南太守,有"张赤等五千余家聚桃山",这说明家兵没有严格的军事编制,采用的是农战合一的管理方式。

汉代家兵的社会影响

大体说来,汉代家兵的社会影响表现在如下几个方面:

第一,家兵保护了地主田庄经济的发展。田庄是家兵的经济基础,地主组织家兵的目的是保护自己的生命财产,其防御对象在平时是饥民暴动;在动乱年代亦防止为他人并吞,如新莽末年和东汉末年之各处地主武装都有这

---

[1] 崔寔著,石声汉校注:《四民月令校注》,北京:中华书局,1965年,第68页。
[2] 崔寔著,石声汉校注:《四民月令校注》,北京:中华书局,1965年,第68页。
[3] 崔寔著,石声汉校注:《四民月令校注》,北京:中华书局,1965年,第71页。
[4] 《汉书》卷五四《李广苏建传》,北京:中华书局,1962年,第2441页。
[5] 《后汉书》卷二二《马武传》,北京:中华书局,1965年,第784页。
[6] 《三国志》卷二六《魏书·满宠传》,北京:中华书局,1959年,第721页。

个目的。

　　田庄经济是东汉新产生的经济形态,尽管它建立在对农民的残酷剥削的基础之上,但这种剥削在当时是必然的,有一定的历史合理性。它较国家直接控制下的个体自耕农经济,更有利于生产力的发展。因为田庄占地大,劳动力多,田庄主为获得更多的财富,遂有计划地组织生产、兴修水利,进行较细的分工,有利于改进生产技术和提高劳动效率。家兵保护了田庄经济,从发展生产力的角度说,有一定的积极作用。

　　第二,在政治方面,家兵的影响在不同时期有不同体现。在新莽统治时期,家兵是反对王莽统治的力量之一。王莽改制,既损害了广大农民利益,也损害了地主阶级本身的利益,早在绿林赤眉起义之前,地主大姓即举兵反莽。至赤眉军入长安,三辅大姓更各拥兵众。这些大姓虽然仇视农民军,但他们没有和新莽政权携手镇压农民军,而是举兵自保。这就在农民军未到之前先打乱了新莽政权的统治秩序,使新莽政权陷入了孤立无援的境地,客观上加速了新莽政权的崩溃。

　　在刘秀建立东汉政权的过程中,家兵则是其军事力量的中坚。刘秀、刘縯以家兵起事南阳,其后响应、归附的各地大地主如刘植、耿纯、耿弇、冯勤、阴识、王丹、王霸、邓晨、冯异、贾复、祭遵、任光、李忠、邳彤、马援等,都率有数量不等的家兵,为刘秀削平各地割据势力,建立统一新王朝,提供了生力军。地主家兵的封锁进攻,也导致了绿林、赤眉起义迅速失败,加速了东汉政权实现统一和巩固的步伐。

　　在黄巾起义前的东汉历史中,家兵是地方封建统治秩序的重要维持者。东汉之初,为精兵简政,刘秀曾于建武六年省郡都尉,并职太守,七年罢郡国兵。由于倡导儒学,偃武行文,郡守长吏均不重视军事建设,地方武备远较西汉为弱。和帝以后,政治十分黑暗,虽然小规模农民起义不绝如缕,但始终没有对东汉政权造成什么威胁,一个主要的原因就是因为家兵的存在,地主坞壁林立,对农民起义防备甚严。即使发生了比较大的农民起义,在官府和地主家兵的联合镇压下,也难以持久。如顺帝建康元年,九江范容、周生,阳陵徐凤、马勉相继起义,次年广陵张婴亦反,汉政府遂以滕抚、赵序、冯绲率兵镇压,"下邳人谢安应募,率其宗亲设伏击凤,斩之"[1]。谢安是大地主,有众多的"宗亲"即其家兵。又如灵帝光和元年,"交阯部群贼并起"[2],以朱儁为交阯刺史,"令过本郡简募家兵及所调,合五千人"[3],旬月平之。黄巾初起,灵

---

[1]《后汉书》卷三八《滕抚传》,北京:中华书局,1965年,第1279页。
[2]《后汉书》卷七一《朱儁传》,北京:中华书局,1965年,第2308页。
[3]《后汉书》卷七一《朱儁传》,北京:中华书局,1965年,第2308页。

帝即下令"举列将子孙及吏民有明战阵之略者"〔1〕,号召地主和官军联合镇压黄巾军。朱儁在黑山军张燕逼近河内时,即"将家兵击却之"〔2〕。曹操所领也有家兵,如李典从父李乾"合宾客数千家在乘氏,初平中,以众随太祖,破黄巾于寿张"〔3〕。

  黄巾起义之后,统一的东汉中央政权名存实亡,国家机器已不再能继续保护地主阶级的利益,各地豪强乃拥兵自保以待所归,各地军阀则混战不休。在这军阀大混战中,曹操、刘备、孙氏兄弟依靠地主家兵的支持,相继建立了魏、蜀、吴三个地区性统一政权。如吕虔、田畴、杨峻、任峻、曹洪等都各率徒众追随曹操;刘备因糜竺之"奴客二千,金银货币"〔4〕衰而复振;孙氏兄弟更是依靠江东大姓的支持而立国。

  在论述汉代家兵的政治影响时,不能不谈到家兵与地方割据的问题。在目前的有关论著中,大多认为家兵加剧了汉末的地方割据,削弱了中央集权。笔者认为,这是不够全面的。诚然,在两汉之际和东汉末年,军阀割据和家兵的存在确有关系,但是,首先,国家的本质是阶级压迫的工具,它要保护统治阶级的利益不受侵犯。在新莽末年和东汉末年,旧的统一的中央政权已经瓦解,新的尚未建立,地主阶级没有了共同的保护伞,为了生存,只有举兵自保,在自保的前提下,寻找新的主人,建立新的统治秩序,这是无可厚非的。而在统一的中央政权还能保护他们的利益时,他们是现存统治秩序的积极维护者。在黄巾起义前的东汉历史中虽然到处都有家兵,却没有发生地方割据,原因就在这里。其次,一般地主拥有家兵主要是自卫,用来防御、镇压农民起义,(当然也防止其他地主武装的仇杀),而不是对抗政府,否则,东汉政府是不会坐视不顾,默认其合法存在的。再次,东汉末年割据的军阀都是州牧、刺史、太守等握有一方军政权力的人,而没有谁是一般地主;尽管这些州牧、刺史、太守之割据都得到了地主家兵的支持,但这至少说明仅有家兵并不足以割据,还必须和政治权力相结合。而地主家兵支持这些军阀,正说明他们在寻找新的代表,欲建立新的统治秩序。当然,由于地主田庄的发展,广大自耕农大多沦为依附民,由受控于国家转附于私家,影响了国家的剥削量;地主则依其财势和家兵武装操纵官府,横行不法,是不利于中央集权的,但私家地主和中央政府的根本利益还是一致的。这也是自东汉以后的历代统治者都承认家兵合法地位的原因。

---

〔1〕《后汉书》卷八《灵帝纪》,北京:中华书局,1965年,第348页。
〔2〕《后汉书》卷七一《朱儁传》,北京:中华书局,1965年,第2311页。
〔3〕《三国志》卷一八《魏书·李典传》,北京:中华书局,1959年,第533页。
〔4〕《三国志》卷三八《蜀书·糜竺传》,北京:中华书局,1959年,第969页。

第三，汉代家兵的发展，对曹魏世兵制的形成也有一定的影响。人们论述曹魏世兵制的形成时，或者把东汉的刑徒戍边之不返故里和中央的羽林期门(虎贲)之世袭性视为世兵制的起源；或说东汉征兵制瓦解，兵源不稳定，曹魏为保证兵源，而强把部分农民另立户籍为兵户，迫其世代为兵。这两说都有道理，但都不是主要原因，而且说世兵制源于羽林期门之世袭性似乎太久远了，因为羽林期门在西汉武帝时就有了。笔者认为，世兵制之形成和汉代家兵的发展有着十分重要的关系。汉代家兵农战合一，父子相继；主人若征战辗转，家兵成员则举家随营；曹操、刘备、孙氏兄弟在收编各地家兵时，都是连同其家小一起收编的。如何安置这些士兵的家小？如遣散归农，在战乱年代，难免掳掠之灾，进而影响军心；若随营就食，则军费过于浩大，且影响军事行动的速度；不如留下另立户籍，专门管理，使之生产自给，既安定军心，又减少财政支出；军队减员，从中调补，合情合理，方便易行。此法行之既久，逐渐成为制度，世兵制因此而确立。这个问题，说来话长，这里仅稍加提示，详论留待另文。

刘秀罢兵的几个问题[*]

东汉初年,刘秀精兵简政,先后罢郡国兵和边地戍卒,压缩中央禁军,《后汉书·光武帝纪》云:建武七年诏"今国有众军,并多精勇,宜且罢轻车、骑士、材官、楼船士及军假吏,令还复民伍"。二十二年,"诏罢边郡亭侯吏卒"。《百官志》载并西汉京师八校尉为五校尉云:"中兴省中垒,但置中侯以监五营。胡骑并长水,虎贲主轻车。"与此稍前,又省内郡都尉,《百官志》云:"中兴建武六年,省诸郡都尉……唯边郡往往置都尉及属国都尉。"刘秀的上述措施对东汉兵役制度有何影响?目前的有关论著大多认为刘秀废止了西汉的更戍役制度即废止了秦汉以来的役龄男子轮番做卫士、戍卒、郡兵的制度,废除了地方军。如贺昌群先生认为都尉和郡兵之罢"是对西汉以来更役戍役制度的解除",罢戍卒说明"屯戍一岁的更戍制度,此时在边郡亦然告一结束",并省诸校尉以后,京师卫士"乃出于召募而来的商贾惰游子弟或农民,并不是依据更役制度征调的"[1],此后募兵制代替了征兵制。漆侠先生云刘秀罢兵以后,"诸郡常备的武装力量就废除了",而"都试和地方正卒的废除,不能不说明战国以来的全民兵役制已经从根本上崩溃"。[2]张晋藩等先生亦云刘秀之后"原来的正卒和戍卒都改由中央召募而来的职业军队担任"[3]。如此等等,不一而足。目前,高校通行的历史教科书也多持此说。笔者认为,这些说法均有误解,刘秀只是改革兵政,没有改革兵役,现论如下,就教于同仁。

一、刘秀是暂时地部分地罢遣地方兵

第一,诏令明言:"今国有众军,并多精勇,宜且罢轻车、骑士、材官、楼船士及军假吏。""宜"、"且"用法甚多,此处均作动词"罢"之副词,"宜"为可以、应该之意;"且"为姑且、权宜之意。结合上文,"宜且罢"是说因国有众军,并多精勇,现在不需要很多的地方军,可以解散一些,根本不能理解为从此废除

---

[*] 原刊《南都学坛》1989 年第 1 期。
[1] 贺昌群:《东汉更役戍役制度的废止》,《历史研究》1962 年第 10 期。
[2] 漆侠:《秦汉农民战争史》,上海:生活·读书·新知三联书店,1979 年,第 124 页。
[3] 张晋藩:《中国法制史》卷一,北京:人民大学出版社,1981 年,第 182 页。

了地方兵。

第二，东汉一代，无论是镇压内郡人民起义，还是用兵少数民族，均以郡兵为主，如据《后汉书》诸帝本纪的统计，从光武帝到灵帝，内郡太守将兵征讨计16次，边郡太守将兵征讨计24次，所将之兵均云郡兵。但这些郡兵是否如人们所说的那样是出于招募？

在汉武帝时期，于征兵制之外出现了募兵、刑徒兵、外族兵，此后一直是诸种集兵方式并存，后者的比重日趋增加。由于士兵来源不同，为示区别，遂在士兵前面冠以不同名号：征发的郡兵或因兵种称之为材官、轻车、骑士、楼船，统称为郡兵，或称某郡卒，如河内卒等；征发的戍边者或因职役名为田卒、障卒、燧卒等，统称为戍卒；招募的兵士或因其武技而称之为佽飞、射士、勇敢、奔命等，统称为应募士，或简曰应募、募士，应募戍边者据汉简亦称募士或募卒，刑徒兵则称为弛刑、弛刑徒，外族兵则以族而名，如胡骑（匈奴）、羌骑等，或曰属国骑。东汉承西汉之旧，也在不同来源的士兵前面冠以不同名称。如《后汉书·吴汉传》云（下引此书，只列篇名）："建武十一年春，（吴汉）率征南大将军岑彭等伐公孙述……将南阳兵及弛刑募士三方人泝（溯）江而上。"《马援传》云建武二十四年，马援"率中郎将马武、耿舒、刘匡、孙永等，将十二郡募士及弛刑四万余人征五溪"。《明帝纪》永平元年"募士卒戍陇右，赐钱人三万"。史文把南阳兵和弛刑、募士分列；说十二郡募士，不说十二郡兵或士卒；说募士卒，不说发士卒，就是因为征兵和募兵、刑徒兵性质不同，要区别对待。这说明东汉所云之郡兵是征兵而非募兵。

有的学者认为，东汉之郡兵都是临时征集的农民，而不是西汉的常备军。其实秦汉的征兵制是预备兵役制："即现役期限短，但退为预备役后，将来还要在一定期限内再次应征入伍。"[1]男子在役龄之内除两年现役（一年郡兵、一年戍卒或做卫士）外，都是国家的预备兵，在家耕种，要随时应征。汉武帝用于周边各族的军队，按当时人口推算，绝大多数是在家务农的役龄男子。因此，东汉临时征集郡民为兵，根本不是刘秀废除地方兵后的新制，而是按祖制行事。

东汉时代，地方无疑是有常备兵的，《百官志》说罢都尉之后，"并职太守"，就是要郡守训练郡兵，管理军务，否则是没有必要说"并职太守"的。《李固传》云顺帝永和年间，"太山盗贼，屯聚历年，郡兵常千人，追讨不能制"，李固为太守"悉罢遣归农，但选留任战者百余人，以恩信招诱之"。这千余郡兵是太守直接指挥的，都是征郡民充任，至于所属各县还自有其武装，是以当时郡兵总数远不止千人。又如《裴岑记功碑》云："惟汉永和二年八月，敦煌太守

---

[1] 恩格斯：《军队》，《马克思恩格斯恩全集》，第14卷，北京：人民出版社，1974年，第43页。

云中裴岑将郡兵三千人,诛呼衍王等,斩蜮部众,克敌全师。除西域之灾,蠲四郡之害,边境艾安。"[1]这三千人当然只能是郡兵的一部分。《廉范传》云廉范为云中守,"会匈奴大入塞,烽火日通。故事,虏人过五千人,移书傍郡"。这儿的"故事"是边郡通制,则边郡常备兵必在五千以上,方可抵住匈奴骑兵偷袭而不求救于别郡。只是东汉一代,地方兵训练不精,战斗力低下而已,这待下文详论。

第三,从当时的历史背景看,刘秀不可能废除地方常备兵。建武六、七年间,刘秀虽然占领了关中、关东地区,东汉政权,已具规模,但全国远未统一;隗嚣割据天水、陇西,公孙述称帝巴蜀;卢芳盘踞雁门、太原,以匈奴为援;东方亦未巩固,只有河西窦融是刘秀的同盟。而隗嚣、公孙述兵多将广,兼得地势之利,联合对抗刘秀,鹿死谁手,难以料定。刘秀正积聚力量,欲平陇蜀。在这用兵之际,刘秀怎会把地方兵全部废掉?"国有众军"不足征战时,何处调援?

从当时的形势看,刘秀罢遣的应是那些归附的诸军阀的旧部。东汉政权是在统一各地割据武装中发展起来的,这些军阀既经降汉,其武装即被收编,但他们并没归心,仍想有朝一日重温旧梦,如桓谭语刘秀云:"臣谭伏睹陛下用兵,诸所降下,既无重赏以相恩诱,或至虏掠夺其财物,是以兵长渠率,各生狐疑,党辈连结,岁月不解。"[2]这对新生的东汉政权是个潜在的威胁,刘秀在集中兵力,统一陇蜀之前,不能不有所顾虑。建武三年,冯异定三辅时,曾"诛击豪杰不从令者,褒赏降附有功劳者,悉遣其渠帅诣京师,散其众归本业,威行关中"[3]。建武五年,耿弇平齐,张步归降,"(弇)勒兵入据其城,树十二郡旗鼓,令步兵各以郡人诣旗下,众尚十余万,辎重七千余两(辆),皆罢遣归乡里"[4]。对安定三辅和齐地收到了良好的效果。刘秀乃用冯异、耿弇的经验,于大举进攻陇蜀的前夕,解散那些不可靠的军队,釜底抽薪,消除隐患。史实证明,刘秀此举是有远见的。建武八年,刘秀亲征隗嚣,战幕刚开,关东即乱,"颍川盗贼寇没属县,河东守守兵亦叛,京师骚动"[5],刘秀只好班师,先平叛乱。这些"盗贼"即原来的割据势力,《东观书》载杜林语云:"张氏(即张步)虽皆降散,犹尚有遗脱,长吏制御无术,令得复炽……小民负县官不过身死,负兵家灭门殄世。"[6]就在这次反乱事件中,投降东汉、居住洛阳的张

---

[1] 高文:《汉碑集释》,开封:河南大学出版社,1985年,第59页。
[2] 《后汉书》卷二八《桓谭传》,北京:中华书局,1965年,第960页。
[3] 《后汉书》卷一七《冯异传》,北京:中华书局,1965年,第647页。
[4] 《后汉书》卷一九《耿弇传》,北京:中华书局,1965年,第712页。
[5] 《后汉书》卷一下《光武帝纪下》,北京:中华书局,1965年,第54页。
[6] 《后汉书》卷一〇五《五行志三》注引,北京:中华书局,1965年,第3306-3307页。

步就"将妻子逃奔临淮,与弟弘、蓝欲招其故众,乘船入海,琅琊太守陈俊追击斩之"[1]。这是在耿弇、刘秀两度罢兵之后的情景,否则将更为严重。这一方面说明东方割据势力并没有最后消除,另一方面说明刘秀不可能把所有的地方兵都罢掉,只能解散那些"兵长渠帅"的旧部,其余的郡兵是不能解散的,才发生了河东守兵叛乱的事,琅琊太守陈俊才能击斩张步。建武十一年,举兵攻蜀时,才能调"南阳、武陵、南郡兵,又发桂阳、零陵、长沙委输棹卒,凡六万余人,骑五千匹,皆会荆门"[2]。当然,刘秀之罢地方军,客观上有增加农业劳动力的效果,利于生产的恢复,但这并非刘秀的出发点。目前的论著,只强调这一点,而不论其政治原因,是有失偏颇的。

既然刘秀是暂时的、部分的罢遣地方兵,目的是消除兵变隐患,那么说刘秀没有废除地方常备军,没有废除男子当郡兵的兵役义务是没有什么问题的。

二、并省诸校尉和轮番为卫士的制度无关

第一,西汉制度,卫士归卫尉统领,守卫皇宫和诸帝陵寝,是为南军,均调内郡之民轮番充任,一岁一更。汉武帝所设之八校尉,代替原中尉所领的北军,是中央禁兵的主体,宿卫京师,外兼征战;其来源异于卫士,有外族兵,如胡骑等;有选募,如射声越骑等;有征自三辅,如步兵等。张维华先生指出:"这样的兵士,是长期屯扎于各城门内外的,也是以兵为职业的长屯兵,与更番入卫之卫士不同"[3],实为的论。既然北军八校和南军卫士的建制、来源,职能均异,二者没有统属关系,并省八校尉为五校尉和更番为卫士的制度是无关的。

第二,《三国志·魏书·王郎传》注引《魏名臣奏》云:

> 旧时(东汉)虎贲、羽林、五营兵,及卫士并合,虽且万人,或商贾惰游子弟,或农野谨钝之人;虽有乘制之处,不讲戎陈,既不简练,又稀更寇雖(当是难之误)名实不副,难以备急。有警而后募兵,军行而后运粮;或乃兵既久屯,而不务营佃,不修器械,无有贮聚,一隅驰羽檄,则三面并荒扰,此亦汉氏近世之失而不可式者也。[4]

这一段话被视作东汉废除更番为卫士制度的重要依据,被作为"东汉一代卫

---

[1]《后汉书》卷一二《张步传》,北京:中华书局,1965年,第500页。
[2]《后汉书》卷一七《岑彭传》,北京:中华书局,1965年,第661页。
[3] 张维华:《汉史论集》,济南:齐鲁书社,1980年,第101页。劳干:《论汉代的卫尉与中尉兼论南北军制度》对南北军后的建制论述颇详,载《劳干学术论文集甲编》,台北:艺文印书馆,1976年。拙作《试论汉代中尉、执金吾和北军的演变》对西汉北军发展有详细论述,见本书。
[4]《三国志》卷十三《王朗传》,北京:中华书局,1959年,第409页。

士制度中已废除更役制的明证"[1]。其实这是对奏文的误解所致。

奏文列举了三个系统的京师兵：五营（即五校）兵、卫士、虎贲和羽林，分别属于北军、卫尉和光禄勋；这"万人"即由这三个系统的人员组成；而这"万人"又可分为两种身份：农民和商贾惰游子弟。这根本不能说明卫士制度中的更役制被废除。

虎贲、羽林是郎官的一种，始于汉武帝，（虎贲原名期门，平帝改称虎贲），由六郡良家子和从军死事之子孙充任，是皇帝侍卫，父死子继，世袭其职。《百官志》虎贲中郎将条注引荀绰《晋百官表注》云："虎贲诸郎，皆父死子代，汉制也。"《太平御览》卷二四二《职官部·羽林监》引《汉官仪》"羽林，父死子继，与虎贲同"。而为郎是入仕门径之一，如《汉旧仪》规定："期门骑者……比郎从官……迁补吏属。"甘延寿即以期门郎"稍迁至辽东太守"。羽林郎亦然，赵充国即以羽林补假司马。东汉亦然，《和帝纪》永元元年注引《汉官仪》云："羽林郎出补三百石丞尉，自占丞尉，小县三百石，其次四百石，比秩为真，皆所以优也。"故羽林、虎贲不是卫士，而是现职武官的后备军。五营兵原是京师的禁兵，但因优游少事，随皇帝出行，耀武扬威，如《汉官仪》云"旧选羽林郎旄头被发为前驱，今但用营士"。其地位远非普通士兵可比。《刘般传》云刘般于永平十一年兼屯骑校尉，"时五校尉官显职闲而府寺宽敞，舆服光丽，伎巧毕给，故多以宗室肺腑居之。每行幸郡国，般常将长水胡骑从"。其官如此，其兵亦殊，久之遂为世袭之兵。《西羌传》云安帝元初二年，"遣任尚为中郎将，将羽林、缇骑、五营子弟三千五百人，代班雄屯三辅"。"五营子弟"正说明了五营兵亦可世袭，因为虎贲、羽林五营士地位特殊，有诸多好处，人们都想跻身其间以自我炫耀，统治者遂出售其职以敛财。如安帝永初三年，"三公以国用不足，奏令吏人入钱谷，得为关内侯、虎贲羽林郎、五大夫、官府吏、缇骑、营士（即五营士）各有差"[2]。其后桓帝、灵帝都有类似诏令，那些商贾惰游子弟遂藉此涌入虎贲、羽林、五营之中。当然，这种现象绝非始于永初三年，而是早已存在，三公之奏议不过使既成事实合法化而已。

但是，卫士没有虎贲、羽林、五营士的优越地位和好处，虽在帝辇之下，但役事甚苦，守卫皇宫陵寝，昼夜巡行，风雨无阻，没有任何自由，更无随侍天子行幸郡国之机运。[3]《礼仪志》注引《周礼》云："府吏以下，有胥有徒。"郑玄注云："此谓民给徭役，若今卫士矣。"郑玄把东汉之卫士比作先秦之胥徒，可见

---

[1] 贺昌群：《东汉更役戍役制度的废止》。李孔怀亦据此认为"国家卫士不再由农民依据更役戍役制役调而来，而是由国家从商贾惰游手弟或农民中临时招募而来"。氏著：《东汉的政治制度与军阀割据》，《中国史研究》1981年第2期。

[2] 《后汉书》卷五《安帝纪》，北京：中华书局，1965年，第213页。

[3] 卫士职役可参见《汉旧仪》《汉官解诂》《汉书·韦玄成传》。

其役事之艰苦、地位之低下。这些卫士只能征发农民充任,那些商贾惰游子弟是不会来服此贱役的。这就是这"万人"之中农野谨钝之人的由来。要指出的是,"农野谨钝之人和商贾惰游子弟"远非这"万人"的全部,其中还当有世兵和少数民族兵。如乌桓胡骑等,奏文只举这两种人旨在强调其不任战事,军事素质差而已。

第三,东汉卫士轮番调自郡县,史有明文。上举郑玄说的"此谓民给徭役,若今卫士矣",即说明人民要给卫士之役。《和熹邓皇后纪》云永初三年"旧事岁终当飨遗卫士,大傩逐疫……"《东平宪王苍传》云建初三年"帝飨卫士于南宫"。《礼仪志中》有"飨遣故卫士仪"专条,云:"百官会,位定,谒者持节引故卫士入自端门,卫司马执幡钲护行……毕飨,观以角抵、乐阕罢遣,劝以农桑。"此制始于西汉,《汉书·盖宽饶传》云宽饶为卫尉司马,"及岁尽交代,上临飨罢卫卒,卫卒数千人叩头自请,愿复留共更一年,以报宽饶厚德"。同书《王尊传》云成帝"正月行幸曲台,临飨罢卫士"。如淳注:"诸卫士更尽得代去,故天子自临而飨之。"这些说明东汉和西汉一样,仍轮番征调郡民充当卫士。当然,这并非说卫士全由征调而来,也可能有的出于招募,但这至多说明征发和招募并存,不能说废止了一岁为卫士的制度。

三、罢"亭侯吏卒"不等于废止"屯戍一岁"

汉代戍卒的征发量均以实际需要为准,而不拘于应服边戍者的数额。如汉文帝初年,于北边加强戒备,人民役事甚苦,后接受晁错募民实边建议,于十三年一度"除戍卒令"[1],"丁男三年而一事"[2],大大地减少了戍卒的征发量。武帝时北方边防线加长,汉匈战事不断,戍卒量就大得多,最多者如元鼎元年,为防西羌和匈奴联合攻汉,于"上郡、朔方、西河、河西开田官,斥塞卒六十万人戍田之"[3]。这60万人远不止应服边戍者,而含那些服过边戍者在内。宣帝时,汉匈和解,北边"自敦煌至辽东,万一千五百余里,乘塞列隧(燧)有吏卒数千人"[4]。这数千人只不过是应服边戍者的一少部分。东汉建武初年,不断增加北边兵力。如建武七年,杜茂屯田晋阳广武,九年令朱祐、王常、侯进分屯常山涿郡、渔阳,王霸为上谷守屯兵如故,十四年令马成屯常山、中山等。[5]至建武二十二年,匈奴连遭旱蝗,"赤地数千里,草木尽枯,

---

[1] 《史记》卷二二《汉兴以来将相名臣年表》,北京:中华书局,1959年,第1127页。
[2] 《汉书》卷六四下《贾捐之传》,北京:中华书局,1962年,第2832页。
[3] 《汉书》卷二四下《食货志下》,北京:中华书局,1962年,第1173页。
[4] 《汉书》卷六九《赵充国传》,北京:中华书局,1962年,第2989页。
[5] 分别参见《杜茂传》《王霸传》《马成传》。

人畜饥疫,死耗太半",又遭乌桓袭击,不得已而北徙,"幕南地空"。[1]东汉北边威胁一时解除,遂罢"亭侯吏卒"与民休息。这和汉文帝之除戍卒令、宣帝之减戍卒数量一样,都是由实际需要决定的,都是轻徭薄赋的措施,根本得不出废止戍边一岁的结论。

刘秀罢亭侯吏卒也是暂时的,以后随军情变化而又有恢复。如明帝之置度辽营、宜禾都尉,章帝徙陇西南部都尉戍守西域,"悉复诸亭侯"[2]等等。和西汉不同的是,西汉戍卒的日常防务由边郡都尉直接管理,太守监督节制。东汉则杂以中央直接指挥,如度辽营即由中央命度辽将军统率。但边郡太守、都尉亦司其事,如上举金城南部都尉即为一例。又如《西羌传》云和帝时西羌迷唐部平,在大小榆等各地进行大规模屯田,其中有金城西部都尉曹凤"将徙士屯龙耆后金城长史上官鸿上开置归义、建威屯田二十七部"。长史也是太守之下的领兵之官,是为边郡太守负责戍卒之证。

从西汉武帝始,戍边杂以弛刑徒和募兵,东汉时代弛刑徒和募兵戍边多于西汉,但并非全以弛刑徒、募兵戍边,如和帝永元元年邓训用兵西羌迷唐等部后"罢屯兵,各令归郡,唯置弛刑徒二千余人,分以屯田"[3]。这些归郡之屯兵就是征发来的郡民,才罢之归郡。《陈忠传》云安帝元初三年陈忠上言:"孝宣皇帝旧令:人从军屯及给事县官者,大父母死未满三月,皆勿徭。令得葬送。请依此制,太后从之。""从军屯"即戍边,这是就郡民戍边而言的,否则募兵和弛刑徒是不存在徭的问题的。《五行志》云安帝建光元年"是时羌反久未平,百姓屯戍,不解愁苦"。"百姓屯戍"即指郡民屯驻戍边。因此,东汉虽然用许多刑徒、募兵戍边,但并没有完全代替郡县民戍边的制度。

四、"王旅不振"不是刘秀罢兵的结果

东汉后期,军队训练不精,不任战事,《百官志》注引应劭《汉官》云:

> 自郡国罢材官骑士之后,官无警备,实启寇心。一方有难,三面救之,发兴雷震。烟蒸电激,一切取辨,黔首嚣然。不及讲其射御,用其戒誓,一旦驱之以即强敌,犹鸠鹊捕鹰鹯,豚羊弋豺虎,是以每战常负,王旅不振。张角怀挟妖伪,遝迻摇荡,八州并发,烟炎绛天,牧守枭裂,流血成川。尔乃远征三边殊俗之兵,非我族类,恣骛纵横,多僵良善,以为己功,财货粪土。哀夫民氓迁流之咎,见出在兹,不教而战,是谓弃之,迹其祸

---

[1]《后汉书》卷八九《南匈奴传》,北京:中华书局,1965年,第2942页。
[2] 详见《西域传》《西羌传》。
[3]《后汉书》卷一六《邓训传》,北京:中华书局,1965年,第611页。

败,岂虚也哉。[1]

《后汉书·郑太传》载郑太对董卓云:

> 光武以来,中国无警,百姓优逸,忘战日久。仲尼有言:"不教人战,是谓弃之;其众虽多,不能为害。"[2]

《后汉书·第五伦传》第五伦之孙第五种云:

> 羽说种曰:"中国安宁,忘战日久,而太山险阻,寇猾不制。今虽有精兵,难以赴敌,羽请往譬降之。"[3]

《后汉书·南匈奴传》载南匈奴背汉,王商主张招降,推荐度辽将军马续主其事:

> 商又移书续等曰:"中国安宁,忘战日久。良骑野合,交锋接矢,决胜当时,戎狄之所长,而中国之所短也。强弩乘城,坚营固守,以待其衰,中国之所长,而戎狄之所短也。"[4]

以上诸人论述,特别是应劭诸语,被认为是刘秀废除地方常备军的有力证据。通过上文所论可见,这当然是不对的。事实上,"王旅不振"是东汉后期的情况,东汉前期王旅还是很强的,如和帝用兵北匈奴即是例证。那么,能否说这是刘秀罢都尉,"省都试之役"的结果?答案也是否定的。因为:第一,都尉罢后,"并职太守"。这儿的并职太守即并都尉训练、考核、轮代郡兵等职事于太守,因为郡守本来就是郡兵的最高统帅,有发兵权和领兵权,都尉只是其副佐,协理军务(今人有据"并职太守"四字出发,认为郡守掌兵始于刘秀,并作为汉末军阀割据的原因之一,实属误解)。这说明"不教民战"并非制度使然,刘秀虽罢都尉并未废除地方官的武职,"教民战"在制度上仍是郡守职责之一,至于事实上的不教民战,是另外一回事。第二,都试是对一年一度的郡兵大演习、大考核,于每年八月举行,罢都试之后,不再有考课优劣之比,当然要影响军训质量,但这不等于"不教民战"。第三,即使"王旅不振"是因为罢都尉、省都试、平时"不教民战"所致,那么士兵在经过一段时间的实战训练之后,军事技能也该掌握,军事素质也该提高了,为什么在数十年的对羌作战中连吃败仗?相反,张角所率的黄巾军从未经过军事训练,却把官军打得落花流水。显然,说东汉"王旅不振"是罢都尉、罢都试、"不教民战"的结果是难以成立的。应劭、荀悦、郑太所云只不过是表面现象罢了。

影响战争胜负的因素是多样的,主要的可分为人和物两个方面。恩格斯

---

[1]《后汉书》卷一一八《百官志五》,北京:中华书局,1965年,第3622页。
[2]《后汉书》卷七〇《郑太传》,北京:中华书局,1965年,第2258页。
[3]《后汉书》卷四一《第五伦传附孙种传》,北京:中华书局,1965年,第1404页。
[4]《后汉书》卷八九《南匈奴传》,北京:中华书局,1965年,第2961页。

说："军队的全部组织和作战方式，以及与之有关的胜负，取决于物质的即经济的条件，取决于人和武器这两种材料，也就是取决于居民的质与量和取决于技术。"[1]所谓人的质量指一是将帅的素质——指挥才干、作战意识、个人意识和应变能力，二是士兵的素质——士气状况、军事技能等；物的因素主要是指武器装备和军需补给。在其他条件一定的情况下，将帅作用是主要的，军队训练、组织方式、作战能力往往取决于将帅。恩格斯在《欧洲军队》中叙述英国军队时说："不列颠军队的战斗素质由于军官在理论和实践方面的无知而大大降低了。"又云："不列颠军队在克里木失利，一半是由于它的所有军官不称职。"[2]下面即根据恩格斯的启示，简单地讨论一下东汉"王旅不振"的原因，以正视听。

第一，东汉的太守令长是郡县兵的最高统领，但太守令长多以察举入士，而察举的依据主要是儒学，这些人只知经学章句、如何能获誉乡里以求显达，不知武备方略；更重要的是这些人在观念上轻视武事。《马融传》云安帝时，邓太后临朝，"而俗儒士世以为文德可兴，武功宜废，遂寝蒐狩之礼，息战阵之法，故猾贼纵横，乘此无备。融乃感激，以为文武之道，圣贤不坠，五才之用，无或可废，元初二年上《广城颂》以讽谏"。先秦时代，春猎曰蒐，冬猎曰狩，田猎的目的是讲武练兵，"蒐狩之礼"，即讲武之礼，以督促武事。这是说因"俗儒世士"典权，连讲武的仪式也废了。这是就中央而言的，但地方太守令长大多是这样的"俗儒世士"。故刘秀罢都尉后，虽然"并职太守"却因其不谙战阵，不屑武事而废其职，这就是"不教民战"的原因。

既然太守令长不晓战阵之法，不知理兵之道，而汉制以太守令长将兵临敌，结果只能是失败。王符《潜夫论·劝将》云：

> 孙子曰："将者，民之司命，而国家安危之主也。"是故诸有寇之郡，太守令长不可以不晓兵。今观诸将，既无断敌合变之奇，复无明赏必罚之信，然其士民又甚贫困，器械不简习，将恩不素结，卒然有急，则吏以暴发虐其士，士以所拙遇敌巧，此为将吏驱怨以御仇，士卒缚手以待寇也。
>
> 夫将不能劝其士，士不能用其兵，此二者与无兵等，无士无兵，而欲合战，其败负也，理数也然。故曰：其败者，非天之所灾，将之过也。[3]

这儿的将即指太守令长，"器械不简习"说明郡县各有器械，百姓应简习而没简习；以"不晓兵"、"无断敌合变之奇"之太守令长为将帅，率领"器械不简习"之士兵，外加乒将矛盾尖锐，军无斗志，而这些太守令长每每临敌又"皆奴怯

---

[1]《反杜林论》，引自《马克思恩格斯选集》，第3卷，北京：人民出版社，1995年，第210页。
[2]《马克思恩格斯全集》，第11卷，北京：人民出版社，1962年，第485—486页。
[3] 王符：《潜夫论》卷五《劝将》，汪继培笺，彭铎校，北京：中华书局，1979年，第253—254页。

畏惧不敢击",这样的将帅指挥这样的军队焉有不败之理?

第二,不重军功之赏,士兵没有作战积极性,是"王旅不振"的另一重要原因。征兵是义务兵,要使士兵奋勇作战,必须有相应的赏赐。司马迁说过:"壮士在军,攻城先登,陷阵却敌,斩将搴旗,前蒙矢石,不避汤火之难者,为重赏使也。"[1]可谓一语中的。秦国军队之所以强于六国,就是因为有一套严密的军功赐爵制。汉武帝之所以取得赫赫武功,与之重赏战功不无关系。如李广利征大宛归来,爵至海西侯,"军官吏为九卿者三人,诸侯相、郡守、二千石者百余人,千石以下千余人,奋行者官过其望,以谪过行者皆绌其劳,士卒赐直四万金"[2]。因此之故,在伐匈奴的战争中才有众多的私自从军者。

但是,刘秀立国,一反西汉文武并重的方针,"偃武兴文",以"柔道"治天下,"退功臣而进文吏,戢弓矢而散马牛"[3]。元功宿将封侯食邑而不典权,"是时列侯唯高密(邓禹)、固始(李通)、胶东(贾复)三侯与公卿参议国家大事"[4]。大力选拔儒士充任各级官吏。还在硝烟弥漫之时,刘秀就采求缺文,先访儒雅,拼集以儒士为主的统治班底。这就大大降低了武臣的地位,影响了将士的作战主动性。《杜诗传》载杜诗曾上书刘秀:"今若使公卿郡守出于军垒,则将帅自厉;士卒之复,比于宿卫,则戎士自百……陛下诚宜虚缺数郡以俟振旅之臣;重复厚赏,加于久役之士。如此缘边屯戍之师,兢而忘死;乘城拒塞之吏,不辞其劳,则烽火精明,守战坚固。"但"帝惜其能,遂不许之"。刘秀何尝不晓得这些?但这正是他所要避免的。因为重用功臣,不利于强化皇权。任用儒士,一方面可使之感恩戴德,忠于自己;另一方面文士重文轻武,以之为地方长吏,有利于改变前朝和战乱中形成的尚武之风,使人民各安本业。《华阳国志·公孙述刘二牧志》云:

> 建武十八年,刺史郡守,抚恤失和,蜀郡史歆,怨吴汉之残掠蜀也,拥郡自保。世祖以天下始平,民未忘兵,而歆唱之,事宜必克,复遣汉平蜀,多行诛戮。[5]

因为"天下始平,民未忘兵而歆唱之",就再遣吴汉杀掠蜀中,正说明刘秀重文轻武的目的是要人民忘兵,以防人民推翻他这个新的受命之主。综观前朝的农民起义大都发生于关东地区,秦和新莽均亡于关东义军之手;东汉既建都于无形势之险而有四战之地的洛阳,就不能不考虑前车之鉴。秦统一天下,曾尽收民间兵器;汉武帝时因"盗贼"繁多,公孙弘也建议"禁民不得挟弓弩",

---

[1] 《史记》卷一二九《货殖列传》,北京:中华书局,1959年,第3271页。
[2] 《史记》卷一二三《大宛列传》,北京:中华书局,1959年,第3178页。
[3] 《后汉书》卷一下《光武帝纪下》,北京:中华书局,1965年,第85页。
[4] 《后汉书》卷十七《贾复传》,北京:中华书局,1965年,第667页。
[5] 常璩撰,任乃强注:《华阳国志校补图注》,上海:上海古籍出版社,1987年,第337页。

但这些措施均没能阻止农民造反。刘秀遂用釜底抽薪的方式,偃武兴文,从思想上解除人民反抗的念头;使民忘兵,从技术上解除人民的反抗能力;不赏战功,从心理上使人民不屑武功,从而收长治久安之效,用心可谓良苦矣。杜诗未谙刘秀心底,建议重用功臣,当然不会被采纳。

刘秀之偃武兴文,对当时安定社会、加强君权是有一定成效的,但因此降低了军人的社会地位,影响了士兵的作战积极性则是刘秀未曾料到的。如果说这一影响在东汉前期还不突出的话,那么随着时间的推移、政治的腐败,到东汉后期就十分严重了。王符在总结东汉对羌战争屡遭失利的原因时说:

> 今吏从军败没死公事者,以十万数,上不闻吊唁嗟叹之荣名,下又无禄赏之厚实,节士无所劝慕,庸夫无所贪利,此其所以人怀沮解,不肯复死者也。

> 军起以来,暴师五年,典兵之吏,将以千数,大小之战,岁十百合,而希有功。历察其败,无他故焉,皆将不明于变势,而士不劝于死敌也。其士之不能死也,乃其将不能效也,言赏则不与,言罚则不行。士进有独死之祸,退蒙众生之福。此其所以临阵亡战,而竞思奔北者也。[1]

王符以当时人论当时事,所言均指军政问题,和兵役制度并无联系,这和刘秀重武轻文的治国方针虽有联系,但和罢郡国兵并无什么渊源,这比应劭简单地把东汉末期"王旅不振"的原因归结为刘秀罢车骑材官士要具体、深刻得多。

汉家军队曾据以为恃的坚甲利刃、劲弩长戟之优势到东汉后期也不存在了。这一方面是因为民族交往的加强,中原先进的冶铁、铸造技术不断地传到周边各少数民族,特别是北边的各游牧民族。另一方面东汉内部政治腐败,官营作场所造兵器质量低劣,不堪使用,崔实在《政论》中即曾指出当时主管制造兵器的官吏贪污盗窃、偷工减料,所造兵器,不堪使用的状况。以至于"边民敢斗健士,皆自作私兵,不肯用官器"。崔实慨叹说:"凡汉所以能制胡者,徒擅铠弩之利也,今铠则不坚,弩则不劲,永失所恃矣。"在冷兵器时代,兵器的优劣与战争胜败并无太大的关系,羌人反抗东汉时所用兵器也十分低劣,仍能取胜,崔实所论是有失偏颇的。但这说明兵器粗劣影响了战争胜负,已受时人的关注,同时从此也可以窥见"王旅不振"的深层原因,即政治的腐败。

军事是政治的继续,东汉后期,外戚专政,宦官弄权,吏治败坏,政治黑暗,反映到军事领域即将帅无能,贪生怕死,军政不修,兵无斗志,这虽然和刘秀重文轻武之治国方针有关,但更主要的还是政治腐败的结果,后人不审,谓为刘秀改革兵制所致,是难于成说的。

---

[1] 王符:《潜夫论》卷五《劝将》,汪继培笺,彭铎校,北京:中华书局,1979年,第248—249页。

五、东汉的全民兵役制是否"从根本上崩溃"

东汉一代,募兵、徒刑兵、少数民族兵的数量远多于西汉,在军队中的比重逐步加大,但是否如人们所认为的那样自刘秀而后征兵制就从根本上崩溃了?募兵、徒刑兵、外族兵是因此而被大量使用的?上文已有涉及,答案是否定的。下面再予补充。

众所周知,东汉有好几部记载汉代典章制度的专书,最重要的也是最常为人们所引用的是卫宏的《汉旧仪》和应劭的《汉官仪》。但是有一点往往被人们所忽视,即这两部书著成之时代不同,反映的不完全是同一时期的制度。卫宏生在东汉之初,刘秀任以为议郎,所作《汉旧仪》四篇"以载西京杂事"〔1〕,所记是西汉制度。应劭生当灵献之世,著《汉官仪》于建安年间,是时"旧章堙(湮)没,书记罕存。劭慨然叹息,乃缀集所闻,著《汉官礼仪故事》,凡朝廷制度,百官典式,多劭所立"〔2〕。《汉官仪》即《汉官礼仪故事》之简称。但这两部书对兵役制度的记载是相同的,只有个别文字上的差异,《汉官仪》(括号内为《汉旧仪》与之异者)云:

> 民年二十三为正,一岁(而)以为卫士,一岁为材官骑士,习射御骑驰战阵。八月,太守、都尉、令、长、相、丞、尉会都试,课殿最。水家(处)为楼船,亦习战射行船。边郡太守各将万骑,行障塞烽火追虏,置长史一人,丞一人,治兵民(治民)。当兵行长(史)领。置部尉(部都尉)、千人、司马、侯、农都尉,皆不治民,不给卫士。材官、楼船年五十六老衰,乃得免为民就田(为庶民就田里),(民)应合选为亭长。〔3〕

《汉官仪》既是缀集所闻而成,其中当然有采择《汉旧仪》一书者,不乏西汉制度,如都试之制东汉就没有严格进行以至于逐步废止,上引应劭《汉官》(即《汉官仪》之简称)所云刘秀罢车骑材官诸语也说明了两汉兵制有异,在《汉官仪》一书中本来应是有记述的,只是这两部书均无全本,难晓其详罢了。但是《汉官仪》和《汉旧仪》所记述的人民二十三为正,即为正卒,五十六老免之制是相同的,而人民自为正迄老免都有服兵役的义务,这是全民兵役制的基本特征。《论衡·射短》云:"文吏自谓知官事,晓簿书。问之曰:'晓知其事,当能究达其义,通见其意否?'文吏必将罔然。问之曰:'古者诸侯,各专国土,今

---

〔1〕《后汉书》卷七九下《儒林传下》,北京:中华书局,1965年,第2576页。
〔2〕《后汉书》卷四八《应奉传》附《应劭传》,北京:中华书局,1965年,第1614页。
〔3〕 孙星衍辑,周天游点校:《汉官六种》,北京:中华书局,1990年,第152-153页;《汉旧仪》文见同书第81页。

置太守令长,何义?……一岁使民居更一月,何据?年二十三傅,十五赋,七岁头钱二十三,何缘?……'"王充的这一段话是批评文吏自以为通宵典章制度,实际上只知其然,不知其所以然。说明东汉人民仍是二十三岁傅籍为正卒,开始服兵役和劳役。学者不审,认为到了王充时代,一般文吏已不知"一岁使民居更一月"、"年二十三傅"为何意,从而说明更戍制早已废止。[1]这显然是不适当的。照此理解,不仅废止了更戍制,而且人民的口钱、算赋也废除了,显然不合文义。《三国志·魏书·崔琰传》云琰"少朴讷,好击剑,尚武事,年二十三,乡移为正,始感激,读《论语》《韩诗》"。崔琰生在汉末,"乡移为正"亦是汉制。"移为正"即移其名于役籍。为正卒,开始服兵役和服劳役。[2]《刘平传》云刘平为全椒长(建武末年)"政有恩惠,百姓怀感,人或增赀就赋,或减年从役"。"减年从役"即谓到免老年龄而不愿免役,而云未到老免年龄继续服役,说明东汉亦有老免之制,当是56岁。这些役龄男子都要应征当兵,其史例鉴多,史文所云之"郡兵"都是征发而来。其服役长短亦以实际需要为准,如桓帝时,羌战连年,男子大多从军,只有妇女田耕,《五行志》有当时童谣云:"小麦青青大麦枯,谁当获者妇与姑。丈人何在西击胡,吏买马,君具车,请为诸君鼓咙胡。"又云,"公为吏,子为徒,一徒死,百车乘",所谓"公为吏,子为徒"即"父既为军吏,其子又为卒徒往击之也。"这和秦始皇时之"丁男披甲,丁女转输",汉武帝时之"父斗伤于前,子斗伤于后"何其相似!这些征戍之父子,击胡之"丈人",都是应征入伍的,这说明东汉仍然存在全民兵役制。

结 束 语

东汉之初,战乱始定,户口锐减,"什存一二",当务之急是精兵简政,以减轻人民的负担,与民休息,以恢复生产。刘秀罢兵是精兵简政的措施之一,和汉高祖五年之"兵皆罢归家"性质相同,和兵役制度并无关系。尽管东汉的征兵制已逐步瓦解,更番为郡兵、卫士、戍卒的制度日趋松散,逐渐为募兵、刑徒、少数民族兵所代替,但这一过程早在西汉中期就开始了,并非始于刘秀。而征兵制的瓦解,则是由封建经济关系的演变,对周边各族进行战争时的军事要求、封建政治的变化等因素决定的。这一问题笔者在《论秦汉兵役制度的演变》一文中有详细论述,此不赘言。

---

[1] 贺昌群:《秦汉间土地所有制形式与农民起义的关系》,《东汉更役戍役制度的废止》,见贺昌群:《汉唐间封建土地所有制形式研究》,上海:上海人民出版社,1964年,第1-87,234-265页。
[2] 对秦汉正卒含义有不同理解,一般的解为郡兵或卫士。笔者认为正卒是役龄男子的通称,指隶名军籍的男丁。详见拙作《秦汉"正卒"辨析》,《中国史研究》1988年第1期。

秦汉兵制研究*

秦汉是我国封建社会大发展时期,其各项制度、社会政治结构,上承战国之余绪,下启魏晋以至隋唐之先河,奠定了以后封建社会的基本格局,是一个极为重要的有其独立的特点的发展阶段,兵制也是如此。但《史》《汉》诸书无兵制专篇,有关兵制的记载均散见于各纪传书志之内,凌乱而匮乏,致使一代典制混沌不清者甚多。故自宋朝以来,遂有学者就秦汉兵制不断地予以剔梳清理,进行研究,取得了一定的成果。但这些研究,由于历史的局限,或是资料的排比,或以唐宋制度比附论之,大多就事论事,没能从总体上把握其发展变化之趋势,更谈不上从社会经济、政治的变动方面探求其变化的内在规律。近世,随着地下资料的出土,特别是马克思主义史学方法论的传入,对秦汉兵制的研究突飞猛进,硕果频出。但仍有许多问题未获解决,需要继续深入探讨。

兵制研究,应包括兵役、兵政、军法三个方面。兵役,即军队士兵的征集制度;兵政即包括军队的建置体制、军队日常行政管理,如训练、给养、装备等等;军法即关于军队士兵行为规范的立法及其执行制度等。秦汉时代,这些都已构成一个完备的体系。但因篇幅限制,对此,本文不可能全面论述,仅就兵役制度和军队建置体制这两个主要问题,在前人研究的基础上做系统论述。

秦汉兵役制度

秦汉兵役制度,前后变化甚大,是多种集兵方式并存,而以征兵制为主的兵役体制。大体说来,以汉武帝为一个转折点:在汉武帝以前,征兵制是唯一法定的兵役制度,偶尔以外族兵、刑徒兵补充征兵之不足;自汉武帝以后,募兵、刑徒兵、外族兵逐步成为国家军队的经常来源,征兵比重渐小,降至东汉,征兵渐居次要地位,最后名存实亡。这是当时社会经济、政治运动的结果。本章即按照其历史发展过程论述之。

---

* 原刊《徐州师范学院学报》1991年增刊,《秦汉断代史专题研究》专号。

一、征兵制度

征兵制度是秦汉兵役制度的主体,它形成于战国,完备于秦和西汉,至东汉而逐步弛废。本节先论其各项制度,关于其弛废过程于以下各节讨论。

(一)傅籍与老免年龄

傅籍是指人民到一定年龄时,著名役籍,开始服兵役和劳役。《汉书·景帝纪》颜师古注:"傅,著也,言著名籍,给公家徭役也。""著名籍"即著名徭役之籍。战国秦汉时代,徭役是兵役和劳役的总称,给公家"徭役"即服劳役和兵役,始傅年龄即始役年龄。

以往对秦汉始傅年龄不清楚,多以汉制推之,秦简出土后,这一问题就清楚了。秦简《编年记》载喜于秦昭王四十五年(前262年)十二月出生,始皇元年(前246年)傅籍,正好16岁。但论者大多数认为秦是15岁始傅,其理由一是有的文献记载战国15岁开始服役;秦在战争中曾发年15岁以上者从军。如《后汉书·班超传》载班超语云:"窃闻古者十五受兵,六十还之。"秦赵长平之战,秦发"年十五以上者悉诣长平"。二是认为喜之出生到傅籍是虚龄16岁,如有的认为"如果是前262年底生,到前246年办理登记手续(著名籍),也不过是十五周岁"〔1〕。今按此解非是。第一,秦以十月为岁首,喜是昭王四十五年十二月甲午鸡鸣时产,产于年初;而傅籍在年底八月进行,秦简《仓律》规定:"小隶臣妾以八月傅为大隶臣妾,以十月益食。"普通百姓也当在八月傅籍,汉代每年八月都核查户口,考校服役人数,称为"案比",又曰"算民",就是承秦而来。如此,喜从出生到傅籍是16周岁而非15周岁。第二,班昭所言系指《周礼》说的,其本意是引古制为据,云其兄年老当返乡,而不是说古代一定有过这种制度,更不一定是指战国或者秦。按习惯,汉儒所说古者一般指三代。至于长平之战,是个特例,并不能说明通制。就如刘邦和项羽激战时,萧何曾发"关中老弱未傅者悉诣军",我们能说"未傅者"也要当兵吗?因此,仅据上述两点理由说秦民年十五始傅是站不住脚的。

那么,可否说秦民是16周岁始傅?答案也是否定的,因为古人没有什么周岁、虚岁的概念,而傅籍时还有个身高标准问题。在西周、春秋时代,户籍管理不似后世严密,征民徭役多以身高为准,如《周礼·地官·乡大夫》云:"以岁时登其夫家之众寡,辨其可任者,国中自七尺以及六十,野自六尺以及六十有五,皆征之。"这儿的六尺、七尺是周代服役身体标准。降至战国,户籍管理逐步严格,征发徭役(劳役、兵役)不仅以身高为据,也以年龄为据,也就是说,身高和年龄是并行的,必须把二者结合起来考察才能得出正确结论。

---

〔1〕 熊铁基:《秦汉军事制度史》,南宁:广西人民出版社,1990年,第10页。

秦亦然。秦简《仓律》云："隶臣、城旦，高不盈六尺五寸，隶妾、舂高不盈六尺二寸，皆为小。高五尺二寸，皆作之。"这是奴隶从小"傅"为大的身高标准，普通百姓当与此同，男以六尺五，女以六尺二为准。贾公彦疏上举《周礼·地官·乡大夫》诸语云："国中自七尺以及六十者，七尺谓年二十。知者？案《韩诗外传》：二十行役与此国中七尺同，则知七尺谓年二十。云野自六尺以及六十有五者，六尺谓年十五。故《论语》云可以讬(托)六尺之孤，郑注云六尺之孤年十五已下。"六尺谓年十五，七尺谓年二十，按这个标准推算，六尺五寸正是十七岁。若把喜出生那一年记入其年龄，与此正相符合。以往论者，或只计年龄，不计身高，以为傅籍只是按年龄登记；或者只计身高，不计年龄，以为傅籍时只量身高，不管年龄，其实都不对。事实上，傅籍既登记年龄，也检查身体，百姓自出生即登记于户籍簿，到年龄即接受检查，根据身体发育状况决定其服役种类。

西汉初年，一仍秦制。景帝二年"令天下男子年二十始傅"。旧注由于不明秦始傅年龄，或以西汉后期制度释之为景帝把服役年龄由二十三提前到二十，或者谓虽然二十始傅，但要到二十三岁才服兵役。现在秦制已明，可知旧注之非，景帝是推迟服役年龄，以体恤民力。至汉昭帝时改为二十三傅籍。《盐铁论·未通》云："今陛下哀怜百姓，宽力役之政，二十三始傅，五十六而免。"在这里，昭帝不仅推迟始傅年龄，而且把免老年龄由六十提前至五十六，在此以前都是六十免役，《汉仪注》云："秦制二十爵，男子赐爵一级以上，有罪以减，年五十六免。无爵为士伍，六十乃免老。"汉昭帝以后，不管有爵无爵，都是五十六免役。《汉旧仪》云："民年二十三为正"，"材官楼船年五十六老衰乃得免为庶民，就田里"，就是指汉昭帝以后制度。

傅籍目的是确定服役人员，根据傅者身体状况，分别役之。对身高不合标准或有残疾者，即癃也要课以事役。《说文》"癃，罢病也"。段注"病当作癃。罢者废置之意，凡废疾不能事事曰罢癃"。但在秦，罢癃不能当兵，却要服劳役，秦简《睡虎地秦墓竹简·法律答问》云："罢㿅(癃)守官府，亡而得，得比公㿅(癃)不得？得比焉。"守官府是力役的一种。西汉亦然，王莽谓西汉"常有更赋，罢癃咸出"，更赋是一月役的代役钱，罢癃要交更赋，则也要服劳役无疑。《周礼·地官·大司徒》："以保息六，养万民……五日宽疾。"郑注"宽疾若今癃，不可事不算，可事者半之"。说明东汉时仍视残疾程度而役事之。

傅籍准确与否，直接影响国家兵源与役源，故要求十分严格，有专门律法——《傅律》。对弄虚作假、隐瞒失职者均要判刑。《睡虎地秦墓竹简·秦律杂抄·傅律》云："匿敖童及占㿅(癃)不审，典、老赎耐。""敖童"即到傅籍年龄之成童，"匿敖童"即隐瞒不报，与"占㿅(癃)不审"都导致役籍不确，均处耐赎之刑。同样在免役年龄上作伪也不行,同律又云:"百姓不当老,至老时不用请,敢为酢(诈)伪者,赀二甲;典老弗告,赀各一甲;伍人,户一盾,皆迁之。"目的是保证傅籍的严格执行,杜绝虚假伪冒。

(二)兵役类别与役期

关于秦汉兵役类别,《汉旧仪》记载较清楚。《汉旧仪》云:

> 民年二十三为正,一岁而以为卫士,一岁为材官骑士,习射御骑驰战阵。八月,太守、都尉、令、长、相、丞、尉会都试,课殿最,水处为楼船,亦习战射行船。边郡太守各将万骑,行障塞烽火追虏。置长吏一人,掌兵马;丞一人,治民。当兵行,长吏领,置部都尉、千人、司马、侯、农都尉,皆不治民,不给卫士。材官、楼船年五十六老衰乃得免为庶民,就田里。[1]

这儿记载了两种兵役,一是卫士,二是材官骑士和楼船士,役期各是一年。这两种兵役分指两种职责不同的军队,卫士是京师皇宫的戍卫兵,材官楼船、骑士是郡县地方兵。《汉官仪》有云:"高祖命天下郡国选能引关蹶张、材力武猛者,以为轻车、骑士、材官、楼船,常以立秋后讲肄课试,各有员数,平地用车骑,山阻用材官,水泉用楼船。"则这车骑、材官、楼船都是郡国之兵,因各地地理条件有别,适宜兵种不同而以不同称呼名之。但在事实上,还有一种兵役——戍卒在《汉旧仪》的字面上没有反映出来。按汉制:戍卒和卫士役期相同,虽然职责有别,其性质都是宿卫国家,均称"屯戍";作卫士就不戍边,反之亦然,二者服其一,故举一即可,毋须备列。下面分别叙述郡兵、卫士、戍卒之职责和训练情况。

1. 材官、轻车、骑士、楼船之役

材官、轻车、骑士、楼船都是经过选拔来的郡县地方兵,分别是步兵、车兵、骑兵和水兵的名称,秦简中就有类似名称,如《睡虎地秦墓竹简·秦律杂抄》有云:"轻车、趫张、引强、中卒所载傅〈传〉到军。县勿夺。"这儿的轻兵即车兵,"趫张"、"引强"是步之善射者,如周勃在秦时"为材官引强",服虔曰:"能引强弓弩官也。"申屠嘉"以材官蹶张从高祖击项籍,迁为队率",蹶张即秦简之趫张。如淳注:"材官之多力,能脚踏强弩张之,故曰蹶张。律有蹶张士。"师古曰:"今之弩,以手张者曰擘张,以足踏者曰蹶张。"不同兵种的分布因地而异,上引《汉官仪》已有说明,但谓"山阻用材官"则有偏颇,实则山地、平原都利于步兵展开。对秦汉地方兵分布状况,宋人钱文子《补汉兵志》言之较详:"大抵金城、天水、陇西、北地、安定、河东、上郡、上党多骑士,三河、颍川、沛郡、淮阳、汝南、巴蜀多材官,江淮以南多楼船士。"秦朝情况也大体如此。

郡兵除守备地方而外,平时的主要任务是训练。训练内容既因兵种而

---

[1] 孙星衍辑,周天游点校:《汉官六种》,北京:中华书局,1990年,第81页。

异,也有共同要求,基本的军事素质和技能都是要掌握的,如凡从军者都要有"引关蹶张"的技能,"材力武猛"的素质,在日后训练中这些当然是共同要求。

在冷兵器时代,弓箭当然是最具杀伤力的武器,故对射术要求极严,平时训练都有一定的标准。《睡虎地秦墓竹简·秦律杂抄·除吏律》云:"除士吏、发弩啬夫不如律及发弩射不中,尉赀二甲。发弩啬夫射不中,赀二甲,免,啬夫任之。"士吏和发弩啬夫都是负责士兵训练之基层技术军官,发弩啬夫是专司教授弩射技术的,射箭达不到标准就要受处罚。汉代的射箭标准是发矢十二,中六为及格,过六有奖,如居延汉简第三四·一三号简文云:"甘露元年秋,以令射,发矢十二,中帑十。"中帑即中目标。第二七〇·二三号简文云"☐隧长常以令秋射,发矢十二,以六为程,过六,赐劳十五日。"[1]这是边郡情况,内郡当与此同。这只是对一般士兵的要求,对那些箭法出众者,还有专名以资鼓励,如"迹射士"就是一例。

秦汉时代是骑兵大盛时期,面对步兵作战,骑兵的攻击力无疑占有绝对优势,特别是对防御、反击北边匈奴等族的侵扰更离不开骑兵,故对骑术要求也极严格。《睡虎地秦墓竹简·秦律杂抄》云:"课驵骎,卒岁六匹以下到一匹,赀一盾。""蓦马五尺八寸以上,不胜任,奔挚(絷)不如令,县司马赀二甲,令丞各一甲。先赋蓦马,马备,乃粼从军者,到军课之,马殿,令、丞二甲;司马赀二甲,法(废)。"驵骎和蓦都是良马名,《淮南子·齐俗训》高诱注驵骎:"北狄之良马也。"《说文》:"蓦,上马也。"这儿指官养良马。对军马先要训练一年,考核合格之后方能从军;不合格者上至县令,下至饲养训练人员都要受罚。对军马要求如此,对骑士可以想见。秦时对骑手训练内容不明,汉代则主要是冲锋逐敌高低驰骋之法,如上引《汉旧仪》云每年八月边郡太守(骑兵多在边郡,故只云边郡太守)"各将万骑,行障塞烽火追虏",这是骑兵都试即大检阅大比武的内容,平时训练也当如是。

水战约起源于春秋末期,战国时水兵已发展为一支独立的兵种。如秦伐楚"司马错率巴蜀众十万,大舶舡万艘,米六百万斛,浮江伐楚"[2]。当然这万艘大舶舡所载大多是这巴蜀十万步兵,但仅驾船的水手也要有万余。又《汉书·严安传》云秦使"尉屠睢将楼船之士攻越"。楼船,是双层或多层船,《汉书·武帝纪》元封二年应劭注楼船将军杨濮云:"楼船者,时欲击越,非水不至,故作大船,上施楼也。"这是释其名之由来,实际上楼船早已存在,据《释名》,汉代战船约有四种:先登,"行军在前曰先登,登之向敌阵也"。艨冲,"外狭而长曰艨冲,以冲突敌船也"。赤马,"轻疾者曰赤马舟,其体正赤,疾如马

---

[1] 谢桂华、李钧明、朱国炤:《居延汉简释文合校》,北京:文物出版社,1987年,第54、455页。
[2] 常璩撰、任乃强校注:《华阳国志校补图注》卷三,上海:上海古籍出版社,1987年,第128页。

也"。槛,"上下重版曰槛,四方施板以御矢石,其内如牢槛也"。大船上设有候望用的小屋曰"斥候,以视敌船进退也"(按:汉代船的级别大小以斛量之,犹如今之吨位,五百斛以上为大船,可设屋候望)。《释名》未收之战船还有"冒突露桡"。如《后汉书·岑彭传》云建武九年攻公孙述时有"楼船、冒突露桡数千艘"。注:"《方言》曰'楫谓之桡'。露桡谓露楫在外,人在船中。冒突,取其触冒而唐突也。"这大约和艨冲属于同一性质。不同战船的结构不同,性能不同,其技术要求也就不同,同一水兵要同时掌握不同船只的性能及作战要求,必须经过严格训练,既掌握驾船技巧,还要有水上搏斗本领才能符合要求。正因为如此,汉武帝准备攻伐南越之前,才专修昆明池以训练水兵。

秦汉时代,车兵早已从战场上退居次要地位,但仍然有所保留,有时也作为野战军临敌,但一般都是和骑兵配合使用,很少单独对敌。如冯唐在文帝时"为车骑都尉,主中尉及郡国车士",服虔云车士:"车战之士也。"[1]这儿的车士应是车骑之士,即主中尉和郡国的骑兵和车兵,因为冯唐官为车骑都尉,不应只主车兵而不及骑兵。又如,元光六年卫青为车骑将军北击匈奴,"公孙贺为轻车将军,出云中,大中大夫公孙敖为骑将军,出代郡"。好像车兵和骑兵一样重要,实际上临敌时主要是靠骑兵,在大漠之上,战车是难以与匈奴驰逐的,其作用是便于防守,可有效地遏止匈奴骑兵的冲击,在无险可守时,这一优势更为明显。如《汉书·霍去病传》云卫青将军出塞千余里:

> 见单于兵阵而待,于是青令武刚车自环为营,而纵五千骑往当匈奴;匈奴亦纵万骑,会日且入……汉益纵左右翼绕单于……单于未昏而去,汉军因发轻骑夜追之,青因随其后。[2]

武刚车是战车的一种。《后汉书·舆服志》云:"轻车、古之战车也……藏在武库……诸车有矛戟,其饰幡旄旗帜皆五彩,制度从周礼。吴孙《兵法》云:'有巾有盖,谓之武刚车。'武刚车者,为先驱。又为属车轻车,为后殿焉。"是以知武刚车为战车一种。卫青是以骑兵冲击匈奴单于,而用武刚车周环为营,说明车兵的作用不是进攻,而是防守。在进军途中,与敌人遭遇不及深沟壁垒安营扎寨,则以车为之,进能攻,退能守。李陵也曾以车为营,《汉书·李陵传》云:

> 陵至浚稽山……军居两山间:以大车为营……虏见汉军少,直前就营,陵搏战攻之,千弩俱发,应弦而倒。虏还走上山,汉军追击,杀数千人。……陵且战且引,南行数日,抵山谷中。[3]

---

[1]《汉书》卷五十《冯唐传》,北京:中华书局,1962年,第2314-2315页。
[2]《汉书》卷五五《卫青传》,北京:中华书局,1962年,第2484页。
[3]《汉书》卷五四《李广传附孙陵传》,北京:中华书局,1962年,第2452-2453页。

大车系运载粮草的辎重车，如不以大车为营处在两山中间，在匈奴军的包围之中，既无以为营，更不能且战且走。这都说明车兵不是用来攻击，而是用以防守的。在以后的军队中都有车兵的存在，其作用也大多是运送辎重，或者是特种战车，如攻城的云车或曰楼车，又有冲车等。昆阳之战，王莽遣王寻、王邑以百万之众围攻昆阳，"列营百数，云车十余丈，瞰临城中……或为地道，冲輣橦城，积弩乱发，矢下如雨，城中负户而汲"。李贤注："云车即楼车，称云言其高也。冲：撞车也。诗曰：'临冲闲闲。'许慎曰："輣，楼车也。"[1]按许慎解輣为楼车，与"为地道冲輣橦城"之意不符，应以李注为是。但这些特种战车和本文所说之战车性质已然不同，其操作者更异于本文之车兵，故不予讨论。

车兵既然不作为一个兵种独立参战，其训练就不似材官骑士那样受到重视，训练内容大多是驾车技术，如秦简《睡虎地秦墓竹简·秦律杂抄·除吏律》有云："驾驺除四岁，不能驾御，赀教者一盾，免，赏（偿）四岁繇（徭）戍。"学驾四年还不能掌握其技术，其教者被罚一盾，其本人要被服四年应服之徭戍。这儿只涉及驾御之术，其他训练，史料缺载，不得而知。汉代也未见训练车兵的详细记载，所记也都是御车驶马之类。

以上所述，都是指士兵个人技能而言的。在集团作战时代，仅有个人技能是不足的，要彼此救援、互相配合，才能临敌制胜，故在进行个人技能训练的同时，还进行阵法训练。秦汉时代，孙、吴等先秦兵家著作流传甚广，被奉为军训圭臬，所演阵法大都出自这些兵书。青海大通县上孙家寨出土汉简有关于阵法训练的记载，其队形变换有"左曲"、"右曲"、"前队"、"后队"等，阵名有"园"、"方"、"兑武"、"浮直"、"牡"等[2]，这都是残简，所记远非全部内容。同出的简文有孙子论兵的内容，可知其训练以孙子兵法为指导，结合实际，杂以其他兵法而改造之。边郡如此，内郡亦然，上引《汉旧仪》云材官骑士"习射御骑驰战阵"，这战阵即是阵法。楼船习"战射行船"，亦含阵法在内。

郡兵一年期满，各项训练也大体完毕，于八月举行一次总演习，也是总检阅，由太守主持，都尉及各县令（长）、县尉负责指挥，谓之都试。如韩延寿为东郡太守，"试骑士，治饰兵车，画龙虎朱爵。延寿衣黄纨方领，驾四马，傅总，建幢棨，植羽葆，鼓车歌车。功曹引车，皆驾四马，载棨戟。五骑为伍，分左右部，军假司马、千人持幢旁毂。歌者先居射室，望见延寿车，噭咷楚歌。延寿坐射室，骑吏持戟夹陛列立，骑士从者带弓鞬罗后。令骑士兵车四面营阵，被

---

[1]《后汉书》卷一上《光武帝纪上》，北京：中华书局，1965年，第7—8页。
[2] 国家文物局古文献研究室、大通上孙家寨汉简整理小组：《大通上孙家寨汉简释文》，《文物》1981年第2期。

甲鞬鞯居马上,抱弩负籣"〔1〕。因韩延寿过于铺张,突出自己,在仪式上有"僭越"之处,因此被萧望之弹劾犯上而被弃市。但这段记载中保留了都试的面貌:车骑材官,云集郡治,队列井然,阵法严整,号令分明,既有整体的演练,也有个人的技术表演,好不壮观。都试完毕,材官骑士楼船轻车即返乡务农,成为国家的预备役,直到老免。

2. 卫士之役

卫兵是宿卫皇宫京师之兵,征自地方。《睡虎地秦墓竹简·秦律杂抄》云:"徒卒不上宿,署君子、敦(屯)长、仆射不告,赀各一盾。宿者已上守除,擅下,人赀二甲。"宿,《周礼·修狼氏》郑注:"谓宿卫也。"《说文》:"除,殿毕也。"蔡邕《独断》:"陛,阶也,所由升堂也,天子必有近臣执兵,陈于陛侧,以戒不虞。"据诸家注释,简文中"守除"之"徒卒"即为卫士。秦之卫尉专司卫士事。

汉代卫士调郡县之民轮流为之。但汉是郡国并行制,郡亦有内郡与边郡之别,故卫士只调自内郡。《汉旧仪》云:边郡"置部都尉、千人、司马、侯、农都尉",皆不给卫士,边民也不给卫士;孙毓棠先生云:"他们因为边上外族侵扰紧急,所以只在本郡县受军事训练,防卫本郡的边疆。边郡一般人民防边的军事义务怕比内郡重得多。"〔2〕孙先生所云极是,贾谊云"西边北边之郡,虽有长爵不轻得复,五尺以上不轻得息,斥候望烽燧不得卧,将吏披介胄而睡"〔3〕。其戍边任务如此,当然不会再做卫士。

汉代诸侯王国民也不做卫士。贾谊说:"今淮南地远者或数千里,越两诸侯,而县(悬)属于汉。其吏民徭役往来长安者,自悉而补,中道衣敝,钱用诸费称此,其苦属汉而欲得王至甚,逋逃而归诸侯者已不少矣。"〔4〕这儿的"往来徭役长安"即包括做卫士。按淮南本是刘邦少子刘长封地,文帝六年谋反国除,十二年徙城阳王王淮南故地,十六年立刘长三子分王淮南故地为淮南、衡山、庐江三国,贾谊所言是废刘长之后,徙城阳王之前,其时淮南属汉而非王国。淮南之民因不堪徭役长安之艰苦,而逃亡诸侯王国,说明诸侯王国之民是不做汉廷卫士的。景武之后,诸侯王国势力大减,但仍规定"诸侯之民不得宿卫"。以防止诸侯王和朝臣勾结,图谋不轨,其民仍不服卫士之役。这并不等于王国民兵役轻于郡民,他们不做卫士则服边戍,二者兵役负担是相同的。有的论者未审此制,谓汉代一百零三个郡国之民都要轮流到长安做卫士,是不合史实的。〔5〕一般说来,卫士都征发关东诸郡之民为之,如昭帝时魏

〔1〕 《汉书》卷七六《韩延寿传》,北京:中华书局,1962年,第3214页。
〔2〕 孙毓棠:《西汉的兵制》,刊《中国社会经济史集刊》,第5卷第1本。
〔3〕 《汉书》卷四八《贾谊传》,北京:中华书局,1962年,第2240页。
〔4〕 《汉书》卷四八《贾谊传》,北京:中华书局,1962年,第2260页。
〔5〕 钱剑夫:《试论秦汉的正卒徭役》,《中国史研究》1982年第3期。

相为河南太守,多有惠政,"后人有告相贼杀不辜,事下有司。河南卒戍中都官者二三千人,遮大将军,自言愿复留作一年以赎太守罪"[1]。"戍中都官者"即戍中央诸官府的卫士,当时中央卫士在两万左右(详见下),仅河南一郡就有两三千人,可见卫士根本不可能发自全国各地,而是就近发关东之民为之。

卫士的役期是一年,服役期满即罢归家,上引河南卒"自言愿复留作一年以赎太守罪"即是证明。这为古今共识,不再多说。

3. 戍卒之役

戍卒是秦汉兵役的一种,役期和卫士同为一年,就兵役性质说,卫士和戍卒是相同的。《尉缭子·兵令下》云:"兵戍边一岁遂亡,不候代者,法比亡军,父母妻子知之与同罪,弗知赦之。"这反映的是秦制度。秦简《秦律杂抄》云:"戍者城及补城,令姑(嬬)堵一岁,所城有坏者,县司空署君子将,赀各一甲;县司空佐主将者,赀一盾。令戍者勉补缮城,署勿令为他事;已补,乃令增塞埤塞。"嬬即保证,《说文》:"嬬,保任也。""戍者城及补城,令嬬堵一岁",即戍卒要保证所修城墙使用一年。为什么使用期为一年?就是因为戍边以一年为期,一年以后是下一任戍卒的事了。当然这只是法律规定,一年期满,代者未到,若擅自离开,"法比亡军"是要受到严厉惩罚的。

西汉初年,戍边之役可能有延长,高后五年"令戍卒岁更"。文帝十三年曾"除肉刑及田租税律、戍卒令"[2]。这儿"除戍卒令"不是废除戍边一年之役。贾捐之说:"孝文皇帝,闵中国未安,偃武行文,则断狱数百,民赋四十,丁男三年而一事。"[3]"丁男三年而一事"当包括戍边在内,这是为了宽减民力而缓解征役,因为高祖之时"丈夫从军旅"[4],人民不胜其苦,其后一直"中国未安",故"偃武行文"。《盐铁论·执务》:"若今则徭役极远,尽寒苦之地,危难之处,涉胡越之域,今兹往而来岁旋,父母延颈而西望,男女旷怨而相思。""今兹往而来岁旋"的原因就是戍边以一年为期。《汉书·沟洫志》成帝河平四年,"河果决于馆陶及东郡金堤……三十六日河堤成,上曰……卒治河者,为著外繇六月"。如淳注云:"律说:戍边一岁当罢,若有急当留守六月,今以卒治河之故,复留六月。"如淳说因修河堤,留卒六月,显然错误,河堤已成,留卒做什么?师古注说:"以卒治河有劳,虽执役日近,皆得比繇戍六月也,著谓著于簿籍也。"孟康云:"外繇,戍边也,治水不复戍边也。"[5]"外繇"不一定是戍边。这里先不论各家注释正确与否,如淳所引之律文则说明当时戍边以一

---

[1]《汉书》卷七四《魏相传》,北京:中华书局,1962年,第3134页。
[2]《史记》卷二二《汉兴以来将相名臣表》,中华书局,1959年,第1127页。
[3]《汉书》六四下《贾捐之传》,北京:中华书局,1962年,第2832页。
[4]《史记》卷三〇《平准书》,北京:中华书局,1959年,第1417页。
[5] 关于"外繇"释义,参见拙作《更赋辩误》,《徐州师范学院学报》1987年第2期。

年为期。又如淳是曹魏时人,其所见之律,可能是东汉之律,在当时世人眼中,西汉东汉并无分别,故如淳所引也说明了东汉制度。

  戍卒的征发,秦时原则上"同居毋并行",即一家有兄弟两个以上适龄男子者只征发一人。《睡虎地秦墓竹简·法律答问》云:"可(何)谓同居?户为同居。""可(何)谓室人?可(何)谓同居?同居独户母之谓殹(也)……"据此,同居即同母同产兄弟。秦自商鞅变法,强行分户,"民有二男以上不分异者,倍其赋"[1],兄弟数人同居者不多,如同时戍边将影响生产,这是秦重视生产的一个体现。

  汉代戍卒的征发视边情需要而定,在军情紧急时,不管是否服过边戍,都要戍边。如文帝时匈奴时常南下,"西边北边之郡,虽有长爵不轻得复,五尺以上不轻得息"[2],五尺是15岁,尚未成年都要参与边事,内郡戍卒当然年年征发。反之,边境无警,就不一定征。如武帝元狩三年,匈奴昆邪王降汉,边情稍缓,即"减陇西、北地、上郡戍卒半"[3]。至元狩五年,"匈奴远遁,而幕南无王庭。汉度河自朔方以西至令居,往往通渠置田官,吏卒五、六万人"[4]。但元鼎元年,西羌反,与匈奴通使。为防止羌匈奴联合内侵,汉遂发重兵戍守,于"上郡、朔方、西河、河西开田官,斥塞卒六十万人戍田之"[5]。按当时人口推算,每年应发戍卒数当在五六万至六十万人,显然发卒多少是不受是否服过边戍的限制的。宣帝时,汉匈和平,戍卒极少。赵充国说:"窃见北边自敦煌至辽东,万一千五百余里,乘塞列隧有吏卒数千人,虏数大众攻之而不能害。"[6]赵充国为西汉名将,熟悉边塞戍守事务,他是上书宣帝时说这番话的,所言当非虚语。在一万多里的边防线上只有数千人戍守,只占应服边戍者的极少一部分,说明汉代戍卒的征发是根据实际需要决定的。

  汉代戍卒多征自关东地区。根据《居延汉简甲乙编》戍卒名籍簿的统计,戍卒属于淮阳郡者二十九人,昌邑国二十二人,魏郡十七人,东郡、济阴郡各九人,河东、汝南各八人,大河郡(武帝元鼎元年改济东国为大河郡,宣帝甘露二年改为东平国)、河南、梁国各六人,南阳、汉中各五人,颍川、赵国各三人,巨鹿、张掖各二人,广汉、平干国各一人。这些郡国中,张掖属边郡,除广汉、汉中外,均为关东地区。陈直先生已指出了这一点,他说:"盖戍卒远征,各有

---

[1]《史记》六八《商君列传》,北京:中华书局,1959年,第2230页。
[2]《汉书》卷四八《贾谊传》,北京:中华书局,1962年,第2240页。
[3]《汉书》卷六《武帝纪》,北京:中华书局,1962年,第177页。
[4]《汉书》卷九四上《匈奴传上》,北京:中华书局,1962年,第3770页。
[5]《汉书》卷二四上《食货志上》,北京:中华书局,1962年,第1173页。
[6]《汉书》卷六九《赵充国传》,北京:中华书局,1962年,第2989页。

指定之专区。综合来说,居延戍卒之籍贯,多为淮阳、汝南、昌邑三郡国人。"[1]所见极是,如居延汉简第三〇三·一五号简文云:"始元二年戍田卒千五百人为骓马田官穿泾渠,乃正月己酉淮阳郡。"[2]仅一骓马田官,所属就有来自淮阳郡戍卒一千五百人,说明戍卒戍边确有相对固定的地区。元帝时,贡禹说"诸官奴婢十万余人,戏游无事,税良民以给之,岁费五六巨万,宜免为庶人,廪食,令代关东戍卒,乘北边亭塞候望"[3]。因为戍卒多征自关东,故令奴隶代之。按汉代北边防线,以河西走廊居延地区最为重要,河西走廊是丝绸之路的咽喉,居延地区是丝绸之路的屏障。必须重兵戍守,故戍卒云集,烽燧密布,利用当地的水土资源一边屯田,一边戍守。至于河西以东至辽东地区,除河套地区较重要外,其余守兵都较少,一般的多以本地居民充任。故河西居延地区的戍卒来源实标志着汉代戍卒征发的重点地区是关东诸郡国。这是因为关东地区远离边塞,受战火之祸较少,该地区经济发达,人口密集于其他地区,故多征之为戍卒。

4. 正卒与秦汉征兵制的性质

上面叙述了秦汉的郡兵、卫士与戍卒之役,役期合计为两年。但这并非说秦汉役龄男子一生中只有这两年兵役负担。这首先要对"正卒"的性质作一番考释。

董仲舒云:"月为更卒,已复为正,一岁屯戍,一岁力役,三十倍于古。"[4]《汉旧仪》云:"民年二十三为正,一岁而以为卫士,一岁为材官骑士……"这儿都有"为正"两字,古今都释为"为正卒",这是正确的,但对正卒的理解则大相径庭。现在都把这段话读作:"月为更卒,已,复为正一岁,屯戍一岁,力役三十倍于古。"(也有把"已"和"复为正一岁"连读者。)"民年二十三,为正一岁,而以为卫士一岁,为材官骑士……"从而把正卒释作当郡兵一年,有的则释作郡兵和卫士役的总称,是二年兵役。今按,从语法上看,"为正一岁"为句,是可以的,但是如此一来,对正卒的理解则不合本义。《汉旧仪》在记载了"民年二十三,为正一岁,而以为卫士一岁……"之后说"材官楼船年五十六老衰乃得免为庶民,就田里"。如果正卒之役是一年郡兵之役或一年郡兵与卫士役之总称,这"材官楼船年五十六老衰乃得免为庶民"句如何理解?如只有两年兵役,根本无须到五十六岁才免为庶民;反之,二十三傅籍,五十六老衰免为民,则说明正卒的兵役义务不止两年。

---

[1] 陈直:《两汉经济史料论丛》,西安:陕西人民出版社,1980年,第14页。
[2] 谢桂华、李钧明、朱国炤:《居延汉简释文合校》,北京:文物出版社,1987年,第497页。
[3] 《汉书》卷七二《贡禹传》,北京:中华书局,1962年,第3076页。
[4] 《汉书》卷二四上《食货志上》,北京:中华书局,1962年,第1137页。

荀悦云："傅,正卒也。"[1]即傅籍之后,即为正卒。这是由先秦之"正徒"发展而来。先秦时代,徒、卒不分,正徒即正卒。按《周礼·地官·乡大夫》云:"以岁时登其夫家之众寡,辨其可任者,国中自七尺以及六十,野自六尺以及六十有五,皆征之。""登其夫家之众寡"即登记总数,国中七尺(二十岁)至六十岁,野内六尺(十五岁)至六十五岁都著名役籍,以备征调,这可以说是古代的傅籍制度。《小司徒》云:"凡起徒役,毋过家一人,以其余为羡,唯田与追胥竭作。"郑司农云:"羡,饶也。田,谓猎也。追,追寇贼也。"贾公彦:"'凡起徒役,毋过家一人'者,谓起民徒役作之,毋过家一人。'以其余为羡'者,一家兄弟虽多,除一人为正卒,正卒之外,其余皆为羡卒。"孙诒让《正义》云:"凡起徒役毋过家一人者,徒役谓大军大役士徒征调之事。家一人者,正卒之数……家以一人为正卒……受兵则为正卒。"《小司徒》所云是六乡制度,属于"国"内之制,所发之人是谓"国人",当兵是国人的权利和义务,孙诒让说"徒役谓大军大役士徒征调之事"是对的,因为一般劳役都由"野人"承担。在一般军事行动中,每户只征一人,是谓"正卒",相对于那些只在大规模田猎(讲武)追寇才从征之羡卒而言。这些"七尺至六十"之国人都有从征的义务,秦汉时期的"正卒"之称就是从此延续而来,才有"二十三为正……五十六老免"之规定。正卒,受兵者之称,役龄男子都有服兵役义务,故正卒是指役龄男子,就其所承担的军事义务而言,而非指现役军人。因此,荀悦才说:"傅,正卒也。"正因为正卒不是指某项兵役而言,男子在傅籍之后也就不一定是军人。如秦简《编年纪》载喜在秦始皇元年始傅之后,先后为安陆御史、安陆令史、鄢令史、治鄢狱,直到始皇十三年才初次从军,次年再从平阳军。《三国志·魏书·崔琰传》云琰"少朴讷,好击剑,尚武事。年二十三,乡移为正,始感激,读《论语》《韩诗》"。崔琰生在汉末,"乡移为正"是汉制,即移名役籍为正卒。喜和崔琰在傅籍为正卒之后,都没有从军,不正说明正卒不是指具体兵役吗?也正因为如此,我们在秦汉史籍及出土资料中从未见发"正卒"出征的记载。

按秦汉实行的是预备兵役制,即"现役期限短,但退为预备役后,将来还要在一定期限内再次应征入伍"[2]。所谓郡兵、卫士或戍卒之役只是正卒兵役的一部分,其中当郡兵主要任务是接受军事训练,掌握必备的军事技能,戍卒卫士相当于军事劳役,卫士守卫中央诸官府及皇宫,戍卒戍守边境,均非国家军队的主力,遇有战争都要从各郡国征发那些现役军人和已退役的预备人员即已罢遣返乡的正卒。众所周知,秦征兵制确立于商鞅变法,商鞅变法的

---

[1]《史记》卷一一《孝景本纪》注《索隐》引,北京:中华书局,1959年,第440页。
[2] 恩格斯:《军队》,《马克思恩格斯全集》,第14卷,北京:人民出版社,1974年,第43页。

目的是"一民于战",以富国强兵,每逢战争,男女老幼凡能执兵御敌者都要参战,如《商君书·兵守篇》云守城时"壮男为一军,壮女为一军,男女之老弱者为一军"。《墨子·备城门》云:"守法,五十步,丈夫十人,丁女二十人,老小十人。"《号令》云"诸男女有守于城上者,什六弩四兵,丁女子、老少,人一矛。"(据研究,《墨子·备城门》以下诸篇都是秦国墨者所作,故引以证秦制。)这是守城时情况,出征也是如此:如王翦伐楚,领兵六十万,"空秦国甲士"。这六十万甲士显然是把秦国所有役龄男子都征集在内的,其现役军人是没有六十万的。又如云梦睡虎地第四号秦墓出土的两方木牍所记的征讨淮阳的黑夫和惊是兄弟俩,两人在同一支军队,参加同一次战役,说明战争时是不受"同居毋并行"的限制的,这是秦全民皆兵的一个实例。长平之战,秦发年十五以上悉诣军,固然属特例,但这是以全民皆兵为基础的。其实战国时代,各国都是如此,如苏秦谓齐临淄七万家,可出兵二十一万,谓魏襄王曰魏有兵武士二十余万,苍头二十万,奋击二十万,车六百乘,骑五千匹,合计有军队六十余万,外加厮徒十万,等等。策士之词,难免夸饰,但这是以全民皆兵作为基础的。秦统一之后并没改变这一制度,秦始皇广开四境,穷兵黩武,其所征之兵远远超出为一岁材官骑士楼船士和一岁屯戍的现役军人,而包括退役返乡的役龄男子在内。汉代遇有战争,所发亦不限于现役军人,如刘濞举兵,"悉其士卒,下令国中曰:'寡人年六十二,身自将。少子年十四,亦为士卒先。诸年上与寡人同,下与少子等,皆发,二十余万人'"〔1〕。十四到六十二都要从军,当然是特殊情况,但所有成年男子都要当兵,充当刘濞"士卒",则是制度使然,史家才称为"悉其士卒",这非刘濞首创,而是汉朝制度如此。又如汉武帝用兵四夷,征战连年,"父战死于前,子斗伤于后,女子乘亭障,孤儿号于道,老母寡妇饮泣巷哭,遥设虚祭,想魂乎万里之外"〔2〕。这显然是全民皆兵的结果。即使在征兵制已十分松弛的东汉后期,仍然如此。桓帝时,羌战连年,人民不胜其苦,"京都童谣曰:'……公为吏,子为徒,一徒死,百乘车……'公为吏,子为徒者,言蛮夷将叛逆,父既为军吏,其子又为卒徒往击之也。一徒死,百乘车者,言前一人往讨胡既死矣,后又遣百乘车往"〔3〕。这父为军吏、子为卒徒、父子从军的史实正是全民皆兵的写照。即使《汉旧仪》所说"五十六老衰"云云也只是制度上的规定,实际上超过五十六者有时也要应征从军,汉简中有的戍卒年龄高达五十九岁就是证明,《古诗十九首》中的《十五从军征》一诗中曾描写"十五从军征,八十始得还"的诸般苦景惨象,虽系文学语言,却也

---

〔1〕《汉书》卷三五《吴王刘濞传》,北京:中华书局,1962年,第1909页。
〔2〕《汉书》卷六四下《贾捐之传》,北京:中华书局,1962年,第2833页。
〔3〕《后汉书》卷一〇三《五行志》,北京:中华书局,1965年,第3281-3282页。

反映了当时兵役之重。这些都说明汉代征兵远非后人所理解的只有两年之役,而是从傅籍到老免都有从军义务,其性质是预备兵役制。

(三)刘秀改革征兵制问题

东汉建武年间,刘秀曾采取一系列改革军事制度的措施,其中涉及兵役制度者有二:一是建武七年罢郡国兵,《后汉书·光武帝纪》云:"三月丁酉诏曰:'今国有众军,并多精勇,宜且罢轻车、骑士、材官、楼船士及军假吏,令还复民伍。'"一是建武二十二年,罢边境戍卒。《光武帝纪》云"是岁,乌桓击破匈奴,匈奴北徙,幕南地空。诏罢诸边郡亭侯、吏卒"。目前的论著大多肯定地认为,刘秀的这两条措施废除了西汉农民一生当一年郡兵和服一年边戍的制度,此后的军队都是招募的职业兵或外族兵等,征兵制度从此废止了。今按,东汉军队中确有许多募兵、外族兵,以及以其他方式征集的兵,这待下一节再说,但并不能说征兵制因此而废止,因为刘秀所诏只是兵政而非兵役,是裁减现役军人,而非改变征兵制度。

第一,刘秀罢郡兵是暂时性的。诏令明云:"宜且罢",即暂且罢遣,是权益措施,以后当然要恢复,怎能说自此以后,地方就没有常备兵了?

第二,刘秀罢郡兵的目的不是改革兵役制度,而是为了防止新统一的地区再生叛乱。刘秀在农民起义的血泊中虽然建立了东汉政权,经过数年奋战,到建武七年已统一了关东地区,但尚有盘踞陇西、天水一带的隗嚣,称帝巴蜀的公孙述,依靠匈奴称雄雁门的芦芳等割据势力与之抗衡,特别是隗嚣和公孙述兵多将广,兼地势之利,两人联手,实力不在刘秀之下。刘秀要想集中力量统一陇蜀,必先安定后方,解除后顾之忧。关东郡县虽为刘秀所统一,但人心未附,一有风吹草动,极易生变。因为关东许多郡县原为旧军阀所有,现在虽然称降,实持观望态度。桓谭曾说刘秀云:"臣谭伏观陛下用兵,诸所降下,既无重赏以相恩诱,或至虏掠夺其财物,是以兵长渠率,各生狐疑,党辈连结,岁月不解。"[1]李忠于建武六年为丹阳太守,"是时海内新定,南方海滨江淮,多拥兵据土。忠到郡,招怀降附,其不服者悉诛之,旬月皆平"[2]。因此,欲事陇蜀,必除内忧,最好的办法就是解除那些不可靠的军队,以免被兵长渠帅们所操纵,变生不测。建武三年,冯异定三辅时,"诛击豪杰不从令者,褒赏降附有功劳者,悉遣其渠帅诣京师,散其众归本业,威行关中"[3]。建武五年,张步据齐反叛,耿弇讨之,平定十二郡,"耿弇追张步,步奔平寿,乃肉袒负斧锧于军门,而弇勒兵入据其城,树十二郡旗鼓,令步兵各以郡人诣旗下,

---

[1]《后汉书》卷二八《桓谭传》,北京:中华书局,1965年,第960页。
[2]《后汉书》卷二一《李忠传》,北京:中华书局,1965年,第756页。
[3]《后汉书》卷一七《冯异传》,北京:中华书局,1965年,第647页。

众尚十余万,辎重七千余两(辆),皆罢归乡里"〔1〕。这对平息战乱起到了良好的作用。刘秀乃用冯异耿弇的经验,于大举进军陇蜀的前夕,下令解散那些不可靠的郡兵,釜底抽薪,消除隐患。后来的史实证明,刘秀此举是明智的。建武八年,刘秀亲征隗嚣,陇西战幕始开、关东鼓角即鸣,"颍川盗贼寇没属县,河东守守兵亦叛,京师骚动"。刘秀只好"自上邽晨夜东驰"〔2〕,回军平叛。在这些叛军之中,就有已归降的军阀,如居洛阳的张步就趁机起兵。《后汉书·张步传》云"八年夏,步将妻子逃奔临淮,与弟弘、蓝欲招其故众,乘船入海,琅邪太守陈俊追击斩之"。杜林说:"张氏虽皆降散,犹尚有遗脱,长吏制御无术,令得复炽。"〔3〕这是在刘秀罢兵后的情况,如不采取罢兵措施,各地一反,刘秀平叛就不那么简单了。这也说明,刘秀没有也不可能把所有的郡国兵都解散掉,只能解散那些兵长渠帅的旧部;至于刘氏集团所掌握的郡兵则不会解散,如河东郡、琅邪郡都有郡兵,才有河东守兵之叛,琅邪郡守才能追斩张步。退一步说,如果刘秀把郡兵都罢遣归农,在进军陇蜀需要增援时,何处调兵?如建武十一年攻蜀时有南阳、武陵、南郡兵,桂阳、零陵、长沙委输淖卒(水兵),"凡六万余人,骑五千匹",如果刘秀早在建武七年就把郡兵都罢了,并废止了征兵制度,这些兵何从调起?

第三,东汉一代,无论是对内镇压人民起义,还是对外用兵少数民族,都以郡兵为主,这些史实,俯拾皆是,无须一一举证。这些郡兵是否如人们所说的那样,是募来的职业兵呢?答案是否定的。众所周知,西汉时代,募兵就已经使用,但募兵和征兵性质不同,故史书将二者分列,募兵或称募士、应募士,郡兵则因兵种称为材官、楼船、骑士,或直称郡兵。东汉时代亦然,如《后汉书·吴汉传》记载:建武十一年春,吴汉"率征南大将军岑彭等伐公孙述……将南阳兵及弛刑募士三万人泝(溯)江而上"。这把南阳郡兵和弛刑、募士分书就是因为二者性质不同,不可混淆。这郡兵就是按制度征集南阳郡正卒组成的,有的学者认为,东汉虽有郡兵,但其郡兵都是临时征集的,而非常备兵。这是不了解西汉征兵制度的实质所导致的误解,以为西汉所发之郡兵都是常备军,而事实上,西汉的征兵制是预备兵役制,所发除常备军以外,大多是返乡之正卒,这些上文已有论述。东汉征发各郡正卒为兵是西汉制度的延续,不存在什么改变征兵制度的问题。

东汉一朝所受的外部军事压力,远小于西汉,因为匈奴势力在东汉开国之初就分裂而变得弱小。故东汉的地方常备军没有西汉多,但有常备军是没

---

〔1〕 刘珍等撰,吴树平校注:《东观汉纪校注·耿弇传》,郑州:中州古籍出版社,1987年,第350页。
〔2〕 《后汉书》卷一下《光武帝纪下》,北京:中华书局,1965年,第54页。
〔3〕 《后汉书》卷一〇四《五行志三》注引《东观书》,北京:中华书局,1965年,第3306页。

有问题的。如《后汉书·李固传》云永和中,李固为泰山太守,"时太山盗贼屯聚历年,郡兵常千人,追讨不能制。固到,悉罢遣归农,但选留任战者百余人,以恩信招诱之,未满岁,贼皆弥撒"。这千余郡兵就是征发来的常备兵,只是其质量低劣而已。边郡常备兵远多于内郡,如马援在建武十一年为陇西守,"援乃发步骑三千人,击破先零羌于临洮,斩首数百级,获马羊万余头"[1]。敦煌太守裴岑记功碑云"惟汉永和二年八月,敦煌太守云中裴岑将郡兵三千人诛呼衍王等"[2]。这三千当然不可能是陇西、敦煌郡兵的全部,还要留一些维持地方治安、防备不虞,说明陇西、敦煌的常备武装都在三千以上,其他各郡据此不会太远,这些就不赘述了。

第四,上已指出,汉代边境戍卒的征发是以实际需要为准则的,边情紧急则多征,否则即减缓。建武二十二年,是因为匈奴北徙,漠南地空,匈奴对东汉的军事威胁已不存在,而东汉又因连年战争,开国伊始,民力疲惫,刘秀才下令罢边郡亭侯吏卒,以省民力的。这和汉文帝除戍卒令性质相同,是精兵简政的措施,与兵役制度无关。纵观东汉一代的边防,自刘秀开始就极为重视。如建武七年,有杜茂领兵屯晋阳、广武"以备胡寇"[3]。九年有朱祐屯常山、王常屯涿郡、侯进屯渔阳,王霸为上谷太守,"领屯兵如故,捕击胡虏,无拘郡界"[4]。十四年有马成屯常山,"以备北边……又代骠骑大将军杜茂缮治障塞。自西河至渭桥,河上至安邑,太原至井陉、中山至邺,皆筑保壁,起烽燧,十里一侯"[5]。二十一年,马援又筑"烽侯保壁"。建武以后,随着边情变化,戍卒又逐步恢复。永平八年,匈奴欲叛,置度辽营屯五原,骑都尉秦彭将兵屯美稷。[6]十六年,北征匈奴,"取伊吾卢地,置宜禾都尉以屯田"[7]。章帝建初元年,西羌迷吾等部反叛,"共寇陇西、汉阳,于是遣行车骑将军马防、长水校尉耿恭副,讨破之……乃筑索西城,徙陇西南部都尉戍之,悉复诸亭侯"[8]。和帝永元元年,西羌迷唐诸部平息,邓训"遂罢屯兵,各令归郡,唯置弛刑徒二千余人,分以屯田,为贫人耕种,修理城郭坞堡而已"[9]。后来西羌迷唐等被最后击败,又在大小榆谷等地大规模屯田,"列屯夹河,合三十四

---

[1]《后汉书》卷二四《马援传》,北京:中华书局,1965年,第835页。
[2] 高文:《汉碑集释》,开封:河南大学出版社,1985年,第59页。
[3]《后汉书》卷二二《杜茂传》,北京:中华书局,1965年,第776页。
[4]《后汉书》卷二〇《王霸传》,北京:中华书局,1965年,第737页。
[5]《后汉书》卷二二《马成传》,北京:中华书局,1965年,第779页。
[6]《后汉书》卷八九《南匈奴传》,北京:中华书局,1965年,第2949页。
[7]《后汉书》卷八八《西域传》,北京:中华书局,1965年,第2909页。
[8]《后汉书》卷八七《西羌传》,北京:中华书局,1965年,第2881页。
[9]《后汉书》卷一六《邓禹传附子训传》,北京:中华书局,1965年,第611页。

部"〔1〕。这些屯兵中有许多弛刑徒,这待下节详说,但并非如人们所说都是弛刑徒,而有征发来的内郡之民在内。如邓训所罢之兵"各令归郡",只留下二千弛刑。邓训所罢之兵是原护羌校尉属下,则护羌校尉所领也有相当的征自内郡之兵。又如章帝建初元年,杨终上书请罢边戍曰:"加以北征匈奴,西开三十六国,频年服役,转输烦费。又远屯伊吾、楼兰、车师、戊己,民怀土思,怨结边域。"〔2〕这频年服役者当指普通郡民。安帝元初三年,陈忠上言,"孝宣皇帝旧令,人从军屯及给事县官者,大父母死未满三月,皆勿繇。令得送葬。请依此制。太后从之"〔3〕。从军屯即戍边,给事县官泛指为国家服役。《后汉书·五行志》云安帝建光元年"是时羌反久未平,百姓屯戍,不解愁苦"。这百姓当然指普通郡民,这些说明,东汉郡民还是要予边戍之役的。

反之,即使建武二十二年罢边郡亭侯之后,东汉郡民不服边戍,也不能说他们的兵役因此而减轻。因为他们还有卫士之役。东汉郡民有卫士之役是史有明文的。《后汉书·和熹邓皇后纪》云永初三年"旧事,岁终当飨遣卫士,大傩逐疫。太后以阴阳不合,军旅数兴,诏飨会勿设戏作乐,减逐疫侲子之半,悉罢象橐驼之属。丰年复故"。《周礼·天官·外飨》:"飨士庶子亦如之。"郑玄注:"士庶子,卫王宫者,若今时之飨卫士矣。"上引《饷遣故卫士仪》亦是一例。按制度,戍边者不做卫士,做卫士者不戍边,二者只与其一,役期是一年,虽然不戍边,仍要做卫士,怎能说罢边郡亭侯吏卒就改变了征兵制度呢?当然,戍边之多用刑徒募兵,中央卫士毕竟数量有限,人民的兵役负担实际因此而减轻,但这是实际执行过程中的问题,和兵役制度是无关的。

汉代有许多记载典章制度的专书,流传下来的也最为人们常用的是卫宏的《汉旧仪》和应劭的《汉官仪》,但有一点被人们所忽视,即这两部书成书时代不同,所反映的不完全是同时代的制度。卫宏生当东汉之初,光武帝任之为议郎,所作《汉旧仪》四篇,"以载西京杂事"〔4〕。应劭生当灵献之世,著《汉官仪》于建安年间,所记多是东汉制度。《后汉书·应奉传》附劭传云建安二年"诏拜(应)劭为袁绍军谋校尉,时始迁都于许,旧章堙(湮)没,书记罕存。劭慨然叹息,乃缀集所闻,著《汉官礼仪故事》,凡朝廷制度,百官典式,多劭所立"。《汉官仪》即《汉官礼仪故事》的简称,旧章即两汉典章,献帝仗应劭之书,得以重立朝廷制度。比较应劭、卫宏两书,关于兵役的记载没有分毫本质之别,仅有个别文字之差。《汉官仪》云:

---

〔1〕《后汉书》卷八七《西羌传》,北京:中华书局,1965年,第2885页。
〔2〕《后汉书》卷四八《杨终传》,北京:中华书局,1965年,第1597页。
〔3〕《后汉书》卷五七《陈忠传》,北京:中华书局,1965年,第1560页。
〔4〕《后汉书》卷七九下《儒林传下·卫宏传》,北京:中华书局,1965年,第2576页。

民年二十三为正,一岁(《旧》多"而"字)以为卫士,一岁为材官骑士,习射御骑驰战阵。八月,太守、都尉、令、长、相、丞、尉会都试,课殿最。水家(《旧》作"处")为楼船,亦习战射行船。边郡太守各将万骑,行障塞烽火追虏,置长史一人(《旧》有"掌兵马")、丞一人,治兵民。当兵行长领(《旧》作"长史领")。置部尉(《旧》作"部都尉")、千人、司马、侯、农都尉,皆不治民,不给卫士。材官、楼船年五十六老衰,乃得免为民就田(《旧》作"乃得为庶民就田里")。[1]

有的学者往往也把《汉官仪》视作西汉制度,这未尝不可,因为应劭著是书是"缀集所闻"而成,当然有西汉制度在内,但忽略了它对东汉史实的征信作用就不应该了。因为应劭虽然缀集了西汉制度,但一般说来,时代愈近,所知愈多,应劭对本朝制度毕竟知道的要多一些;此外,汉献帝之朝廷制度是仗此书而成,起码在献帝君臣眼里,是书所记符合汉家制度,东汉和西汉并无本质的不同,兵役制度亦然。因此,引《汉官仪》证东汉制度,是不会有什么大的出入的。

当然,这并不等于说东汉征兵制度和西汉完全相同,所传《汉官仪》亦非全本,其中叙述制度沿革者可能有佚失。但纵观上述所论各个方面,与《汉官仪》对比后可知,该书有关人民为正卒、为卫士、服边戍的记载是可信的。至于东汉军队的训练、质量和西汉有很大的不同,征兵在国家军队中的比重日趋变小,其执行日益废弛,募兵、外族兵、刑徒兵日益兴起,是另有原因,并不是因为刘秀罢兵,而要深刻、广泛得多。这在以下诸节中再详加讨论。

二、秦汉时代的其他集兵方式

(一) 募兵

募兵是雇佣兵,国家要付给应募者报酬,这在秦简中就有记载。《秦律杂抄》有云"冗募归,辞曰日已备,致未来,不如辞,赀日四月居边"。秦简整理小组注"冗募"即应募,"致未"是边地关于应募者服役时间的文书。看来秦时募兵有一定时间限制,未到期而离开军队者要罚戍边四月。西汉武帝以后,募兵渐多。《史记·淮南衡山列传》云刘安太子"学用剑,自以人莫及,闻郎中雷被巧,乃召与戏,被一再辞让,误中太子。太子怒,被恐。此时有欲从军者,辄诣京师,被即愿奋击匈奴"。《景十三王传》云"彭祖(赵素敬王)上书冤讼丹,愿从国中勇敢击匈奴,赎丹罪,上不许"。这儿的"欲从军者""勇敢"都是自愿

---

[1] 孙星衍辑,周天游校点:《汉官六种》,北京:中华书局,1990年,第152-153页;《汉旧仪》文见同书第81页。

应募之士。又如常惠"少时家贫,自奋应募"[1],李陵为骑都尉,"将勇敢五千人,教射酒泉、张掖以备胡。数年,汉遣贰师将军伐大宛,使陵将五校兵随后……陵叩头自请曰:臣所将屯边者,皆荆楚勇士奇材剑客也,力扼虎,射命中,愿得自当一队"[2]。这五千勇敢之士都是招募来的,一直跟着李陵,是职业兵。武帝以后,募兵渐多,遇有战争,大都杂以募兵。《汉书·昭帝纪》云"益州廉头、姑缯、牂柯谈指、同并二十四邑皆反,遣水衡都尉吕破胡募吏民及发犍为、蜀郡奔命击益州,大破之"。应劭曰:"旧时郡国皆有材官骑士以赴急难,今夷反,常兵不足以讨之,故权选取精勇,闻命奔走,故谓之奔命。"在西汉后期,戍边也有以募兵者,如赵充国上汉宣帝屯田奏议有云:"愿罢骑兵,留弛刑,应募。"[3]汉简中有云"出荾食马三匹,给尉卿募卒吏四月十六日食,吏一人马一匹,卒一人马一匹"等记载[4]。到王莽时代,对外挑起边衅,内部农民起义不断,战争频繁,募兵使用较多,如始建国二年,"募天下囚徒、丁勇、甲卒三十万人"击匈奴。天凤六年,"莽乃大募天下丁男及死罪囚、吏民、奴婢,名曰猪突豨勇,以为锐卒……又帛募有奇技可以击匈奴者,将待以不次之位"。地皇三年,"遣司命大将军孔仁部豫州,纳言大将军严尤、秩宗大将军陈茂击荆州,各从吏士百余人……到部募士"[5]。从上面引文可知,西汉自武帝以后,虽然吕勇募兵,但都是临时性的,战争起则募,战争息则止,是征兵制的补充,在西汉的国家军队中,征兵是主导。

降至东汉,募兵日益普遍。刘秀在建国过程中,就有募兵之举,《后汉书·任光传》云刘秀为王郎所逐,任光建议:"可募发奔命,出攻傍县,若不降者,恣听掠之。人贪财物,则兵可招而致也。世祖从之。""旬日之间,兵众大盛。"同书《吴汉传》建武十一年,伐公孙述之兵有"南阳兵及弛刑、募士三万人泝(溯)江而上"。建武七年,刘秀罢遣了部分郡国兵,此后由于刘秀用"柔道"治天下,重文轻武,不倡武事,东汉的地方和中央的常备军始终都没有恢复到西汉的规模,遇有战事吏兵不足,或临时征兵,征兵不足,则用募兵,并随着时间的推移,募兵越来越多,渐有倚重募兵之势。故在东汉的对内对外战争中,都用募兵。如《后汉书·马援传》云建武二十四年马援平武陵五溪蛮夷反叛时,"将十二郡募士及弛刑四万余人"。永平元年,马武等与"烧当羌战,大破之。募士卒戍陇右,赐钱人三万"[6]。永平十六年,窦固北击匈奴,"耿秉、秦

---

[1]《汉书》卷七〇《常惠传》,北京:中华书局,1962年,第3003页。
[2]《汉书》卷五四《李广传附孙陵传》,北京:中华书局,1962年,第2451页。
[3]《汉书》卷六九《赵充国传》,北京:中华书局,1962年,第2986页。
[4] 谢桂华、李钧明、朱国炤:《居延汉简释文合校》,北京:文物出版社,1987年,第489页。
[5]《汉书》卷九九下《王莽传下》,北京:中华书局,1962年,第4176页。
[6]《后汉书》卷二《明帝纪》,北京:中华书局,1965年,第99页。

彭率武威、陇西、天水募士及羌胡万骑出居延塞"[1]。永初年间，羌乱日甚，庞参对邓骘云："今复募发百姓，调取谷帛，衒卖什物，以应吏求。"[2]遇到农民起义，也以募兵镇压如延熹五年，"长沙、零陵贼合七八千人，自称将军……遣御史中丞盛修募兵讨之，不能克。豫章艾县人六百余人，应募而不得赏直，怨恚，遂反"[3]。黄巾起义爆发，东汉"发天下精兵，博选将帅，以嵩为左中郎将……共发五校、三河骑士及募精勇，合四万余人，嵩、儁（朱儁）各统一军，共讨颍川黄巾"[4]。《三国志·魏书·王朗传》注引《魏名臣奏》总结东汉兵役制之失时说："有警而后募兵，军行而后运粮；或乃兵既久屯，而不务营佃，不修器械，无有贮聚。一隅驰羽檄，则三面并荒扰，此亦汉氏近世之失而不可式者也。""兵既久屯，而不务营佃"云云说的是兵政问题，此处暂不讨论，"有警而后募兵"则属的论。这些史实，无须备举。

东汉之募兵虽从西汉发展而来，但二者有着很大的不同，这除表现在东汉募兵较西汉普遍，使用范围广和频率高外，还表现在以下几个方面：

第一，西汉募兵军事素质高于东汉。西汉募兵有一定的军事技术和素质标准，应募者都要经过考选训练，东汉则否。西汉成丁都要经过一年的军事训练，一般的都具备一定的军事素质，有一定的军事技术，募兵时再选拔，如"奔命"、"勇敢"、"佽飞"、"迹射"等都是形容募兵骁勇善战的名称，上引李陵所领之五千"勇敢，皆荆楚勇士、奇材剑客"；又如昭帝始元元年，"募吏民及发犍为，蜀郡奔命击益州"。注云"常兵不足以讨之，故权选取精勇，闻命奔走，故谓之奔命"[5]。宣帝本始二年，"选郡国吏三百石伉健习骑射者皆从军"，师古注："伉，强也。"伉健即强健，指体格而言。神爵元年，"西羌反，发三辅中都官徒弛刑，及应募佽飞射士……"师古注佽飞云："取其便利轻疾若飞，故号佽飞。"[6]这些都说明，西汉募兵质量高于普通征兵。但东汉则不然，在东汉史籍中，募兵大多成为募士，很少以勇敢射士、奔命、伉健等名之，即使有也徒具虚名，更未见像李陵所领的五千名"奇材剑客，力扼虎、射命中"的勇士。募兵虽多，都是有警之后临时募集那些"商贾游惰子弟，或农野谨钝之人"，既不识戎阵，更不修器械。应劭《汉官》云：东汉"一方有难，三面救之，发兴雷震，烟蒸电激，一切取辨，黔首嚣然，不及讲其射御，用其戒誓，一旦驱之以即强

---

[1]《后汉书》卷二三《窦融传附弟子固传》，北京：中华书局，1965年，第810页。
[2]《后汉书》卷五一《庞参传》，北京：中华书局，1965年，第1688页。
[3]《后汉书》卷三八《度尚传》，北京：中华书局，1965年，第1285页。
[4]《后汉书》卷七一《皇甫嵩传》，北京：中华书局，1965年，第2300页。
[5]《汉书》卷七《昭帝纪》，北京：中华书局，1962年，第219页。
[6]《汉书》卷八《宣帝纪》，北京：中华书局，1962年，第260-261页。

敌,犹鸠鹊捕鹰鹯,豚羊弋豺虎,是以每战常负,王旅不振"[1]。"辨"通"辦",形近而误,"一切取辨"是指临时征集军队,既有募兵,也有征兵,但无论是募兵还是征兵都没经过训练,不任战事,都导致"王旅不振"的结果。其战斗力无法和西汉比拟。

第二,西汉募兵作战主动性强,他们是抱着升官发财的目的应募的;东汉募兵则是为生活所迫,为了活命而混迹军中,谈不上什么作战主动性。西汉时军功赏赐优厚,军功是入仕途径之一,社会上尚武风气较浓,下层人民大多通过从军立功而升官发财,逢到战争,不必由官府招募,就有许多人自备衣装私自从军。如武帝元狩四年,卫青、霍去病北击匈奴时,"发十万骑,私负从马凡十四万匹"。"私负从马"即"私负衣装者及私将马从者,皆非公家发与之限"[2]。赵充国上宣帝屯田奏亦有"吏士私从者"。汉简中有"右私马一匹","坐从良家子自给车马私事论疑……"[3]等记载,说明无论是在野战军还是在屯戍部队中都有私人从军者。既然平时私下从军,在国家招募时,其踊跃入伍是可以想见的。当然,国家也不会亏待他们,如李广利征大宛归来,各级将帅之封赏自不必说,普通士兵,"奋行者官过其望,以谪过行者皆绌其劳,士卒赐直四万金"[4]。

但刘秀鉴于战乱之患,为矫前朝尚武之风,对战功赏赐甚少,奉行重文轻武的治国方针,对功臣宿将,给予高爵而不典权,"退功臣而进文吏,戢弓矢而散马牛"[5],"是时列侯唯高密(邓禹)、固始(李通)、胶东(贾复)三侯与公卿参议国家大事"[6]。典权之吏则由察举、征辟儒士为之,这就大大降低了军功的政治影响,降低了军队的作战积极性,杜诗有见于此,曾上书刘秀云:"今若使公卿郡守出于军垒,则将帅自厉;士卒之复,比于宿卫,则戎士自百。何者?天下已安,各重性命,大臣以下,咸怀乐土,不雠(酬)其功而厉其用,无以劝也。陛下诚宜虚缺数郡,以俟振旅之臣;重复厚赏,加于久役之士。如此,缘边屯戍之师,竞而忘死,乘城拒塞之吏,不辞其劳……"但刘秀"惜其能,遂不许之"[7]。因为这与刘秀的治国方针不符,当然不许。但从中透出了不重军功,已导致"缘边屯戍之师"、"乘城拒塞之吏"不"竞而忘死",影响了他们的作战积极性。王符《潜夫论·劝将》也曾指出这一点:"今吏从军败没死公事

---

[1]《后汉书》卷一一八《百官志五》注引,北京:中华书局,1965年,第3622页。
[2]《汉书》卷九四上《匈奴传上》,北京:中华书局,1962年,第3769—3770页。
[3] 谢桂华、李钧明、朱国炤:《居延汉简释文合校》,北京:文物出版社,1987年,第29,69页。
[4]《史记》卷一二三《大宛列传》,北京:中华书局,1959年,第3178页。
[5]《后汉书》卷一下《光武帝纪下》,北京:中华书局,1965年,第85页。
[6]《后汉书》卷一七《贾复传》,北京:中华书局,1965年,第667页。
[7]《后汉书》卷三一《杜诗传》,北京:中华书局,1965年,第1095—1096页。

者,以十万数,上不闻吊唁嗟叹之荣名,下又无禄赏之厚实,节士无所劝募,庸夫无所贪利,此其所以人怀诅解(懈),不肯复死者也。"在此种情况下,人民当然不愿当兵,应募的士兵更不会像西汉的那样舍生忘死,无钱就反叛,如上引"豫章艾县人六百余人,应募而不得赏直,怨恚,遂反"。

第三,东汉募兵增加了政府的财政困难。西汉对军功赏赐优厚,其募兵的报酬,并非预先支付或者定期领取,而是在其应募之后,视其军功及战斗结果而定,起码在汉武帝时期是如此。如在用兵匈奴过程中对众多私从者是战后行赏,应募的士兵大多是这些人。为了战功赏赐而自备行装从军,国家招募,由官予行装,他们当然愿意从军,其报酬的付予方式也只能是论功行赏,或者应募时一次给予赏金,战后再视其功劳或赐金、赐爵,或加官。东汉则与此不同,除一次给予赏金之外,还要定期给予雇值,因为东汉不存在因战功赐爵封官问题,所予报酬只有金钱,如上举"豫章艾县六百余人,应募而不得赏直,怨恚遂反",就是定期付值,到期未付而致反叛。东汉募兵雇值数额因史料缺载而不晓其详,但可以肯定,不在少数。因为既无升官之途,钱少更调动不了其作战积极性。如明帝永平元年,"募士卒戍陇右,赐钱人三万"〔1〕。这三万是一次性付给应募者作为养家之用的,到戍所还要定期付予。根据汉代雇佣劳动关系来看,募值应是按月计算。《汉书·昭帝纪》元凤四年注如淳语:"一月一更,是谓卒更也。"《沟洫志》如淳又注云:"《律》说:平贾一月得钱二千。"苏林云:"平贾,以钱取人作卒,顾其时庸之平贾也。"如淳所注都是"月为更卒"的代役钱而言。所指是东汉制度,所说之律是东汉之律,西汉没有这么高。一月劳役代役钱是两千,属于"时庸之平贾",是一般劳动力的价格,那么从军打仗,出生入死,其价格不会低于此数。因而东汉募兵的佣价,要高于西汉。

西汉时期,用兵匈奴,为弥补军费,汉武帝曾采取盐铁官营、算缗告缗等敛财措施,把私人工商豪强之财富摄归国库,尽管其战事频仍,军费浩大,国库尚能支付。东汉盐铁基本私营(只有章帝建初年间一度官营,规模甚小,不久即罢),官营经济只供皇室需要,社会财富大多集中于地主豪强之府库,财政收入国库积蓄较西汉少得多,故其战争虽不如西汉规模大,但其军费支出相对于其财政收入来说,则较西汉大得多,致使财政极为困难,遇到战事,不得不"减百官奉,假王侯租",并向人民头上摊派。如《后汉书·庞参传》云永初年间"羌寇特困陇右,供御赋役为损日滋,官负人责数十亿万"。顺帝永和六年正月"诏贷王侯国租一岁",七月"假民有赀者,户钱一千"。〔2〕这条诏令

---

〔1〕《后汉书》卷二《明帝纪》,北京:中华书局,1965年,第99页。
〔2〕《后汉书》卷六《顺帝纪》,北京:中华书局,1965年,第270、271页。

甘谷汉简第九简有记载:"诏书,从民家贷钱,臧官……有警……运给军粮,宗室依发士,不出贷钱……永和六年二月一日故宗正宣上。"[1]这是关于贷钱时给予刘氏宗室以优待的记载,宗室要出人力运送军粮,但不必出钱。《后汉书·冯绲传》云顺帝时,"天下饥馑,帑藏虚尽,每出征伐,常减公卿奉禄,假王侯租赋"。当然,这儿减俸禄租赋并非都是用于军费,而是在满足皇室需要的前提下进行的,但也说明了军费开支增加了财政困难。这与募兵的大量使用密不可分的。王符云羌战期间"数州屯兵十余万人,皆廪食县官,岁数百万斛,又有月直,但此人耗,不可胜供,而反惮暂出之费,甚非计也"[2]。"又有月直"即募兵之雇值,说明这已引起了有识之士的重视。明乎此,对于东汉安顺桓灵四朝用兵西羌耗去军费三百六十四亿的原因又可多一层了解。

募兵增加了财政负担,财政困难必然限制募兵的发展,所以东汉募兵虽较西汉有所发展,但始终不能代替征兵成为军队的主力。今人片面地看问题,仅据东汉募兵普遍使用于各种战争之中,而不注意其在军队总体战争中的比重,谓募兵取代了征兵,是不合实际的。

(二) 外族兵

秦汉是多民族的统一国家,但因为文化发展的差异,也是一个民族不平等的国家。汉族文化高于其他少数民族,居于统治地位,其所行各项制度都是以汉族为主体,兵役制度亦然。因而上述的征兵制都是不适用于各少数民族的。但既为多民族国家,各族之间不可避免地要有经济、政治、军事等各个方面的往来;各族既接受中原王朝的统治,对中原王朝对外战争就担负有军事义务,而中原王朝也有权力征调少数民族成员为兵,因此,在秦汉时代,外族兵的使用甚多。但使用外族兵和征发内郡人民当兵的性质和方式都有不同。

秦朝是封建的多民族统一国家刚刚形成时期,立祚甚短,外族兵情况有而不详。汉代则从汉初就有明确记载。《后汉书·南蛮西南夷列传》云刘邦为汉王,"发夷人还伐三秦"。《汉书·高帝纪》云汉四年"北貉燕人来致枭骑助汉"。这仅是作为一时之援。汉代正式提出使用少数民族兵者是贾谊和晁错。文帝时,匈奴屡入边寇,汉兵守不胜守,贾谊第一个提出"以匈奴为捍卫"的主张,"将必以匈奴之众,为汉臣民,制之令千家而为一国,列处之塞外,自陇西延至辽东,各有分地以卫边,使备月氏、灌窳之变,皆属之直郡,然后罢戎休边,民(泯)天下之兵"[3]。这在当时只能是纸上议论,因这必须在征服匈

---

[1] 甘肃省文物工作队、博物馆:《汉简研究文集》,兰州:甘肃人民出版社,1984年。
[2] 王符著,汪继培笺:《潜夫论笺校正·救边》,北京:中华书局,新编诸子集成,1985年,第267页。
[3] 贾谊:《新书·匈奴》,《贾谊集》,上海:上海人民出版社,1976年,第69页。

奴之后才能办到,当时国力防守尚且艰难,何谈征服匈奴并使之守边? 随后,晁错针对汉代边防军军事技术上的弱点,提出了"以蛮夷制蛮夷"的主张。晁错指出,汉军多是步兵,利于平原作战;匈奴多是骑兵,利于山地驰逐;以步兵对匈奴骑兵,是以短击长,但汉军有坚甲利刃的优势,在北边多山大漠寒苦之地,若具有骑战之长,耐苦寒之能,外加兵器之利,就能战胜匈奴。因此,晁错建议"今降胡义渠蛮夷之属来归谊者,其众数千,饮食长技与匈奴同,可赐之坚甲絮衣,劲弓利矢,益以边郡之良骑……即有险阻,以此当之,平地通道,则以轻车材官制之,两军相为表里,各用其长技,衡加之以众,此万全之术也"[1]。这在理论和实践上都是可行的。但在当时并无多大成效,因此少数民族归附者甚少,可资为兵者不多。但晁错所指汉匈军队的长短则是正确的,故为有效地抵御匈奴南下,汉朝大力发展养马,发展骑兵。

汉武帝时随着对外战争的展开,归附的和被征服的少数民族数量激增,外族兵的使用相应增加。如"天汉二年,以匈奴降者介和王为开陵侯,将楼兰国兵始击车师……征和四年遣重合侯马通将四万骑击匈奴,道过车师北,复遣开陵侯将楼兰、尉犁、危须凡六国兵别击车师……诸国兵共围车师,车师王降服,臣属汉"[2]。在以后的西域战事中,都有诸国兵的参加。这是使用外族兵的典型例子,在其他战争中也都有外族兵。如征和三年,贰师将军李广利曾遣胡骑二千进击匈奴右大都尉和卫律。昭帝时,匈奴右贤王、犁汗王四千骑分三队"入日勒、屋兰、番和。张掖太守,属国都尉发兵击,大破之"[3]。元帝时,西羌反叛,冯奉世所将呼速絫、嗕种,即外族兵。在京师屯兵中有胡骑校尉,所领都是由外族士兵组成。晁错的"以蛮夷制蛮夷"的主张至此才得以实施。

东汉时代,由于刘秀的重内虚外、重文轻武的治国方针的影响,征兵、募兵质量均低,在内外战场上,外族兵是东汉军队的劲旅,其使用远较西汉普遍。如在刘秀统一全国的过程中,乌桓突骑就是闻名天下的劲旅;在西征隗嚣时,河西的窦融就率"五郡太守及羌虏、小月氏等步骑数万、辎重五千余两(辆),与大军会高平第一"[4]。全国统一以后,用兵少数民族都有外族兵,如永平十五年窦固击北匈奴,所部有卢水羌胡、乌桓、鲜卑等兵。永元元年,窦宪击北匈奴也有羌胡兵。班超经营西域只有随行三十六人,全部依靠西域诸国兵。对西羌作战时几乎每次战役,都有外族兵的功劳。如永元八年,护羌

---

〔1〕《汉书》卷四九《晁错传》,北京:中华书局,1962年,第2282-2283页。
〔2〕《汉书》九六下《西域传下》,北京:中华书局,1962年,第3922页。
〔3〕《汉书》九四上《匈奴传上》,北京:中华书局,1962年,第3783页。
〔4〕《后汉书》卷二三《窦融传》,北京:中华书局,1965年,第805-806页。

校尉史充发"湟中羌胡出塞击迷唐"。元初元年"零昌遣兵寇雍城……(二年)遣左冯翊司马钧行征西将军,督右扶风仲光……合八千余人,又庞参将羌胡兵七千余人,与钧分道并北击零昌"[1]。永和四年,护羌校尉马贤将"湟中义从兵及羌胡万余骑掩击那离等,斩之,获首虏千二百余级,得马骡羊十万余头"[2]。在发生农民起义时,也以外族兵镇压。《后汉书·度尚传》云延熹八年,"荆州兵朱盖等,征戍役久,财赏不赡,忿恚复作乱,与桂阳贼胡兰等三千余人复攻桂阳,焚烧郡县……于是以尚为中郎将,将幽、冀、黎阳、乌桓步骑二万六千人"镇压,"斩兰等首三千五百级"。黄巾起义时,天下响应,政府兵溃不成军,"尔乃远征三边殊俗之兵,非我族类,忿鸷纵横,多僵(强)良善,以为己功"[3]。这些史实,比比皆是,本文不再罗列。

"以蛮夷制蛮夷"虽为晁错所创,但晁错仅是从汉匈战术长短考虑的,事实上使用外族兵的意义远远超出军事范围,为汉朝带来多方面的益处。第一,减少军费开支,这主要体现在军粮的运输方面。外族兵作战特点之一是在其头人的带领下,所有壮年一律从征,人马之费大多就地掳掠;而汉军军费主要靠后方供给。汉武帝之用兵匈奴,动辄有车马牛骆驼数以万计,其功能主要是运送粮草,这不仅影响行军速度,更增加大量的粮草消耗,从中原腹地向边地运粮,千里迢迢,费时日久,沿途人畜之耗远远超过战争之费。如秦用兵匈奴,"使天下蜚刍挽粟,起于黄、腄、琅邪负海之郡,转输北河,率三十锺而致一石"[4]。大部分粮食被沿途消耗掉了。汉代也是如此。《史记·平准书》云"汉通西南夷道,作者数万人,千里负担馈粮,率十余钟致一石"。使用外族兵,减少了征兵数量,相应地减少了军粮供给转运之费。至于使用属国兵,更是如此。如元帝时,陈汤、甘延寿出使西域,擅发西域诸国兵攻斩匈奴致支单于,依法当以矫诏罪论斩,但元帝以为"虽踰义干法,内不烦一夫之役,不开府库之臧,因敌之粮以赡军用,立功万里之外,威震百蛮,名显四海"。赦陈汤、甘延寿矫制之罪,"乃封延寿为义成侯,赐汤爵关内侯,食邑各三百户,加赐黄金百斤……拜延寿为长水校尉,汤为射声校尉"[5]。虽然矫制发兵,罪当诛灭,却因"内不烦一夫之役,不开府库之臧",而获赦并加官晋爵,使用外族兵的经济原因于斯可见其一斑。第二,减少内地人民的兵徭役负担,利于生产的正常进行和社会政治安定。东汉之使用外族兵的目的尤在于斯。《后汉书·南匈奴传》云肃宗崩,窦太后临朝,南匈奴请击北匈奴,耿秉上书云

---

[1]《后汉书》卷八七《西羌传》,北京:中华书局,1965年,第2883、2889页。
[2]《后汉书》卷八七《西羌传》,北京:中华书局,1965年,第2895页。
[3]《后汉书》卷一一八《百官志五》,北京:中华书局,1965年,第3622页。
[4]《史记》卷一一二《平津侯主父列传》,北京:中华书局,1959年,第2954页。
[5]《汉书》卷七〇《甘延寿陈汤传》,北京:中华书局,1962年,第3019-3020页。

"今遭天授,北虏分争,以夷伐夷,国家之利,宜可听许"。宋意也上书窦太后说:"光武皇帝躬服金革之难,深昭天地之明,故因其来降,羁縻畜养,边人得生,劳役休息,于兹四十余年矣。今鲜卑奉顺,斩获万数,中国坐享大功,而百姓不知其劳,汉兴功烈,于斯为盛。所以然者,夷虏相攻,无损汉兵者也。"〔1〕这都说明东汉君臣之使用外族兵不单是出于军事的考虑,更多的是出于经济、政治的考虑;不是从提高战斗力考虑,而是为了"无损汉兵",使"夷虏相攻",两相伤亡,从中收取渔人之利。《后汉书·南蛮西南夷列传》云永和二年,日南、象林等地诸族反,诸大臣主张征发荆扬兖豫四州军队镇压,李固举七点理由反对之:

> 若荆杨无事,发之可也,今二州盗贼盘结不散,武陵、南郡蛮夷未辑,长沙、桂阳数被征发,如复扰动,必更生患。其不可一也。又兖、豫之人,卒被征发,远赴万里,无有还期,诏书迫促,必致叛亡。其不可二也。南州水土温暑,加有瘴气,致死亡者十必四五。其不可三也。远涉万里,士卒疲劳,比至岭南,不复堪斗。其不可四也。军行三十里为程,而去日南九千余里,三百日乃到,计人禀五升,用米六十万斛,不计将吏驴马之食,但负甲自致,费便若此。其不可五也。设军到所在,死亡必众,既不足御敌,当复更发,此为刻割心腹以补四支。其不可六也。九真、日南相去千里,发其吏民,犹尚不堪,何况乃苦四州之卒,以赴万里之艰哉!其不可七也。〔2〕

这"其不可"可归结为三点:一是征兵易引起民变,"必致叛亡";二是军费耗大;三是不任战事。一句话征兵讨四夷是"割心腹以补四支"。怎么办?李固主张:"还募蛮夷,使自相攻,转输金帛,以为其资。有能反间致头首者,许以封侯裂土之赏。"李固从政治、经济、军事诸方面分析了征兵之短,使用外族兵的优点,较晁错单从军事技术的角度来认识,无疑深刻得多,其分析是符合实际的,他的意见立即被采纳。当然,这是由各个时代所决定的,晁错的时代,社会稳定,举国上下对匈奴侵扰同仇敌忾,军事上的取长补短,就可以有效地打击匈奴。东汉后期,社会矛盾激化,国库空虚,军事积弱,一有风吹草动,就可能导致统治不稳,故尽量避免征兵,而倚重外族兵。汉族军队和其他少数民族并肩作战,增进了解,减少敌视,不仅在军事上相互吸取对方长技,在文化上、风俗习惯上也有所取舍;同时,由此也增进了民族之间的交往。

西汉之使用外族兵,是建立在威服的基础上的,外族将士作战之后,再论功行赏;东汉武功不若西汉,使用外族兵更倚重于金帛财物之引诱,有变相招

---

〔1〕《后汉书》卷四一《宋均传附族子意传》,北京:中华书局,1965年,第1416页。
〔2〕《后汉书》卷八六《南蛮西南夷传》,北京:中华书局,1965年,第2838页。

募的性质,如上引李固的建议就是一例。各族也是为钱财和掳掠而战,如章帝永和二年命令不再进攻北匈奴,但南单于为了"计功受赏",而北匈奴势弱,有利可图,"于复令奧鞬日逐王师子将轻骑数千出塞掩击北虏,复斩获千人"[1]。这和东汉的民族政策有关,刘秀"以柔道治天下",对少数民族多以招降的方式使之归服,实际上是"赎买",给予大量金帛财物,满足其物资欲望。各族与汉为敌也好,自相攻伐也好,无非是为了掠夺财富,现在既有东汉政府供给,也就乐意内附。如建武二十六年,南单于遣子入侍,刘秀赐予"冠带、衣裳、黄金玺、盭綬绶、安车羽盖、华藻驾驷、宝剑弓箭、黑节三、驸马二、黄金、锦绣、缯布万匹、絮万斤、乐器鼓车、棨戟甲兵、饮食什器。又转河东米糒二万五千斛、牛羊三万六千头……"以后每年朝贺,都有"缯万匹"、"黄金十斤"、"丝绣千匹"及其他各种珍玩之赐,"岁以为常"。[2]《后汉书·袁安传》云:"且汉故事,供给南单于费直岁一亿九十余万,西域岁七千四百八十万。"袁宏《后汉纪·和帝纪》谓给南匈奴费岁直一亿九千余万。对其他各族也都是如此。如鲜卑于永平元年来归附,"诣辽东受赏赐,青徐二州给钱岁二亿七千万为常。明章二世,保塞无事"。这些都是平时的"赏赐",战时另外计赏。因此,东汉之使用外族兵是建立在物资钱财交换的基础之上的,这也是东汉财政困难的原因之一。但有的论者仅从东汉要付给少数民族大量财物分析,以为东汉之外族兵系募兵,这是不合史实的。因为无论是平时还是战时的赏赐,绝大多数给予头人,普通士兵只能从头人那里领取一部分;少数民族成员不是直接应募编入东汉的军队,而是在其头人的率领下参战的;内郡人民应募是以个人身份被编入军队,定期领取雇值,这和使用外族兵是不同的,尽管史籍中也有募胡人、募夷兵等提法。

汉代的各少数民族,大多处于奴隶社会初期和原始社会末期,掠夺是其获取生活资料的正常手段之一,这也是其所以善战的根本原因。他们既然是为了钱物而战,有利则向前,无利则后退。在战争中更是想方设法掠夺,一切以"利"字为转移,上举南单于在有诏停止进攻时仍然出击北匈奴就是为利所驱使。作战不以服从命令、获取胜利为目的,而是为了满足一己私欲,必然是军纪败坏,与将帅离心,其实力越强这一点越突出。如《后汉书·应劭传》云中平二年,"羌胡为寇,东侵三辅",皇甫嵩主张发乌桓三千人,邹靖主张开幕鲜卑,应劭以为不可,理由是乌桓鲜卑骄悍不驯,不听号令,在以往的平羌战争中,乌桓鲜卑"斩获丑虏,既不足言,而鲜卑越溢,多为不法。裁以军令,则忿戾作乱;制御小缓,则陆掠残害。劫居人,钞商旅,噉人牛羊,略人兵马。得

---

[1]《后汉书》卷八九《南匈奴传》,北京:中华书局,1965年,第2951页。
[2]《后汉书》卷八九《南匈奴传》,北京:中华书局,1965年,第2943-2944页。

赏既多,不肯去,复欲以物买铁。边将不听,便取缣帛聚欲烧之。边将恐怖,畏其反叛,辞谢抚顺,无敢拒违"。上引应劭《汉官》云镇压黄巾起义时,"远征三边殊俗之兵,非我族类,忿鸷纵横,多僵良善,以为己功,财货粪土,哀夫民氓迁流之咎,见出在兹"。汉末一些军阀就是利用这些少数民族的贪财好利,与之建立了畜养关系,使之成为自己的私兵,作为割据的资本。如董卓长期为边将,拥有一支由杂胡组成的亲兵,朝廷恐其为乱,于中平六年征为少府,以剥夺其兵权,董卓上书云"所将湟中义从及秦胡兵皆诣臣曰:'牢直不毕,廪赐断绝,妻子饥冻。'牵挽臣车,使不得行"〔1〕,《前书义音》曰:"牢,廪食也。"所谓"牢直不毕,廪赐断绝"云云,就是说如果离开,这些义从秦胡就失去衣食生活之源,无法生存,故不能到京就任。本来"湟中义从秦胡兵"是东汉国家军队,现在成了董卓的私兵,用来对抗中央,最后为乱中国,祸及天下。在汉末的其他各个军阀部下都多少不等地有外族兵,这原因固然复杂,但与使用少数民族兵是有联系的,这也是东汉政府始料未及的。

（三）谪戍制和刑徒兵

谪戍制和刑徒兵是两种不同的集兵方式,谪戍制是强制那些有特殊身份的人从军戍边的制度,属惩罚性的;刑徒兵是对已课罪犯赦免之后使之从军的制度,属宽大性质。但二者有一定的渊源关系,故本文合并论述之。

谪戍制的起源,可追溯到战国后期,秦简《魏奔命律》规定"廿五年闰再十二月丙午朔辛亥告将军,叚(假)门逆旅(旅)、赘壻后父,或衍(率)民不作,不治室屋,寡人弗欲。且杀之,不忍其宗族昆弟,今遣从军,将军勿恤视。亨(烹)牛食士,赐之参饭而勿鼠(予)殽。攻城用其不足,将军以堙壕"〔2〕。律文中廿五年是魏安僖王二十五年(前252年)。据此战国后期,魏已有谪发"假门"、"逆旅"、"赘婿"、"后父"等从军的制度,因为"假门""逆旅"不事农业生产,四处云游;"赘婿""后父"贫贱低下属于贱民,故谪以为兵,是惩罚性的。在军队中,他们和普通士兵当然不能取得平等地位,主要是服军事劳役。为了惩罚他们,将军可以纵情役使,不必恤视。有的论者不加区别,以为谪戍之兵和征发之兵没有区别,都是军士,是不对的。盖先秦时代,军队中并非所有人员都是平等的,有的是战士,有的是服役者,即使都是战士,不同兵种之间也有高低之别。故赘婿、后父等是服军事劳役者,低于一般士兵。此律在秦出土,也适用于秦。

秦汉时代的谪戍制度见于文献者,始于秦始皇三十三年。《史记·秦始皇本纪》云是年"发诸尝逋亡人,赘婿、贾人略取陆梁地,为桂林、象郡、南海以

───────
〔1〕《后汉书》卷七二《董卓传》,北京:中华书局,1965年,第2322页。
〔2〕 睡虎地秦墓竹简整理小组:《睡虎地秦墓竹简》,北京:文物出版社,1978年,第294页。

適（謫）遣戍"。三十四年又"適（謫）治狱吏不直者，筑长城及南越地"。按秦法，有以戍边对某些犯罪进行惩罚的规定，如秦简《秦律杂抄》云："不当稟军中而稟者，皆赀二甲，法（废）；非吏殹（也），戍二岁；徒食、敦（屯）长、仆射弗告、赀戍一岁……军人买（卖）稟稟所及过县，赀戍二岁；同车食、敦（屯）长、仆射弗告，戍一岁。"[1]犯罪之后，被判戍边，这儿的戍边均指军事劳役，指到边地后修城壕、备候望等，而非一般意义上的从军，如律文中的"徒食"、"屯长"、"军人"、"同车食"等已是军人，不存在罚之从军的问题。使之戍边，就是强迫他们服军事劳役，以示惩罚，都有一定期限。秦始皇扩大这种犯罪戍边制度，把那些没有犯罪，只是身份低贱，政治上受歧视的人如商人、赘婿也罚去戍边。有罪吏、尝逋亡人按律不一定当戍边，现在也罚去戍边，其目的不是对他们进行惩罚，而是为了扩大兵源。

汉武帝时期，为扩大兵源，再次实行谪戍制。《汉书·武帝纪》载，元朔五年，大将军卫青征匈奴，所发"诸禁锢及有过者，咸蒙厚赏，得免减罪"。元封六年，"益州昆明反，赦京师亡命，令从军"。太初元年，"遣贰师将军李广利，发天下谪民西征大宛"。天汉元年"发谪戍屯五原"。天汉四年"发天下七科谪及勇敢士"。张晏注七科云："吏有罪一，亡命二，赘壻（婿）三，贾人四，故有市籍五，父母有市籍六，大父母有市籍七，凡七科也。"这是汉代谪戍规模最大的一次。汉昭帝元凤五年，"发三辅及郡国恶少年吏有告劾亡者，屯辽东"。此后就不再施行。

从秦、西汉谪戍对象看，有两种人，一是身份谪发，如商人、赘婿、恶少年等；二是犯罪谪发，如吏有罪、逃亡者等。谪戍期限随从军性质而定，如一般的戍边，大约是一年。《史记·平准书》载武帝算缗令云"诸贾人末作贳贷卖买，居邑稽诸物，及商以取利者，虽无市籍，各以其物自占……匿不自占，占不悉，戍边一岁，没入缗钱"。这是对违反算缗令的商人的惩罚，一般商人、赘婿不会超过一年期限。如果是随军出征，则视战争进程而定，如随卫青出征的"诸禁锢及有过者"，在战役结束后，即得减免罪，"咸蒙厚赏"，其谪戍自然期满。有的则永居边地，如秦始皇三十三年所发的"徙谪，实之初县"。总之，秦西汉谪戍制没有一定的标准役期，而是视谪戍的性质而定。

以往有的学者把谪戍制和秦的"迁"及秦汉的徙民实边混为一谈，这是不对的。在法律上，秦汉之迁是刑罚的一种，即后世的流刑，如《秦律杂抄》有云："吏自佐、史以上负从马，守书私卒，令市取钱焉，皆辠（迁）。""百姓不当老，至老时不用请，敢酢（诈）伪者，赀二甲；典、老弗告，赀各一甲；伍人，户一

---

[1] 睡虎地秦墓竹简整理小组：《睡虎地秦墓竹简》，北京：文物出版社，1978年，第133－134页。

盾,皆罨(迁)之。"[1]等等。据秦律,当迁者有的携家而迁,秦简《法律答问》云:"廷行事有罪当罨(迁),已断已令,未行而死若亡,其所包当诣罨(迁)所"。"当罨(迁),罨(迁)者妻当包不当?不当包。""当罨(迁),其妻先自告,当包"。[2]"当包"就是被判迁刑者的家属应一并前往流放地点。秦始皇曾迁山东六国贵族及富商大贾于关中蜀地,都是携家而迁,他们都不予边戍。而谪戍只发当事者本人从军戍边或出征。二迁性质迥然。对此,笔者曾有专文论述。[3]

谪戍制与徙民实边的区别更清楚。秦汉之徙民有两种情况:一种是带有惩罚性的,如秦始皇之"徙天下不轨之民于南阳"[4],徙六国贵族大姓富商于关中及蜀。徙民的目的不是为了戍边,而是怕他们造反,这不同于谪戍显而易见。另一种是带有优抚性的。如秦始皇二十八年"徙黔首三万户琅邪台下,复十二岁"[5]。汉代徙民实边始自晁错,凡徙者,官予田产屋宇,"皆赐高爵,复其家",所徙者均是普通百姓,官予优惠,永居边地,和谪戍制是难以混淆的。

刑徒兵的使用始于秦二世。《史记·秦始皇本纪》云二世二年冬,"陈涉所遣周章等将西至戏,兵数十万。二世大惊,与群臣谋曰:'奈何?'少府章邯曰:'盗已至,众强,今发近县不及矣。骊山徒多,请赦之,授兵以击之。'二世乃大赦天下,使章邯将,击破周章军而走,遂杀章曹阳"。汉高祖十一年,淮南王英布反,刘邦也曾"赦天下死罪以下,皆令从军"[6]。这都是临时应急措施,没有形成制度,可算作刑徒兵的发轫时期。

汉武帝时,用兵匈奴,正常征发不足使用,遂屡发刑徒从军。元鼎五年,"遣伏波将军路博德。……皆将罪人……越驰义侯遗别将巴蜀罪人……咸会番禺"。元封二年,"募天下死罪击朝鲜"。六月,遣杨仆、荀彘"将应募罪人击朝鲜"。[7]昭帝元凤元年,"武都氐人反,遣执金吾马适建、龙额侯韩增、大鸿胪广明将三辅、太常徒,皆免刑击之"[8]。这些都把刑徒编入正规军,戴罪立功,战争结束后再论功除罪。自宣帝以后,对外战争减少,刑徒也多转入戍边之役。如上引《汉书·赵充国传》赵充国上书宣帝屯田议有"留弛刑应募"云

---

[1] 睡虎地秦墓竹简整理小组:《睡虎地秦墓竹简》,北京:文物出版社,1978年,第133、143页。
[2] 睡虎地秦墓竹简整理小组:《睡虎地秦墓竹简》,北京:文物出版社,1978年,第177、178页。
[3] 参见拙作《谪戍制考析》,见本书。
[4] 《汉书》卷二八下《地理志下》,北京:中华书局,1962年,第1654页。
[5] 《史记》卷六《秦始皇本纪》,北京:中华书局,1959年,第244页。
[6] 《汉书》卷一下《高帝纪下》,北京:中华书局,1962年,第73页。
[7] 《汉书》卷六《武帝纪》,北京:中华书局,1962年,第186-187、193-194页。
[8] 《汉书》卷七《昭帝纪》,北京:中华书局,1962年,第225页。

云,汉简中所记均为戍边之弛刑:"弛刑孙田,今留不。""施刑故司寇。""五百六十二徒许被施刑胡敞当入凡在□□,万三千九百廿五,定有余钱万四千四五十七。"[1]"施刑"即弛刑,施弛古代同音想通。李奇曰:"弛,废也。谓若今徒解钳钛赭衣,置任输作也。"师古云:"弛刑,李说是也,若今徒囚但不枷锁而责保散役之耳。"[2]弛刑徒即解除刑具的刑徒,其原刑期不变。汉简中的弛刑和汉高帝、汉武帝所发编入正规军之刑徒不同,编入正规军者,立功之后,即为平民,戍边者必须戍满刑期。汉代徒刑刑种有:五岁刑,如髡钳,又称髡钳城旦舂,应劭云:"城旦者,且起行治城;舂者,妇人不豫外徭,但舂作米。"[3]四岁刑,如完城旦舂;即戴刑具而不髡发。三岁刑,如鬼薪白粲,男为祠祀鬼神伐山薪,女为祠祀择米。二岁刑如司寇,系古代官名演变而来,在各官署中劳作。一岁刑,如罚作,又称复作。所谓城旦舂、鬼薪白粲等只是刑徒名称,并非说他们只做修城舂米的工作,在事实上其事役甚广,如采铜煮盐、筑宫建屋等亦在其事役之内。他们本来要披枷戴锁从事劳作,即使不戴刑具,其劳动也较常人繁重得多,现在解除刑具而戍边,获得了相对的自由,不过换个工作而已,对他们自己是有利的,是宽宥措施;对国家,则省去征发戍卒之劳,减轻了内郡人民的兵役负担,有利于生产。不过,在西汉,刑徒兵并不太多,戍卒主要是调自内郡,在居延汉简中的戍卒名籍簿上,绝大多数是调自内郡农民,弛刑数量很少,就说明了这一点。

东汉因为刘秀重内虚外,重文轻武,力图改变西汉尚武之风,尽量减少征兵,不仅大量使用募兵和外族兵,也大量使用刑徒兵。应劭《汉官》云:

> 世祖中兴,海内人民可得而数,载十二三。边陲萧条,靡有孑遗。障塞破坏,亭队绝灭。建武二十一年,始遣中郎将马援、谒者,分筑烽候,堡壁稍兴,立郡县十余万户,或空置太守、令、长,招还人民。上笑曰:"今边无人而设长吏治之,难如春秋素王矣。"乃建立三营,屯田殖谷,弛刑谪徒以充实之。[4]

按东汉初年之残破程度和西汉初年基本相似,刘秀不重边防固然有其经济原因,但亦有其政治原因,故单从国家残破这一点解释其以弛刑徒戍边是不足的。但自刘秀而后,刑徒从军成为常制,如果说戍边从军只是西汉刑徒事役一少部分的话,东汉则为其主体。《后汉书》诸帝纪所计从光武帝到桓帝,共下17次赦刑徒戍边的诏令,不见本纪而见于列传者更多。如《后汉书·南匈

---

[1] 谢桂华、李钧明、朱国炤:《居延汉简释文合校》,北京:文物出版社,1987年,第435、449、453页。
[2] 《汉书》卷八《宣帝纪》注,北京:中华书局,1962年,第260页。
[3] 《汉书》卷二《惠帝纪》注,北京:中华书局,1962年,第87页。
[4] 《后汉书》卷一一三《郡国志五》,北京:中华书局,1965年,第3533页。

奴传》云建武二十六年"令中郎将置安集掾使,将弛刑五十人,持兵弩随单于所处,参辞讼,察动静"。同书《杨终传》云"建初元年,大旱谷贵,终以为广陵、楚、淮阳、济南之狱,徙者万数,又远屯绝域,吏民怨旷"。乃上书请罢边屯,"帝从之,听还徙者,悉罢边屯"。这儿的"徙者"都是因狱被发配边地者。又如《班超传》云班超年老返朝,对新任西域都护任尚介绍经验时说:"塞外吏士,本非孝子顺孙,皆以罪过徙补边屯。"

东汉之刑徒兵和西汉相比,有如下之不同:第一,西汉之刑徒兵,一般地都发徒刑为之,很少有死囚。东汉则包括所有刑徒,死囚尤多,有的专发死囚("其大逆无道殊死者"除外)。如永平八年,"诏三公募郡国中都官死罪系囚,减罪一等,勿笞,诣度辽将军营"。九年又下死囚戍边的诏令。[1]第二,西汉刑徒兵都是个人从军,居延汉简中的弛刑名籍可证;东汉则连同妻小一同前往。如永平九年诏:"郡国死罪囚减罪,与妻子诣五原、朔方占著,所在死者皆赐妻父若男同产一人复终身;其妻无父兄独有母者,赐其母钱六万,又复其口算。"[2]"占著所在"即注明所在地的户口簿。建初六年"诏天下系囚减死一等,勿笞,诣边戍,妻子自随,占著所在;父母同产欲相从者,恣听之,有不到者,皆以乏军兴论"[3]。其余诏令,大多类此。第三,西汉刑徒戍边,服完其原来刑期即恢复自由,返回乡里,已见上述。东汉则否,刑徒连同妻小同至边县,"占著所在",即为边民。第四,西汉刑徒戍边带有临时补充性质,根据形势,需要就发,不需要则止,东汉已成为定制。如章帝时,杨终以为天下久旱,民生困苦,请罢还因广陵、楚、淮阳、济南之狱的牵连而远戍西北及西南的徙士刑徒,"太尉牟融、司徒鲍昱、校书郎班固等难伦(司空第五伦,同意杨终之议),以施行既久,孝子无改父之道,先帝所建,不宜回异"[4]。虽经杨终反复争谏,章帝同意罢还徙者,但这仅是指因广陵、楚、淮阳、济南之狱牵连而戍边远徙的人,至于以刑徒戍边并没有终止,此后仍不断以刑徒戍边,说明东汉之刑徒戍边已相沿成制。

刑徒从军,减少了对农民的兵役征发,利于生产,安定社会,其益处是明显的。但这促成了军人社会地位的进一步降低。秦和西汉时期,农民是国家军队的主力,统治者对军功赏赐,既给田宅,也予官爵,加上古代尚武的传统遗存,从军虽然因时代的变异与其职业的艰险而不似古代那样令人向往,但军人仍有相当的社会地位,从军仍有一定的吸引力,所以有许多私自从军的

---

[1] 《后汉书》卷二《明帝纪》,北京:中华书局,1965年,第111－112页。
[2] 《后汉书》卷二《明帝纪》,北京:中华书局,1965年,第112页。
[3] 《后汉书》卷三《章帝纪》,北京:中华书局,1965年,第143页。
[4] 《后汉书》卷四八《杨终传》,北京:中华书局,1965年,第1598页。

人。而到东汉,因为重文轻武,军功不赏,加上西汉末年的战乱之苦,人民本来不愿当兵,军人已失去昔日的荣耀;在阶级社会里,法律虽然代表着统治阶级的利益,但受法律制裁的刑徒,即使在普通百姓的眼里也是低人一等的;现在再以刑徒从军,军人和刑徒为伍,其地位遂进一步降低。当然这只是东汉军人社会地位降低的原因之一。

三、秦汉兵役制度演变的原因

从以上所述可以看出,秦汉兵役制度以汉武帝时期为一个转折,即于征兵之外,又有募兵、刑徒兵、外族兵之使用,但都是作为征兵的补充,属临时性;到东汉募兵、刑徒兵、外族兵大盛,征兵制渐居次要地位。以往人们把这一变化归结于刘秀改革兵役制度,通过以上所论,此说不能成立。那么是什么原因导致这一变化的?根源在于秦汉时期经济结构的变动。这个问题要从征兵制度与土地制度的关系、小农经济的演变谈起,可追溯到战国时代。

征兵制度确立于战国,是和国家授田制同步的。在授田制之下,土地国有,农民没有随意使用土地的权力,各家各户耕种的土地大多由官府按每家百亩(这里的百亩是指官方设定的良田)的标准授予,对这百亩之地,农民只有使用权而无所有权,其耕作也受到官府的监督,产量也有一定标准,农民被紧紧地束缚于百亩土地之上,没有迁徙的自由,为国家提供赋税徭役和兵役,是国家的课役农。征兵制就是建立在这个基础之上的。因土地国有,不能买卖;农民被固着于土地之上,国家就能做到"四境之内,丈夫女子皆有名于上,生者著,死者削"。保证民数的稳定性,从而保证兵源的稳定。

战国之授田制,是有授无还的,既授予农民,农民可世代使用,这就由使用权变成占有权,久之成为实际上的私有土地。秦统一之后,于秦始皇三十一年,"使黔首自实田"[1],即宣布解除不得任意垦荒的禁令,允许农民自由垦荒而有之,实际上宣布私有土地合法化,国家放弃对农民土地的所有权(当然,这儿说的农民自由垦荒是相对的,名山大川森林囿苑,还在国家控制之下,不得任意开垦)。国家控制农民的经济基础消失,只能靠行政手段来控制农民的人身自由,但随着土地买卖逐步流行,五口之家、百亩之地的小农经济的稳定性就难以保证,开始两极分化,"富者田连仟伯(阡陌),贫者亡立锥之地"[2]。破产农民在原籍无以为生,遂转徙流亡,或啸聚山林,或成为地主的佃户,国家的民数遂出现紊乱,征兵的基础发生动摇。

农民为什么要把安身立命的土地田宅卖掉?其原因固然多样,主要的是

---

[1]《史记》卷六《秦始皇本纪》,《集解》引徐广语,北京:中华书局,1959年,第251页。
[2]《汉书》卷二四上《食货志上》,北京:中华书局,1962年,第1137页。

兵傜之役太重。秦之速亡就是因为大兴土木,四处用兵,农民无法承受,遂起来造反。汉武帝用兵四夷,也导致农民离乡背井,周流四方,流民竟多达数百万(元封四年仅关东一地就有流民二百万口,全国总和远不止此数)。为了逃避兵傜之役,农民遂隐瞒户口,逃避征发。如《史记·万石张叔列传》云元封四年,"关东流民二百万口,无名数者四十万",无名数即无名籍,不在国家户口簿上。最后"群盗并起""充满山谷"。这不仅无法征之以兵,役之以傜,而且危及汉室江山,汉武帝不得已而下轮台诏,罢兵休边,务本力农,才转危为安。

农民破产流亡,民数不准,不仅导致兵源不稳,而且影响国家财政收入。秦汉国家剥削特点是人口税大于土地税,民数不仅是兵役之源,而且是最重要的税源。所以贾谊《新书·大政》说"国以民为存亡,君以民为盲明,吏以民为贤不肖,此之谓民无不为命也。闻之于政也,民无不为功也。故国以为功,君以为功,吏以为功,国以民为兴坏,君以民为强弱,吏以民为能不能",把治民当作"大政"之一。徐干《中论·民数》更进一步论述民数之与国家的关系说:"庶功兴在事役均,事役均在民数周,民数周为国之本也……故民数者,庶事之所自出也,莫不取正焉。以分田里,以令贡赋,以造器用,以制禄食,以起田役,以作军旅,国以之建典,家以之立度,五礼用修,九刑用措者,其惟审民数乎!"一句话,民数是封建统治的根本。尽管民数不周,但国家不能没有军队,不能不发傜役,不能不收赋税。怎么办?一部分人流亡破产了,还有没流亡破产者,国家的兵傜赋税只好由他们来承担(这儿主要指普通个体农民),于是又加速了农民的破产。如此往复,使社会陷入恶性循环。欲摆脱这个困境,就要减少农民的兵傜负担,就要另觅兵源以补充军队,秦汉时代的募兵、谪戍兵、刑徒兵、外族兵就是在这一背景下产生的,因为那些募兵、谪戍兵、刑徒兵原本都不事农业生产,是非农业劳动人口,以招募、谪发、赦免的方式以之戍边,起码不会直接影响农业生产。而一般农民就不一样了,身耕垄亩,应募之后,何人耕种?何以养家?他们是不会应募当兵的。即使是在赏赐战功的西汉时期也是如此,李陵所领的五千名"荆楚勇士,奇材剑客"都不是农民。被谪戍者和刑徒不事农业显而易见,少数民族更是如此(南方少数民族是从事农业的,和北方不同),以之为兵既解决了兵源,补充了军队,又避免了征农民所带来的一系列不利后果,何乐而不为?

此外,一岁而更的戍边制以及内郡征兵也不适应对匈奴作战的军事需要,因为中原和北方游牧民族所处的地理环境、自然气候以及由此决定的作战方式不同,中原军队不适应匈奴等族的作战方式,不适应北方游牧地区的自然气候。晁错总结秦朝经验时说:"夫胡貉之地,积阴之处也,木皮三寸,冰厚六尺,食肉而饮酪,其人密理,鸟兽毳毛,其性能寒。杨粤之地少阴多阳,其人疏理,鸟兽希毛,其性能暑。秦之戍卒不能其水土,戍者死于边,输者偾于道,秦民见行,如往弃市。"秦代如此,汉朝亦然。而匈奴是游牧民族,逐水草而居,善骑战,对汉的侵扰,时至时去,有利则来,无利则去,往来如风;内郡戍卒所受的训练都是平原步战或车战,不熟悉骑战,不能有效地阻止、抗击匈奴。晁错说:"今使胡人数处转牧行猎于塞下,或当燕代,或当上郡、北地、陇西,以候备塞之卒,卒少则入。陛下不救,则边民绝望而有降敌之心;救之,少发则不足,多发,远县才至,则胡又已去。聚而不罢,为费甚大;罢之,则胡复入……令远方之卒守塞,一岁而更,不知胡人之能。"[1]即使大批征发内郡兵,也因不熟骑战而难击匈奴。刘邦曾率兵三十万北击匈奴,人数不可谓少,结果败回,原因固然是轻敌冒进,但如果了解匈奴作战特点,所领多为骑兵,就不会被围白登山。正因为如此,晁错建议徙民实边,增加边地人口,以增加边防力量。这虽然仍是寓兵于农,与征兵制性质相同,但这说明原来的征兵制已不适应对匈奴作战的需要,而需加以改进。募兵就可以弥补征兵的不足。募兵是职业兵,可以长期驻守以了解"胡人之能",进行军事训练提高军事技能,上举李陵所领的五千荆楚勇士,就曾教射酒泉数年后又留守张掖是为一证。此外,募兵也不会象征来的士兵那样身在营伍,心在故里,作战主动性强,外加其本身军事素质高于征兵,其优势是明显的。当然,这并非根本的原因。

降及东汉,土地集中进一步发展,"豪人之室,连栋数百,膏田满野,奴婢千群,徒附万计"[2]。这儿的"徒附"是"豪人"、地主的佃户和依附户。农民由国家的课役农逐步转化为地主的依附民,他们的生产活动直接影响着地主的剥削能否实现。因此,尽管这些依附民、佃户仍然隶名官家,但征以为兵,农民本身固然不乐意,地主也不情愿。地主是封建国家的统治基础,国家的政策法令代表着地主阶级的利益,征兵既然不利于地主租佃等剥削的正常进行,就不会征或少征这些豪人的"徒附"。即使不得已而征之,这些地主大多掌握着地方基层政权,也要从中阻挠。《三国志·魏书·司马芝传》云:

> 时天下草创,多不奉法。郡主簿刘节,旧族豪侠,宾客千余家……芝差节客王同等为兵,掾史据白:"节家前后,未尝给繇,若至时藏匿,必为留负。"芝不听,与节书曰:"君为大宗,加股肱郡,而宾客每不与役,既众庶怨望,或流声上闻,今调同等为兵,幸时发遣。"兵已集郡,而节藏同等。……芝乃驰檄济南,具陈节罪,太守郝光素敬信芝,即以节代同行,

---

[1]《汉书》卷四九《爰盎晁错传》,北京:中华书局,1962 年,第 2284、2285 – 2286 页。
[2]《后汉书》卷四九《仲长统传》,北京:中华书局,1965 年,第 1648 页。

青州号芝"以郡主簿为兵"。[1]所记是汉魏之际事,但这并非刘节首次匿客,刘节是"旧族豪侠",家世甚久,其宾客不予兵役早已有之,据史才说"节家前后,未尝给徭",才在司马芝调同等为兵时而匿之,希图过关。东汉后期的豪强地主,遍布州郡,大多和刘节相类。

地主豪强的依附民既难以为兵,可否征那些未破产的农民?答案是否定的,那样会促使他们破产,或成为新的宾客依附民,或成为"盗贼",这不仅征兵不成,还要进一步减少税源和役员,减少财政收入,因为地主豪强极不乐意其宾客服役,他们自己更不会照章纳税,东汉财政困难的原因就在这里(东汉经济比西汉发达,但社会财富大都集中于私家地主豪强手里)。因此,东汉一代征兵制度虽存,但不到战事紧急,尽量减少征兵,东汉后期尤其如此,而代以募兵,刑徒兵和外族兵。可见大地主土地所有制的兴起、农民由国家的课役农逐步演为地主私家的佃农、依附农,瓦解了秦汉征兵制的基础,征兵制因而动摇、衰落而废弛。正因为如此,以后历朝,为了保持军队的稳定性和兵源的稳定性,无不把军队和土地结合在一起,如曹魏之屯田及以后之世家制度,北朝及隋唐前期的府兵制度都是如此,至宋代而行募兵,弊端甚多,钱文子等学者遂力赞汉代兵农合一的好处以讽喻当世,但不了解征兵制之经济基础,所论遂流于表象。

秦汉中央军队建制

秦汉中央兵制,可分为三大系统:京师治安军——中尉(执金吾)兵,天子宿卫军——郎卫、卫士、城卫军,京师屯戍军——南北军。因形势的需要,其建制迭有变更。以往学者多纠缠于南北军问题,既忽略了对秦汉中央兵制的总体的、动态的研究,又导致了许多混乱。本章即分别论述之。

一、京师治安军

秦和汉初京师包括京城及内史各县,《汉书·百官公卿表》(以下简称《百官表》)云:"内史,周官,秦因之,掌治京师。"这是由周的王畿制度发展而来。从行政区划上说(内史还兼治中央其他事务,此处从略),内史相当于郡,辖关中五十余县,包括京城在内,但系天子脚下,比郡重要,内史一官也高于郡守。本文所说的京师治安军即指负责京城及近畿地区治安的军队,在秦和汉初由中尉统领,汉武帝以后改由执金吾负责。《百官表》云:

---

[1]《三国志》卷一二《司马芝传》,北京:中华书局,1959年,第386—387页。

中尉,秦官,掌徼循京师,有两丞、侯、司马、千人。武帝太初元年更名执金吾。属官有中垒、寺互、武库、都船四令丞。都船、武库有三丞,中垒两尉。又式道左右中侯、侯丞及左右京辅都尉、尉丞兵卒皆属焉。[1]如淳注"徼循京师"云:"所谓游徼,徼循禁备盗贼也。"则中尉是负责京师地区治安之官。但从《百官表》关于汉之内史与中尉职掌的记载中,尚看不清楚中尉的掌兵情况。这可从诸王国的内史与中尉的分职记载中得到补充。《百官表》云:"诸侯王……有太傅辅王,内史治国民,中尉掌武职,丞相统众官,群卿大夫都官如汉朝。"王国官职能划分与汉同,其内史主行政,中尉掌武职。则汉之内史、中尉亦然,汉之中尉即汉内史地区的最高武官,主内史地区的军务和治安。从行政建制的角度来说,中尉和内史相当于郡尉与郡守。但京师地区,武备治安均重于其他郡国,故中尉地位高于内史,不受内史节制,而听命于天子。

因为中尉主内史地区军务,则有宿卫京城之责,在形势紧急时,要调中尉兵保卫都城。如高帝十一年,淮南王英布反,刘邦亲征,太子仁弱,恐京师有变,"乃发上郡、北地、陇西车骑,巴蜀材官及中尉卒三万人为皇太子卫"[2]。文帝三年,匈奴入寇,威胁长安,"发中尉材官属卫将军,军长安"[3]。古代兵刑不分,所谓"大刑用甲兵,其次用斧钺",兵是归入刑一类的,汉代犹有其遗意,班固才述兵于《刑法志》之中。中尉身为内史地区最高武官,其主要职责是"禁备盗贼",负责治安,上至朝臣公卿下至鸡鸣狗盗之徒,凡违法者都有权收治。如景帝"乃使中尉召错,绐载行市。错衣朝衣斩东市"[4]。又如景帝末年,郅都为中尉,"是时民朴,畏罪自重,而都独先严酷,致行法不避贵戚,列侯、宗室见都侧目而视,号曰'苍鹰'"[5]。武帝时,王温舒为中尉,"素习关中俗,知豪恶吏,豪恶吏尽复为用。吏苛察淫恶少年,投缿购告言奸,置伯落长以收司奸"[6]。后因"长安左右宗室多犯法,上召成为中尉。其治效郅都,其廉弗如,然宗室豪杰人皆慴恐"[7]。这些说明中尉是京师地区的治安长官,所领之兵属于治安部队,均征内史各县正卒为之,所谓"中尉卒"、"中尉材官"均指此而言。王温舒为中尉坐法免,武帝"欲作通天台而未有人,温舒请覆中

---

[1]《汉书》卷一九上《百官公卿表上》,北京:中华书局,1962年,第732页。
[2]《汉书》卷一下《高帝记下》,北京:中华书局,1962年,第73页。
[3]《汉书》卷四《文帝纪》,北京:中华书局,1962年,第119页。
[4]《汉书》卷四九《爰盎晁错传》,北京:中华书局,第1962年,第2302页。
[5]《汉书》卷九〇《酷吏传》,北京:中华书局,1962年,第3648页。
[6]《汉书》卷九〇《酷吏传》,北京:中华书局,1962年,第3657页。
[7]《汉书》卷九〇《酷吏传》,北京:中华书局,1962年,第3649页。

尉脱卒,得数万人作。上说,拜为少府"[1]。师古注脱卒:"覆校脱漏未为卒者也。"即指应服兵役而未服之正卒,都是指内史地区而言,也说明中尉之军征自内史地区。

内史地区,是外戚宗室、贵族豪杰、高资富人、并兼之家的聚居区,"五方杂错,风俗不一,贵者崇侈靡,贱者薄仁义,富强则商贾为利,贫窭则盗贼不禁。闾里嫁娶,尤尚财货,送死过度。故汉之京辅,号为难理"[2]。为便于管理,景帝二年,分内史为左右二内史,武帝元鼎四年分别设左右二辅都尉[3],中尉兵权遂分。太初元年,更名右内史为京兆尹,左内史为左冯翊,主爵都尉为右扶风,于京兆设京辅都尉。至此,内史一分为三,中尉兵权也一分为三,遂改中尉为执金吾。

《百官表》云中尉更名执金吾之后,"左右京辅都尉、尉丞兵卒皆属焉"。好像执金吾仍是三辅地区军事长官。其实,这是就治安问题而言的,是说执金吾和中尉都有徼循京师之责,三辅都尉要配合其行动,不能据此说执金吾有三辅兵权。其证有二:第一,执金吾所领之兵不是调自三辅都尉,而是自成系统。如成帝时,宦官石显专权,诬陷太傅萧望之图谋不轨,"因令太常急发执金吾车骑驰围其第"。《汉旧仪》云:"执金吾,车驾出,从六百骑,走千二百人。"共有兵一千八百人,是执金吾常领之兵,专司治安,逐捕不法,有自己的营垒,所属"中垒两尉"即其营垒。故石显才令太常发执金吾车骑。说明执金吾和三辅都尉各有所领之兵。而执金吾之兵在"逐捕不法"的同时,还充当皇帝出行的宿卫部队兼有仪仗功能。第二,汉制规定,郡守、郡尉管理治安时,不得越界逐捕,三辅也是如此。而三辅辖区相连,治所同在长安,互不统属,彼此不能协调统一行动,不法分子作案后只要逃离本地,即可避免制裁,逍遥法外。如宣帝时,赵广汉为京兆尹,"左冯翊、右扶风皆治长安中,犯法者从迹喜过京兆界。广汉叹曰:'乱吾治者,常二辅也!诚令广汉得兼治之,直差易耳'"[4]。这当然不是宣帝时才出现的状况,为处理类似矛盾,乃由执金吾统筹管理三辅治安。在社会动乱,三辅逐捕不力时,则由执金吾领兵镇压。如

---

[1] 《汉书》卷九〇《酷吏传》,北京:中华书局,1962年,第3658页。
[2] 陈直:《三辅黄图校证》,西安:陕西人民出版社,1980年,第21页。
[3] 汲古阁本《汉书》云:元鼎四年所置是二辅都尉,殿本为三辅。钱大昕认为二是三之误。王先谦是钱说。今按钱、王均误。《表》云太初元年始置三辅,元鼎四年何来三辅都尉i?考西汉一代最早任京辅都尉者(即京兆都尉)为田仁,亦在太初后。《景帝纪》中元六年诏有"三辅举不如法令者"。应劭注:"京兆尹、左冯翊、右扶风共治长安城中,是为三辅。"颜师古曰:"时未有京兆、冯翊、扶风之名。此三辅者谓主爵中尉及左右内史也。"今按应、颜均失。主爵中尉(景帝中六年改名主爵都尉)"掌列侯",不是地方行政长官,何以为三辅之一?景帝时内史分为左右两部分,故景帝诏之三当是二之误。
[4] 《汉书》卷七六《赵广汉传》,北京:中华书局,1962年,第3203页。

成帝末年,"南山群盗起,以(尹)赏为右辅都尉,迁执金吾,督大奸猾。三辅吏民甚畏之"[1]。这是在群盗蜂起的情况下,尹赏由右辅都尉迁为执金吾以后,"督大奸猾",而三辅吏民甚畏之的。这说明执金吾有管理三辅治安之职;也说明平时治安由三辅负责,在特殊情况下"大奸猾"横行,三辅难治时,才由执金吾负责。

西汉一代,执金吾的职权有如下三项:第一,统筹管理三辅治安,三辅都尉要听其调遣,说已见上。第二,治理朝中大狱,如上举执金吾车骑逮捕萧望之例。第三,主皇帝出行的清道、警卫事宜。《后汉书·百官志》云:"车驾出,掌在前清道,还,持麾至宫门,宫门乃开。"执金吾属官有左右式道侯,大约专司清道工作。前两项职能是中尉遗留,当无问题;第三项职能从道理上讲,中尉也应有此职,既主京师治安,当然要负责皇帝出行的警卫,只是没见记载。但中尉改称执金吾以后,充当皇帝出行的前导,宿卫车驾则是其重要职责,也是最值得夸耀的工作,上引《汉旧仪》云"执金吾,车驾出,从六百骑,走千二百人"。车驾连骑,挟天子之势,好不威风。所以刘秀见"执金吾车骑甚盛,因叹曰:仕宦当作执金吾"[2]。此外,执金吾还负责兵器保管和犯人羁押工作,所属武库系"精兵所聚"[3],都船系水狱。这与其主治安是相一致的。

西汉除执金吾以外,专司京师治安者,还有司隶校尉。《百官表》云:司隶校尉"武帝征和四年初置,持节从中都官徒千二百人,捕巫蛊,督大奸猾。后罢其兵,察三辅、三河、弘农"。这是因巫蛊之祸临时设置之兵。其兵以徒(刑徒)为之,巫蛊祸后即罢其兵,司隶校尉成为京师近郡的监察官。

东汉移都洛阳,执金吾遂不司三辅治安,属官也大大减少。《后汉书·百官志》说:"掌宫外戒司非常水火之事,月三绕行宫外及主兵器。吾犹御也。"其职司只管洛阳城内、皇宫之外的"水火非常",即社会治安。胡广曰:"卫尉巡行宫中,则金吾徼于外,相为表里以擒奸讨猾。"其属官有"丞一人,比千石。缇骑二百人。本注曰:无秩,比吏食奉。武库令一人,六百石"。西汉时的式道左右中侯、中垒、寺互、都船均省。在车驾出行时,执金吾仍领兵护卫,如耿秉为执金吾。"帝每巡郡国及幸宫观,秉常领禁兵宿卫左右。"[4]有时也参与宫城警卫。如《后汉书·窦宪传》:"帝乃幸北宫,诏执金吾、五校尉勒兵屯卫南、北宫,闭城门。"但总体来说,东汉执金吾所辖是洛阳城内、皇宫之外的区域。要指出的是,执金吾有缇骑二百人,有的论者根据《百官志》"无秩,比吏

---

[1]《汉书》卷九〇《酷吏传》,北京:中华书局,1962年,第3675页。
[2]《后汉书》卷一〇上《皇后纪上》,北京:中华书局,1965年,第405页。
[3] 关于执金吾属官,参见安作璋、熊铁基:《秦汉官制史稿》上册,济南:齐鲁书社,1985年,第221-222页。
[4]《后汉书》卷九《耿秉传》,北京:中华书局,1965年,第717页。

食俸"语,谓之为雇佣兵,这是不妥的。"比吏食俸",说明缇骑像官吏一样食俸禄,他们不是兵,而是吏,《百官志》才述之于执金吾属吏之下,其地位相当于光禄勋所属之郎。所以东汉卖官,也包括缇骑。《后汉书·安帝纪》永初三年就曾"令吏人入钱谷得为关内侯、虎贲羽林郎、五大夫、官府吏、缇骑、营士各有差"。如果说是兵的话,也是具有吏的身份的特种兵,大约充当车驾出行的前导、仪仗之用。至于执金吾平时管理治安逐捕盗贼所用的兵是另外的,仅有这二百人是不够的。《北堂书钞》引应劭《汉官仪》云:"缇骑二百人,持戟五百二十人……执金吾,车驾出,从六百骑,走千二百人也。"这儿的缇骑、持戟主要是用作仪仗,骑兵和步兵才是真正的警卫部队,这大约也是执金吾治安部队的主体。

二、宿卫军

宿卫军是京师卫戍部队,专职防卫天子的安全。按秦汉制度,皇帝居处为殿,殿外有宫城,宫城之外有京城,其防卫就依次分为城卫、宫卫和殿卫三个层次。

(一) 城卫军

在秦和西汉前期,无专职城卫军,城防由中尉军负责。严格说来,专制社会,朕即国家,京师一切军队都有宿卫天子之责,都可以说是天子宿卫部队,只是各支军队的职责各有侧重,本文才区分为治安、宿卫、屯戍三个系统。秦汉时代,这三个系统的形成是在汉武帝以后,前此尚不十分明确,特别是城防无专门部队。其时中尉是内史地区最高武官,负责内史地区及京城内的治安防卫,亦肩负城防重任。

武帝末年,巫蛊祸起,卫太子从长安覆盎门外逃,使汉武帝深感城防不足,遂设城门校尉,置专职城防军。"以太子在外,始置屯兵长安诸城门。"[1]专司城门防务,盘查进出行人。《百官表》云:"城门校尉掌京师城门屯兵,有司马、十二城门侯。"《百官志》云:"城门校尉一人,比二千石。本注曰:掌洛阳城门十二所。司马一人,千石。……主兵。城门每门侯一人,六百石。"则东汉和西汉相同。

城门兵自成系统,不属于执金吾,其军队亦调自各郡。王莽末年,义军蜂起,"或谓莽曰:'城门卒,东方人,不可信。'莽更发越骑士为卫,门置六百人,各一校尉"[2]。其时关中已乱,王莽军队多有叛亡。为加强京城防卫,用招募来的越骑代替从关东征发来的城门卒。城防关系到京师安危,是京城的第

---

[1]《汉书》卷六六《刘屈氂传》,北京:中华书局,1962年,第2882页。
[2]《汉书》卷九九《王莽传下》,北京:中华书局,1962年,第4190页。

一道防线,两汉君主遂常以贵戚近臣领城门兵,如汉宣帝欲夺霍氏权,令张安世为卫将军,"两宫卫尉,城门、北军兵属焉"[1]。这一方面说明城门兵和卫尉、北军一样自成系统,也同时说明其重要,故以亲信领之。又如西汉成帝时,城门校尉一职几乎均由外戚王氏垄断,先以王音为大司马车骑将军,领尚书事,"而平阿侯(王)谭位特进,领城门兵"[2]。王谭之后,"复令谭弟成都侯(王)商位特进,领城门兵,得举吏如将军府"[3]。王音死后,王商升任大司马大将军,以"红阳侯(王)立位特进,领城门兵"[4]。东汉桓帝时,则有外戚窦氏,"桓帝崩,无子,皇太后与父城门校尉窦武定策禁中"[5]。按汉代外戚专权,都是先抓兵权,城门兵是重要的一部分。

(二) 宫卫兵

宫卫兵指宿卫皇宫的卫士,属卫尉统率。卫士之设,始于战国,如《战国策·赵策》触龙谓赵太后说:"老臣贱息舒祺……愿令得补黑衣之数,以卫王宫。"这儿的"黑衣"即指卫士。秦代卫士机构已较全,卫尉之下有卫令、仆射等官。《史记·秦始皇本纪》载赵高之乱时,赵高曾遣"(阎)乐将吏卒千余人至望夷宫殿门,缚卫令仆射,曰:贼人此,何不止?卫令曰:周庐设卒甚谨,安得贼敢入宫?"汉代的卫士系统,记载得较明白。《百官表》云:

> 卫尉,秦官,掌宫门卫屯兵,有丞。景帝初更名中大夫令,后元年复为卫尉。属官有公车司马、卫士、旅贲三令丞、卫士三丞。又诸屯卫侯、司马二十二官皆属焉。长乐、建章、甘泉卫尉皆掌其宫,职略同,不常置。[6]

按未央是皇帝之宫,在诸宫中地位最重要,《百官表》所云即指未央卫尉,其地位最高,是九卿之一。长乐是太后之宫,仅次于未央,其卫尉始设于吕后时,也是常设之官,如吕后时有长乐卫尉吕更始,武帝时有长乐卫尉窦甫、程不识等人,昭帝时有刘辟疆,宣帝时有许舜、董忠,成帝时有史丹、王宏等,哀帝时有王恽等。但长乐卫尉不若未央卫尉重要,不是九卿之一。建章卫尉不知始置于何时,亦罢于元帝初元三年。在诸卫尉中,长乐、建章、甘泉只管其本宫的宿卫,未央卫尉在宿卫未央宫的同时,也兼管长安诸陵园的保卫,应该说是所有皇宫卫士的总管,其余诸宫卫尉均是应一时需要或特殊情况而设。

在卫尉属官中,公车司马兼领天下上书事。《汉官仪》云:"公车司马掌殿

---

[1]《汉书》卷五九《张安世传》,北京:中华书局,1962年,第2648页。
[2]《汉书》卷八五《谷永传》,北京:中华书局,1962年,第3455页。
[3]《汉书》卷八五《杜邺传》,北京:中华书局,1962年,第3473页。
[4]《汉书》卷九八《元后传》,北京:中华书局,1962年,第4027页。
[5]《后汉书》卷八《灵帝纪》,北京:中华书局,1965年,第327页。
[6]《汉书》卷一九上《百官公卿表上》,北京:中华书局,1962年,第728页。

司马门,夜徼宫中,天下上事及阙下凡所征召皆总领之,令秩六百石。"[1]天下上书及应诏之人都由公车司马转达或引见,不过这儿的"殿司马门",就为宫司马门,因为殿门不是卫尉的宿卫范围,而是光禄勋所领郎的事,这待下文再说。其余属官均是专职宫卫军官。东汉时只设一个卫尉,属官有丞一人,比千石;公车司马令一人,南北宫卫士令各一人,左右都候各一人;每宫掖门有司马一人[2],职掌均同于西汉。

　　卫士的任务有二,一是守卫宫门,二是徼循宫中,负责宫内安全。张衡《两京赋》云皇宫防卫"重以虎威章沟,严更之署,徼道外周,千庐内附,卫尉八屯,警夜巡昼",说的就是卫士宿卫皇宫的情景。李善注云:"卫尉帅吏士周宫外,于四方四角立八屯士,士则傅宫外向,为庐舍。昼则巡行非常,夜则警备不虞也。"《汉官解诂》述卫士职甚详:

　　　　卫尉主宫阙之内,卫士于垣下为庐,各有员部。凡居宫中者,皆施籍于门,案其姓名。若有医巫傀人当入者,本官长吏为封启传,审其印信,然后内之。人未定,又有籍,皆复有符。符用木,长二寸,以当所属两字为铁印,亦太卿炙符。当出入者,案籍毕,复齿符,乃引内(纳)之也。其有官位得出入者,令执御者官,传呼前后以相通。从昏至晨,分部行夜,夜有行者,辄前曰:"谁?谁?"若此不解,终岁更始。所以重慎宿卫也。
　　　　诸门部各陈屯夹道,其旁当兵,以示威武,交载,以遮妄出入者。[3]

是则卫士住于宫城(垣即宫城)之下,白天负责稽查出入人等,必须有籍合符,或有各主管部门的证明(启传)方能出入;夜间则四处巡行,以警不虞。从宫门至殿门外的地区大约都是其守备巡行范围。如《汉书·叔孙通传》云汉七年,长乐宫成,试用新朝仪,"廷中陈车骑戍卒卫官,设兵,张旗志,传曰趋。殿下郎中侠陛,陛数百人"。这儿的"戍卒、卫官"是卫尉下属,郎中是郎中令(光禄勋)所属,廷中即宫中。殿之外、宫以内由卫士任仪仗警卫,殿四周由郎负责。夜间卫士巡夜在防止盗贼、水火灾害、保证安全的同时,还要报时刻,卫宏《汉旧仪》谓"昼漏尽,夜漏起,宫中卫宫,城门击刁斗,周庐击木柝。夜漏起宫中,宫城门击柝,系刁斗,传五夜,百官徼,直符行,卫士周庐击木柝,传呼备火"[4]。蔡质《汉仪》云:"未明三刻后,鸡鸣,卫士踵丞郎趋严上台,不畜宫中鸡,汝南出鸡鸣,卫士侯于朱爵门外,专传鸡鸣于宫中。"《晋太康地道记》云:"后汉固始、鲖阳、公安、细阳四县卫士,习此曲于阙下歌之,今《鸡鸣》是

---

[1] 《汉书》卷一九上《百官公卿表上》颜师古注引,北京:中华书局,1962年,第729页。
[2] 《后汉书》卷一一五《百官志二》,北京:中华书局,1965年,第3579页。
[3] 孙星衍辑,周天游校:《汉官六种》,北京:中华书局,1990年,第14页。
[4] 孙星衍辑,周天游校:《汉官六种》,北京:中华书局,1990年,第96-97页。

也。"[1]固始、鲖阳、细阳东汉时属汝南郡,公安始置于蜀汉,这是以地名追记东汉事。

秦汉时代事死如事生,故帝后陵寝也要由卫士看护。《汉书·韦玄成传》云,至元帝时"京师自高祖下至宣帝与太上皇、悼皇考各自居陵旁立庙,并为百七十六。又园中各有寝、便殿。时祭于寝,月祭于庙,日祭于寝。时祭于便殿,寝,日四上食;庙,岁二十五祠;便殿,岁四祠。又月一游衣冠。而昭灵后、武哀王、昭哀后孝文太后、孝昭太后、卫思后、戾太子、戾后各有寝园与诸帝合,凡三十所。一岁祠,上食二万四千四百五十五,用卫士四万五千一百二十九人,祝宰乐人万二千一百四十七人,养牺牲卒不在数中"。这儿的卫士既要参与各种祭祠工作,当然有保卫陵寝的任务,也归卫尉统领。只是这儿的四万五千一百二十九人不一定常年守卫陵寝者。武帝建元元年七月诏:"卫士转置送迎二万人,其省万人。"[2]当是包括所有卫士而言;其后增加再快,怕也不会增加这么多宫卫军,何况元帝时天下少战事,元帝以好儒著称,更不会无故增加这么多的卫士,故这儿的四万五千一百二十九人就是诸陵一年祭祀所用人次的总和,也就是"日四上食,庙岁二十五祠,便殿岁四祠,又一月一游衣冠"所用人次的总和。

东汉卫士数量比较明确。《百官志》云:卫尉领六十人,南宫卫士领五百三十七,北宫卫士领四百七十一,左都侯三百八十三,右都侯四百一十六,七宫门司马共领五百三十九人,总计二千四百零六人。这个统计不包括守卫陵寝的卫士在内,掌南宫阙门的公车司马的卫士也未计在内。按卫士数随时增减,西汉如此,东汉亦然,《百官志》所记也只能是个参考,但可以肯定的是:东汉卫士数不如西汉多。《三国志·魏书·王朗传》注引《魏名臣奏》云:"旧时(东汉)虎贲、羽林、五营兵及卫士,并合虽且万人……"这万人是东汉京师军队的总和,卫士只是其一少部分(虎贲羽林是殿卫军,五营是京师屯戍兵,系主力,卫尉所主不是京师主力,只能是少数,详下)虽不一定确切,但卫士数最多不过数千人。

卫士均调自郡县,一年期满即返乡,届时皇帝要亲自参与宴饷以示抚慰。《汉书·盖宽饶传》云卫士当遣,"上临飨罢卫卒"。《王尊传》云成帝"正月行幸曲台,临飨罢卫士"。"百官供职,万众会聚。"《后汉书·和熹邓皇后纪》云永初三年,"旧事岁终当飨遣卫士,大傩逐疫。太后以阴阳不合,军旅数兴,诏飨会勿设戏作乐,减逐疫侲子之半,悉罢象橐驼之属"。《后汉书·东平王苍传》云建初三年"帝飨卫士于南宫"。《周礼·天官·外饔》云"飨士庶子亦如

---
[1]《后汉书》卷一一六《百官志三》注引,北京:中华书局,1965年,第3598页。
[2]《汉书》卷六《武帝纪》,北京:中华书局,1962年,第157页。

之"。郑玄注:"士庶子,卫王宫者,若今时飨卫士矣。"《后汉书·礼仪志中》有《遣卫士仪》,于每年季冬之月飨遣故卫士:"百官会,位定:谒者持节引故卫士入自端门,卫司马执幡钲护行。行定,侍御史持节慰劳,以诏恩问所疾苦,受其章奏所欲言。毕飨,赐作乐,观以角抵,乐阕罢遣,劝以农桑。"这是每年都要举行的,当然只是个仪式,至于什么"问所疾苦,受其章奏所欲言"是没有任何实际意义的。

(三) 殿卫军

殿卫是皇帝的侍卫军,宿卫省殿。省是宫中皇帝日常起居之地,亦曰禁中。《汉书·武五子传》:"(江)充典治巫蛊,既知上意,白言宫中有蛊气。入宫至省中,坏御座,掘地。"《昭帝纪》:"共养省中",注引伏俨曰:"蔡邕云,本为禁中,门阁有禁,非侍御之臣不得妄入,行道豹尾中亦为禁中。孝元皇后父名禁,避之故曰省中。"师古云:"省,察也。言入此中皆当察视,不可妄也。"殿是宫中殿宇。省、殿均在宫内,是皇帝日常行动之所,其宿卫军于皇帝最为重要。

秦汉殿卫军由郎充任。郎是官吏的一种,起源于先秦。《韩非子·外储说右上》载晋文公曰:"吾民之有丧资者,寡人亲使郎中视事,有罪者赦之,贫穷不足者与之。"《说苑·辨物》云晋平公曾使"郎中马章布蒺藜于阶上,令人诏师旷"。战国时齐秦楚赵诸国都有郎中。[1] 按《说文》无廊字,北宋人徐铉新附"廊"字,以为"廊……汉字通用郎"。则廊是后起字(汉字发展有由简而繁者,此为一例)。郎通廊,郎中即廊中,指宫殿廊庑之中,引申为官名,指君主身边的侍卫近臣。或执兵宿卫,如《史记·刺客列传》云荆轲刺秦王,秦"诸郎中执兵皆陈殿下,非有诏召不得上";或参与谋议,充当智囊等。

秦统一后设郎中令,专司郎卫,汉初仍之,武帝太初元年更名光禄勋。《百官表》云:

> 郎中令,秦官,掌宫殿掖门户,有丞。武帝太初元年更名光禄勋。属官有大夫、郎、谒者,皆秦官。又期门、羽林皆属焉。大夫掌论议……郎掌守门户,出充车骑,有议郎、中郎、侍郎、郎中,皆无员,多至千人。议郎、中郎秩比六百石,侍郎比四百石,郎中比三百石。中郎有五官、左、右三将,秩皆比二千石。郎中有车、户、骑三将,秩皆比千石。谒者掌宾赞(赞)受事……期门掌执兵送从,武帝建元三年初置,比郎,无员,多至千人,有仆射,秩比千石。平帝元始元年更名虎贲郎,置中郎将,秩比二千石。羽林掌送从,次期门,武帝太初元年初置,名曰建章营骑,后更名羽林骑。又取从军死事之子孙养羽林,官教以五兵,号曰羽林孤儿,羽林有

---

[1] 参阅缪文远:《七国考订补》相关部分,上海:上海古籍出版社,1987年。

令丞。宣帝令中郎将、骑都尉监羽林,秩比二千石。[1]

据此光禄勋所领有三:一是掌宫殿掖门户的郎,二是掌论议的大夫,三是掌宾赞受事的谒者。郎则是其主体,其余是次要的,《百官表》才谓之为"掌宫殿门户"之官。按郎不是兵,而是吏,均享俸禄,其组织前后变化甚大。在秦和西汉武帝以前,分议郎、中郎、侍郎、郎中四类,虽然都有宿卫之责,但议郎、侍郎主要是论议官,备皇帝顾问;中郎、郎中从职能上划分来说,主要职能是宿卫门户,出充车骑,故设五官、左、右三将和车、户、骑三将分别统之。但这些郎官并非以武技入选,个人军事技术不佳,没有优秀的军事素质,难以很好地负起宿卫省殿重任。按汉初郎选主要有三:一是荫任,《汉旧仪》云"吏二千石以上视事满三年,得任同产若子一人为郎"。二是赀选,即以财产家资为郎,景帝后元二年诏:"今赀算十以上乃得宦,廉士算不必众。有市籍不得宦,无赀又不得宦,朕甚愍之。赀算四得宦,亡令廉士久失职,贪夫长利。"应劭注:"十算,十万也。"服虔注:"赀万钱,算百二十七(七系衍文)也。"[2]董仲舒批评云:"选郎吏,又以富赀,未必贤也。"[3]以资为郎是汉初郎选的重要途径。三是特拜为郎,有以军功者如李广、李蔡等;有以品行者,如《汉旧仪》云:"高后选孝廉为郎。"更主要的是以文人特拜,《汉书·儒林列传》注引卫宏《诏定古文尚书序》:"秦既焚书,恐天下不从所改,而诸生到者拜为郎,前后七百人。"荫任和赀选、书生和品行为郎者谈不上什么武技和军事素质,只有军功为郎者有武技,但汉初以此为郎者甚少。所以汉初的郎卫大多数是摆摆样子,充当仪仗,只有一小部分是专职武士,其余的都是兼职宿卫,主要任务是备顾问应对,或者备选补为吏。

汉武帝在进行各项改革的同时,加强殿卫军的建设,以武技为标准,组建专职殿卫军——期门、羽林。《汉书·东方朔传》云:"建元三年,微行始出……与侍中、常侍、武骑及待诏陇西、北地良家子能骑射者期诸殿门,故有期门之号自此始也。"侍中、常侍、武骑、待诏陇西、北地良家子是久在朝中的,只是建元三年始有"期诸殿门"之举,遂有期门之号,由侍中、常侍、武骑、陇西北地良家子组成,秩比郎,以仆射统领,秩比千石。《汉旧仪》云:"期门骑者,陇西工射猎及能用五兵,材力三百人,行出会期门下,从射猎,无员,秩比郎从官,名曰期门骑。"无侍郎、常侍之名,这是指期门组建后之补充来源而言,下面还要谈到。平帝时改期门为虎贲,置虎贲中郎将统之,秩比二千石。羽林,取其如羽之疾、如林之多,以示其勇武,文帝时即有羽林之名,如邓通曾为羽

---

[1]《汉书》卷一九上《百官公卿表上》,北京:中华书局,1962年,第727-728页。
[2]《汉书》卷五《景帝纪》,北京:中华书局,1962年,第152页。
[3]《汉书》卷五六《董仲舒传》,北京:中华书局,1962年,第2512页。

林黄头郎,正式组建为一支部队则始于武帝建元三年,系由建章宫的宿卫部队(即建章营骑)转变而来,地位略低于期门,设羽林令统之,宣帝时以中郎将骑都尉监领。自羽林、期门之设,其余诸郎的宿卫之职就逐步淡化,而由期门羽林充任。

东汉殿卫军仍属光禄勋,但组织更加系统化,虎贲(期门)羽林地位更加突出,《百官志》云:

> 光禄勋……掌宿卫宫殿门户,典谒署郎更直执戟,宿卫门户,考其德行而进退之。
>
> 五官中郎将一人,比二千石……凡郎官皆主更直执戟,宿卫诸殿门,出充车骑,唯议郎不在直中。
>
> 左中郎将,比二千石。本注曰主左署郎。
>
> 右中郎将,比二千石。本注曰主右署郎。
>
> 虎贲中郎将比二千石。本注曰主虎贲宿卫。左右仆射、左右陛长各一人,比六百石。本注曰:仆射,主虎贲郎习射。陛长,主直虎贲,朝会在殿中。虎贲中郎,比六百石。虎贲侍郎,比四百石。虎贲郎中,比三百石。节从虎贲,比二百石。本注曰:皆无员,掌宿卫侍从。自节从虎贲久者转迁,才能差高至中郎。
>
> 羽林中郎将,比二千石。本注曰主羽林郎。羽林郎,比三百石。本注曰无员。掌宿卫侍从。
>
> 羽林左监一人,六百石。本注曰主羽林左骑。
>
> 羽林右监一人,六百石。本注曰主羽林右骑。[1]

不难看出,东汉宫卫军变动甚大:第一,取消了西汉郎中的车、护、骑三将。第二,加强了羽林的建设,置羽林中郎将,明确规定羽林秩三百石,提高了羽林的待遇(西汉未见羽林秩禄多少的规定,而有"取从军死事之子孙养羽林"之规定,似有收养遗孤之意。地位低于期门,估计其秩不高);罢羽林令,分其羽林骑为二,分别由羽林左右监领之。第三,扩大期门(虎贲)建制。虎贲中郎将之下,增设左右仆射、左右陛长;虎贲郎则分四等,而西汉平帝以前之虎贲只有一仆射领之。这些变动说明:东汉虽然"凡郎官皆主更直执戟宿卫诸殿门,出充车骑",但这是沿西汉传统所作的具文规定,实际上省殿宿卫由期门、羽林负责,其余诸郎至多做个仪仗而已;虎贲中郎将、羽林中郎将是殿卫军的主帅,光禄勋不过考察诸郎能否(这儿指虎贲、羽林)迁转其秩级,管管殿卫军的后勤而已,它是无权调动期门、羽林军的,故在东汉的历次宫廷斗争中,屡见虎贲、羽林如何,而不见光禄勋。如顺帝初立时,中黄门孙程等迎立顺帝,

---

〔1〕《后汉书》卷一一五《百官志二》,北京:中华书局,1965 年,第 3574—3576 页。

"使虎贲、羽林士屯南、北宫诸门"〔1〕,从而战胜了掌握宫卫兵、城卫兵的外戚阎氏势力。桓帝时,宦官与外戚梁氏矛盾激化,"黄门令具瑗将左右厩驺、虎贲、羽林、都候剑戟士,合千余人,与司隶校尉张彪共围冀第"〔2〕,击败了掌握除殿卫军之外的京师一切兵权的梁氏势力。其原因就在于宦官集团掌握了殿卫军,而这些都是直接控制虎贲、羽林的结果。其实,这在西汉时亦然,如霍光死后,汉宣帝欲夺霍氏权,"乃徙光女壻(婿)度辽将军未央卫尉、平陵侯范明友为光禄勋,次壻(婿)诸吏中郎将羽林监任胜出为安定太守。数月,复出光姊壻(婿)给事中光禄大夫张朔为蜀郡太守,群孙壻(婿)中郎将王汉为武威太守。顷之,复徙光长女壻(婿)长乐卫尉邓广汉为少府,更以禹为大司马,冠小冠,亡印绶,罢其右将军屯兵官属,特使禹官名与光俱大司马者。又收范明友度辽将军印绶,但为光禄勋。及光中女壻(婿)赵平为散骑骑都尉光禄大夫将屯兵。又收平骑都尉印绶。诸领胡越骑、羽林及两宫卫将屯兵,悉易以所亲信许、史子弟代之"〔3〕。卫尉是宫卫军统帅,光禄勋名义上掌宿卫省殿门卫之郎官及羽林期门,实际上有职无权,故宣帝徙范明友为光禄勋,又夺其度辽将军职;同时出中郎将羽林监任胜、中郎将王汉为太守。这一进一出,目的十分明白:夺霍氏亲属兵权。原因就在于光禄勋位高无权,故进之;中郎将、羽林监实际主省殿宿卫,故出之。因此,东汉之期门、羽林机构的扩大、地位的重要是西汉的逻辑发展。

上已指出,期门初由侍中、常侍、武骑、待诏之北地、陇西良家子组成,羽林系由建章营骑转化而来,并以战死者之遗孤补充之。其后,则选陇西、天水、安定、北地、上郡、西河六郡"良家子"补充之,"以材力为官,名将多出焉"〔4〕。都是善骑射的武技勇士。所谓"良家",《史记·李将军列传》《索隐》如淳曰:"非医、巫、商贾、百工也。"《汉书补注》引周寿昌曰:"汉制,凡从军不在七科谪内者,谓之良家子。"即出身清白农家子弟,以北地诸郡地近胡,民尚武善战故选之。东汉期门、羽林的来源甚杂,除沿西汉选自六郡良家子之外(东汉六郡较西汉少天水,而有汉阳),杂以从征战士和五营兵之有功劳者为之。《汉官仪》云:"光武中兴,以征伐之士劳苦者为之,故曰羽林士。""后简取五营高材,列为左右监羽林。"又有世袭现象,荀绰《晋百官表注》:"虎贲诸郎,皆父死子代,汉制也。"〔5〕东汉后期,有买卖虎贲羽林者,如安帝永初三年,"奏令吏人

---

〔1〕《后汉书》卷六《顺帝纪》,北京:中华书局,1965年,第250页。
〔2〕《后汉书》卷三四《梁统传附冀传》,北京:中华书局,1965年,第1186页。
〔3〕《汉书》卷六八《霍光传》,北京:中华书局,1962年,第2952—2953页。
〔4〕《汉书》卷二八下《地理志》,北京:中华书局,1962年,第1644页。
〔5〕《后汉书》卷一一五《百官志二》注引,北京:中华书局,1965年,第3576页。

入钱谷,得为关内侯、虎贲羽林郎"[1]。期门、羽林是官,享有终身俸禄,其秩高者可六百石,低者二百石,且在天子脚下供职,令人向往,故有世袭、买卖的现象。其数量因时而异,无定员,多者可达数千人。《百官表》说期门多至千人,外加羽林及其他有武技的郎,当在两千人以上。东汉则多于西汉,《汉官仪》说"羽林左监主羽林八百人,右监主九百人"[2],仅羽林左右监所领之羽林骑即达一千五百,加上虎贲、羽林二中郎将所领,其总数不在数千人之下。

期门、羽林的任务一是执戟宿卫省殿门户,这就是《百官志》说的掌"宿卫侍从"。如昭帝崩,太后听政,"太后被珠襦,盛服坐武帐中,侍御数百人皆持兵,期门武士陛戟,陈列殿下"[3]。"陈列殿下"即持戟列于殿下,禁止妄自出入省户。如《后汉书·张霸传》:"元嘉中,岁首朝贺,大将军梁冀带剑入省,(张)陵呵叱令出,敕羽林、虎贲夺冀剑。"二是随侍皇驾出入,武帝设期门羽林的初衷就是以之为随行侍卫,东汉亦然。如《后汉书·杨政传》"(政为明师冤,候光武外出,于道旁跪号)武骑虎贲惧惊乘舆,举弓射之"。这都是虎贲随侍车驾例。

要说明的是,期门、羽林及汉初郎官,均非皇帝的贴身侍卫,他们职务所及只在省殿门户及其以外,省殿以内由少府所属的小黄门、中黄门等宦官所属。《百官表》云:"少府……诸仆射、署长、中黄门皆属焉。"师古云:"奄人居禁中,在黄门之内给事者也。""给事"即含宿卫在内。《百官志》云:"中黄门冗从仆射一人,六百石,本注从,夹乘舆车。""直守门户"即守省殿门户以内。《汉书·王莽传》:"大司马董忠与刘歆等谋叛,谋泄,莽召忠等,忠与歆会省下……中黄门各拔刃,将忠等送庐。忠拔剑欲自刎,侍中王望传言大司马反。黄门持剑共格杀之,省中相惊传,勒兵至郎署,皆拔剑张弩。"《三国志·魏书·袁绍传》云东汉灵帝崩,外戚何进与袁绍谋诛宦官时,曾令虎贲中郎将袁术"送温厚虎贲二百人,当入禁中代持兵黄门陛守门户"。正因为中黄门等宦官守护省内,看似弱小的宦官,才能击败掌握兵权的外戚。以往学者论述宫省宿卫时,仅及殿卫而止,往往忽略宦官的宿卫作用,是应予以补正的。

到东汉时代,期门羽林军往往随野战军出征。这在西汉时也曾有过。汉宣帝神爵元年西羌反叛,曾"三辅、中郎官徒弛刑,及应募佽飞射士、羽林孤儿……诣金城"[4]。赵充国之子"右曹中郎将卬,将期门佽飞、羽林孤儿、胡越骑为支兵,至令居"[5]。但这只是西羌反叛,情况紧急时的临时措施。东

---

[1]《后汉书》卷五《安帝纪》,北京:中华书局,1965年,第213页。
[2]《后汉书》卷五《安帝纪》,北京:中华书局,1965年,第208页。
[3]《汉书》卷六八《霍光传》,北京:中华书局,1962年,第2939页。
[4]《汉书》卷八《宣帝纪》,北京:中华书局,1962年,第260页。
[5]《汉书》卷六九《赵充国传》,北京:中华书局,1962年,第2976页。

汉军事重中央,轻地方,每有战事,中央辄派兵出征,期门、羽林则是常从之兵。如《后汉书·邓骘传》:"凉部叛羌,摇荡西州,朝廷忧之,于是召骘将左右羽林、北军五校士及诸部兵击之。"《马援传》载马严"拜将兵长史,将北军五校士、羽林禁兵三千人,屯西河美稷"。《西羌传》云:"任尚为中郎将,将羽林缇骑、五营子弟三千五百人,代班雄屯三辅。"《三国志·魏书·王朗传》注引《魏名臣奏》说"旧时(东汉)虎贲羽林、五营兵及卫士,并合虽且万人,或商贾惰游子弟,或农野谨钝之人,虽有乘制之处,不讲戎陈,既不简练,又希更寇雖(难),名实不副,难以备急,有警而后募兵,军行而后运粮,或乃兵既久屯,而不备营佃,不修器械……"这儿把虎贲、羽林和五营兵及卫士并列,批评其质量低劣,这些商贾惰游子弟当指以买卖入虎贲羽林者,农野谨钝之人是指更番入京的卫士,不任战事,不能应付紧急情况,不得已而临时募兵,正说明虎贲羽林也担负着野战军的职能。这大约是皇帝为加强对将帅的控制,了解边地战况而采取的措施,同时也加强战斗力。但这数量不多,战事起则遣,战事止则返朝,其主要职能还是宿卫省殿。

三、屯戍兵

屯戍兵是指屯驻京师即镇卫京师而又兼野战职能的军队,秦时京师屯戍军不详,大约就是中尉所领的内史兵,两汉则有南北军。

(一)南北军的性质

汉代南北军制度,古今研究甚多,一致的意见是:卫尉掌南军,中尉掌北军。这是自宋至今的共同结论,述之较明的如陈树镛《汉官答问》,其文云:

> 汉有南北军。南军者,卫尉掌之,所以卫宫。《汉书·百官公卿表》云:卫尉掌宫门卫屯兵是也。北军者,中尉掌之,内卫京师,外备征伐。《百官表》云:"中尉掌徼巡京师是也。何以知卫尉掌南军也?《高后纪》:"勃遂将北军,然尚有南军。令平阳侯告卫尉毋纳相国产殿门,产欲入宫为乱,殿门弗纳,产不得南军,遂为朱虚侯所诛。"故知卫尉所掌即南军也。何以知中尉掌北军也?《百官表》:中尉之属有中垒令丞;而表又云,中垒校尉掌北军垒门。夫中垒校尉而掌北军之垒门,则北军有中垒之名可知。中尉之属官有中垒令、丞与尉,则中垒即北军而为中尉所掌,又可知也。[1]

这是古今论者公共的论据,笔者亦曾采纳是说[2],但仔细想来,此说非是。

---

[1] 陈树镛:《汉官答问》卷四《执金吾》,振绮堂丛书本,《丛书集成续编》第41册。
[2] 笔者《试论汉代中尉、执金吾及北军的演变》(《益阳师专学报》1989年第2期)对南北军关系即以传统观点为立论基础。

第一，高后终前，为防止诸功臣有变，令梁王吕产为相国居南军，赵王吕禄为上将军居北军，并嘱"我即崩，恐其（指大臣们）为变，必据兵卫宫，慎勿送丧，为人所制"[1]，企图靠掌握南北军巩固吕氏势力。周勃骗取北军后，"令平阳侯告卫尉，勿内相国产殿门。产不知禄已去北军，入未央宫欲为乱。殿门弗内，徘徊往来"[2]。最后被刘章率周勃所予千名北军卒所杀。如果如论者所说卫尉掌南军，吕产身为南军统帅，卫尉是其下属，岂有"殿门弗内"之事发生？即如所言，既然"殿门弗内"，吕产当知道下属已背叛自己，他应该另谋对策，又怎么会"徘徊往来"，坐以待毙？再者，如卫尉掌南军，以其所统卫士足可捕杀吕产，何以再予刘章千名北军卒之后才击杀吕产？

第二，中尉有中垒令、丞、尉，北军有中垒校尉，但不能据此证明中尉领北军。因为垒是军队驻扎之处的军事防卫设施，即营垒，有军队就有垒[3]；古时军队分左中右或上中下三军，主帅一般居中军，所谓中垒即中军之垒；中尉是内史地区最高武官，肩负戍卫京师的重任，统兵甚多（指西汉前期），当然要有自己的中垒，设令、丞、尉以管理其军中事务；北军系京师屯兵（详下），亦有其中垒，二者本不相关，怎能因中垒二字相同，硬把中尉和北军扯在一起？其实汉表已分开言明中尉之中垒校尉，秩二千石，二者没有统属和演变关系。而《后汉书·百官志》明言东汉执金吾属官较西汉"又省中垒、寺互、都船令丞尉"，则西汉执金吾属下一直有中垒令、丞尉，这是中尉、北军各有中垒的明证。后人误以为京师只有中尉和卫尉之兵，只能有一个中垒，从而把北军塞在中尉之下。

第三，目前所见在史汉诸书及其他文献中，中尉兵均曰"中尉卒"而不以北军名之，反之亦然；也没有以南军代指卫士者，相反却总是南军和卫士并列，卫士也不称南军。如高帝十一年，淮南王英布反，刘邦发"上郡、北地、陇西车骑，巴蜀材官及中尉卒三万人，为皇太子卫，军霸上"[4]。文帝三年，匈奴入侵，"发中尉材官属卫将军，军长安"[5]。文帝"拜唐为车骑都尉，主中尉及郡国车士"[6]。武帝元鼎六年冬十月"发陇西、天水、安定骑士及中尉，河南、河内卒十万人，遣将军李息、郎中令徐自为征西羌"[7]。武帝"欲作通天

---

[1]《汉书》卷九七上《外戚传上》，北京：中华书局，1962年，第3939页。
[2]《汉书》卷二《高后纪》，北京：中华书局，1962年，第102页。
[3] 关于秦汉"垒"的含义，可参阅熊铁基：《秦汉军事制度史》第九章，南宁：广西人民出版社，1990年。
[4]《汉书》卷一上《高帝纪上》，北京：中华书局，1962年，第73页。
[5]《汉书》卷四《文帝纪》，北京：中华书局，1962年，第119页。
[6]《史记》卷一〇二《冯唐传》，北京：中华书局，1959年，第2759页。
[7]《汉书》卷六《武帝纪》，北京：中华书局，1962年，第188页。

台而未有人,温舒请复中尉脱卒,得数万人作"[1]。如果中尉统率北军,为什么史汉诸书提到中尉时,均云"中尉卒"而不云北军?合理的解释,只能是中尉卒不是北军,中尉不统北军。《百官表》云卫尉掌宫门卫屯兵,属官有"卫士令、丞"。《百官志》说卫尉掌"宫门卫士"。《汉书·盖宽饶传》云盖宽饶为卫司马,"卫卒数千人皆叩头自请,愿复留共更一年"。上引《魏名臣奏》云"旧时(东汉)虎贲、羽林、五营兵及卫士"。《后汉书·礼仪志》"饷遣故卫士仪"等等,都把卫尉兵成为卫士或卫卒,而不曰南军,所以结论只能是卫尉所掌不是南军,南军不属卫尉,不卫皇宫。

总括以上三点,可以得出结论,南北军和卫尉、中尉无隶属关系,二者是不同性质的军队,吕后嘱吕产、吕禄据南北军以卫宫,但未央卫尉用非其人,阻止吕产入宫,吕产犹豫不决,不知应否强行进入,结果为刘章所率千名北军兵乘机掩杀,其"从官乱,莫敢斗者",这些从官就是南军将士及其侍从。吕产并非单独入宫,而是率领南军将士及相府侍从入宫,防止群臣为乱,所以周勃虽有未央卫尉之兵,犹恐不胜,又予刘章千名北军兵,结果恰逢"天大风",吕产所率之军士没有斗志,战事没有周勃原来想象的那样激烈,吕产就被杀了。以往学者之所以认为南军属卫尉,是以为吕产身为南军主帅急欲入宫以"据兵卫宫",则其兵——南军必在未央宫之内,卫士亦屯于宫内(宫城四周),二者当然是同一支军队,故吕产被卫尉阻于宫门之外后,兵将分离,无法指挥南军,只有几名随员无力反抗,才被杀。殊不知,果真如此,以卫尉之兵对付吕产及其随从,根本无不胜之虞,不必再予刘章千名北军之卒。

(二)南北军建制及其演变

《汉书·刑法志》云:"汉兴……天下既定,蹠秦而置材官于郡国,京师有南北军之屯。至武帝平百粤,内增七校,外有楼船,皆岁时讲肄,修武备云。"这大约是建于惠帝时。高祖十一年,刘邦征英布,曾发上郡、北地、陇西车骑、巴蜀、中尉卒为皇太子卫,说明此时京师尚无南北军,否则不必远征巴蜀之兵。惠帝崩,侍中张辟强曾谓陈平"请拜吕台,吕产为将,将兵居南北军"[2],以安吕后之心。则惠帝时已置南北军。文帝入继大统,以宋昌为卫将军,领南北军,二年因形势稳定,皇位巩固,罢卫将军军即罢南北军,在此后的两汉史籍中,南军从未出现,只存北军,则南军自此罢后即未重置。人们不明于此,以为有北军必有南军,而史籍中又不见南军之名,遂把卫尉附会为南军。

北军复置于何时,不得其详,至迟在汉武帝初年已有北军。《汉书·张次公传》:"张次公……其后太后崩,为将军,军北军。"按武帝纪皇太后崩于元朔

---

[1]《汉书》卷九〇《酷吏传》,北京:中华书局,1962年,第3658页。
[2]《汉书》卷九七上《外戚传上》,北京:中华书局,1962年,第3939页。

三年,则在此之前,北军已复。

武帝用兵四夷,极重武事,故改革北军,加强京师屯兵。《百官表》云:

> 中垒校尉,掌北军垒门内,外掌西域(当是四城之误,详下)。屯骑校尉掌骑士。步兵校尉掌上林苑门屯兵。越骑校尉掌越骑。长水校尉掌长水宣曲胡骑。又有胡骑校尉,掌池阳胡骑,不常置。射声校尉掌待诏射声士。虎贲校尉掌轻车。凡八校尉,皆武帝初置,有丞、司马。[1]

这八校尉只有中垒校尉系由原来北军转变而来,故掌北军垒门内,即掌其旧部。其余诸校均系增置。八校尉之间没有统属关系,分屯于长安城内外,如步兵校尉屯于上林苑,不在长安城内,称北军者严格地说只有中垒校尉,其余则否。如昭帝元凤四年五月孝文庙正殿火,"发中二千石将五校作治,六日成"[2]。师古云:"率领五校之士以作治也。"霍光薨,宣帝"发材官轻车北军五校士军陈至茂陵"[3]。这儿的五校是指八校尉中的某五校。值得玩味的是把北军和五校尉并列,如这五校是北军一部分,说北军就行了,不必再列五校;把二者并列,则说明二者无统属关系,否则不必重复。武帝末年,任安为监北军使者,统领北军,巫蛊祸起,太子刘据已遣使发城外的池阳、宣曲胡骑(属胡骑长水二校尉),又立车北军门外,"召监北军使者任安发北军兵,安受节已,闭军门,不肯应太子"[4]。监北军使者是中央派驻北军的代表,监视北军行动,发兵要由其批准,故刘据召任安发兵,如果长水、胡骑校尉属于北军,刘据之发池阳宣曲胡骑必须经过任安同意;没经过任安同意而发之,则说明任安这监北军使者不司长水、胡骑校尉事。《史记·周叔列传》记此事曾云刘据"立车北军南门外",则北军营垒自在长安城内,既云北军南门外,则北军只屯于一处,其余屯兵不属北军。《汉书·胡建传》云天汉年间,胡建守军正丞,"时监军御史为奸,穿北军垒垣以为贾区,建欲诛之,乃约其走卒曰:'我欲与公有所诛,吾言取之则取,斩之则斩。'于是当选士马日,监御史与护军诸校列坐堂皇上,建从走卒趋至堂皇下……遂斩御史。护军诸校皆愕惊,不知所以"。按"穿北军垒垣以为贾区",则北军垒垣必靠近市场,穿垣之后才能成为贾区,从中取利;长安城外不存在市场问题,城内有东西市,故这儿的北军垒垣即屯于东西市附近,其余诸校则不称北军。宣帝时,霍光兄孙霍山为"奉车都尉侍中,领胡越兵"[5]。成帝曾令金涉为"侍中骑都尉,领三辅胡越骑"。

---

[1] 《汉书》卷一九上《百官公卿表上》,北京:中华书局,1962年,第737—738页。
[2] 《汉书》卷七《昭帝纪》,北京:中华书局,1962年,第230页。
[3] 《汉书》卷六八《霍光传》,北京:中华书局,1962年,第2948页。
[4] 《汉书》卷六六《刘屈氂传》,北京:中华书局,1962年,第2881页。
[5] 《汉书》卷六八《霍光传》,北京:中华书局,1962年,第2948页。

师古云:"胡越骑之在三辅者,若长水、长扬、宣曲之属是也。"[1]胡越骑是胡骑校尉、越骑校尉和长水校尉,由侍中骑都尉领属。如监北军使者总领八校尉,则不应有骑都尉只领胡越骑;反之,正说明胡越骑不属北军。宣帝曾拜张安世为"大司马车骑将军,领尚书事。数月,罢车骑将军屯兵,更为卫将军,两宫卫尉,城门、北军兵属焉"[2]。论者以为这儿北军兵包括七校兵在内,其实不然。卫将军职掌京城防卫,文帝之夜拜宋昌为卫将军领南北军就是这个目的,故其所领者都是宿卫兵,北军驻于城里,亦有宿卫之责,故领之。其余诸校无宿卫之职,故不领;张安世为大司马车骑将军时是领诸校屯兵的,罢其屯兵,改任卫将军后就不领诸校屯兵了。至此,可以得出结论:西汉之八校尉,是京师屯兵,不全是北军,只有中垒校尉是北军。八校尉没有共同的固定的统帅。中垒校尉不统其余诸校,护北军使者并不是八校尉的统领。

京师屯兵统属北军,是在东汉时候。《百官志》云北军中候一人,掌监五营。五营是:屯骑校尉、越骑校尉、步兵校尉、长水校尉、射声校尉。系从西汉八校尉改置,志云:"旧有中垒校尉,领北军营垒之事。有胡骑、虎贲校尉,皆武帝置。中兴省中垒,但置中候,以监五营。胡骑并长水。虎贲主轻车并射声。"[3]北军中候系由西汉的护北军使者演变而来;明确规定"掌监五营",秩六百石。至此,北军体制完善化,有了统一的调度,京师屯兵全称北军,但北军中候并非五校兵的统帅,仅是监察动静,弹劾不法而已。直至东汉末,北军体制没有再变。

(三)北军的数量、来源与职能

北军系京师镇卫部队,其数量在西汉时代随时而异。有的论者根据诸吕之乱时刘章向周勃请卒千人谓汉初北军为一千人,是不对的。因为周勃不能把所有北军都予刘章。其时诸吕势力尚未铲除,北军怎能空营而出?文帝罢南北军之后,京师则无专职屯戍兵。汉武帝复置八校尉,规模大于以往之北军,具体数目不详。王莽末年,义军蜂起,"莽拜将九人,皆以虎为号,号曰九虎,将北军精兵数万人东"[4],则其时北军在数万人以上,但这是战时情况,平时怕没有这么多。

东汉随着北军建制的完善,北军兵员略有定数。《后汉书·安帝纪》永初三年注引《汉官仪》云:屯骑、越骑、步兵、射声各领士七百人,长水领士千三百六十七人。合计士兵四千一百六十七人,外加员吏,在四千四、五百人。《百

---

[1]《汉书》卷六八《金日磾传》,北京:中华书局,1962年,第2964页。
[2]《汉书》卷五九《张汤传》,北京:中华书局,1962年,第2648页。
[3]《后汉书》卷一一七《百官志四·北军中候》,北京:中华书局,1965年,第3613页。
[4]《汉书》卷一〇〇《王莽传下》,北京:中华书局,1962年,第4188页。

官志》注引《汉官》所记东汉五校尉共有兵二千八百三十六人(长水校尉七百三十六人,余领七百人),外加员吏七百零四,五校士兵、吏员合计三千五百四十人。这些都是参考,不一定确切,但大体上相去不会太远。《后汉书·窦武传》云武"召令北军五校士数千人屯都亭,下令军士曰黄门常侍反,尽力者封侯重赏。诏以少府周靖行车骑将军加节,与护匈奴中郎将张奂率五营士讨武"。五营兵有数千屯都亭,周靖与张奂所率五营当是屯于各营旧址者(另一部分屯都亭,为窦武所控制),两相合计可能不止《百官志》所载,但相差不会太大。

在西汉初期,南北军大约都征自各郡正卒。武帝置八校尉之后,其来源亦杂,除调自各郡正卒外,有选募,有外族兵。中垒、屯骑步兵三校多调正卒充任。宣帝时黄霸为京兆尹,"坐发民治驰道不先以闻,又发骑士诣北军马不适士,劾乏军兴,连贬秩"[1]。这儿的骑士就是京兆骑士,说明北军骑士有调自京兆者,此为北军来源之一。

第二个来源是选募,如越骑、射声、虎贲三校。越骑。如淳云:"越人内附以为骑也。"晋灼云:"取其材力超越也。"师古曰:"《宣纪》言佽飞射士、胡越骑,又此有胡骑校尉,如说是。"[2]今人多从此说。按越人所居为南方水网温湿地带,不产马,不出骑兵,"越人绵力薄材,不能陆战,又无车骑弓弩之用"[3]。汉武帝不会专用越人组成一支宿卫军。宣帝神爵元年西羌反,曾发"三辅、中都官徒弛刑,及应募佽飞射士、羽林孤儿、胡、越骑……诣金城"[4]。这儿的胡越骑是胡骑校尉和越骑校尉之兵,不能说明越骑是越人之骑。元帝永光三年,陇西羌反,冯奉世为右将军,率师征伐,所部有:"三辅、河东、弘农越骑、迹射、佽飞、彀者、羽林孤儿。"[5]西汉未见迁越人于三辅、河东、弘农的记载,这儿的越骑显然不是越人之骑。"迹射",谓寻迹而射义;"佽飞",臣瓒云:"本秦左弋官也,武帝改曰佽飞官,有一令九丞,在上林苑中结缯徼以弋凫雁……故号佽飞。"[6]"彀者","谓能张弩者也"[7]。都是以材技而名,越骑与之并列,亦是材技为名。光武帝建武九年初置青巾左校尉,十五年改为越骑校尉,说明越骑不是越人之骑,而是材力超越者之骑,是以材力名官,而非

---

[1]《汉书》卷八九《循吏传》,北京:中华书局,1962年,第3631页。
[2]《汉书》卷一九上《百官公卿表上》注,北京:中华书局,1962年,第738页。
[3]《汉书》卷六四上《严助传》,北京:中华书局,1962年,第2781页。
[4]《汉书》卷八《宣帝纪》注,北京:中华书局,1962年,第260页。
[5]《汉书》卷七九《冯奉世传》及注,北京:中华书局,1962年,第3298页。
[6]《汉书》卷八《宣帝纪》注,北京:中华书局,1962年,第261页,
[7]《汉书》卷七九《冯奉世传》注,北京:中华书局,1962年,第3299页。

以族。射声,服虔曰:"工射者也,冥冥中闻声则中之,因以名也"[1],指优秀射手。虎贲,师古云:"贲,读与奔同,言如猛兽之奔"[2],泛指勇士。是些骑手、射士、勇武绝群之兵,只能是选募而来,而非普通正卒。

第三个来源是外族兵,有长水、胡骑二校尉,分别屯于长水、宣曲、池阳。关于长水,注家理解颇乱,师古云:"长水,胡名也。宣曲,观名,胡骑之屯于宣曲者。"[3]《汉书·刘屈氂传》刘据发长水及宣曲胡骑,师古云:"长水,校名,宣曲,宫也,并胡骑屯所,今鄠县东长水乡即旧营校之地。"此与上解矛盾,谓为地名。《后汉书·百官志》长水校尉条如淳注长水"胡名也"。韦昭曰:"长水校尉典胡骑,厩近长水,故以为名,长水盖关中小水名。"《通鉴》卷二一武帝天汉元年"会缑王与长水虞常等",胡注引上述师古两注之后曰:"余据《水经注》,长水出杜县白鹿原,北入霸水。胡骑盖屯于此,非胡名也。"比较以上诸解,长水校尉当因水得名,所掌为胡骑。关于宣曲,师古注作观名,恐亦非是,《汉书·司马相如传》上林赋云"西驰宣曲",张揖注"宣曲宫名也,在昆明池西"。《三辅黄图》亦曰:"宣曲宫,在昆明池西。"又高祖功臣有宣曲侯,《史记·货殖列传》云汉初有宣曲任氏在战乱中,"独窖仓粟"而后致富。则宣曲当是地名,宣曲宫即因此得名,师古注作观名有误。

东汉五校尉兵是否还有调自郡国者,不得而知,大约东汉初年可能有一部分,其后都是选募和外族兵是不成问题的,久之即职业化,以至于出现世袭的现象。如安帝元初二年,"遣任尚为中郎将,将羽林、缇骑、五营子弟三千五百人,代班雄屯三辅"[4]。"五营子弟"即五营兵士的子孙。东汉后期,又有买卖入五营者,引文已见上。这是政治腐败的结果,而非制度使然。

汉初设南北军的目的是镇卫京师,以御地方,防备不虞,所以吕氏专权及文帝即位都是要先掌握南北军。武帝复置北军之后,其职能有如下几项:

第一,在武帝设城门兵之前,司城门防卫事。《百官表》云中垒校尉"掌北军垒门内,外掌西域。"这儿的"西域"是四城之误。荀悦《汉纪》卷五云:"中垒校尉,掌北军垒门内,外掌四城。"清人王念孙《读书杂志·汉书第三》云:"西域当为四城……四西城域字相似,又涉下文西域而误耳。"但,颜师古注云:"外掌西域。"今人多从颜说,认为京城警卫已有城门校尉负责,无须中垒校尉再司其事;武帝时无专职西域之官,正由中垒校尉兼之。[5]今按:城门校尉初

---

[1]《汉书》卷一九上《百官公卿表上》注,北京:中华书局,1962年,第738页。
[2]《汉书》卷一九上《百官公卿表上》注,北京:中华书局,1962年,第728页。
[3]《汉书》卷一九上《百官公卿表上》注,北京:中华书局,1962年,第738页。
[4]《后汉书》卷八七《西羌传》,北京:中华书局,1965年,第2889—2890页。
[5] 陈直:《汉书新证》增订版,天津:天津人民出版社,1979年,第122—123页;苏诚鉴:《西汉南北军的由来及其演变》,《安徽师大学报》1980年第3期。

置于征和二年,前此之城门警卫则由中垒校尉负责;在汉武之时,西域与汉仅是使节往来,并没有成为汉帝国的一个组成部分,自有典客主其事,无须中垒校尉这一个中央军事部门监管,即使西域是汉帝国的一部分,也要另设官管理,如以后之西域都护等,中垒校尉屯居于长安城中如何管理远在数千里之外的西域事务?因此,这儿的西域应是四城之误,当从《汉纪》。

第二,主狱事。《汉书·刘向传》元帝时,刘向上疏云:"今贤不肖混淆,白黑不分,邪正杂糅,忠谗并进,章交公车,入满北军。"如淳注引《汉仪注》云:"中垒校尉主北军垒门内,尉一人,主上书者狱。上章于公车,有不如法者,以付北军尉,北军尉以法治之。杨恽上书,遂幽北阙。北阙,公车所在。"《东观汉纪·光武帝纪》云,建武七年刘秀诏"旧制上书,以青布囊素裹书,书不中式不得上,既上,诣北军待报,前后相属连岁月乃决"。《汉书·江充传》云江充为直指绣衣使者,"督三辅盗贼,禁察逾侈,贵戚近臣多奢僭,充皆举劾,奏请没入车马,令身待北军击匈奴,奏可"。为什么令身待北军击匈奴?就是因为北军主狱事,这些受劾之贵戚子弟均是犯人,由北军羁押,出征时作为刑徒兵使用。

第三,兼具野战军的职能。如宣帝神爵元年,曾令赵充国"将八校尉与骁骑都尉、金城太守合疏捕山间虏,通传道渡津"[1]。但在西汉时代,北军主要职能是镇卫京师,外出征讨,只是偶一为之。

东汉北军职能与西汉有所不同,有的系西汉所无者,有的系西汉的发展,总括起来,有以下几项:第一,出充车驾前导。《汉旧仪》云:"旧选羽林郎斄头被发为前驱,今但用营士。"如永平十一年刘般以执金吾兼屯骑校尉,帝"每行幸郡国,般将长水胡骑从"[2]。第二,诸校尉不单纯是武官,常加侍中之号,得出入宫禁,参与政事。如丁鸿在永平十年"拜侍中,十三年兼射声校尉"。桓焉"永初元年,入授安帝,三迁为侍中步兵校尉"[3]。东汉时,"五校官显职闲,而府寺宽敞,舆服光丽,使巧毕给,故多以宗室肺腑居之"[4]。既以宗室、肺腑居之,所用则多近臣,故加侍中之号,能常侍皇帝左右。第三,由京师镇卫军转化为野战军。西汉北军出征系偶尔为之,东汉几乎每征必出。《后汉书·臧宫传》:建武十九年"妖巫维汜弟子……入武原城……遣宫将北军及黎阳营数千人围之"。《天文志》和帝永元五年,"行车骑将军事邓鸿、越骑校尉冯柱发左右羽林、北军五校……征叛胡"。七年"发北军五校……征西

---

[1] 《汉书》卷六九《赵充国传》,北京:中华书局,1962 年,第 2976 页。
[2] 《后汉书》卷三九《刘般传》,北京:中华书局,1965 年,第 1305 页。
[3] 《后汉书》卷三七《丁鸿传》,北京:中华书局,1965 年,第 1257 页。
[4] 《后汉书》卷三九《刘般传》,北京:中华书局,1965 年,第 1304 – 1305 页。

羌"。安帝永初元年"羌反……遣……北军五校及诸郡兵征之"。《窦宪传》曰："发北军五校黎阳、雍营、缘边十二郡骑士及羌胡兵出塞"。《梁瑾传》曰："南单于与乌桓大人俱反，以大司农何熙行车骑将军事……将羽林五校营士及发缘边十郡兵二万余人……击之。"这些史料，俯拾即是，不再列举。总体说来，东汉北军的野战职能要重于镇卫京师的职能。此外，北军还充当仪仗，如《礼仪志》谓大丧"北军五校绕宫屯兵"，这是防备不虞，实为形式。《吴汉传》云：吴汉卒"发北军五校轻车介士，送葬如大将军霍光故事"。《礼仪志·大傩》"……持炬火送疫出端门，门外驺骑传炬出宫司马阙门，门外五营骑士传火弃洛水中"。《百官志四·北军中侯》云"北军中侯，掌监五营"，各营均"掌宿卫兵"，注曰"大驾卤簿，五校在前，各有鼓吹一部"。这些均以五营兵作为仪仗，没有多大军事意义。

秦汉地方军队建制

秦汉地方军队的建制和地方行政制度基本一致。其时之地方行政是郡(国)县制，其后期形成州、郡、县三级地方兵也就相应地由郡、县两级而为州、郡、县三级，与郡平级者有王国军队。因内郡和边郡的守备任务有异，其军队建制也有差别；东汉时代，为居重御轻，在地方上又专置屯兵，独立于行政系统之外，由中央直接指挥。下面分别述之。

一、郡(国)兵

郡制是战国时代应军事需要而设，当时相当于军区性质，没有完整的行政权、财政权、司法权，并不是一级地方政府，故其长官称守。秦统一之后才普遍成为一级地方政府。但秦汉之郡既是行政单位，又是一个军事单位。《汉书·刑法志》说："汉兴……天下既定，踵秦而置材官于郡国。"即以郡、国为单位组建军队。《汉官仪》云"高祖命天下郡国选能引关蹶张、材力武猛者，以为轻车、骑士、材官、楼船，常以立秋后讲肄课试，各有员数，平地用车骑，山阻用材官，水泉用楼船"。所指即是郡兵。关于郡兵的兵种分布和训练已于前文叙述，本节只论郡兵的领兵体制。

郡成为地方最高行政单位以后，具有完备的司法、财政、行政、军事诸权，事务浩繁，郡守一人难以周顾，特别是军队的管理，关系到国家的安危，必须有专官司其事，乃设都尉为太守之副，分理军务。《汉书·百官公卿表》云：

郡守，秦官，掌治其郡，秩二千石。

郡尉，秦官，掌佐守典武职甲卒，秩比二千石……景帝中二年，更名都尉。[1]

"佐守"二字,说明郡尉是郡守的副手,要受郡守指挥节制。《百官志》云郡有"尉一人,典兵禁,备盗贼",省去"佐守"二字,使人误解为守尉分职,郡守只司行政者。其实,郡守不仅是一郡的最高行政长官,也是最高军事长官,综观秦汉史实,郡守兵权有如下几项:

第一,发兵权。自战国开始,发兵以虎符为信,一半在国君,一半在地方长官或将帅手中,合符方能发兵,从而保证国君对军队的绝对控制。秦汉亦然。《史记·孝文本纪》文帝二年,"初予郡国守相为铜虎符、竹使符"。《集解》应劭曰:"铜虎符,第一至第五,国家当发兵,遣使者至郡合符,符合乃听受之。"虎符在郡守,不在郡尉,说明郡守掌握发兵权。武帝建元三年,遣庄助持节发会稽兵讨伐闽越,"会稽守欲拒法,不为发"。因为以节发兵不合制度,故遭到会稽守的拒绝。这是太守有发兵权的实例。当然,这儿的发兵权,仅与都尉相比而言,就国家军队体制来说,发兵权在中央,没有中央命令,郡守擅自发兵罪当斩首。但如有紧急,郡守也可便宜从事,如(公孙戎奴)"坐为上党太守,发兵击匈奴不以闻,免"[2]。"不以闻"而免,如事后及时上报中央则不会被免。又如魏尚为云中守,"虏尝一入,尚帅车骑击之,所杀甚众"。后因上报战功有误,被"下之吏,削其爵,罚作之"[3]。这是边郡情况,内郡亦然,如有盗贼事发,不及请示中央,只要在用兵之后及时上报就行了,但不得越界逐捕。

第二,有检查郡兵训练,主持都试之权。于每年都试之日,郡兵齐集,郡尉具体主持演练,郡守检阅之。《汉旧仪》云八月"太守、都尉、令、长、相、丞、尉会都试,课殿最"。韩延寿为东郡太守,因都试的仪饰奢华,被劾僭上无道而下狱,《汉书》在记其事时,未及都尉,就是因为郡守是主检官,都尉是副手,所以仪仗车马都是为郡守而设。王莽末年,东郡太守翟义利用都试日起兵反莽。《汉书·王莽传上》云:"东郡太守翟义都试勒车骑,因发奔命,立严乡侯刘信为天子"。就是因为翟义身为太守,是郡兵的最高指挥官,才趁郡兵齐集之际"发奔命",起兵反莽。

第三,维持境内治安权。抵抗外来侵扰,或镇压农民起义,维护地方统治,范围都限于本郡。至于大规模战争,都由国家命将置帅。内郡兵则主要是镇压人民反抗。如成帝鸿嘉四年,"广汉郑躬等党与浸广……拜河东都尉赵护为广汉太守,发郡中及蜀郡合二三万人击之"。永始三年,山阳铁官徒苏

---

[1] 《汉书》卷一九上《百官公卿表上》,北京:中华书局,1962年,第742页。
[2] 《汉书》卷一七《景武昭宣元功臣表》,北京:中华书局,1962年,第645-646页。
[3] 《汉书》卷五〇《冯唐传》,北京:中华书局,1962年,第2314页。

令等反,"汝南太守严䜣捕斩令等"〔1〕。因镇压盗贼是郡守本职之一,如逐捕不力,则有失职之咎。如武帝天汉年间,"盗贼"蜂起,郡国守相屡禁不止,遂使使者"衣绣衣杖斧分部逐捕,刺史郡守以下皆伏诛"〔2〕。暴胜之为绣衣使者,"奏杀二千石,诛千石以下"〔3〕。郡守二千石伏诛,就是因为不称职,没能及时地镇压农民起义。

正因为郡守主一郡军事,所以又称郡守为郡将。《汉书·酷吏传》载严延年为涿郡太守,"(赵)绣见延年新将,心内惧"。师古注云:"新为郡将也,谓郡守为郡将者,以其兼领武事也。"《汉书·尹翁归传》云尹翁归"征拜东海太守……定国乃谓邑子曰:此贤将,汝不任事也,又不可干以私"。这些前贤时哲已有论述,此不赘述。

郡尉是专职武官,从职能划分上说是郡守佐官。其职权如下:

第一,负责郡兵的日常训练、管理诸事。郡兵的征集、训练、考课、返乡及郡兵日常生活、武器保管使用等,都是都尉的事。都尉是郡兵的实际统帅,有副将之称。《汉官解诂》云:"都尉将兵,副佐太守。……言与太守俱受银印剖符之任,为一郡副将,然仅主其武职,不预民事。旧时以八月都试。讲习其射力,以备不虞,皆绛衣戎服,示扬威武折冲厌难者也。"这儿把都试事归于都尉下是有道理的,因都尉主一郡军务,是都试的具体组织者。

第二,具体负责郡内治安。军队的职能是外御侵略,对内镇压人民反抗,都尉既主军事管理,则司治安。《百官表》云"备盗贼"。《汉旧仪》云:"郡都尉,治盗贼,甲卒兵马。"即指此。如《汉书·吾丘寿王传》云:"会东郡盗贼起,拜为东郡都尉。"《汉书·酷吏传》云:王温舒"迁至广平都尉,择郡中豪杰……为爪牙……使督盗贼……齐赵之郊盗贼不敢进广平"。这些"盗贼"既有铤而走险的饥民,也有打家劫舍的地痞流氓和地主豪强的打手,故都尉在治理社会治安问题时,也注意打击那些为非作歹的地主豪强。如义纵为河内都尉,"至则族灭其豪穰氏之属,河内道不拾遗"〔4〕。为督促检查全郡治安军务,都尉时常行县。如周勃免相归国之后,"岁余,每河东守尉行县至绛,绛侯勃自畏恐诛,常被甲,令家人持兵以见之"〔5〕。郡守行县是考察郡情,郡尉行县是考察治安,二者行县不同时,这儿是合并叙述的。

都尉是郡守副手,分理军事,但其地位、重要性去太守不远,二者是分工合作的关系,有其独立性。这是因为军队是国家统治的支柱,兵权关系到政

---

〔1〕《汉书》卷一〇《成帝纪》,北京:中华书局,1962年,第319、323-324页。
〔2〕《汉书》卷六《武帝纪》,北京:中华书局,1962年,第204页。
〔3〕《汉书》卷九八《元后传》,北京:中华书局,1962年,第4013页。
〔4〕《汉书》卷九〇《酷吏传》,北京:中华书局,1962年,第3653页。
〔5〕《史记》卷五七《绛侯周勃世家》,北京:中华书局,1959年,第2072页。

权的稳定。无论是太守掌兵还是都尉掌兵,在管理上固然难以周顾,更重要的是容易造成地方专兵,中央难以控制。故太守处于节制地位,握有郡兵的最高指挥权,都尉则实际掌兵,把一郡兵权一分为二,互相牵制。翟义之所以要都试日起兵,固然有郡兵齐集之便,可省调兵之烦,也是因为此时易于控制都尉。正因为如此,都尉行县和郡守不同时,有的都尉治所和太守分在两地,《汉书·地理志》有记都尉及其治所者,有的没记,记都尉之郡国凡六十,另有四十三郡国未记,目的是减少矛盾,免得相互傲视不和;同时也防止都尉和郡守来往过密,通同作弊,不利于中央。

边郡兵除用于镇压人民反抗之外,守土之责,重于内郡,兵制亦繁。上述主要是指内郡而言,边郡兵制与内郡相比,还有所不同,撮其要者,有如下几点:

第一,边郡军队来源复杂,郡守兵权重于内郡。边郡郡守,既有征发本郡正卒组成的骑士之权,还要统率来自内郡的戍卒,及外族兵、刑徒兵等。骑士和戍卒组织、职能各异,但都归太守统辖。《流沙坠简·簿书一》有简文云:"制诏酒泉太守,敦煌郡到戍卒二千人,茭酒泉郡其假口如品,司马以下与将卒长吏将屯要害处,属太守,察地形,依险阻,坚壁垒,远候望,毋。"此诏予酒泉太守,明言敦煌郡这两千戍卒属太守,说明戍卒由太守指挥。都试之日,内郡太守只处于检阅地位,边郡则要亲领士兵演习。《汉旧仪》云都试之日,"边郡太守,各将万骑,行障塞烽火追虏"。这是因为边郡守土任重,太守要时时领兵抵御来犯之敌,必须熟悉战阵。故太守府又称莫府。如居延汉简第二二七·四三号简文云"即下将屯张掖太守莫府卒"。《汉书·赵充国传》云:"迁中郎将,将屯上谷",师古云"领兵屯于上谷也",即"将屯"是将兵屯守之省文。"莫府"是将军府,《汉印文字征·1·21》有文云"横野大将军莫府卒史张林印"。简文在太守前加"将屯"称太守府为莫府,说明太守军职如将军,这都是内郡所无者。

第二,边郡军事组织复杂,武官多于内郡。边郡兵分为两部分:一是由边郡正卒组成的常备军,多是骑士;二是戍卒。常备军平时训练,战时征讨,每年都试之后即返乡务农。戍卒的任务是候望守边,有田卒、障卒、隧卒等名目,一边候望,一边屯田,维修城垣亭隧。二者同为边郡兵,都有守土之责,但任务有异,不属于一个管理系统。常备兵设长史佐太守管理。《百官志》有云:"边郡又有长史,掌兵马。"《汉旧仪》云,边郡"置长史一人,掌兵马;丞一人,治民。当兵行,长史领"。东汉时省丞,以长史兼。《百官志》云"郡当边戍者,丞为长史"。《古今注》云:"建武十四年,罢边郡太守丞,长史领丞职。"丞是协助太守理民事的,省丞之后,长史则兼掌军民事务,但长史具体职掌不详。

边郡都尉不止一人,一般的都是二至四人,分部戍守,具体负责屯兵和戍边事务,称之为部都尉。据《汉书·地理志》,在敦煌至乐浪的 21 个北边边郡中共有 54 个都尉,唯陇西郡只有一个,金城郡无,但据《赵充国传》金城郡起码有两个都尉,其治所都近边塞处。这是因为边郡辽阔,守土事繁,故分部设都尉治之。其都尉事也复杂。《汉旧仪》云:边郡"置部都尉、千人、司马、候、农都尉,皆不治民,不给卫士"。这分属三个系统:千人、司马是都尉属下的屯兵系统的军官,与之相仿的有骑司马、骑千人等,这是内郡、边郡共同设立的;候是都尉属下边塞候望系统的长官,其下还有隧等,自有其属吏;农都尉不是部都尉属官,而是边郡屯田系统的长官,汉武帝始置,除受郡太守节制指挥外,还要受中央的大司农指挥,因为农都尉所属的屯田收入归国家所有,要听大司农调拨。根据汉简资料,边郡防御组织十分复杂,前贤已有缕述,本文从略。[1]

第三,边郡兵数量多于内郡。汉代内郡兵数量没有明确记载,西汉最多不过万人。《汉旧仪》云:"元朔三年,以上郡、西河为万骑,太守月俸二万,绥和元年省。大郡万骑员秩以二千石居。"可见,万骑即为大郡,普通郡就没有万骑。而边郡兵至少在万骑以上。《汉旧仪》云:"边郡太守各将万骑行障塞烽火追虏。"这仅是骑兵,外加步卒、戍卒远不止万人。东汉郡兵少于西汉,边郡兵明显多于内郡。李固为太山太守,"时太山盗贼屯聚历年,郡兵常千人,追讨不能制"[2]。这是比较多的,一般郡无盗情者怕不足千人。而边郡最少在五千人以上,如明帝时廉范为云中守,"会匈奴大入塞,烽火日通。故事,虏入过五千人,移书傍郡。吏欲传檄求救,范不听,自率士卒拒之"[3]。这匈奴兵都是来去如风抢掠成性的骑士,而来犯者要在五千人以上才能向别郡求援,则边郡守兵不会低于五千,才能遏止、击溃其冲击。如赵苞为辽西太守,"值鲜卑万余人入塞寇抄……苞率步骑二万,与贼对阵"[4]。

第四,东汉初年,边塞戍守由边郡太守负责的同时,又有中央命将负责。如建武七年命杜茂领兵屯田晋阳、广武,"以备胡寇"[5]。九年命朱佑屯常山,王常屯涿郡。十二年命谒者段忠将众郡弛刑,与杜茂一起镇守北边,发边卒修治侯烽火。十三年使马武屯滹沱河以备匈奴,等等。建武二十二年,匈奴分裂,南匈奴内附,始罢边郡亭侯吏卒。但不久又有恢复,边郡太守、都尉仍有守土戍边之责。如和帝永元十四年,为防西羌,曹凤建议屯田,"拜凤为金城西部都尉,将徙士屯龙耆。后金城长史上官鸿上开置归义、建威屯田二

---

[1] 参见陈梦家:《汉简缀述·汉简所见成延边塞与防御组织》,北京:中华书局,1980 年。
[2] 《后汉书》卷六三《李固传》,北京:中华书局,1965 年,第 2080 页。
[3] 《后汉书》卷三一《廉范传》,北京:中华书局,1965 年,第 1103 页。
[4] 《后汉书》卷八一《独行传》,北京:中华书局,1965 年,第 2692 页。
[5] 《后汉书》卷二二《杜茂传》,北京:中华书局,1965 年,第 776 页。

十七部,侯霸复上置东西邯屯田五部,增留、逢二部,帝皆从之"〔1〕。这些屯田事务、亭障烽燧都是由边郡太守都尉负责的。

第五,东汉在边郡(或与边防密切的内郡)设直属于中央的地方营兵,补充地方军事力量的不足。这始于光武帝刘秀,其后各帝根据形势需要,续有设立。考东汉一代,有如下诸营:

黎阳营:《百官志·太尉》注引应劭《汉官仪》云:"世祖以幽并州兵骑定天下,故于黎阳立营,以谒者监之,兵骑千人,复除甚重。谒者任轻,多放情态,顺帝改用公解府掾有清名威重者,迁超牧守焉。"《南匈奴传》注引《汉官仪》云:"光武以幽、冀、并兵克定天下,故于河南立营。"黎阳属魏郡,在今河南浚县,系由刘秀的嫡系部队所组成。这虽非屯于边郡,但这是见于当时匈奴强盛(建武二十二年匈奴才分裂为南北两部,此营设于二十二年之前),威胁汉边,而洛阳处于四战之地,无险可守;刘秀又不欲加强郡县兵力,为了京师的安全,才把自己的嫡系部队屯于黎阳,捍卫洛阳北方,外御匈奴,内镇不轨。东汉一代,黎阳营都是震抚北方的有力武装。

度辽营:始置于永平八年,北匈奴遣使朝汉欲内附,汉遣使回报,南匈奴"须卜骨都侯等知汉与北虏交使,怀嫌怨欲叛……(郑众)乃上言宜更置大将,以防二虏交通。由是始置度辽营,以中郎将吴棠行度辽将军事,副校尉来苗、左校尉阎章、右校尉张国将黎阳牙营士屯五原曼柏(今内蒙古达拉特旗东南)"。这是为防止南北匈奴而设的,一般地都以郡守等其他官员兼行度辽将军,直到安帝时才因外戚之故,以邓遵为专职度辽将军。〔2〕

渔阳营:为防鲜卑而设,屯于渔阳(今北京密云县)。《后汉书·安帝纪》建光元年鲜卑侵扰居庸关、玄菟等地,"初置渔阳营兵"。注引伏侯《古今注》:"置营兵千人。"

扶黎营:建置时间不明,设在辽东,目的是防备鲜卑。《后汉书·乌桓鲜卑列传》:"元初二年秋,辽东鲜卑围无虑县,州郡合兵固保清野,鲜卑无所得,复攻扶黎营,杀长史。"

征西营:为防西羌而设。《后汉书·西羌传》顺帝永和五年西羌反叛,"于是发京师近郡及诸州兵讨之,拜马贤为征西将军,以骑都尉耿叔副,将左右羽林、五校士及诸州郡兵十万人屯汉阳……遣侍御史督录征西营兵,存恤死伤"。

长安、雍二营:安帝永初四年,"初置长安、雍二营都尉官"。注《汉官仪》曰:"京兆虎牙、扶风都尉以凉州近羌,数犯三辅,将兵卫护园陵。扶风都尉居

---

〔1〕《后汉书》卷八七《西羌传》,北京:中华书局,1965年,第2885页。
〔2〕《后汉书》卷八九《南匈奴传》,北京:中华书局,1965年,第2949、2958页。

雍县,故俗人称雍营焉。"[1]《西羌传》云,安帝"置京兆虎牙都尉于长安、扶风都尉于雍,如西京三辅都尉故事"。京兆、扶风都尉所领之长安、雍二营兵是专职防卫陵园、防止羌人内犯的。如《西羌传》云,元初二年曾以司马钧为征西将军,"督右扶风仲光、安定太守杜恢、北地太守盛包、京兆虎牙都尉耿溥、右扶风都尉皇甫旗等,合八千余人……击零昌"。右扶风仲光和右扶风都尉分别率兵参战,二者并不混淆。

象林营:《后汉书·南蛮传》云永元十三年,"日南象林蛮夷二千余人虏百姓,焚烧官寺"。郡县发兵讨击,斩其渠帅,余众乃降。于是置象林将兵长史,以防其患。《安帝纪》云:永元十四年置象林营,系指平乱之后而言。这是防止南蛮的。

此外还有乌桓校尉营和护羌校尉营。《后汉书·张奂传》云:桓帝延熹九年,张奂为护匈奴中郎将,"以九卿秩督幽、并、辽三州及度辽、乌桓二营"。这儿的乌桓营即乌桓校尉之兵。同书《乌桓鲜卑列传》云光武时,班彪建议置乌桓校尉,"帝从之,于是复置校尉于上谷宁城,开营府,并领鲜卑"。护羌校尉始置于西汉,但西汉护羌校尉没有常屯之兵,东汉则因羌乱连绵,护羌校尉有常屯兵,如邓训代张纡为护羌校尉,"经常屯兵,不下二万,转输之费,空竭府帑"。邓训平羌之后,"遂罢屯兵,各令归郡。唯置弛刑徒二千余人,分以屯田,为贫人耕种,修理城郭坞壁而已"[2]。这二千弛刑徒仍是其屯兵,但乌桓校尉和护羌校尉不是单纯的领兵之官,而兼管该族内部事务。

东汉建武六年,刘秀曾罢内郡都尉官。《后汉书·武帝纪》云:"是岁,初罢郡国都尉官。"《百官志》云:"中兴建武六年,省诸郡都尉,并职太守,无都试之役……惟边郡往往置都尉及属国都尉。"建武七年,又一度解散郡兵,但不等于地方没有武备。罢都尉是精兵简政的需要,并其职于太守;解散郡兵只是临时举措,并非从制度上废除郡兵,此后随着需要而恢复,所以才明确并职太守。此后太守集军政权力于一身,一方面保留了西汉的军事权力,另一方面又是郡兵的实际统帅,地方上凡有军情,无不由郡守领兵征讨。仅据《后汉书》诸帝纪的不完全统计,东汉一代,内郡太守领兵征讨十六次,边郡太守二十四次,这都是大规模的军事行动,见于各传的小规模军事行动,不计其数。西汉时太守、都尉相互制约、相互监督的制度至此不存。这在政局稳定,中央有力量控制地方时不见其患,一旦朝纲散乱,必然出现地方专兵的局面。东汉末年地方军阀割据大都是太守、刺史专兵的结果。

东汉郡兵战斗力不如西汉,特别是在对羌作战中,结果甚差,时人归咎于

---

[1] 《后汉书》卷六《安帝纪》,北京:中华书局,1965 年,第 215 页。
[2] 《后汉书》卷一六《邓禹传附子训传》,北京:中华书局,1965 年,第 609、611 页。

"不教民战"。《百官志》注引应劭《汉官》云：

> 自郡国罢材官骑士之后，官无警备，实启寇心。一方有难，三面救之，发兴雷震，烟蒸电激，一切取办，黔首嚣然。不及讲其射御，用其戒誓，一旦驱之以即强敌，犹鸠鹊捕鹰鹯，豚羊弋豺虎，是以每战常负，王旅不振……不教而战，是谓弃之，迹其祸败，岂虚也哉。[1]

《后汉书·郑太传》郑太说董卓云：

> 然光武以来，中国无警，百姓优逸，忘战日久。仲尼有言："不教人战，是谓弃之。"其众（指东方郡兵）虽多，不能为害。[2]

荀悦《申鉴》云：

> 今国家忘战日久，每寇难之作，民瘁几尽。不教民战，是谓弃之，信矣。[3]

东汉郡有常备兵，说已见第一章。应劭说"自郡国罢材官骑士后，官无警备，实启寇心"，好像东汉之战乱均因罢郡兵，"无警备"而起，但他接着叙述"王旅不振"之后，归咎于"不教民战"，"则不教民战"才是"王旅不振"的主要原因。郑太明言关东郡兵没经过训练"其众虽多，不能为害"，其时董卓欲起兵东向讨袁绍；郑太劝阻以此语麻痹董卓，却说出了事实。荀悦也指出"不教民战"，是一大失误。这些主要是指内郡兵而言的。是什么原因"不教民战"的？以往有的学者因不明白郡守与都尉的关系，把不教民战归咎于刘秀罢都尉，以为都尉之罢，郡无领兵之官，无人教民战，或说是罢郡兵之后，无常备兵的结果。这当然是不对的。因此，这里有必要稍事探讨。

以刘秀之文韬武略，他在罢都尉的同时，当然会考虑到郡守专兵的可能性，故继之以罢郡兵，然后推行以文治国的方针，以"柔道"治天下，大力提倡儒学，力矫前朝尚武之遗风。《后汉书·光武帝纪赞》云：刘秀"退功臣而进文吏，戢弓矢而散马牛"。还在硝烟弥漫之时，刘秀每到一地，就"先访儒雅，采求阙文"，四方学士"抱负坟策，云会京师"。[4]察举、征辟制度成为主要的入仕途径。那些太守令长大都以此入仕。这些人只知经学章句，不识兵事，而且在观念上轻视兵事。《后汉书·马融传》云，安帝时，邓太后临朝，"而俗儒世士以为文德可兴，武功宜废，遂寝蒐狩之礼，息战阵之法，故滑贼纵横，乘此无备。融乃感激，以为文武之道，圣贤不坠，五才之用，无或可废。元初二年，上《广成颂》以讽谏"。古代春猎曰蒐，冬猎为狩，田猎和讲武合一，"蒐狩之

---

[1]《后汉书》卷一一八《百官志五》，北京：中华书局，1965年，第3621-3622页。
[2]《后汉书》卷七〇《郑太传》，北京：中华书局，1965年，第2258页。
[3]《申鉴·时事》，上海：上海古籍出版社，"诸子百家"丛书，1990年影印明文始堂刻本，第13页。
[4]《后汉书》卷七九上《儒林传上》，北京：中华书局，1965年，第2545页。

礼"即讲武之礼,行此礼即演阵法。马融说的是京师军队情况,批评那些儒士以为天下太平,可不要武备,从而停止一年一度的象征性军礼表演。中央如此,地方亦然。故罢都尉之后,虽然"并职太守",但因太守令长之不晓武备,不屑兵事,虽膺"教民战"之职,也不能很好地履行。这才是不教民战的深层原因。如果说在东汉前期,社会安定,民族关系稳定,而中央军队尚有相当的战斗力,可以御外侮、平内乱的话,郡县军的重要性还不十分突出,那么到东汉后期,政治黑暗,社会矛盾激化,民族矛盾尖锐,中央军队不敷使用,地方兵的重要性就显出来了。与此同时,"不教民战"的弊病也就暴露出来了,这就是应劭等指出的军队素质低下,每战辄败。

按汉代制度,太守令长虽然不晓攻守进退之法,但遇有战事,都要领兵征伐,将帅士卒都没有起码的军事素质和军事技术,其失败是理所当然的。王符《潜夫论·劝将》早已指出了这一点:

> 今观诸将,既无断敌合变之奇,复无明赏必罚之信,然其士民又甚贫困,器械不简习,将恩不素结,卒然有急,则吏以暴发虐其士,士以所拙遇敌巧。此为将吏驱怨以御仇,士卒缚手以待寇也。
>
> 夫将不能劝其士,士不能用其兵,此二者与无兵等。无士无兵,而欲合战,其败负也,理数也然。故曰:其败者,非天之所灾,将之过也。〔1〕

这儿的将主要指太守县令而言,士兵连兵器都不熟悉,将帅和士卒之间更是矛盾重重,怎能打胜仗?也正因为太守令长自身没有将帅之才,和士兵矛盾尖锐,也就缺乏信心,没有勇气,临阵怯敌。王符《潜夫论·边议》以羌战为例云:

> 羌始反时,计谋未善,党与未成,人众未合,兵器未备,或持竹木枝,或空手相附(拊),草食散乱,未有都督,甚易破也。然太守令长,皆奴怯畏偄不敢击。故今虏遂乘胜上强,破州灭郡,日长炎炎,残破三辅,覃及鬼方。若此已积十岁矣。〔2〕

王符把羌乱看作太守令长捕斩不及时、不得力所致,显然是站在东汉统治者的立场上说话的,但他的话说明了当时太守令长不任将帅之职,不知理兵之道,才导致了屡战屡败的结果,是毫无疑问的。

单纯把"王旅不振"的原因归咎于"不教民战"是片面的。即使像西汉那样每年都进行都试,士兵都能熟习弓马,也不见得就能打胜仗,因为这还有人的主动性的问题。羌人武器装备远逊于东汉政府军,却能连打胜仗,原因就在这里。怎样才能调动士兵作战的主动性?这就要有一定的奖励。司马迁

---

〔1〕 王符:《潜夫论》卷五《劝将》,汪继培笺,彭铎校正,北京:中华书局,1979年,第253-254页。
〔2〕 王符:《潜夫论》卷五《边议》,汪继培笺,彭铎校正,北京:中华书局,1979年,第270页。

说:"故壮士在军,攻城先登,陷阵却敌,斩将搴旗,前蒙矢石,不避汤火之难者,为重赏使也。"[1]秦军事力量之所以强于东方六国,与其有一套完整的军功赐爵制是分不开的。汉武帝取得那么大的军事成就,与其重军功之赏也有关系。卫青、霍去病因军功而位极人臣;李广利征大宛归来,本人封海西侯,"军官吏为九卿者三人,诸侯相、郡守、二千石者百余人,千石以下千余人。奋行者官过其望,以谪过行者皆绌其劳。士卒赐值四万金"[2]。《盐铁论·刺复》云:"当公孙弘之时,人主方设谋垂意于四夷,故权谲之谋进,荆楚之士用,将帅至封侯食邑,而勉获者咸蒙厚赏,是以奋击之士由此兴。"唯其如此,在用兵匈奴的过程中,才有众多的人私自从军。但刘秀不重军功之赏,使将帅士卒无意于战功,从而影响了士兵的作战积极性。杜诗有见于此,曾上书刘秀:"今若使公卿郡守出于军垒,则将帅自厉;士卒之复,比于宿卫,则戎士自百。何者?天下已安,各重性命,大臣以下,咸怀乐土,不雠(酬)其功而厉其用,无以劝也。陛下诚宜虚缺数郡,以俟振旅之师,重复厚赏,加于久役之士。如此,缘边屯戍之师,兢而忘死,乘城拒塞之吏,不辞其劳,则烽火精明,守战坚固。"[3]此建议虽佳,刘秀也深明其理,但与之偃武兴文的治国方针有违,而不予采纳。如果说这在东汉前期尚不见其弊的话,到了后期就很明显了。王符《潜夫论·劝将》云:"今吏从军败没死公事者,以十万数,上不闻吊唁嗟叹之荣名,下又无禄赏之厚实,节士无所劝募,庸夫无所贪利,此其所以人怀沮解,不肯复死者也。"恩格斯指出:"军队的全部组织和作战方式以及与之有关的胜负,取决于物质的即经济的条件:取决于人和武器这两种材料,也就是取决于居民的质与量和取决于技术。"[4]在冷兵器时代,人的因素尤为主要,武器装备是次要的,将帅指挥无能,临敌怯阵,士兵没有起码的军事训练,毫无作战积极性,以这样的将帅指挥这样的士兵,怎能不失败?当然,军事是政治的延续,是由政治决定的。进一步探究,其根本原因还在于东汉后期政治的腐败,这些就不多说了。

二、县兵

县制是封建领土国家形成过程中产生的,较郡为早,在春秋后期就出现。领土国家的形成是以军事占领为实现手段,县就是为适应军事占领而设,故春秋后期之县大多设于边境附近,是一个独立的征兵单位。如《左传·昭公

---

[1]《史记》卷一二九《货殖列传》,北京:中华书局,1959年,第3271页。
[2]《史记》卷一二三《大宛列传》,北京:中华书局,1959年,第3178页。
[3]《后汉书》卷三一《杜诗传》,北京:中华书局,1965年,第1095页。
[4]《反杜林论》,《马克思恩格斯选集》第3卷,北京:人民出版社,1995年,第210页。

十二年》楚王曰:"昔诸侯远我而畏晋,今我大城陈、蔡、不羹,赋皆千乘。"即一县可征千乘之兵。《左传》昭公五年楚薳启强"因其十家九县,长毂九百,其余四十县,遗守四千,奋其武怒,以报其大耻"。则晋之每县可征兵百乘。战国时代,在县之上设郡,但县仍是一个征兵单位,苏秦说齐宣王云:"不待发于远县,而临淄之卒,固以二十一万矣。"魏国"悉其百县胜兵,以止戍大梁,臣以为不下三十万"。[1]秦国在商鞅变法时,在全国范围内设立县制,县兵即地方兵之主力,在全国统一以后,虽然郡兵成为地方兵的主体,但县兵是郡兵的组成部分,有时国家有事,仍然直接征发县兵。如陈胜起义以后,章邯谓秦二世,"今发近县不及矣。骊山徒多,请赦之,授兵以击之"[2]。

汉代县有常备兵,是郡兵的组成部分。都试之日,各县令长丞尉都要率本县军队参加,所谓"八月,太守、都尉、令、长、相、丞、尉,会都试,课殿最"。这不仅是考课材官、楼船、骑士个人的军事技术,也是考课各县令长丞尉的政绩,所谓"殿最",不仅对士兵而言,也对各县而言。八月是上计时节,都试之殿实际上是上计内容的一部分,只不过采取了军事汇报演习的方式而已。翟义利用都试之机,"斩观令,因勒其车骑材官士",起兵反莽,何以"斩观令"之后"勒其车骑材官士"?原因在于县兵是郡兵的一部分,平时分散于各县,不便起事,都试之日,各县军队集中于郡,此时起兵,才更有力量。《汉书·刑法志》说的"踵秦而置材官于郡国",既置于郡,也置于县,都尉行县的目的之一就是巡视各县军队的训练状况。

东汉虽罢内郡都尉,但县尉并没罢,虽解散了部分郡兵,县兵并没有减少。如陆康"除高成令,县在边垂,旧制,令户一人具弓弩以备不虞"[3];顺帝阳嘉元年,"海贼曾旌等寇会稽,杀句章、鄞、鄮三县长,攻会稽东部都尉。诏缘海县各屯兵戍"[4];《后汉书·虞诩传》云:"朝歌贼宁季等数千人攻杀长吏,屯聚连年,州郡不能禁,乃以诩为朝歌长……及到官,设令三科,以募求壮士";等等,这些记载在《后汉书》中不胜枚举。

县制之设先于郡,战国及秦郡制之组织机构及职能划分,系仿县而来,故郡县政府的组织机构,职能划分是相同的。只是秦汉时代,郡辖县,县政府的组织机构小于郡。上已说明,郡守是郡兵的最高指挥官,都尉是郡守之副。同理,县令(大县为令,小县为长)也是县兵的最高指挥官,另设县尉为之副。遇有战事,县令要领兵出战。在秦末农民起义过程中,县令多率军与农民军

---

[1]《战国策·齐策一》《魏策三》,上海:上海古籍出版社,1985年,第337、857页。
[2]《史记》卷六《秦始皇本纪》,北京:中华书局,1959年,第270页。
[3]《后汉书》卷三一《陆康传》,北京:中华书局,1965年,第1112—1113页。
[4]《后汉书》卷六《顺帝纪》,北京:中华书局,1965年,第259页。

作战。如《史记·郦食其传》云食其谓沛公曰："夫陈留天下之冲,四通八达之郊也,今其城又多积粟,臣善其令,请得使之,令下足下。"又《史记·张耳陈余列传》载蒯通说武信君曰："今范阳令宜整顿其士卒以守战者也。"一般说来,凡是内有军情就由县令领兵作战,这在东汉尤为明显。如东汉初年,冯鲂为郏令,"郏贼延褒等众三千余人,攻围县舍,鲂率吏士七十许人,力战连日,弩矢尽,城陷,鲂乃遁去"[1]。祭彤为襄贲令,"时天下郡国尚未悉平,襄贲盗贼白日公行。彤至,诛破奸猾,殄其支党,数年,襄贲政清"[2]。冯衍为曲阳令,"诛斩剧贼郭胜等,降五千余人"[3]。"永初二年,据贼毕豪等入平原界,县令刘雄将吏士乘船追之。"[4]郡有内郡边郡之别,县亦然。内县军队的主要任务是维持县内统治秩序,镇压人民反抗,边县除此之外,还有守土任务,上引陆康为成令,"县在边垂,旧制令户一人具弓弩以备不虞"。因为县在边垂而令户一人具弓弩,其目的是防范外族入侵。正因为如此,王符才把太守、令、长无指挥才干,每每临敌"皆奴怯谓偄不敢击"作为对羌作战连连败绩的原因之一。

对县征集、训练以及军粮供给等军务,县令也要过问。《秦律杂抄》云:"县毋敢包卒为弟子,尉赀二甲,免;令二甲。""卒"是第二至第四级爵的军士总称。"包卒为弟子"即把军士当作弟子,逃避兵役,如有发生,县令要被罚二甲。又云"同居毋并行,县啬夫、尉及士吏行戍不以律,赀二甲"。这是关于征发戍卒的律文,违反了"同居毋并行"的规定,县令(即县啬夫)县尉都要受罚。在训练方面县令也预其事。《秦律杂抄》云:"除士吏、发弩啬夫不如律,及发弩射不中,尉赀二甲。发弩啬夫射不中,赀二甲,免,啬夫任之。"发弩啬夫是射手教官,不称职者由县令(即"啬夫任之"之啬夫)重新任命。在廪给过程中,如有不法行为,县令也要受罚。《秦律杂抄》有云:"不当廪军中而廪者,皆赀二甲,法(废);非吏殹(也),戍二岁;徒食、敦(屯)长、仆射弗告,赀戍一岁;令、尉、士吏弗得赀一甲。"[5]有冒领军粮者,其本人、同伍、上司要被罚,县令、尉没有及时察觉也要受罚,原因是他们治下不严,正说明他们对县兵士卒的日常生活都要负责。这些都是秦始皇三十年前的制度,其律文的制定及执行有的在统一之前,但统一后仍然有效是没有问题的,既反映了统一前的制度,也反映了统一后的制度。汉承秦制,汉代县令长的军事权力去此不会

---

[1]《后汉书》卷三三《冯鲂传》,北京:中华书局,1965年,1148页。
[2]《后汉书》卷二〇《祭尊传附彤传》,北京:中华书局,1965年,第744页。
[3]《后汉书》卷二八上《冯衍传上》,北京:中华书局,1965年,第977页。
[4]《后汉书》卷八一《独行传》,北京:中华书局,1965年,第2672页。
[5] 睡虎地秦墓竹简整理小组:《睡虎地秦墓竹简》,北京:文物出版社,1978年,第131、147、128、133-134页。

太远。

县尉是县的专职武官,佐县令治理一县军务、治安。《百官志》云:"尉,大县二人,小县一人……主盗贼,凡有贼发,主名不立,则推索行寻,案察奸宄,以起端绪。"在一些重要地区不止两尉,如洛阳、长安均置四尉,其治所也和县令分开。一县治安,军队的征集、训练,军事劳役等都由县尉直接具体负责,一些大的军事活动再由县令过问,这就是县令、县尉对军权的分割。如《秦律杂抄》云:"戍者城及补城,令姑(嫴)堵一岁,所城有坏者,县司空署君子将者,赀各一甲;县司空佐主将者,赀一盾。……县尉时循视其攻(功)及所为,敢令为他事,使者赀二甲。"[1]县司空主土木工程,指挥戍卒筑城,县尉要监视其质量好坏合格与否。一些徭役的征发也由县尉负责。如《史记·游侠列传》云郭解"阴嘱尉史曰:'是人吾所急也,至践更时脱之。'"践更即自行服役。上举秦律中关于任免发弩啬夫的规定,县尉任命不当者,要由县令重新任命,也说明县尉负责具体的军务,在其工作不当时,县令有权纠正。遇到战争或大规模的军事行动,县尉也要领兵前往。如《史记·陈涉世家》云陈胜吴广谪戍渔阳,屯大泽乡,趁"将尉醉""并杀两尉"。《索隐》云:"汉旧仪曰大县三人,其尉将屯九百人,故云将尉也。"则这两尉是县尉之领戍卒戍边者。汉代戍卒戍边大约也要集中起来由县尉送于郡所,再由郡负责送于边塞,或者由县尉直接送往边塞。

秦汉时代,县之下还有乡,是县廷派出机构,主吏为有秩或啬夫(大乡设有秩、小乡设啬夫)和游徼,有秩司敛取赋税徭役,游徼"掌循、禁奸盗",专司治安。与乡并行的还有亭,实际是县尉派出的治安派出所,置于驿道、关津、街道、市场等重要地方,设亭长"主求捕盗贼,承望都尉"[2]。亭长多用武人,必须熟悉五兵。《汉官仪》云:"尉、游徼、亭长皆习设备五兵。五兵:弓弩、戟、盾、刀剑、甲铠。"亭所设候望用的敌楼,有专职候望传递消息的人员曰亭候。秦时,亭部有少量驻军。云梦秦简《封诊式》有云:"某亭校长甲,求盗才(在)某里……"[3]校长即亭部驻军头目,《后汉书·百官志》注云:"主兵戎盗贼事。"当然,秦汉亭制复杂,职司亦不完全相同,不一定所有的亭都有兵卒。可以肯定的是,亭是县尉下属机构(有的亭直接属于郡都尉),司治安盗贼事,县尉出行常驻于亭。如《汉书·李广传》云李广"居兰田南山中射猎。尝夜从一骑出,从人田间饮。还至亭,霸陵尉醉。呵止广,广骑曰:'故李将军。'尉曰:'今将军尚不得夜行,何故也!'宿广亭下"。《后汉书·逄萌传》云逄萌"给

---

[1] 睡虎地秦墓竹简整理小组:《睡虎地秦墓竹简》,北京:文物出版社,1978年,第148页。
[2] 《后汉书》——八《百官志五》,北京:中华书局,1965年,第3624页。
[3] 睡虎地秦墓竹简整理小组:《睡虎地秦墓竹简》,北京:文物出版社,1978年,第255页。

事为亭长。时尉行过亭,萌候迎拜谒,既而掷盾叹曰:大丈夫安能为人役哉!遂去之长安学"。乡没有常备军,所有不过少量治安人员相当于差役而已,构不成一级兵制,但其职能和县尉有一致之处,就维护治安来说,与县兵同,故简述于此。

三、州兵

州级兵制是汉代在地方上建立的比郡更高一级的地方军事建制,萌芽于西汉后期,形成于东汉。

州始设于汉武帝元封元年,置州刺史,秩六百石,本是监察区,刺史为中央派往地方的使者,以中央定的六条问事,专职检查地方长吏(郡守二千石)及豪强大族的不法行为。起初没有固定的治所和属官。这是汉武帝加强中央集权、控制地方二千石的手段。但六条问事过于抽象,刺史要监察郡守长吏为政状况,必涉及地方政务,才能言之有据;又刺史是皇帝使者,郡守长吏为自己利益着想,必然讨好于他,从其旨意。故到西汉后期,刺史权力渐重,有其治所和官属,并干涉地方军务。《汉书·孙宝传》云成帝鸿嘉中,"广汉群盗起,选为益州刺史。广汉太守扈商者,大司马车骑将军王音姐子,软弱不任职,宝到部,亲入山谷,谕告群盗,非本造意,渠率皆得悔过自出,遣归田里。自劾矫制"。孙宝平息了广汉"盗贼"之后,"自劾矫制"是一种矫情行为,实际上是为了表明其无私和对朝廷的忠心,当然不会获罪。其时阶级矛盾日益尖锐,正要得力臣僚维护统治,哪里还管刺史行事是否超出六条范围,只要有利于统治就行了。正因为如此,成帝绥和元年,索性改刺史为州牧,秩两千石,使之权力与品秩相称。哀帝时虽然又改名刺史,但其权力已非昔日可比,已逐步行政长官化,并有兵权。《汉书·王莽传》下云:"世祖(刘秀)与王常等别攻颍川,下昆阳、郾、定陵。莽闻之愈恐,遣大司空王邑驰传之洛阳……邑至洛阳,州郡各选精兵,牧守自将,定会者四十二万人。"州牧可以各选精兵,这可能不是始于王莽时期。

东汉立国之初,沿新莽旧制,名刺史为州牧,即赋予其维护地方治安的权力。《后汉书·光武帝纪》云:"其牧守令长坐界内盗贼而不收捕者,又以畏懦捐城委守者,皆不以为负,但取获贼多少为殿最。"这是针对地方不稳,牧守令长因害怕追捕不力之咎而惴惴不安,难以专心镇压"盗贼"而作的规定,使之无后顾之忧而大胆镇压。建武十八年,东汉统治已经稳定,遂改州牧为刺史,其权力稍有削弱,但刺史维护地方治安之责并没有削除,而随着时间的推移,阶级矛盾的尖锐,刺史兵权日益加重。如度尚"为荆州刺史。尚见胡兰余党南走苍梧,惧为己负,乃伪上言苍梧贼入荆州界,于是征交趾刺史张磐下廷尉"[1]。苍梧属交趾刺史,胡兰等原在荆州的长沙、零陵活动,现入苍梧,若被朝廷知道系从荆州入交趾,度尚难脱渎职的干系,故先奏一本,颠倒始末,致使交趾刺史下狱。之所以如此,就是因为刺史要对本州部的治安负责,地方有事,刺史要领兵征讨。如安帝永初四年,"海贼张伯路复与渤海、平原剧贼刘文河、周文光等攻厌次,杀县令,遣御史中丞王宗督青州刺史法雄讨破之"[2]。边境地区,刺史亦主用兵少数民族和边戍。如元初二年,"先零羌败凉州刺史皮阳于狄道"。元初六年"永昌、益州、蜀郡夷叛,与越嶲夷杀长吏,焚城邑,益州刺史张乔讨破降之"[3]。顺帝永建元年五月丁丑"诏幽并凉州刺史使各实二千石以下至黄绶,年老力弱不任军事者上名,严敕障塞,缮设屯备,立秋之后,简习戎马"。十月庚寅又"告幽州刺史,其令缘边郡增置步兵,列屯塞下。调五营弩师,郡举五人,令教习战射"[4]。军事命令由刺史下达郡县,缘边戍兵守备由刺史检查督促,则刺史军权高于郡守,刺史实际已成为地方的军事长官了。

刺史既司兵权,对内要领兵镇压农民起义平息盗贼,对外要征讨少数民族的反抗,就要有其常备兵。东汉后期,州兵已是地方常备武装。如元初三年"苍梧郁林合浦蛮夷反叛,二月,遣侍御史任逴督州郡兵讨之"。建光元年"冬十二月高勾丽、马韩、秽貊围玄菟城,夫余王遣子与州郡并力讨破之"[5]。顺帝建康元年八月"扬、徐盗贼范容、周生等寇掠城邑,遣御史中丞冯赦督州郡兵讨之"[6]。这儿的"州郡兵"都是指常备的州兵和郡兵。专称州兵更多,如《后汉书·和帝纪》"遣使者督荆州兵讨巫蛮"。《南蛮传》云巴郡板盾蛮夷叛,"灵帝遣御史中丞督益州兵讨之"。《度尚传》"时荆州兵朱盖等,征戍役久,财赏不赡,忿恚,复作乱"。《安帝纪》元初二年"武陵澧中蛮叛,州郡击破之"。注《东观纪》云:"蛮田山、高少等攻城、杀长吏,州郡募五里蛮夷,六亭兵追击。"这是招募少数民族为兵。《朱儁传》云:"光和元年,既拜儁交趾刺史,令过本郡简募家兵及所调,合五千人。"这是招募地主私人武装为州兵。在东汉后期地主私家武装甚多,刺史郡守大多募以为兵。州兵既是刺史所募,则由刺史直接领导指挥。《度尚传》云:"延熹五年,长沙、零陵贼合七八千人,自称将军……尚书朱穆举尚,自右校令擢为荆州刺史,尚躬率部曲,与同劳逸,

---

[1]《后汉书》卷三八《度尚传》,北京:中华书局,1965年,第1286页。
[2]《后汉书》卷五《安帝纪》,北京:中华书局,1965年,第214页。
[3]《后汉书》卷五《安帝纪》,北京:中华书局,1965年,第230页。
[4]《后汉书》卷六《顺帝纪》,北京:中华书局,1965年,第253页。
[5]《后汉书》卷五《安帝纪》,北京:中华书局,1965年,第225、234页。
[6]《后汉书》卷六《顺帝纪》,北京:中华书局,1965年,第274页。

广募杂种诸蛮夷,明设购赏,进击,大破之。"同传又载交趾刺史张磐云:"前长沙贼胡兰作难荆州,余党散入交趾。磐身婴甲胄,涉危履险,讨击凶患,斩殄渠帅。"

州有常备兵之后,即设辅佐刺史治理军务的官吏,有州从事、州司马、州兵曹缘等。《百官志》载司隶校尉官属云:"其有军事,则置兵曹从事,主兵事。"《通典》卷三二《总论州佐》有云"兵曹"(兵曹从事史有军事则置之,以主兵马)。《后汉书·南蛮西南夷列传》云安帝元初年间,"永昌、益州及蜀郡夷皆叛……诏益州刺史张乔选堪能从事讨之",这儿的从事当为兵曹从事。同书《董卓传》云:"太守李相如反,与(韩)遂连合,共杀凉州刺史耿鄙,鄙司马扶风马腾,亦拥兵反叛。"同书《杜茂传》云幽州牧朱浮曾辟郭凉之子公文为兵曹缘。

按州兵之设,本来是为了巩固封建统治的。东汉后期,阶级矛盾、民族矛盾都十分尖锐,农民起义和少数民族的反抗,此起彼伏,纵横郡国,而制度规定,郡守领兵不得越出本郡之外,各郡国之间没有统属关系,不能协调一致地行动,农民军则流动作战,避实击虚,各郡国之间也常发生互相推诿以减轻镇压不利的责任,因此,就要有更高一级的防区,州级兵制遂应运而生。但刺史的兵权是和行政权同时从无到有从小到大的,随着刺史成为州兵的统帅,刺史也成为一州的行政长官,集军政诸权于一身,是辖地内的最高统治者,甚至权位父子相袭,在东汉晚期已构成割据一方的诸侯。刘昭注《百官志》时有云:"焉牧益土,造帝服于岷、峨;袁绍取冀,下制书于燕、朔;刘表荆南,郊天祀地;魏祖据衮,遂构皇业:汉之殄灭,祸源乎此。"而军队则是州牧、刺史割据的依据。当然,东汉灭亡的根本原因并非州任之重,更不能归因于刺史领兵,但刺史成为一州军政长官,无疑加速了东汉的灭亡。

四、东汉的监军制

军队是国家机器的支柱,军权稳定与否关系到政权的安危,因而历朝国君都极重视控制军权。秦汉时期封建政治的运行趋势是君主集权的逐步强化,军权也随这个政治轨道运行,日益集中于君主手中。但在西汉集中的主要对象是中央军队,采取的是分而治之的方式,如改中尉为执金吾,城防军之从中尉和北军中垒校尉之下独立出来,使京师各军互不统属,相互牵制,等等,都是加强君权的需要。至于地方军队,则没有采取什么有效措施。刘秀眼见新莽末年地方割据的局面,更加体会到军队的重要,所以立国之后,刻意削弱地方军事力量,保证中央对地方的绝对军事优势。但是,怎样才能避免将在外君令有所不受的可能性?怎样才能把军队牢牢掌握在君主手中,以免太阿倒持？于是完善了产生于西汉的监军制。

秦始皇曾派长子扶苏为蒙恬监军，这只是为了支开扶苏的权宜措施。汉武帝曾设监北军使者监领北军，另设建章监，监督建章营骑，李陵就曾为"建章监,监诸骑"[1]，后建章营骑改为羽林骑、建章监改名羽林监。但是，监北军使者、建章监或羽林监不完全是军事监察官，也是领兵之官，和后世的监军制有所不同，仅是针对某特殊情况而设，没有普遍意义。

监军的制度化，是在王莽时期。始建国三年王莽命"内置司命军正，外设军监十有二人，诚欲以司不奉命，令军人咸正也"[2]。这是针对京师诸军而设的。对外出征战部队和地方兵，另设监军。居摄二年，"王邑等破翟义于圉。司威陈崇使监军"。师古注："为使而监军于外。"[3]始建国二年，"募天下囚徒、丁男、甲卒三十万人……使者驰传督趣，以军兴法从事。"这儿使者即监军使者。三年命"中郎将、绣衣执法各五十五人，分填缘边大郡，督大奸猾擅弄兵者"[4]。地皇二年，"三辅盗贼麻起，乃置捕盗都尉官，令执法谒者追击长安中，建鸣鼓攻贼幡，而使者随其后"[5]。则王莽无论是对京师兵、地方兵，还是征讨部队都实行了严格的监军制度，监军使者不指挥军队，不管军务，只负责监察将帅是否听命于中央，是否有不轨行为，这为东汉监军制度奠定了基础。

刘秀立国之后，建立了完整的监军体制，这表现在如下三个方面：

第一，对中央和地方常驻兵常设监军官。在京师兵中，城防、宫卫、殿卫诸军本都以亲信掌之，就在皇帝的眼皮底下，自无须监军。对屯戍兵则否，遂设北军中候，兼领北军五校尉。地方驻军如黎阳营则有谒者监军。《汉官仪》云"世祖以幽并州兵骑定天下，故于黎阳立营，以谒者监之"。这是常设之官。对其他如度辽营等也都有类似官员。如《后汉书·西羌传》有云"遣侍御史督录征西营兵"。

第二，派使者随营监督出征的军队。这类记载甚多，略举数例。《后汉书·隗嚣传》云王遵自隗嚣归汉，拜太中大夫，及光武征隗嚣，乃使"王遵持节监大司马吴汉留屯于长安"。《皇甫规传》："督军御史张禀多杀降羌。"《光武帝纪下》："遣中郎将来歙监征西大将军冯异等五将军讨隗纯于天水。"《明帝纪》："冬十二月，遣中郎将窦固监捕虏将军马武等二将军计烧当羌。"综观东汉一代，凡有大规模军事行动，都由中央派出的官员监军。

第三，东汉对地方州郡牧守所领之地方兵，常常采用督军制。地方每有

---

[1]《汉书》卷五四《李陵传》，北京：中华书局，1962年，第2450页。
[2]《汉书》九九《王莽传中》，北京：中华书局，1962年，第4125页。
[3]《汉书》九九《王莽传上》，北京：中华书局，1962年，第4088页。
[4]《汉书》卷九九《王莽传中》，北京：中华书局，1962年，第4121、4125页。
[5]《汉书》卷九九《王莽传下》，北京：中华书局，1962年，第4167页。

战事,中央遂派员督促州郡讨伐,同时防止州郡图谋不轨。如建武年间,"青、冀盗贼屯聚山泽,(张)宗以谒者督诸郡兵讨平之。十六年,琅邪、北海盗贼复起,宗督二郡兵讨之"[1]。安帝永初四年,"海贼张伯路复与渤海平原剧贼刘文河、周文光等攻厌次,杀县令,遣御史中丞王宗督青州刺史法雄讨破之"[2]。"顺帝末,扬徐盗贼群起……遣御史中丞冯绲将兵督扬州刺史尹耀、九江太守邓显讨之。"[3]桓帝末年,张奂为护匈奴中郎将,"以九卿秩督幽、并、凉三州及度辽、乌桓二营,兼察刺史、二千石能否"[4]。

从上举诸例可以看出,监军或督军的身份除中央的北军和黎阳营外,都是不固定的,或太中大夫、谒者,或中郎、御史中丞等,但都是皇帝身边的随员,可以出入宫廷,直接奏事天子,这都是为了行使监军权力考虑。监军的主要任务是监督将帅是否抗命违法,有否不轨行为,可以直接奏报皇上,对将帅提出弹劾。如《后汉书·耿弇列传》:"乃遣(耿)恭将五校士三千人,副车骑将军马防讨西羌……及防还,监营谒者李谭承旨奏恭不忧军事,被诏怨望。坐征下狱。"不难看出,监军权限甚宽,将帅一言一行都在其弹劾之列。有些监军本人则因权力之争的影响而借机陷害,如《后汉书·冯绲传》:"监军使者张敞承宦官旨,奏绲将傅婢二人戎服自随,又辄于江陵刻石纪功,请下吏案理。"

监军可以监督将帅,是钦差大臣,故在将帅阙如时,监军有权指挥军队。如郑兴"监征南、积弩营于津乡,会征南将军岑彭为刺客所杀,兴领其营,遂与大司马吴汉俱击公孙述"[5]。又如宋均为监军谒者监伏波将军马援出征武陵蛮,"及马援卒于师,军士多温湿疾病,死者太半。均虑军遂不反,乃与诸将议曰:……诸将皆伏地莫敢应……乃矫制调伏波司马吕种守沅陵长,命种奉诏书入虏营,告以恩信,因勒兵随其后"[6]。沅陵长要由皇帝任命,宋均调伏波司马吕种守沅陵长故云矫制。马援死后,宋均指挥军队则属正常,故当宋均提出新计划时,无人敢提出异议。

对外出征战部队,在战事停息部队撤回时,监军也就免了。但对地方部队则不同,因为刺史郡守都有常备兵,他们是不能撤到别处去的。特别是在"盗贼"不断,州郡必须有相当数量的军队的时候,要有效地监督,就要有常驻地方之监军,如顺帝末年,"以(冯)绲持节督扬州诸郡军事"[7]。上举张奂以

---

[1]《后汉书》卷三八《张宗传》,北京:中华书局,1965年,第1276页。
[2]《后汉书》卷五《安帝纪》,北京:中华书局,1965年,第214页。
[3]《后汉书》卷三八《滕抚传》,北京:中华书局,1965年,第1279页。
[4]《后汉书》卷六五《张奂传》,北京:中华书局,1965年,第2139页。
[5]《后汉书》卷三六《郑兴传》,北京:中华书局,1965年,第1223页。
[6]《后汉书》卷四一《宋均传》,北京:中华书局,1965年,第1412页。
[7]《后汉书》卷三八《冯绲传》,北京:中华书局,1965年,第1281页。

九卿秩"督幽并凉三州及度辽、乌桓二营,兼察刺史二千石能否"。这些都还不是普遍制度,但却露出了地方监军权力在不断扩大的苗头,既然常驻监军,地方刺史郡守就必须听命于监军,否则必遭弹劾。那么监军难免以军干政,其权力逐步超出监军的范围,像张奂那样,就完全可以操纵三州两营。灵帝时,刘焉建议改刺史为州牧,"出焉为监军使者,领益州牧……州任之重,自此而始"[1]。州牧与监军合一,益州也就成为刘焉的势力范围,刘焉死后,"诏书因以(焉子)璋为监军使者,领益州牧",益州成为世袭领地。献帝建安二年,袁绍为大将军,"锡弓矢节钺,虎贲百人,兼督冀、青、幽、并四州"[2]。这四州也就成了袁绍的割据范围。督军本来是代表皇帝,代表中央,维护君主集权的,却变成了君主集权的对立物,这大概是刘秀及其子孙们没有想到的。当然,地方督军制的变化只是汉末割据的原因之一。

---

[1]《后汉书》卷七五《刘焉传》,北京:中华书局,1965年,第2431页。
[2]《后汉书》卷七九上《袁绍传上》,北京:中华书局,1965年,第2389页。

论秦汉时期河套地区的开发及其意义 *

河套地区从战国以来就是匈奴南下的跳板,一直都是秦汉和匈奴争夺的焦点。谁占有了它,谁就握有战争的主动权,否则就处于被动地位,汉代河西地区的开拓,丝绸之路的开辟都是在占领河套地区之后方始成功,否则就处于被动地位。因此,研究汉匈关系,不能不研究秦汉对河套的经营开发。但是,长期以来人们往往把注意力放在河西而忽略了河套,这不能不说是个疏忽。

1985年八九月间,笔者随中国秦汉史研究会组织的秦汉长城考察队重点考察了河套地区的秦汉长城、烽燧遗址,和部分汉代古城、墓葬及其他汉人活动遗址,进一步体会到了该地区战略地位的重要,对秦汉经营开发该地过程中的某些问题也有进一步的认识。本文即就秦汉两代开发河套地区的进程、意义等问题论述如下。

长城的修建

秦汉开发河套地区的措施主要有二:一是修筑长城,而是移民实边,二者相为表里,相辅相成;开始是处于军事上的需要,后来其影响则远远超出军事的范围。这一过程始于战国时期的赵武灵王,完成于汉。

战国时期,秦、赵、燕三国接界匈奴,而以赵国受匈奴侵扰最为频繁。赵武灵王于即位的第十九年下令全国胡服骑射,以适应匈奴的作战方式,而后大举用兵匈奴,至二十六年赵国边界西至云中、九原。《史记·匈奴列传》总叙其事云:"赵武灵王亦变俗胡服,习骑射,北破林胡、楼烦。筑长城,自代并阴山下,至高阙为塞。而置云中、雁门、代郡。"战国时期,把匈奴诸部泛称胡人,这儿的林胡、楼烦都是匈奴的部族,居于河套地区或其附近地区。对赵武灵王筑长城的起点和走向,史学界的看法是一致的,即起于今河北省蔚县,北向至大青山沿山西行,但对其终点却有很大的分歧,计有三说:绝大多数认为其西端高阙塞在今狼山上,有的则直以今内蒙古临河北狼山的石兰计山口当

---

* 原刊《西北史地》1987年第3期。

之[1];陈梦家则认为高阙在今乌拉山上,严宾详申其说[2];有的则认为是今狼山和乌拉山之间的某个山口。[3]细析以上诸说,我们认为陈氏之说是正确的,高阙在今乌拉山上,赵国势力仅达前套地区,远未达后套地区。理由有三:第一,赵国的西北边最远至九原,即汉代的五原,故址在今包头市附近,远未达数百里外的河套西北边,不可能在狼山上修长城。第二,秦汉时代,阴山并不包括今天的狼山,狼山在当时称阳山,因其在河北而得名;当时之阴山是指今大青山和乌拉山。这些前人已有论证,此处不必赘述。第三,如果狼山长城和乌拉山长城都是赵武灵王所修,其路线选择,构筑方式应该是相同的,但从考察的结果来看,二者差异甚大。大青山和乌拉山长城均位于南侧山脚下,距山十数米至近百米不等,只是在水涧沟门向西到包头之间,山势较缓,山脉向南突出而没有主峰,长城缺少屏障,才穿入山内,修筑方式均为沙土夯筑,现在仅剩一隆起的土壠,高不足 1 米,有的地段已无痕迹,只在山水冲沟处,方见夯层。狼山上的长城均位于崇山峻岭之间,或偏北,或偏南,因山制险,形势要比乌拉山长城险峻得多;修筑方式均为块石垒筑,现在高度一般 1米左右,长城内侧还有烽燧。这两山长城的差异,恐怕不能用自然条件不同所致来解释,因为两山的自然条件是相同的,乌拉山长城完全有可能修在山岭之间,采用石筑。唯一合理的解释只能是两道长城不是出自同一个规划,不是在同一时间内修筑,乌拉山和大青山长城基本是赵长城,狼山长城是后来修建的。

赵占有前套平原以后,曾用李牧守边,"匈奴不敢入赵边"[4]。直到赵灭亡,没有大改变。匈奴既失前套,遂以后套为跳板,频频南下,在其正南的秦国深受其患。

秦早在昭王时就在陇西、北地、上郡"筑长城以拒胡"[5]。统一全国,首都咸阳北距边境不过数百里之遥,匈奴精骑随时有可能直插中原,严重威胁秦王朝的安全,所以秦始皇刚刚统一全国,就命蒙恬屯驻上郡,防守匈奴,也

---

[1] 郭沫若主编:《中国史稿地图集》上,北京:地图出版社,1979 年。谭其骧等:《中国历史地图集》第 2 册,北京:中华地图学社,1975 年。张维华:《中国长城建置考》上,北京:中华书局,1979 年。张维华先生详细考证了阴山地望,认为古代阴山包括之狼山,《史记》点校本已改陶山为阳山。唐晓峰:《内蒙古西北部秦汉长城调查记》认为在今石兰计山口,见《文物》1977 年第 5 期。

[2] 陈梦家:《汉武边塞考略》,氏著《汉简缀述》,北京:中华书局,1980 年。严宾:《高阙考辨》,《历史地理》第 2 辑,上海:上海人民出版社,1982 年。

[3] 翦伯赞:《内蒙访古》,收入《翦伯赞历史论文集》,北京:人民出版社,1980 年。

[4] 《史记》卷一一〇《匈奴列传》,北京:中华书局,1959 年,第 2886 页。

[5] 详见史念海:《河山集》第 2 集《黄河中游战国及秦时诸长城遗迹的探索》,上海:生活·读书·新知三联书店,1981 年。

就是《史记·匈奴列传》说的"始皇帝使蒙恬将十万之众北击胡"。始皇三十二年,为加强边备,"始皇巡北边,从上郡入",感到要彻底解除威胁,必须把匈奴赶到山北去,全部占领河套地区。就在这一年,秦对匈奴进行大规模出击,"乃使将军蒙恬发兵三十万人北击胡,略取河南地"。次年,"斥逐匈奴。自榆中并河以东,属之阴山,以为四十四县,城河上为塞。又使蒙恬渡河取高阙、阳山、北假中,筑亭障以逐戎人"[1]。河南地泛指黄河之"北河"即今乌拉河以南,秦昭王长城以北,今乌拉山(当时之阴山)西山咀以西的地区。北假指黄河以北,狼山以南,包括乌拉山和狼山之间的地区。蒙恬先占河南地,然后渡黄河攻占高阙,向西北攻取北假、狼山,占领全部河套之地,设县立官,修筑长城,进行初步开发。史称秦始皇大举用兵匈奴是因为听了方士卢生所奏之谶语"亡秦者胡也"[2],是出于迷信,其实这正好从反面说明匈奴对秦王朝威胁之大,始皇之大规模用兵匈奴谋划已久,这句谶语正合其需要而已。

秦始皇分两步修筑长城,第一步是因河制险,沿黄河修长城,迫使匈奴由平原退居深山,这道长城因黄河河道的变化,已无从寻见其遗迹,其修筑方式不得而知。但匈奴退居深山以后,仍可渡河南侵,特别是冬天,黄河结冰,更易南下,所以第二步在攻取狼山以后,即于山上"筑亭障以逐戎人",把匈奴逐过山北,使之南下无据,因为山北是"少草木,多大砂"的高原,山中包括全部阴山山脉都有丰茂的草木可资畜牧,放弃阴山则无法久居一地,必须不断地更换牧场。秦汉时代,长城名称甚多,或称城,或称塞,或称亭障、亭隧、亭侯等,"筑亭障"即筑长城。[3]以前有的学者谓蒙恬在狼山所筑之亭障仅是供瞭望用的城堡和烽台,不是长城,这是不对的。如史载汉武帝太初三年在阴山以北所修之"城障列亭",经实地考察,就是长城。亭障是长城的一个组成部分,用以代指长城,这一点下文详述。秦也是如此,如在今狼山石兰计山口北口两侧山峰上现有长城遗址,均为石筑,据当地同志介绍,在狼山主脉以北的

---

[1] 《史记》卷六《秦始皇本纪》。关于秦用兵的时间,《始皇本纪》记载的是秦始皇三十三年,但《匈奴列传》《蒙恬列传》都云蒙恬用兵十有余年而后死,《李斯列传》载二世诈以始皇名义予扶苏书云:"今扶苏与将军蒙恬将师数十万以屯边,十有余年矣"云云。蒙恬死于二世元年,上距秦统一中国只有十一年。据此,始皇统一天下的当年就用兵匈奴,这是符合当时秦与匈奴的形势的,是正确的。用兵匈奴,并非一次,统一伊始,派兵北上,三十三年是大规模增兵,《本纪》是把秦始皇二十六年第一次大规模用兵和三十三年增兵一并叙述。蒙默《汉以前匈奴与中原关系的几个问题》对此有考辨,见《光明日报》1963年2月27日。但北征匈奴的用兵数量,《匈奴列传》谓十万,《本纪》谓三十万,二者相去甚远,似难一致。窃以为这是两个不同时期的数字:秦刚统一全国,忙于安定内部,不能大规模用兵匈奴,而是立足于守,10万军队是蒙恬驻守上郡的军队数,到始皇三十三年才大举发兵30万收复河南地。
[2] 《史记》卷六《秦始皇本纪》,北京:中华书局,1959年,第252页。
[3] 陈梦家:《汉武边塞考略》,见陈梦家:《汉简缀述》,北京:中华书局,1980年,第205-206页。

小黄山上有东西走向的长城,现在高 1 米左右。以前认为这是赵长城,经上述考证不是赵长城,而是蒙恬所筑之秦长城,后为汉所利用。这道长城,西连秦昭王长城,东接燕赵长城(当然不是完全因袭原来的旧城),构成了完整的举世闻名的西起临洮、东至辽东的万里长城(实际长度远不止万里,因为有的地段是复线)。

秦边防线的修建,使匈奴"不胜秦,北徙"[1]。但秦没有亡于匈奴,却亡于农民大起义。随着秦王朝的崩溃,秦之防线也就不攻自破。史称"中国扰乱,诸秦所徙适(谪)戍边者皆复去,于是匈奴得宽,复稍渡河南与中国界于故塞"[2]。故塞即统一前的边界。河南地区重归匈奴。

秦汉之际,匈奴冒顿单于立,势力进一步壮大,东败东胡,西逐月氏,北服丁零、屈射、浑庾、鬲昆、薪黎之国,南并楼烦、白羊之部,有控弦之士四十万(一说三十万),并役使西域,设僮仆都尉,"赋税诸国,取富给焉"[3]。把西域作为军需补给地。对汉朝的威胁更为严重,"匈奴河南白羊、楼烦王,去长安近者七百里,轻骑一日一夕可以至"[4]。汉文帝十四年,匈奴十四万骑入朝那萧关,烽火直通甘泉,但汉朝初立,国力疲乏,只能采取守势,一方面加强戒备,一方面"和亲"。

汉武帝即位后,经过 70 余年的休养生息,国家殷富,兵力强盛,从元光二年开始大规模反击匈奴,争夺河套,解除威胁。元朔二年,匈奴入上谷、渔阳,杀掠吏民数千人,汉乃派卫青等人将兵出云中,取高阙,西至陇西,"击胡之楼烦、白羊王于河南,得胡首虏数千,羊百余万。于是汉遂取河南地,筑朔方,复缮故秦时蒙恬所为塞,因河而为固"。重占河套,设立朔方郡、五原郡。[5]从"因河而为固"这句话看,卫青所缮之"蒙恬所为塞"似只指沿河所修之长城。但上已述及蒙恬所为塞包括狼山上的长城,也必然包括在卫青所缮之内。如朔方郡最西部的窳浑县、三封县均在黄河外侧,如汉代在狼山没有防线,河南归汉,山中归匈奴,这两个县早为匈奴踏平,根本无法存在。所谓"因河而为固"仅是强调黄河的边防意义而已。在今磴口县沙金套海苏木(乡)西北狼山的哈隆格乃山口就是汉代著名的鸡鹿塞,在山口南北通道两侧的山峰上有十几座烽燧遗址;南口西侧台地上有一方形石城,边长 65 米,现存墙高 6～7 米。有瓮城,南北宽 14 米,东西长 20.5 米,瓮城门东向,对山口。城内有房屋遗

---

[1]《史记》卷一一〇《匈奴列传》,北京:中华书局,1959 年,第 2887 页。
[2]《史记》卷一一〇《匈奴列传》,北京:中华书局,1959 年,第 2887－2888 页。
[3]《汉书》卷九六上《西域传上》,北京:中华书局,1962 年,第 3872 页。
[4]《汉书》卷四三《刘敬传》,北京:中华书局,1962 年,第 2123 页。
[5]《汉书》卷九六上《西域传上》,北京:中华书局,1962 年,第 3766 页,只云置朔方;《汉书》卷六《武帝纪》云并置五原郡(第 170 页)。

址,许多汉代陶器残片,显然这是汉代驻军之所。这些军事设施都是卫青所修。

汉朝收复河套、恢复秦代边防,匈奴是不甘心的。《汉书·匈奴传》云:"匈奴右贤王怨汉夺之河南地而筑朔方,数寇盗边,及入河南,侵扰朔方,杀略吏民甚众。"云中、五原受害亦烈。兹后,汉武帝一方面派霍去病等出兵河西,攻占匈奴浑邪王领地,迫使浑邪王降汉,割断匈奴和西羌的联系;一方面多次派兵从云中、定襄、五原、朔方正面出击,迫使匈奴单于退往漠北,"而幕南无王庭"。汉武帝为保存这一胜利成果,于太初三年,"使光禄徐自为出五原塞数百里,远者千里,筑城障列亭至卢朐,而使游击将军韩说、长平侯卫伉屯其旁,使强弩都尉路博德筑居延泽上"[1]。因这道长城处于卫青所修塞之外,阴山以北,后称外城。在以往的有关著作中,对武帝外城语焉不详,经实地考察,可有一个明确的了解。

在今狼山以北,有两道近似平行的长城,其间相距十几到几十公里不等,自固阳县境,越过乌拉特中旗、潮格旗,在潮格旗乌力吉乡西北进入蒙古人民共和国,转而西行,和额济纳旗居延地区的长城相接。在阴山以北这一段,因为地当汉匈交锋要冲,故用复线,以增强抵御匈奴轻骑突袭的能力。我们重点踏勘了乌拉特中旗的川井、乌兰、巴音哈太三个乡境内的长城。长城的构筑,因地制宜,草原上用土筑,山区以石垒。在南面这一道长城内侧有烽燧和障城分布。在乌兰、川井境内我们发现了三座障城遗址,分别位于乌兰乡政府南2.5公里处,川井乡西45公里和55公里处,障城形制相同,均为砂土夯筑,残墙高度一般在1米左右,最高段有2.5米左右,边长均是134米,呈正方形,这些是戍卒的屯驻地。长城保存状况因地而异,草原上的土筑长城,由于风剥雨蚀,只剩下高半米左右的土堆,有的已成为现代路基,如从乌兰到川井乡的公路就有一段在长城上,当地人称为边墙路,不仔细辨认,难以寻见。山区石筑长城虽然坍塌,但比土筑长城要好得多,保存最好的是巴音哈太乡境内的一段,位于巴音哈太乡政府东南20公里的深山之中,依山而立,外侧最高处达4.8米,一般高度在1.5米或2米以上;均为块石垒砌,咬缝严密,外辟平滑,石头因含铁量高,风化后呈黑色,极目远望,若一黑色游龙蜿蜒于崇山峻岭之间;在个别处如山腰多土少石、取石不便处则采用土筑,现在顶宽一般在2米以上,个别地段在3~4米之间。在长城南侧几米至几十米处,每500米左右就有一烽燧,只有个别的距离较远达2000米或3000米,烽燧遗址四周遍布汉代陶片。我们共勘察了21个烽燧,由东端的乌拉敖包(现代敖包,汉代峰燧)向西依次编为一至二十一号。在第十五号烽燧遗址中采集到五铢钱一枚;据访问,附近老乡常在长城附近拣到铜镞等物。我们考察的这一段长城

---

[1]《汉书》卷九四上《匈奴传上》,北京:中华书局,1962年,第3776页。

中间有一条时令河——石哈河南北流过,并与东西流向的复图河交汇于此,是一个山口,所以长城构筑格外精良。其路线选择在偏南的群峰之中的山腰上,也更符合战术要求,匈奴如若来攻,必须翻过许多崇山峻岭才能到达长城脚下,此时早已人困马乏,而汉守军则以逸待劳,并能主动出击。如果像赵长城那样修在南侧山脚下,匈奴来攻虽然要翻山越岭,但可以在山中从容休整后再交战,以山谷为根据地。所以从军事要求来说,修在山岭中间较修在山脚下更符合战术需要。

汉武帝外城修建以后,自阴山以北西至居延地区构成一道完整的防线,在居延地区是为了保护汉和西域的通道,保护西域不再受匈奴的控制;在阴山沿线则是为了巩固对河套的占领,解除匈奴对汉朝的直接威胁。到西汉后期,随着匈奴军事力量的衰落,汉匈关系由战争转入和平,汉武帝外城的守御力量虽然减少,但并没有放弃,内城则始终驻有重兵。

匈奴是一个游牧民族,"美草水甘则止,草尽水竭则移",其侵扰边塞也是见守军少则进,守军多则退。所以,要阻止其侵扰,必须在边境上保持相当数量的军队,足以击退之。而边境地区人烟稀少,征发内地人民戍边,数量太多不仅会影响正常的农业生产,而且增加国家军费负担。为了解决这一矛盾,遂移民于边地。

移民实边

赵武灵王在用兵匈奴、修筑长城的同时,就曾把私家奴隶迁于新辟之地。《水经注·河水》引《竹书纪年》载赵武灵王二十四年,"命吏大夫奴迁于九原,又命将军大夫適(嫡)子戍吏皆貉服"。"将军大夫適(嫡)子戍吏"是指戍边的将军大夫之子和各级官吏,"貉服"即胡服,便于骑射,以提高军事技能。"胡服骑射",关乎礼俗和制度变革,阻力甚大,而阻力首先来自上层,故令将军大夫之子及戍边官吏带头胡服。吏大夫奴即各级官吏的私家奴隶,把他们迁往新辟之九原,目的是增加边地人口,开发边地,增强边防力量。这可以算是移民实边的先声。

秦始皇三十六年,第一次大规模移民充实新置之四十四县。《史记·秦始皇本纪》云:"始皇卜之,卦得游徙吉,迁北河榆中三万家,拜爵一级。"北河即今之乌加河,榆中在今兰州市东南,自榆中东至北河之南均是蒙恬新开之地,这是秦汉移民实边之始。

始皇三十三年,在蒙恬大举开边的同时,曾"徙谪,实之初县",即充实新设之四十四县。有的学者认为这是秦移民实边之始。[1]这是不对的。因为第一,所发之人不是一般百姓,而是"谪民"即有罪吏、擅自逃亡者和具有特殊身份社会地位低贱的人如赘婿、商人,这些人谪发殆尽时,才谪发平民百姓即"闾左"[2]。徙之于边是对他们的惩罚,而不是像三十六年所徙之三万户那样可以有爵一级,二者性质不同,不可混淆。第二,移民是举家迁徙,谪发只发个人,如陈胜、吴广等被谪发的戍卒都是个人,他们在边地只事戍守,不事生产,是兵而不是民。他们的粮食之费均靠内地调运。如《汉书·主父偃传》云秦"又使天下飞刍挽粟,起于黄腄琅邪负海之郡,转输河北(即河套后套黄河之北),率三十钟而至一石"。正因为如此,秦民不胜其苦,才起来造反。这为西汉制定御边措施提供了经验教训。

西汉初年,人口锐减,国力疲乏,边防虚弱,晁错针对这一状况,总结秦朝经验教训,向文帝提出募民实边以代替内郡一岁而更的戍卒的主张,即"选常居者,家室田作,且以备之","先为室屋,具田器,乃募罪人及免徒复作令居之;不足,募以丁奴婢赎罪及输奴婢欲以拜爵者;不足,乃募民之欲往者。皆赐高爵,复其家。予冬夏衣,廪食,能自给而止。郡县之民得买其爵,以自增至卿。其亡夫若妻者,县官买予之"[3]。这个办法的好处是:一可以减少军粮转输。二可以减轻内郡人民的兵役负担,利于生产的恢复发展。三是移边之民在抗击匈奴时,保家卫国相一致,作战积极性高。四是边民了解匈奴的作战特点,军事技能比内郡戍卒高。文帝采纳了晁错的建议,"从其言,募民徙塞下"[4]。

但是,从当时的社会背景看,文帝移民的数量很少。因为移民是以自愿为前提的,人们应是在生活无着的情况下才会应募迁往边境寒苦之地,文帝时战乱刚过,荒地尚多,不会有多少无地农民,此其一。[5]其二,当时国家财政收入甚少,没有足够的财力负担移民最初几年的衣食住行之费。其三,当时朝廷控制的郡县民不多,只有15个郡,大部分百姓都在诸侯王的封国内,特别是人口密度较大的关东郡县大多是诸侯王国的封民,这些诸侯王正和朝廷

---

[1] 张春树先生即持此说,氏著:《古代屯田制度的原始与西汉河西、西域边塞屯田制度之发展过程》油印本,兰州:1983年。
[2] 《汉书》卷四九《晁错传》云秦之谪戍,"先发吏有谪及赘婿、贾人,后以尝有市籍者,又后以大父母、父母尝有市籍者,后入闾,取其左"(北京:中华书局,1962年,第2284页)。
[3] 《汉书》卷四九《晁错传》,北京:中华书局,1962年,第2286页。
[4] 《汉书》卷四九《晁错传》,北京:中华书局,1962年,第2287页。
[5] 《汉书》卷四《文帝纪》,北京:中华书局,1962年,第124页。文帝十二年诏云:"朕亲率天下农,十年于今,而野不加辟。"说明荒地甚多,有待开垦。

争夺人口,是不会让自己的百姓应募的。[1]

汉武帝时期,具备了移民实边的各项条件。第一,大规模用兵匈奴,开拓了疆域,需要移民实边。第二,这时期土地兼并盛行,无地农民增多,有民可移。第三,诸侯王经过景帝削藩,势力已被剪除,实同郡县。第四,国家富足,有足够的财力供应人民的生活费用。因此汉武帝在元朔二年收复河套地区的夏天,就进行大规模的移民,"募民徙朔方十万口"[2]。这儿的朔方只是一个地域概念,泛指朔方附近地区,也含五原在内。因为朔方初置,地域不定,如朔方郡的临戎县始设于元朔五年,三封和沃野则设于元狩三年[3],都在设郡之后,显然这都是随着移民的陆续到来而设的。初设之五原和朔方相同,也有移民充实之。元狩二年,匈奴浑邪王降汉,"徙关东贫民处所夺匈奴河南地新秦中以实之"[4]。元狩四年,山东被水灾,民多饥馑,"乃徙贫民于关以西,及充朔方以南新秦中,七十余万口,衣食皆仰给于县官。数岁,贷与产业,使者分部护,冠盖相望,费以亿计,县官大空"。应劭注云:"秦始皇遣蒙恬攘却匈奴,得其河南造阳之北千里地甚好,于是为筑城郭,徙民充之,名曰新秦。"[5]新秦即指河套地区。这是汉武帝移民最多的一次,也是西汉一代移民最多的一次。元狩五年,"徙天下奸猾吏民于边"[6],天汉元年"发谪戍屯五原"。[7]所实之地,除朔方、五原、西河(始设于元朔八年)等地外,还有金城郡及河西地区,但前者是重点。自武帝以后,河套地区的边防已经巩固,匈奴力量衰微,汉匈关系由战争转入和平,就没有继续向河套地区移民,而转向了新开的河西一带。

河套地区成为移民的重点,除了这儿是战略要地以外,还因为这儿自然条件优越,适于农耕。在这里,不仅有黄河迂回其间,在其西北部,还有由黄河冲积而成的东西120里(约合今96里)的屠申泽,在现在磴口县沙金套海乡境内有20多个面积几亩至几十亩不等的湖泊,就是屠申泽干涸后的遗存。水源充沛,土地肥沃,草木茂盛,极宜农耕,移民定居下来以后,农业很快就发展起来。现在由于年代久远,风沙侵蚀,和后人活动的破坏,已很难从地面上寻见灌溉和农耕的痕迹,但从零星的文献记载,仍可窥其点滴。《汉书·匈奴

---

[1]《汉书》卷一四《诸侯王表》,北京:中华书局,1962年,第394页。云汉直辖之十五郡为"自江陵以西至巴蜀,北自云中至陇西,与亲师内史凡一五郡"。贾谊云汉郡之民众"逋逃归诸侯王者已不少矣"。《汉书》卷四十八《贾谊传》,北京:中华书局,1962年,第2261页。
[2]《汉书》卷六《武帝纪》,北京:中华书局,1962年,第170页。
[3]《汉书》卷二八下《地理志》,北京:中华书局,1962年,第1619页。
[4]《汉书》卷九四上《匈奴传》,北京:中华书局,1962年,第3769页。
[5]《汉书》卷二四下《食货志下》,北京:中华书局,1962年,第1162页。
[6]《汉书》卷六《武帝纪》,北京:中华书局,1962年,第179页。
[7]《汉书》卷六《武帝纪》,北京:中华书局,1962年,第203页。

传》载元狩二年卫青、霍去病大举出击匈奴以后,"匈奴远遁,而幕南无王庭。汉渡河,自朔方以西至令居,往往通渠置田官,吏卒五、六万人"。通渠即引水灌溉,田官为指挥屯田之官,这五、六万是戍卒。戍卒屯田引水灌溉、移边之民当然更会引水灌溉。又《史记·河渠书》云元封二年汉武帝塞黄河瓠子决口之后,"用事者争言水利,朔方、西河、河西酒泉皆引河及川谷以溉田",说明河套地区的水利事业是很发达的。

在古代,农业的发展程度,总是和灌溉状况联系在一起的,水利的发展则意味着农业的发展,农业的发展则标志着经济的繁荣。《汉书·匈奴传》赞云:汉宣帝以后,"边城晏闭,牛马布野,三世无犬吠之警,黎庶无干戈之役"。我们所见到的汉代居民活动遗址形象地说明了这一点。在今磴口县内,乌兰布和沙漠东北部的荒漠之中,有三座汉代古城遗址,分别是朔方郡最西部的窳浑(今沙金套海乡西南3公里处)、三封(今保尔套勒盖农场总部所在地陶升井西南4公里处)、临戎(磴口北20公里布隆淖村西南2.5公里处)三县城址,其中都有大量的汉代砖瓦陶片,在临戎城址中有一冶铁遗址,在东西50余米、南北20余米的地段上,布满了炼铁残渣和铁器残片,以铁甲片居多,说明这儿可能曾是一个兵器制造场。在这三座城周围的荒漠之中,分布着大量的汉墓,从葬式和出土器物看,绝大部分是当地居民的,墓中出土的器物多是陶器,如鼎、盆、盒、仓、罐、囷等。在陶罐内还有农作物,如小麦、荞麦、糜子等。在三封城附近还有几处村落遗址,上面遍布陶片,并发现了带汲瓶水井。[1]这说明现在沦为沙漠的河套西北边缘,在汉代曾是一个繁荣的农业区。至于其他地区更是如此,如临河县五星乡东0.5公里处的汉城遗址,八一乡东3.5公里处的汉城遗址中都有许多汉代器物残片,其附近居民必然很多,这儿都是农业区。这些说明,秦汉两代正是利用河套优越的自然条件开发这一地区的。同时说明,秦汉两代争夺河套地区,不仅具有军事意义,也有经济意义。

开发河套地区的意义

秦汉开发河套地区的意义是多方面的。首先是军事意义。长城的修建,确立了稳定的边防线,形成了一套完整的边防体系,有力地阻止了匈奴的侵扰。元帝时,郎中侯应上疏论述该地边塞的重要云:"北边塞至辽东,外有阴山,东西千余里,草木茂盛,多禽兽,本冒顿单于依阻其中,治做弓矢,来出为寇,是其苑囿也。至孝武世,出师征伐,斥夺此地,攘之于幕北。建塞徼,起亭隧,筑外城,设屯戍以守之,然后边境得用少安。幕北地平,少草木,多大沙,

---

[1] 参见侯仁之、俞伟超:《乌兰布和沙漠的考古新发现和地理环境的变迁》,《考古》1973年第2期。

匈奴来寇,少所蔽隐,从塞以南,径深山谷,往来差难。边长老言匈奴失阴山之后,过之未尝不哭也。"[1]当然,武帝以后,北方边境的安宁还取决于汉匈双方经济、军事力量对比的改变和政治形势的变迁,但长城的边防作用无疑是重要的。从此以后,匈奴不仅失去了河套这一南下的跳板,而且阴山这一南下的苑围也变成了汉军北征的基地,不能像从前那样长驱直入、南下中原了,所以匈奴每过阴山未尝不哭,不得不转向西北发展。汉朝北边威胁既经解除,则得以集中力量经营西域,自汉武帝后期到汉宣帝西域都护府的设立,伐大宛,夺车师,征康居,最终确立汉朝在西域的统治地位,保证丝绸之路的畅通。如果汉朝不能巩固河套地区的边防,不能解除匈奴对中原地区的威胁,这些成就是难以想象的。而移民实边是巩固边防的又一重要措施,这表现为如下两点。

一是增加了边兵数量,使长城的修筑戍守有了保证。长城仅是一道军事防御工事,它能否阻止住匈奴的进攻,还要靠相当数量的军队。秦汉戍边制度,戍卒自内郡调发,一岁而更,显然,这要受到农业生产的限制,征发数量过多,将影响农耕,导致社会动乱,秦之覆亡就是一个例子;征发数量太少,又满足不了戍边需要。西汉前期,匈奴小入则小利,大入则大利,长城(秦昭王长城)并没有完全阻止住匈奴的铁蹄,就是因为边兵太少。移民实边则解决了这一问题。在边郡,每一个役龄男子,甚或老弱之人,都有守土的责任,贾谊曾说西边北边之民"虽有长爵不轻得复,五尺(15岁)以上不轻得息,斥候望烽燧不得卧,将吏被介胄而睡"[2]。当郡兵和戍卒是合一的,吏民均过着军事化的生活。移民实边,增加边郡人口,即增加边兵,即使匈奴突破长城防线,也处处受阻,不可能长驱直入,像西汉初期那样,威胁长安的安全。宣帝时,赵充国上屯田奏议云"窃见北边自敦煌至辽东万一千五百余里,乘塞列隧有吏卒数千人,虏数大众攻之而不能害"[3]。有的学者认为这段话有误,在11500余里的边防线上几千名守军约2里远才有一名守兵如何能使"虏数大众攻之而不能害"? 其实这是移民实边的结果,这几千人是内郡征发的戍卒,"乘塞列隧"担任候望报警之职而已,报警以后,自有边郡骑兵出击,而不是靠他们迎敌,否则这些戍卒再骁勇善战也挡不住匈奴的骑兵。这在居延汉简中屡有记载,无须一一举证。

二是提高了边兵作战的技能和军事素质。这表现为两点:一方面使汉军有条件熟悉匈奴的作战特点。匈奴长于骑战,"险道倾仄,且驰且射,中国之

---

[1]《汉书》卷九四下《匈奴传》,北京:中华书局,1962年,第3803页。
[2]《汉书》卷四八《贾谊传》,北京:中华书局,1962年,第2240页。
[3]《汉书》卷六九《赵充国传》,北京:中华书局,1962年,第2989页。

骑弗与也;风雨罢劳,饥渴不困,中国之人弗与也"[1]。这是匈奴的长技。内地汉军则长于平原步战,"若夫平原易地,轻车突骑,则匈奴之众易扰乱也,劲弩长戟,射疏及远,则匈奴之弓弗能格也;坚甲利刃,长短相杂,游弩往来,什伍俱前,则匈奴之兵弗能当也;材官驺发,矢道同的,则匈奴之革笥木荐弗能支也;下马地斗,剑戟相接,去就相薄,则匈奴之足弗能给也:此中国之长技也"[2]。显然在北边苦寒之地,内地戍卒是以己之短,敌彼之长,待适应边地气候,了解匈奴作战特点以后,又当更代返回故里了。而移民实边则可以充分利用边地自然条件,发展骑兵,结合兵弩之利,亦不畏气候之威胁,集汉匈之长技于一身,攻守兼备,大大提高了战斗力。另一方面,边防安全与否,和自身利益密切相关,关系到自己妻儿老小的安危,士兵作战主动性强,而不会像内郡戍卒那样消极防御。晁错在建议移民实边时已指出了这一点。

其次,从经济方面来看,开发河套地区,保证了边粮供给,减少了国家财政支出。秦之覆亡就是因为戍徭过重,军费支出太大引起的农民大起义,晁错建议移民实边的目的之一就是为了减少财政支出。稽诸史实,河套地区的粮食,不仅供应该地及附近的边防之费,而且有所盈余,供应汉匈双方使节往来之费用。如宣帝甘露三年,匈奴呼韩邪单于入朝北归,"汉遣长乐卫尉高昌侯董忠、车骑都尉韩昌将骑万六千,又发边郡士马以千数,送单于出朔方鸡鹿塞。诏忠等留卫单于,助诛不服,又转边谷米糒,前后三万四千斛,给赡其食"[3]。呼韩邪北归,不仅派边兵士马护送,而且调边谷米糒三万四千斛以赡其食。显然这均是调自朔方、五原诸郡的。在匈奴发生饥荒时,汉亦以边粮赡之,如元帝初即位,"呼韩邪单于复上书,言民众困乏。汉诏云中、五原郡转谷二万斛以给焉"[4]。这都反映了河套地区生产发展状况。东汉时设度辽营,屯于五原曼柏,负责河套及东北地区即并州和幽州部分地区的边防,就是以河套地区的经济开发为基础的。

其三,河套地区的开发,加强了民族文化的交流。汉匈之间的交往方式主要有三:一是战争,二是贸易,三是使节往来,包括朝觐。但后者只限于统治者之间的进行,就普遍意义来说,前两者是主要的交往方式。在西汉前期,战争和贸易同时进行,主要是匈奴常常南下掳掠民畜,以满足其对汉朝农产品、手工业品的需要;汉朝还以"和亲"的方式,每年送给匈奴贵族大批丝帛粮食等物;贸易均在长城下进行,是为"关市"即边塞关隘之处所设之市场。但

---

[1]《汉书》卷四九《爰盎晁错传》,北京:中华书局,1962年,第2281页。
[2]《汉书》卷四九《爰盎晁错传》,北京:中华书局,1962年,第2281页。
[3]《汉书》卷九四下《匈奴传》,北京:中华书局,1962年,第3798页。
[4]《汉书》卷九四下《匈奴传》,北京:中华书局,1962年,第3800页。

当时"关市"贸易规模不大,还常被匈奴打断。这种交往方式显然有很大的局限性:匈奴的掠夺,带给汉朝人民的只是灾难,只能增加他们对匈奴的仇视,不利于对匈奴文化的吸收;匈奴自恃其武力掠夺,也不注意吸收汉朝的先进生产技术和文化。汉武帝以后,汉匈力量对比发生变化,匈奴欲用战争代替贸易以获取汉朝财物已不可能,只能通过"关市"贸易这一途径,同时吸收汉朝的先进技术和文化。此后,在绝大多数的时间内,阴山南北,长城内外,成为汉匈经济文化交往的稳定场所,汉匈人民也杂居一处,如汉武帝所置之五属国,光武帝所置之八属国,都分布在河套及附近地区,汉匈两族文化就在日常交往中相互渗透,如和林格尔汉墓壁画中的宁城市图就反映了各族人民的贸易状况;农耕图、畜牧图反映了生产活动中的农牧结合状况。[1]又如这一地区的民俗尚武好勇,豪放粗犷,带有游牧民族的风俗特点。因此,长城不仅是一道军事防御线,也带有文化汇聚线的色彩。显然,河套的开发,是这道文化汇聚线发展的基础。没有河套的开发,经济的繁荣,汉匈各族人民就无以生存,贸易就无以进行,文化交流也就无从谈起。

最后,大规模移民开发河套,对汉武帝安定内部统治也有利。移边之民大多是内地衣食无着的流民,他们是社会上的不安定因素,随时有可能铤而走险,起来造反,危及封建统治,把他们移居边地,不仅巩固了边防,而且消除了社会动乱的隐患;同时博得皇恩浩荡的美名,真可谓一举数得,这些道理显而易见,这儿就不予详论了。

本文曾得到陈连庆先生审阅指正,特此致谢。

---

[1] 参见盖山林《和林格尔汉墓壁画》,呼和浩特:内蒙古人民出版社,1978年。

秦长城的历史基础与历史意义再认识[*]

——以河套地区为中心

秦朝是中国历史上最为短命而影响又极为深远的统一王朝,这个影响既有制度方面的开一代之新典制,也有着公共工程的划时代之举,尽管这些工程举措曾经耗费大量民力,给农民带来诸多苦难,是秦朝社会矛盾大爆发的重要因素,是秦朝二世而亡的直接原因,一直受到当时和后人的指责与批评,是秦政残暴的体现之一,但是,也给后世留下了丰厚的遗产。长城的修建就是其历史遗产的重要部分。

从史学层面研究秦长城,包括战国和西汉长城,始于20世纪上半叶,限于当时的条件,仅仅把长城作为一项军事防御工程,根据文献记载,就事论事地研究长城的缘起与走向。从20世纪60年代开始,学界开始实地考察秦汉长城的现存状况,并从历史学、民族学、地理学的不同层面分析秦汉长城的历史意义。70年代后期以来,考古学界和历史学界在以往工作的基础上采用史学研究和实地考察相结合的方式,从历史的、地理的、生态的、社会的等不同层面,从不同视角,对秦汉长城的修建过程、存在状况、历史意义展开了全方位的研究。但是,就现有研究成果来说,史学界研究重点集中于汉长城,对河套地区的秦长城研究则要薄弱得多。其原因当然是资料使然,因为出土简牍提供了研究河西地区边防体系及社会经济的丰富资料,而河套地区只有部分遗址和少量的遗物,缺少类似居延汉简那样的文字资料。因此之故,人们对河套地区秦长城的研究大多是作为汉代长城研究的附属部分展开的,自然存在着相应的局限。

无论是从国家形态,还是从民族关系与民族政策以及中华民族的发展等不同层面来看,河套地区都有着举足轻重的地位。两千多年的历史实践说明,对河套地区的管理方式、经济开发、军事控制,不仅直接决定着中原王朝的国家安全,也直接影响着北方草原民族的兴衰发展,直接影响着中华民族这个多民族大家庭的内部关系。而这一切,都是从秦王朝开启端绪的。所

---

[*] 原刊中国秦汉史研究会、中共包头市九原区委员会、包头市九原区人民政府编:《2012·中国"秦汉时期的九原"学术论坛专家论文集》,呼和浩特:内蒙古人民出版社,2012年。

以,本文对此稍事展开,重点讨论秦长城的历史基础问题,以期对其历史意义有新的认识。

一

现在先谈河套地区秦长城的历史基础,主要是后套地区秦长城与赵国长城的关系问题,这首先要确定赵长城的西端——高阙的地理位置。

作为军事防御工程,长城的修建始于春秋,到了战国时代普及化,本来是中原国家之间军事防御建筑,如楚之方城、齐长城、魏长城、赵南长城、中山长城、燕南长城等。现代人们习惯上所说的长城则是作为农业民族和游牧民族之间的军事分界线而言,是专指北边长城,其时间要晚于中原长城,是战国时代分别由赵国、秦国、燕国在北边修建,防御对象主要是北边以匈奴为代表的游牧民族诸部;秦朝统一以后,即在燕北长城、赵北长城和秦国原来长城的基础之上修建了举世闻名的万里长城。《史记·匈奴列传》记其事云:

> 其后义渠之戎筑城郭以自守,而秦稍蚕食,至于惠王,遂拔义渠二十五城。惠王击魏,魏尽入西河及上郡于秦。秦昭王时,义渠戎王与宣太后乱,有二子。宣太后诈而杀义渠戎王于甘泉,遂起兵伐残义渠。于是秦有陇西、北地、上郡,筑长城以拒胡。而赵武灵王亦变俗胡服,习骑射,北破林胡、楼烦。筑长城,自代并阴山下,至高阙为塞。而置云中、雁门、代郡。其后燕有贤将秦开,为质于胡,胡甚信之。归而袭破走东胡,东胡却千余里。与荆轲刺秦王秦舞阳者,开之孙也。燕亦筑长城,自造阳至襄平,置上谷、渔阳、右北平、辽西、辽东郡以拒胡。当是之时,冠带战国七,而三国边于匈奴。其后赵将李牧时,匈奴不敢入赵边。后秦灭六国,而始皇帝使蒙恬将十万之众北击胡,悉收河南地。因河为塞,筑四十四县城临河,徙适(谪之通假)戍以充之。而通直道,自九原至云阳,因边山险堑溪谷可缮者治之,起临洮至辽东万余里,又度河据阳山北假中。

> 十余年而蒙恬死,诸侯畔秦,中国扰乱,诸秦所徙适戍边者皆复去,于是匈奴得宽,复稍度河南与中国界于故塞。[1]

司马迁没有按照历史发生的顺序,而是为行文的方便,概括叙述战国时代秦、赵、燕三国长城及其与秦始皇长城之间的关系。如按时间顺序,应该是赵武灵王第一个修长城以备胡,燕、秦随其后。这些是学界常识,无须赘言。现在要讨论的是赵武灵王所修长城也就是史学界所称的赵北长城的西端——高阙的位置问题,这是把握蒙恬在河套地区所修长城真相及其影响的关键。

上举《史记·匈奴列传》谓"而赵武灵王亦变俗胡服,习骑射,北破林胡、

---

[1]《史记》卷一一〇《匈奴列传》,北京:中华书局,1959年,第2885-2886、2887-2888页。

楼烦,筑长城,自代并阴山,至高阙为塞,而置云中、雁门、代郡"。高阙即赵武灵王长城的西端,对其地望与得名,最早做出详细描述的是郦道元。郦道元《水经注》卷三《河水》云:

> 河水又屈而东流,为北河。汉武帝元朔二年,大将军卫青绝梓岭,梁北河是也,东径高阙南。《史记》赵武灵王既袭胡服,自代并阴山下,至高阙为塞。山下有长城,长城之际,连山刺天,其山中断,两岸双阙,善能云举,望若阙焉,即状表目,故有高阙之名也。自阙北出荒中,阙口有城,跨山结局,谓之高阙戍,自古迄今,常置重捍,以防塞道。[1]

郦道元出身世家,自幼"好学,历览奇书",历仕高官,曾受命主持改镇为州的名称隶定事宜、筹划边备,"沃野、怀朔、薄骨律、武川、抚冥、柔玄、怀荒、御夷诸镇并改为州,其郡县戍名令准古城邑。诏道元持节兼黄门侍郎,与都督李崇筹宜置立,裁减去留,储兵积粟,以为边备"。[2]对黄河上下历史、地理变迁极为熟悉,大多实地游历过,因而对高阙所属长城描述的真实性当然不容怀疑。因而现代学者均据郦道元的这一段描述寻找高阙的具体位置。郦道元所说的"河水又屈而东流"是指在临戎县北转向东流,"为北河"即由西向东流的这一段是为北河,北河就是现在后套的五加河。高阙在北河之北,北河以北之山是为狼山,于是人们自然地把高阙定位在狼山上,现代的历史地图就明确地把高阙定位在石兰计山口。[3]20世纪60年代,陈梦家先生认为,高阙应该是乌拉山的某个山口,后有严宾先生、李逸友先生详申其说。而魏坚先生在实地考察的基础上认为狼山之说不误。[4]

1985年8、9月间,笔者曾参加中国秦汉史研究会组织的长城考察队重点考察狼山、乌拉山地区的战国秦汉长城以及相关遗址,结合考察结果,认为狼山之说不能成立,赵武灵王所修的高阙塞在今乌拉山上,赵长城的西端止于

---

[1] 郦道元撰,陈桥驿点校:《水经注》卷三《河水》,上海:上海古籍出版社,1990年,第47页。
[2] 《魏书》卷八九《酷吏传·郦道元传》,北京:中华书局,1974年,第1925页。
[3] 郭沫若主编:《中国史稿地图集》,北京:地图出版社,1979年。谭其骧主编:《中国历史地图集》第2册,北京:中华地图学社,1975年;北京:地图出版社,1982年。张维华:《中国长城建置考》上,北京:中华书局,1979年。
[4] 陈梦家:《汉武边塞考略》,见陈梦家:《汉简缀述》,北京:中华书局,1980年。严宾:《高阙考辨》,《历史地理》第2辑,上海:上海人民出版社,1982年。李逸友:《高阙考辨》,《内蒙古文物考古》1996年第1期。鲍桐:《高阙地望新探》,《中国历史地理论丛》1993年第2期。从考古学角度论证赵武灵王之高阙在狼山者,有魏坚:《河套地区战国秦汉塞防研究》,《边疆考古研究》第6辑,北京:科学出版社,2007年。

乌拉山。[1]虽然时间过去近30年,但是鉴于目前分歧依旧和以往论证的不足,故本文先补证旧说,确定秦长城的地理基础,而后讨论其余。

笔者认为高阙在乌拉山的理由如下:

第一,先秦至西汉所说的阴山和后来阴山所指范围不同,其时之阴山不包括北河之北的山脉也就是现代的狼山,当时的狼山名为阳山,因为地处北河之北而得名,上举《史记·匈奴列传》已经说的很明白,《史记·秦始皇本纪》秦始皇三十三年明确记载"使蒙恬渡河取高阙、阳山、北假中"[2]。这儿的阳山就是狼山,这些已为学者辨识甚明,无须赘言。[3]

第二,司马迁已经明确记述,蒙恬自杀、秦朝灭亡以后,"诸秦所徙適(谪)戍边者皆复去,于是匈奴得宽,复稍度河南与中国界于故塞"。这个"故塞"就是蒙恬渡河之前匈奴与秦朝的边界,"故塞"在河以南——无论是南河还是北河,都明确无误地说明蒙恬渡河以前在河北的阳山上不存在边塞,否则就不存在"复稍度河南与中国界于故塞"的问题了。郦道元描述的高阙塞显然不在阳山上。

第三,无论是武灵王时代还是以后,赵国的西北边境均止于九原,没有向西北发展,赵国领土没有达到北河一线,不存在于狼山修筑长城问题。通观赵国军事发展,赵武灵王胡服骑射的目的不是向西北扩张,而是为了提高和中山国作战的能力,其用兵林胡是解除用兵中山国的侧翼威胁。《史记·赵世家》谓赵武灵王在向公子成解释胡服骑射的理由时说:

> 吾国东有河、薄洛之水,与齐、中山同之,无舟楫之用。自常山以至代、上党,东有燕、东胡之境,而西有楼烦、秦、韩之边,今无骑射之备。故寡人无舟楫之用,夹水居之民,将何以守河、薄洛之水;变服骑射,以备燕、三胡、秦、韩之边。且昔者简主不塞晋阳以及上党,而襄主并戎取代

---

[1] 中国秦汉史研究会秦汉长城考察队总计十人:余华青(队长,西北大学)、何清谷(陕西师范大学)、彭曦(宝鸡师范学院)、张楠(安徽师范大学)、罗庆康(湖南益阳师专)、魏文清(哈尔滨师范大学)、江淳(山东大学)、李均明(国家文化部古文献研究室)、白音查干(内蒙古师范大学)、臧知非(徐州师范学院),在巴彦淖尔盟的向导为火鹰(临河文物站)。考察队成员运用考察资料讨论高阙地望在乌拉山者,有何清谷先生:《高阙地望考》,《陕西师范大学学报》1986年第3期;《秦始皇长城北段的考察》,《人文杂志》1989年第4期;《关于高阙位置的反思——兼答鲍桐同志》,《中国历史地理论丛》1993年第2期。臧知非:《论秦汉时期河套地区的开发及其意义》,《西北史地》1987年第3期。运用考察资料讨论河套地区秦汉长城者有罗庆康先生:《论阴山障城的特点及其他》,《河南大学学报》1987年第1期;《阴山烽燧探微》,《益阳师专学报》1990年第4期。

[2] 《史记》卷六《秦始皇本纪》,北京:中华书局,1959年,第253页。

[3] 上揭张维华先生《中国长城建置考》对此有辨析,但存在矛盾之处。上揭何清谷先生《高阙地望考》对此有清楚考辨,而以鲍桐先生《古今阴山辨》(上)论述为最详尽,见《阴山学刊》1989年第3期,本文从狼山非阴山说。

以攘诸胡,此愚智所明也。先时中山负齐之强兵,侵暴吾地,系累吾民,引水围鄗,微社稷之神灵,则鄗几于不守也。先王丑之,而怨未能报也。今骑射之备,近可以便上党之形,而远可以报中山之怨。而叔顺中国之俗以逆简、襄之意,恶变服之名以忘鄗事之丑,非寡人之所望也。[1]

说得很明白,"骑射之备"一是"便上党之形"也就是"备燕、三胡、秦、韩之边"。二是"报中山之怨",这才是主要目的,"备三胡"不过是为了解除兼并中山国的后顾之忧而已。故胡服骑射以后,武灵王与前306年打败林胡,西进至九原也就是今包头地区,并于前302年命"吏大夫奴迁于九原,又命将军、大夫、适（嫡）子、戍吏,皆貉服矣"[2]。到公元前300年也就是赵武灵王二十六年"攘地北至燕、代,西至云中、九原"。从这个过程看,赵武灵王对九原的控制并非一蹴而就,和林胡、楼烦之间还是有一番争夺的,经过六年的反复,赵国才实现对九原的有效控制。因为赵武灵王用兵楼烦的目的首先是兼并中山国,所以在胡服骑射之后,用兵楼烦、林胡的同时大举进攻中山国,从武灵王十九年即前307年胡服骑射开始到二十六年,武灵王"攘地北至燕、代,西至云中、九原",其间曾六次进攻中山国。二十七年,武灵王让位少子惠文王,自称主父,专心于军事,其目标一是尝试从九原南下进攻秦国,二是灭亡中山。武灵王的目标完成了一半,于惠文王三年即前296年灭亡中山国,进攻秦国的计划则没能实现。随后武灵王死于内乱,此后的赵国西北边境始终止于九原,没有再向西北推进,而且从赵武灵王死后赵国国势发展来看,赵国对九原地区的控制力度很有可能处于削弱之中,才有后来秦始皇命令蒙恬"略取河南地"之举,正式设立九原郡。

第四,郦道元尤其熟悉黄河上下历史变迁、地理情况,对高阙的描述当然不是凿空之论,人们根据郦道元对高阙形状的描绘寻找高阙位置自有其合理性。但是,当人们把注意力集中在"长城之际,连山刺天,其山中断,两岸双阙,善能云举,望若阙焉,即状表目,故有高阙之名也"的时候,忽略一点:就是"山下有长城"这个前提。这个"山下有长城",明确了长城的位置是在"山下"。这个"山下",是在山北还是山南,从文字表述上无从判断。考察结果则告诉我们,这个"山下"只能在乌拉山之南,只有乌拉山南侧山脚下有长城,狼山长城均在山中偏北部的山岭之中,不存在"山下"问题。所以,郦道元对高阙塞的描述即使是根据脑海中的高阙图景,在狼山上按图索骥而来,我们也不能谓赵武灵王之高阙在狼山上。其实,司马迁在记述赵长城走向的时候,已经说明了赵长城的位置,这就是"自代并阴山下,至高阙为塞",说得很明

---

[1]《史记》卷四三《赵世家》,北京:中华书局,1959年,第1809页。
[2] 郦道元撰,陈桥驿点校:《水经注》卷三《河水》,上海:上海古籍出版社,1990年,第50页。

白,长城在阴山下,不是在阴山中,而与阴山"并"行,那么,高阙只能位于阴山。郦道元所述和司马迁正相一致,对郦道元所说的高阙图景只能在阴山也就是乌拉山上寻找。即使在别的山上发现的山口和郦道元说的相像,也应该从郦道元给出的"山下有长城"和司马迁所说的"自代并阴山下,至高阙为塞"这个前提出发,把握乌拉山、狼山长城的差别,将文献叙述和现场勘查统一起来,辩证分析而后确定。

第五,从历史遗迹考察结果来看,狼山长城和乌拉山长城的路线选择、修筑方式、体系构成相去甚远,根本不可能是同一历史时期修建。从路线选择上看,乌拉山长城和大青山长城一样,均在南侧山脚下,距山数米至百米不等,地势平坦;狼山长城则位于狼山北侧的崇山峻岭之中,随山起伏,因势制险。其构筑方式,乌拉山长城均为砂土夯筑;而狼山长城均为石块垒砌,充分利用山坡地形,外侧因坡立壁,陡直高峻,其内侧高度远远低于外侧,以便戍守人员登城巡视。在构成体系上,乌拉山长城仅仅是一道土质城墙,附近没见任何烽燧城障遗存;而狼山长城则由城墙、烽燧、障城构成一个工程系统,其工程量之浩大,远非乌拉山长城可以比拟。从军事防御功能来看,乌拉山长城和狼山长城是不能同日而语的。乌拉山长城位于山坡南侧,以低御高,难以起到有效抵御匈奴的作用;而乌拉山南侧山峰陡峭,山水夹带泥沙,下泻迅猛,长城难以保持完整,更难以抵挡匈奴骑兵的冲击。而狼山长城则不然,处于偏北的崇山峻岭之中,因势制险,不存在山水损毁之患;有着瞭望预警系统,有机动驻军,可以有效遏制匈奴骑兵的冲击;把诸多山中谷底圈在长城内侧,而匈奴失去在山中集结屯兵的条件,难以秘密集结兵力发动大规模袭击。二者的差异,不能用地理条件不同解释,因为,狼山和乌拉山的地理条件是相同的,唯一合理的解释是二者的规划设计的时代不同,乌拉山长城的规划设计早于狼山长城,二者不是同一时代:乌拉山长城是赵长城,狼山长城是秦长城。

二

高阙地望既明,我们对秦长城历史意义的认识就深刻得多了。

《史记·秦始皇本纪》记述了秦统一之后修筑长城的过程。秦始皇三十二年:

> 始皇巡北边,从上郡入。燕人卢生使入海还,以鬼神事,因奏录图书,曰"亡秦者胡也"。始皇乃使将军蒙恬发兵三十万人北击胡,略取河南地。

> 三十三年,发诸尝逋亡人、赘婿、贾人略取陆梁地,为桂林、象郡、南海,以适(谪)遣戍,西北斥逐匈奴。自榆中并河以东,属之阴山,以为四

十四县,城河上为塞。又使蒙恬渡河取高阙、阳山、北假中,筑亭障以逐戎人。徙谪,实之初县。禁不得祠。明星出西方。三十四年,适(谪)治狱吏不直者,筑长城及南越地。[1]

《史记·蒙恬列传》亦记其事云:

秦已并天下,乃使蒙恬将三十万众北逐戎狄,收河南。筑长城,因地形,用制险塞,起临洮,至辽东,延袤万余里。于是渡河,据阳山,逶蛇而北。暴师于外十余年,居上郡。[2]

按《秦始皇本纪》行文,秦始皇用兵匈奴的原因是迷信鬼神,听信了卢生的"亡秦者胡也"的谶语。但是结合上举《匈奴列传》和《蒙恬列传》的记载,事实并非如此:早在统一伊始,秦始皇已经命蒙恬率重兵,利用秦、赵、燕三国原有长城,防守匈奴,并重点防守河套地区;秦始皇北巡,进一步看到了匈奴的威胁,为了巩固对河套南部地区也就是"河南地"的控制,才命令"渡河,据阳山,逶蛇而北"。此前蒙恬的军队只局限于黄河以南,始皇三十三年蒙恬才渡河北上,占据"阳山"即狼山,在狼山上修筑长城"逶蛇而北",所谓蒙恬"暴师于外十余年,居上郡"之"十余年"就是指蒙恬从统一就负责对匈奴作战直到被迫自杀这个时间段而言。蒙恬率三十万之众"暴师于外十余年",正说明秦始皇统一伊始就把匈奴问题当作军国大事的重中之重,而不是因为听信了卢生的一句谶语。相反,卢生害怕秦始皇追究自己寻找长生不老方药的事情,怕受到法律的惩处,看到秦始皇对匈奴问题的重视,托名鬼神奏上"亡秦者胡也"的谶语,鼓动秦始皇用兵匈奴,转移秦始皇的注意力,以拖延秦始皇对自己寻找长生不老方药无果的追究,谋求脱身的方法。汉人鉴于汉初民生凋敝的现实,出于对秦朝政治的反思和对秦始皇的批评,谓秦始皇迷信谶语而不恤民力可以理解,但是,作为现代史学研究,我们不应局限于古人。这些只要回顾一下秦国发展史就不难明白了。

对秦国发展壮大的历程稍加留意,我们就不难明白:秦是在和戎人的斗争中发展壮大起来的,是在彻底解除戎人的威胁以后再向东发展的。秦之建国、秦穆公的称霸、秦惠文王之攻取义渠二十五城、秦昭王杀义渠王而有其地,均显示出秦人对戎人的熟悉和一贯重视。秦始皇在完成统一六国的条件下,自然把用兵矛头指向匈奴,在亲眼看见了"河南地"的肥沃和匈奴的威胁以后,顺理成章地要彻底解除匈奴的威胁,把匈奴的地盘纳入秦朝的版图之中,真正地实现"六合之内,皇帝之土",自然要占领"河南地",最有效

---

[1]《史记》卷六《秦始皇本纪》,北京:中华书局,1959年,第252-253页。
[2]《史记》卷八八《蒙恬列传》,北京:中华书局,1959年,第2565-2566页。

的办法就是渡河北上,把匈奴逐出"阳山"。[1]

所以,蒙恬之进攻匈奴、修筑长城,不能简单地视之为秦始皇施政残暴、不恤民力,而应作为秦统一战争的历史延伸。其意义不仅仅在于第一次把"河南地"纳入了中原王朝的版图,还在于从此明确了此后农业社会和牧业社会的分界线。

众所周知,农业和牧业的分离,农业社会和牧业社会的形成,是个长期的历史过程,和农、牧民族的形成同步。在初民阶段,渔猎、采集、畜牧、农耕各种经济活动总是混合并举的,随着生存环境的改变和人类征服自然能力的提高而有所分工,并逐步形成所谓的农耕民族、游牧民族。中国的历史也是如此,农牧民族的形成同样经历了长期的历史过程,起码到春秋时代还不存在后人理解的农业民族、牧业民族的区别,也不存在后人理解的判然分明的农业经济区和牧业经济区。其时之中原大地的产业构成虽然以农耕为主,但都有着相当程度的采集、渔猎和畜牧成分,这一点翻开《诗经》有关经济活动的描绘就不难明白,《史记》《汉书》对周秦时代经济区域特点的概括也说明了这一点。更主要的是,我国历史自进入文明时代的大门到西周末年,国家都是有点无面,在外部形态上是为邦国,内部结构则以宗族血缘为基础,本质上是宗族城邦,只不过在夏、商、西周漫长的历史过程中,城邦处于发展之中而已,但终究还处在有点无面阶段,所谓的周王朝不过是一个宗族城邦组合体,号为统一王朝,实际上是周邦和万邦并存,各个邦国的军民都是聚族而居于城邑之中及其近郊,国与国之间没有领土概念,没有此疆彼界的划分。清人顾栋高对春秋时代各国往往跨国越界上千里偷袭别国的历史感到不解,作《春秋列国不守关塞论》,认为春秋时代各国"列国用兵相斗争,天下骚然。然其时禁防疏阔,凡一切关隘陉塞之处,多不遣兵防守,敌国之兵平行往来如入空虚之境,其见于《左传》者班班可考也"。顾栋高谓其原因是各国执政缺少认识,"主者无设险固圉之谋,敌人无长虑却顾之志。处兵争之世,而反若大道之行,外户不闭,历敌境如行几席,如适户庭。主人能则有秦穆之丧师,主人不能则为楚昭之失国"[2]。顾栋高是注意到春秋"处兵争之世,而反若大道之行,外户不闭,历敌境如行几席,如适户庭"这一历史特点的第一人,但是他对这一历史现象的原因分析则是错误的,不是当时的国君主观上缺少防御意

---

[1] 蒙恬用兵数量,史书有不同记载。《史记·匈奴传》谓10万,《秦始皇本纪》和《蒙恬传》谓30万。窃以为这是不同时期的军队数字,《匈奴传》谓"后秦灭六国,而始皇帝使蒙恬将10万之众北击胡,悉收河南地"是指统一伊始蒙恬所率之兵,《秦始皇本纪》和《蒙恬传》之30万是秦始皇三十三年所用军队数字,《史记》隔偏所记重点不同,所用数字故不统一。

[2] 顾栋高:《春秋列国大事表》卷九《春秋列国不守关塞论》,吴树民、李解民点校,北京:中华书局,1993年,第995、996页。

识,而是当时就没有后世的领土观念。[1]在这一历史过程中,那些所谓的蛮夷戎狄各部本来就和这些华夏之邦杂居,只是没有纳入周人的礼乐社会系统之中、与周人没有族缘关系而被名为蛮夷戎狄而已,没有后来的民族含义;就经济结构来说,这些蛮夷戎狄和礼乐之邦并没有什么本质区别。因此之故,周王室采用用分封的方式把他们纳入其管理体系之中,分封众多戎狄之部为诸侯。这些戎狄之邦的发展,和那些礼仪之邦发展导致王室和诸侯实力对比发生变化一样,也是王室衰微的重要原因,"王室将卑,戎、狄必昌"就是对这一历史事实的高度概括。[2]当然,不仅周王室和蛮夷戎狄有冲突,其余诸邦也是如此,春秋时代的社会变革在某种程度上就是在与蛮夷戎狄的冲突过程中展开的,如晋文公"作三行以御狄"、"作五军",晋平公时的"毁车以为行"[3]都是为了适应和戎狄的战争需求,均推动了社会结构的一系列变动。所谓"南夷与北狄交侵,不绝如缕",正反映了蛮夷戎狄各部和华夏之邦杂居及其发展壮大以后与各国的矛盾状况。

春秋时代,诸侯国土地迅速扩张,领土意识逐步自觉,降至战国,领土国家形成。原来星罗棋布于中原地区的蛮夷戎狄等,无论是已经进入文明时代还是滞留在文明门槛之外,其继续留居中原者则融入华夏各部,那些在与中原各国冲突中逐步移居周边地区者则继续其原来的社会传统,其经济活动则根据其生存环境或畜牧或渔猎,因地而异。北方的匈奴以及其他胡人诸部就是这样成为游牧民族的。也就是说,匈奴族源悠久,并非一开始就是北方大漠草原上的游牧民族,和中原农业民族必然处于冲突状态,而是有一个发展过程,起码一部分是从中原剥离而来的。《史记·匈奴列传》开篇即谓"匈奴,其先祖夏后氏之苗裔也"[4],是有一定的历史基础的,尽管其族源和夏后氏可能没有关系,但是,所谓"其先祖夏后氏之苗裔也"的记载至少说明了匈奴的先人和"夏后氏"关系久远而密切,体现了早期民族之间的文化认同。明乎此,我们不难明白,在中国早期历史上,本来不存在农业民族和牧业民族的天然划分,本来是你中有我、我中有你的,后人根据其时代知识追叙游牧民族的历史,似乎匈奴天生就是游牧民族。就如我们仅仅根据《史记·匈奴列传》对匈奴社会生活的描述,自然会认为从其始祖淳维开始就是一个"居于北蛮,随畜牧而转移"的游牧民族。事实并非如此。夏后氏时代之国小而又小,其

---

[1] 关于西周国家形态,参阅田昌五、臧知非:《周秦社会结构研究》,西安:西北大学出版社,1996年,第1—60页。
[2]《国语》卷一六《郑语》,上海:上海古籍出版社,1988年,第507页。
[3] 杜预:《春秋左传集解》僖公二十八年、僖公三十一年、昭公元年,上海:上海古籍出版社,1978年,第391、400、1194页。
[4]《史记》卷一一〇《匈奴列传》,北京:中华书局,1959年,第2879页。

国家机器还十分原始,与夏并存的众多部族都处在文明门槛之外,即使是从事农耕的部族,渔猎、采集、畜牧是其正常的经济构成,各个部族更会因为各种原因时常迁移。而仅仅谓匈奴从淳维开始居于北蛮、逐水草而居,显然不符合历史事实与发展逻辑。

至此,我们可以判定,匈奴之先民曾居住于中原,后来因为中原国家发展逐步北移,活跃于阴山、阳山以南的广大地区。战国时代,秦、燕、赵领土扩大,与之发生正面冲突。因为燕、赵长城的修建止步于沿阴山南麓,阳山以南也就是"河南地"依然是匈奴的牧场,直接威胁中原安全,所以用兵匈奴。不过要说明的是,这种威胁并不能简单地归因于匈奴好战,而是由其游牧民族的生产方式所决定的:羊群、马群游荡无定,不仅影响着中原的畜牧业,而且会破坏中原农业,难免发生冲突,这就需要相应的屏障,即明确边界,又有效阻止畜群南下。燕赵地处北边,农牧兼业,自然知道与匈奴冲突的原因,因而有长城的兴建。所以,我们有理由推断,长城的最初作用并非战争意义上的军事防御,而是用来阻隔畜群的,或者说,其长城阻隔畜群的作用远大于军事防御的作用。我们看到的赵、燕长城构造简单,仅位于阴山南侧山坡下,原因就在这里。否则,稍有军事常识的人都知道,仅仅凭借山脚下的一道夯土墙垣,无论如何也阻止不住骑兵的进攻。否则,以赵武灵王的军事才干,自然明白这个道理,就不会"并阴山下"修建长城了。秦本有畜牧传统,但立国以后、向东发展过程中积极发展农业,商鞅变法更以重农著称,统一以后把秦国的农业政策推行天下,自然要向土地肥沃、水草丰美的"河南地"发展农业,而此时匈奴的力量已非昔日可比,当然不愿意把"河南地"拱手相让,军事冲突在所难免。秦始皇为了彻底解除匈奴的威胁,保证对"河南地"的控制,才大规模地用兵匈奴,把匈奴逐出阳山,在阳山修筑长城,同时赋予新修长城以更多的军事职能,从此以后,"河南地"才由匈奴的牧场变成了农业区,奠定了此后历史上农牧分界的基本格局。

三

现在讨论秦始皇长城对当时社会发展的影响问题。

通过上文分析,我们可以明白,秦始皇之修建长城有其历史的合理性,并非完全是个人的性格好大喜功和残暴虐民。但是,修长城确实增加了农民的兵徭负担,毫无疑问是秦朝覆亡的原因之一。这是历史事实,不存在否定问题。本文要说的是为什么战国时代秦、赵、燕三国都修过长城,其规模固然不能和后世相比,但和当时国力相比,不可谓不大。而秦始皇在秦、赵、燕三国长城基础之上修建新长城,为什么会导致民不堪命?汉武帝所修长城规模远较秦长城浩大,为什么能避免亡秦之失?要回答这个问题,并非一篇文章所能完成,本文结合考察所得对工程量的认识,从秦朝社会矛盾大集结的角度,分析秦始皇长城对当时社会矛盾的影响。

先谈蒙恬所修长城的军事功能问题。蒙恬所修长城虽然利用了三国原来的长城,但蒙恬并不是一味地修旧利废,而是有所创新,阳山上的长城完全是新建的,其主要功能是军事防御,其工程量远非以往长城所能比拟。所谓"蒙恬渡河取高阙、阳山、北假中,筑亭障以逐戎人",要驱逐戎人,戎人当然要反攻,就要加强所修长城的军事防御功能。如果说,仅从文献记载难以明白蒙恬在阳山所修"亭障"实际情形的话,通过对这些"亭障"遗迹的实地考察我们可以窥知其部分真相。阳山上的"亭障"不仅仅是一道城墙,而是一个军事防御体系,由城墙、烽燧、障城三部分构成,根据地形条件,烽燧密度与排列方式、障城位置各有不同,以保证防御效果最优化。这些资料早已问世,但为了说明秦长城的军事防御和工程学上的意义,本文还是赘举一二。[1]如乌拉特中旗巴音哈太苏木(乡)东南20公里群山中的长城,在实地踏察的15公里距离内,发现21座烽燧和房基遗址多处[2],均在长城内侧;长城则缘岭而建,沿山峰外侧,利用山峰坡度,以块石垒砌,光整平滑,残存高度一般在1.5米以上,其最高处有4.8米;在傍河处则利用陡峭的岩壁、辅以山石,残存城墙加上岩壁高达十数米以上。在木盖图河与石哈河交汇处东岸冲击台地上有夯土城墙,约100米,呈弧形,两端与山腰间的石长城相接,可能是驻军的障城。据老乡介绍,这段长城向东即与乌拉特前旗小佘太乡长城相接。小佘太乡查石太山有保存较好的长城遗迹,在实地踏察的四公里距离上,有板升图河南北穿过,长城呈东西走向,块石垒砌,城高一般在1米左右,最高者4.35米,顶宽均在2.2米左右(均为1985年考察实测高度),有烽燧两处;在长城以南、增隆昌水库以北,有古城遗址,不规则菱形,周长约1500米,应为障城;城北墙偏西有夯土台基,可能是瞭望楼台基。在巴音哈太和小佘太长城沿线均发现汉代陶片和罐、盆、钵等生活用具残片,说明这些长城曾经成为汉代长城的组成部分。

明白了秦始皇长城的构筑体系以后,我们对其军事意义和对秦朝统治的影响可以有进一步的认识。秦长城把狼山大部分山岭置于内侧,从北侧控制山口,这就有效地扼制了匈奴隐蔽于群山之中伺机南下的可能性;把山间谷地置于秦军的控制之下,匈奴军队无法在山中隐蔽集结,增加了南下突袭的困难;长城采用石筑,建于山岭之上,避免了山下土筑长城被山水冲毁的可能性;长城建于山岭之上,有完整的警讯系统,居高临下,能及早发现城外异常

---

[1] 参见上举何清谷先生、罗庆康先生诸文。
[2] 因考察笔记受损,房屋遗址的具体数字不清楚,根据记忆,房屋遗址大概在五六处。

动态：无论是城内居民之向外移动，还是城外羊群、马群之迫近长城、城外骑兵对长城隘口的威胁，都可以提前预警，采取相应措施，既有效地提高了对长城内外人员物资交流的控制，又极大地提高了军事防御能力。只此之故，才被汉长城全盘沿袭，并加以发展。汉武帝时代无论是对河套以北长城的扩建，还是在居延地区修筑新长城，均采用了秦长城的防御体系，而予以完善。

通过对秦始皇长城的实地考察，我们深深地为工程浩大所震撼，能深切地体会农民的徭役负担之沉重，对长城之役与社会矛盾的激化有进一步的认识。尽管我们无法用量化的方法计算出修建长城的具体工程量，但是可以肯定，其工程量之浩大是空前的。对此，秦始皇和蒙恬都是清楚的，在主观上，秦始皇也想尽量少误农时，少征发普通农民戍边修城，所以，其修长城是分两步进行的，所用劳动力也尽量使用犯法吏民。秦始皇三十三年设立 44 个新县，先"城河上为塞"，后"渡河取高阙、阳山、北假中，筑亭障以逐戎人"。为解决劳动力问题，先是"徙谪，实之初县"，后"適（谪）治狱吏不直者，筑长城及南越地"。为什么"徙谪，实之初县"、"適（谪）治狱吏不直者，筑长城及南越地"？就是减少对普通农民的征发，尽量不误农时。但是，长城的工程量毕竟太大了，区区犯法吏民数量毕竟有限，于是只好大规模地从全国各地征发劳动力。无论是黄海之滨还是南楚之地，通往塞北的道路上，也就时常走过一队一队的一脸悲苦、满腹惶恐、疲惫不堪的戍役之民，相伴的则是为边境运送粮草的车辆马牛和役夫。这些，对史籍稍加翻检即不难明白，学界论述甚多，本文不予赘述。

戍边、筑城之役，对原来秦、赵、燕的边民来说，也许不是特别沉重的徭役负担，但是对于齐鲁大地、三楚之民来说，是绝对的空前沉重，而且有性命之忧。因为统一之前的六国民众的徭役兵役负担从制度上说可能并不比统一后轻多少，但是，那是在家门口服役，也没有气候不适的困苦。而统一以后，从黄海之滨、五岭脚下，万里迢迢，远赴西北苦寒之地，和匈奴为邻，生死难卜，其悲苦和不满非以往任何时代所能比拟，农民自然视为畏途。本来，统一之后，得脱战国兵祸之苦，黎民百姓希望从此过上安定的生活，"元元之民冀得安其性命，莫不虚心而仰上"[1]，而现实却是空前的徭役灾难。从秦始皇的角度，站在历史的立场上，用兵匈奴、修筑长城，确实有其历史合理性，但是，这对于齐鲁之民、三楚百姓，以至于燕赵故地的大部分农民来说，不存在这个合理性：匈奴南下，对他们的生活与生产太遥远了；当他们被强制走上徭役之路的时候，自然会和过去相比较，国故之思，不可避免地油然而起，怀念过去的主人。所以，当陈胜吴广振臂一呼、六国贵族纷起复国的时候，六国民

---

[1]《史记》卷六《秦始皇本纪》，北京：中华书局，1959 年，第 283 页。

众自然地追随其后。那些戍边修城的数十万军民也就星流云散,河南地再度成为匈奴的牧场,直到汉武帝继续秦始皇的未竟事业,大规模用兵匈奴、再次修筑长城,并加以发展,汉与匈奴都一直"边于故塞"。

历史常和人开玩笑,本来要进入这个房间的,却走进了另一个房间。大秦帝国没有亡于匈奴,却亡于农民起义的烈火。长城之役当然是农民起义的原因,但是仅仅如此理解,还远远不够,那样不过是停留在传统史家的认识水平之上,难以把握秦朝统一前后特殊的历史矛盾。反之,当我们浩叹于长城工程的伟大、孜孜于其伟大意义的分析、为古人而骄傲的时候,也不应该忽视其对当时社会发展所带来的负面影响。所以,要用历史主义的眼光,分析其对当时社会特别是对普通劳动人民生产与生活的影响,从社会发展的层面,站在民生的立场,辩证地将其时代作用和历史影响统一分析,才能回答"前人栽树,后人乘凉"这样的历史问题。笔者无意于对秦朝社会矛盾以及与修建长城的关系进行全面的分析,只是针对目前研究中的薄弱环节略陈鄙见,望方家有以教之。

"偃武修文"与东汉边防*

比较两汉的边防政策,最明显的区别是西汉无论是在开国初期的被迫和亲还是在后期匈奴的主动求亲,汉朝始终处于主动的积极地位。西汉前期的和亲虽然是被迫的,但那是以退为进,用暂时的忍让换来相对和平,积蓄国力准备反攻;在经历了汉武帝的主动进攻以后,和亲则是一种羁縻的手段。而东汉则不同。无论是立国伊始的刘秀时代还是国力已经恢复并有所发展的明帝、章帝、和帝时期,无论是对待匈奴还是对待新崛起的羌、乌桓、鲜卑等民族,地方官吏是歧视、压迫在前,中央政府是消极退让在后;西汉是积极地移民实边,东汉则是积极地内迁边民,甚至要放弃凉州。这个过程,近来学者多有注意[1],但对其原因的分析则还有待深入,特别是迄今为止,还没见从刘秀治国指导思想的层面分析其原因者。这个问题不仅仅关系到如何认识东汉民族政策和民族问题的形成根源,而且关系到如何把握两汉政治的差异问题,同时也是探讨北方少数民族社会变迁的一个重要方面。故为此文,以期深化对这一问题的认识。

一

为了便于讨论,本文先就东汉边防政策和措施的演变作一个简单的回顾,而后分析其原因。

刘秀立国之初,面临着和刘邦时代相同的民族问题,即北边匈奴势力发展,对汉家安全构成直接的威胁,边地居民生活在匈奴的兵锋之下。刘邦在反击失败以后,被迫采用"和亲"的方式换取北边的安定。建武初年,刘秀面对匈奴的侵扰首先是内迁边民,在内部形势安定以后才考虑军事防御问题。刘秀的军事防御,主要是修复在战乱中被破坏的边防亭障等军事设施,遏制匈奴的军事进攻,但是,规模有限,一次增兵数量不过数千人而已。如建武十三年,"匈奴左部遂复转居塞内。朝廷患之,增缘边兵郡数千人,大筑亭候,修

---

* 原刊《人文杂志》2008 年第 4 期。
[1] 参见李三谋:《东汉王朝的边疆经略》,《中国边疆史地研究》1997 年第 3 期。高荣:《东汉西北边疆政策述评》,《学术研究》1997 年第 10 期。陈晓鸣:《筹边失当与东汉的衰亡》,《江西师范大学学报》2002 年第 4 期。

烽火"[1]。每郡增兵数千人,只能满足瞭望的需求,可以阻止小股匈奴散骑的侵扰,根本谈不上对匈奴的反击。建武年间,类似的举措经常实施,如建武十二年,"遣谒者段忠将众郡弛刑配茂,镇守北边,因发边卒筑亭候,修烽火,又发委输金帛缯絮供给军士,并赐边民,冠盖相望"[2]等等,但规模都有限。这些弛刑徒在边境的任务是修筑亭障,瞭望军情,而不是反击。所以在修复亭障的同时,刘秀又将边民内迁以避开匈奴的军事威胁。如建武十三年"渐徙幽、并边人于常山关、居庸关已东"[3]。建武十五年,"率扬武将军马成、捕虏将军马武北击匈奴,徙雁门、代郡、上谷吏人六万余口,置居庸、常山关以东"[4]。建武二十年,"省五原郡,徙其吏人置河东"[5]。通观建武年间的汉匈关系,对匈奴尽管有过小规模的军事反击,但目的不是为了在军事上摧毁匈奴的军事力量,解除匈奴对汉朝威胁,即使是在军事上取得一些胜利,不过是为了迁徙边民赢得保障而已。范晔在《后汉书·臧宫传》对光武帝的民族政策有过洗练的概括,谓"闭玉门以谢西域之质,卑辞币以礼匈奴之使"。面对羌人的强大,还一度因为"途远多寇,议欲弃之"。因为马援的极力劝阻,指出"破羌以西,城多完牢,易可依固;其田土肥壤,灌溉流通。如令羌在湟中,则为害不休"。[6]刘秀才接受了马援的建议,没有放弃凉州。

建武二十二年,匈奴分裂为南北两部,刘秀接受了南匈奴的内附,以之为汉家边防的捍蔽,利用南匈奴的力量打击、制约北匈奴,将贾谊、晁错提出的"以蛮夷制蛮夷"的思想发展到新的历史阶段,成为后来东汉边防的基本措施,无论是对匈奴,还是对鲜卑、羌族、乌桓,以夷制夷成为奉行不贰的法门。对此,学界早有专门论证,本文不予重复。

无论是内徙边民,还是有限防御,或者以夷制夷,刘秀的举措,在当时的历史条件下,确实有其客观原因。立国伊始,经济凋敝,在籍人口不过西汉时代的百分之三十,城邑丘墟,哀鸿遍地,锋镝余生之民,急需休养生息。刘秀弃西域、迁边民,其边防方针是实事求是的,对东汉初年的经济恢复和社会稳定确实有着重大的积极作用。

明帝以后,经济复苏,社会发展。史称"天下安平,人无徭役,岁比登稔,百姓殷富,粟斛三十,牛羊被野"[7]。边防政策开始由消极转向积极,在西北

[1]《后汉书》卷八九《南匈奴传》,北京:中华书局,1965年,2940页。
[2]《后汉书》卷二二《杜茂传》,北京:中华书局,1965年,第777页。
[3]《后汉书》卷八九《南匈奴传》,北京:中华书局,1965年,第2940页。
[4]《后汉书》卷一八《吴汉传》,北京:中华书局,1965年,第683页。
[5]《后汉书》卷一下《光武帝纪下》,北京:中华书局,1965年,第73页。
[6]《后汉书》卷二四《马援传》,北京:中华书局,1965年,第835页。
[7]《后汉书》卷二《明帝纪》,北京:中华书局,1965年,第115页。

边郡屯驻军队,监视、出击北匈奴。同时为了增加边防力量,又尽可能少地减少普通农民的兵徭负担,大规模调发弛刑徒于西北边郡。如明帝永平八年"诏三公募郡国中都官死罪系囚,减罪一等,勿笞,诣度辽将军营,屯朔方、五原之边县;妻子自随,便占著边县……凡徙者,赐弓弩衣粮"。永平九年春三月,"诏郡国死罪囚减罪,与妻子诣五原、朔方占著"。永平十六年九月:"诏郡国中都官死罪系囚减死罪一等,勿笞,诣军营,屯朔方、敦煌;妻子自随,父母同产欲求从者,恣听之。"永平十七年八月:"令武威、张掖、酒泉、敦煌及张掖属国,系囚右趾以下任兵者,皆一切勿治其罪,诣军营。"[1]章帝建初七年,"诏天下系囚减死一等,勿笞,诣边戍;妻子自随,占著所在"。元和元年,"郡国中都官系囚减死一等,勿笞,诣边县:妻子自随,占著所在"。章和元年四月"丙子,令郡国中都官系囚减死一等,诣金城戍。""死罪囚犯法在丙子赦前而后捕系者,皆减死,勿笞,诣金城戍。"八月"壬子,诏郡国中都官系囚减死罪一等,诣金城戍"[2]。和帝永元元年"十月,令郡国弛刑输作军营"。永元八年"郡国中都官系囚减死一等,诣敦煌戍"[3]。等等。在西汉,从晁错开始募民实边,汉武帝时大规模向西北移民屯田,增加边地人口。东汉以刑徒戍边,是对西汉的继承与发展,显示了东汉的政治特点,既是体恤民力的表现,也是边防保守的表现。西汉是全面的开疆拓土,而东汉所有政治军事措施立都是立足于守,全然没有了的西汉的辉煌气概。

和帝以后,东汉政局急转直下,外戚宦官交替掌权,官僚士大夫也忙于内部的争权夺利,政治一天暗于一天,边郡长吏奴役少数民族,激起民族矛盾的持续激化,虽然因为力量悬殊和其他矛盾冲突的结果,大规模的军事冲突最终以少数民族的失败而结束,但东汉边郡的形势是一天比一天严峻,特别是安帝以后,羌乱不断,朝廷平息困难,再次要放弃凉州。安帝永初四年(前110年),"羌胡反乱,残破并、凉,大将军邓骘以军役方费,事不相瞻,欲弃凉州。并力北边,乃会公卿集议"。讨论的结果,是"议者咸同"。后因为郎中令虞诩阐明厉害,指出"羌胡所以不敢入据三辅,为心腹之害者,以凉州在后故也。其土人所以推锋执锐,无反顾之心者,为臣属于汉故也。若弃其境域,徙其人庶,安土重迁,必生异志"[4],才使朝廷改变初衷,没有放弃凉州。但是,朝廷并没有采取有力措施加强边防。不久,西羌势力座大,"而二千石、令、长多内郡人,并无守战意,皆争上徙郡县以避寇难,朝廷从之。遂移陇西徙襄武,安

---

[1]《后汉书》卷二《明帝纪》,北京:中华书局,1965年,第111、112、121、122页。
[2]《后汉书》卷三《章帝纪》,北京:中华书局,1965年,第143、147、156、157、158页。
[3]《后汉书》卷四《和帝纪》,北京:中华书局,1965年,第169、182页。
[4]《后汉书》卷五八《虞诩传》,北京:中华书局,1965年,第1866页。

定徙美阳,北地徙池阳,上郡徙衙。百姓恋土,不乐去旧,遂乃刈其禾稼,发彻室屋,夷营壁,破积聚"[1]。从此以后,西北边防有名无实,城障烽燧,破坏迅速。直到顺帝永建四年,已经升任尚书仆射的虞诩因为马贤对西羌作战的胜利,针对顺帝登位未久、希望有所作为以招徕声望的心理,打着孝道的旗号建议恢复对西北边郡的统治,顺帝才"使谒者郭璜督促徙者,各归旧县,缮城郭,置候驿"[2]。西北边防一度有所加强。但是,这样的局面没有延续多久,即爆发了第二次大起义,安定、北地民众再次内徙,中央对西北边地的控制逐步削弱。到了桓帝、灵帝时代,东汉统治风雨飘摇,谈不上对西北边防的经营了。

二

是什么原因使东汉边防政策由积极转为消极？学者们曾经进行过种种分析,或者认为是经济不如西汉发达,财政力量有限,制约了军事力量的发展;或者认为是政治腐败,外戚宦官交替掌权,无瑕外顾;或者认为是刘秀改革兵制以后,削弱了郡守兵权,导致边备不力;等等。这些观点都有一定根据,但都存在着不足。如以经济水平而言,结合出土资料和文献记载,东汉生产的技术水平和管理水平都在西汉之上,不存在经济落后于西汉的问题;至于国家财政困难,在东汉初期确实是重要因素,但是到了明、章、和帝时期就未必了。安帝永初元年到元初五年,金城、陇西、汉阳等郡羌人发动的起义连绵十余年,"兵连师老,不暂宁息。军旅之费,转运委输,用二百四十余亿,府帑空竭。延及内郡,边民死者不可胜数,并凉二州遂至虚耗"[3]。十余年间,耗费240多亿,一方面说明因为政治腐败、指挥无方、将吏贪残,另一方面从反面说明当时之财政并非如后人想象的困难。仅仅从财政困难的角度难以解释边防失败的原因。

刘秀改革兵制的主要内容是在建武六年罢都尉官、罢都试,即一年一度的以郡为单位的军事演习,建武七年复员军队,减少地方兵,包括减少边郡亭障吏卒。这直接影响着当时的社会稳定,对后来的边防不力也有着一定的影响。但这个影响不在于直接削弱边防力量,而在于军队素质和将帅才能的低下(详见下)。因为在减少地方军队的同时,随着局势的变化,郡县兵陆续有所恢复,征兵制度并没有改变;虽然罢都尉,但并没有废除郡政府的军事职能,而是将都尉的职能并于太守,罢都尉的原因是当时人口虽及西汉的百分之三十而地方政府的官吏却和西汉相同,要精兵简政,目的是减少财政开支,

---

[1]《后汉书》卷八七《西羌传》,北京:中华书局,1965年,第2887-2888页。
[2]《后汉书》卷八七《西羌传》,北京:中华书局,1965年,第2893页。
[3]《后汉书》卷八七《西羌传》,北京:中华书局,1965年,第2891页。

避免十羊九牧带来的新灾难。在边郡,则另外设置了直属于中央的屯驻军以备警急,如黎阳营、雍营等,另外还有各种名号的将军所领的军队专门担任守边任务,所领人数虽然不多,但根据需要随时增减。[1]所以,不能将刘秀的罢郡国兵、罢都尉官和边防不力直接画等号。

东汉后期的政治腐败确实是边患迭兴的原因,但是,东汉前期的政治则是清明的。光武、明帝、章帝都以严格吏事著称,权纲总揽,御下甚严。《后汉书·申屠刚传》云:"时(建武年间)内外群官,多帝自选举,加以法理严察,职事过苦,尚书近臣,至乃捶扑牵曳于前,群臣莫敢正言。"《第五伦传》云光武"承王莽之余,颇以严猛为政,后代因之,遂成风化"。建武初年,朱浮任执金吾,见"帝以二千石长吏多不胜任,时有纤微之过者,必见斥罢,交易纷扰,百姓不宁"。于建武六年上书劝谏,云"……间者守宰数见换易,迎新相代,疲劳道路。寻其视事日浅,未足昭见其职,既加严切,人不自保,各相顾望,无自安之心。有司或因睚眦以骋私怨,苟求长短,求媚上意。二千石长吏迫于举劾,惧于讥刺,故争饰诈伪,以希虚誉"。指出"物暴长者必折,功卒成者必亟坏,如摧长久之业,而造速成之功,非陛下之福也"[2]。明帝较之刘秀有过之而无不及,"性偏察,好以耳目隐发为明,故公卿大臣数被诋毁,近臣尚书以下至见提拽。尝以事怒郎乐松,以杖撞之。松走入床下,帝怒甚,疾言曰:'郎出,郎出。'……朝廷莫不悚栗,争为严切,以避诛责。"钟离意曾上书要明帝宽以治吏,但"帝不能用"[3]。《后汉书·循吏传序》曾总结其时之政风云:"建武、永平之间,吏事刻深,亟以谣言单辞,转易守长。"章帝即位,一仍其旧,《后汉书·陈宠传》云"肃宗初,为尚书。是时承永平故事,吏政尚严切"。类似记载甚多,本文不再一一列举。只要明白东汉前期的政治特点就行了。显然,笼统地将东汉边防不力归结为政治腐败也是不够全面的。

笔者看来,东汉边防萎缩的原因固然多样,在不同时期也有不同表现,但是总根源则是刘秀的偃武修文的基本国策。《后汉书·光武帝纪》载建武十七年十月,刘秀"幸章陵,修圆庙,祠旧宅,观田庐,置酒作乐,赏赐。时宗室诸母因酣悦,相与语曰:'文叔少时谨信,与人不款曲,唯直柔耳,今乃能如此。'帝(刘秀)闻之,大笑曰:'吾理天下,亦欲以柔道行之。'"这"柔道"的核心就是"退功臣而进文吏,戢弓矢而散马牛"[4],其目的就是"总揽权纲"。所谓"退功臣"的内容就是给予功臣以高爵厚禄而不以典权,使之颐养天年。这首先

---

[1] 关于东汉兵役制度和军事体制的变化,参见拙作《秦汉兵制研究》,见本书。
[2] 《后汉书》卷三三《朱浮传》,北京:中华书局,1965年,第1142页。
[3] 《后汉书》卷四一《钟离意传》,北京:中华书局,1965年,第1409页。
[4] 《后汉书》卷一下《光武帝纪下》,北京:中华书局,1965年,第68、85页。

体现在解除功臣兵权上。称帝之初,刘秀曾经设置了很多将军之官,从建武十三年开始,统一战争渐近尾声,刘秀则逐步地收回兵权,是年,"罢左右将军官",右将军邓禹、左将军贾复主动交还兵权,以特进的身份奉朝请而已。随后建威大将军耿弇、诛虏大将军刘隆、建义大将军朱佑先后交出大将军印绶。[1]到建武十五年,云台二十八将中的大部分先后去世,健在的或者早已交出兵权或者因故免除军职(杜茂即"坐断兵马禀缣,使军吏杀人,免官"[2]),继续指挥军队的只有吴汉、王霸、马成、马武数人而已。建武十五年以后,虽然因为形势的需要,刘秀也曾经启用过那些已经交出兵权的功臣指挥军队,但只是个别现象。其次,不以功臣担任实际职务,中央的三公九卿固然不使用功臣,郡守也绝少授予功臣。当时,"列侯唯高密(邓禹)、固始(李通)、胶东(贾复)三侯与公卿参议国家大事,恩遇甚厚"[3]。其余大多在列侯之上加一个"特进"的名号"奉朝请"而已,也就是在规定的时间里给刘秀问问安、露露脸,对朝政是不置一词的。就是邓禹、李通、贾复三人能够"参议国家大事",也只是"参议"而已,这三个人知道刘秀不欲功臣掌权的心思,主动让权,在"参议国家大事"的时候能少说就少说。

所谓"进文吏",就是大量使用知识分子(这儿的"文吏"不是狭义的文法之吏)。刘秀在戎马倥偬、南征北战的岁月里,即以"爱好经术"的形象称誉于群雄之中,每占一地,"未及下车,而先访儒雅,采求阙文,补缀漏逸。先是四方学士多怀协图书,遁逃林薮。自是莫不抱负坟策,云会京师"。"建武五年,乃修起太学,稽式古典,边豆干戚之容,备之于列,服方领习矩步者,委它乎其中。"[4]全国统一以后,每每在议论朝政时,和群臣讨论经义,"每旦视朝,日昃乃罢。数引公卿、郎、将,讲论经理,夜分乃寐……虽身济大业,兢兢如不及,故能明慎政体,总揽权纲,量时度力,举无过事。退功臣而进文吏,戢弓矢而散马牛"[5]。不过,无论是"访儒雅"、"求阙文",还是和"公卿、郎、将讲论经理,夜分乃寐",刘秀的目的不完全是什么对经术的爱好,而是为了把那些原先归附于王莽、以后因为天下大乱而彷徨无所归依的儒生们收归帐下,以免被其他割据势力所用。投到刘秀驾前的儒生们在领取俸禄的同时,也就失去了独立思考、批评现实的自由,只能全心全意地按照既定程序,完成岗位责任,否则,轻则免职,重则下狱,直至丢掉身家性命,像上述的什么"搒扑牵曳"、当廷杖责,实在是算不了什么。在刘秀"严切"的政治下,这些儒生们很

---

[1] 详见《后汉书》各本传。
[2] 《后汉书》卷二二《杜茂传》,北京:中华书局,1965年,第777页。
[3] 《后汉书》卷一七《贾复传》,北京:中华书局,1965年,第667页。
[4] 《后汉书》卷七九上《儒林传上》,北京:中华书局,1965年,第2545页。
[5] 《后汉书》卷一下《光武帝纪下》,北京:中华书局,1965年,第85页。

快变成文法之吏了。所以,刘秀标榜的以"柔道"治天下是有特殊指向的,这个"柔"是指对开国元勋的处理方式而言,用"柔道"解除了元勋们的军政权力,巧妙地避免了功臣们权重镇主而君臣反目的尴尬与残酷。而对于新选用的这些"文吏"而言,是不存在什么"柔道"的。范晔曾谓刘秀"高秩厚礼,允答元功;峻文深宪,责成吏职"[1]。概括的是十分确当的。

通过上述的一进一退,刘秀偃武修文的目的是达到了:"戢弓矢而散马牛。"开国元勋也好,新进的"文吏"也罢,都要远离武事,专心事"文"。在当时历史条件下,这有利于君主集权和社会秩序的恢复与稳定。但是,偃武修文的结果就是边防不力、民族矛盾复杂。这直接体现就是导致军队素质的降低。

这和刘秀的罢都尉与都试有着一定的关系。所谓都试,就是以郡为单位的一年一度的军事大演习。按当时兵役制度,所有役龄男子都有服兵役的义务,或者为骑兵,或者当步兵,或者做水兵,接受专门的军事训练,于八月举行大检阅,即考核一年的训练情况,评选优劣,应劭《汉官》云"八月,太守、都尉、令长、相、丞、尉会都试,课殿最",即此之谓。训练的目的是应付都试,都试结果就是各级军吏的政绩,最者赏,殿者罚。届时全郡军事大集结,各县令长、丞尉率领全县士卒集会郡治,郡都尉具体指挥,接受郡守的检阅,旌旗猎猎,部伍有序,骑射角力,各有定式,仪式极为隆重,也充满着相应的危险性。如果有人利用都试的机会发动兵变,其后果可想而知。王莽代汉之初,翟义就曾经"以九月都试日,斩观令,因勒其车骑材官士,募郡中勇敢,部署将帅"[2],起兵反莽。刘秀也曾经和李通约定利用都试的机会起兵,因而深知在动乱之世,都试之役的危险性。

建武初年,群雄并起,谶语流布,尽管刘秀次第统一了中原和江淮地区,但是政权很不稳固,地方兵长大姓时时为乱,郡县守令及其属官和地方大姓又有着千丝万缕的联系,一有风吹草动,就有动乱的可能。因此之故,刘秀才于建武六年罢都尉官、都试之役。但是,都试是对一年军事训练成就的大检阅,是保证平时军事训练的最重要手段,取消了都试也就等于宣布平时军事训练可有可无,所以虽然在省都尉官以后明确规定"并职太守",但他们行使的是都尉维持治安的权力。至于"教民骑射"的责任,一方面因为他们出身"文吏"对武事知之甚少;另一方面因为他们知道刘秀以文兴国,不希望臣下妄言军事,在日常行政过程中早已将"教民骑射"的重任束之高阁。所以,东汉征兵制度虽然存在,但是征集来的郡县兵的质量确实难望西汉之项背,军事素质远低于西汉。对此,时人言之甚详。如郑太云:"光武以来,中国无警,

---

[1]《后汉书》卷二二《马武传》,北京:中华书局,1965年,第787页。
[2]《汉书》卷八四《翟方进传附翟义传》,北京:中华书局,1962年,第3426页。

百姓优逸,忘战日久。仲尼有言:'不教人战,是谓弃之。'其众虽多,不能为害。"[1]这"其众虽多,不能为害"虽然是应付董卓之词,但是"光武以来,中国无警,百姓优逸,忘战日久"诸语是符合实际的。王符在分析羌乱久久不能平息的原因时指出:"然其士民又甚贫困,器械不简习,将恩不素结,卒然有急,则吏以暴虐发其士,士以所拙遇敌巧。此为将吏驱怨以御雠,士卒缚手以待寇也。"[2]应劭《汉官》云:"盖天生五才,民并用之,废一不可,谁能去兵?兵之设尚矣。……自郡国罢材官骑士之后,官无警备,实启寇心。一方有难,三面救之,发兴雷震,烟蒸电激,一切取办,黔首嚣然。不及讲其射御,用其戒誓,一旦驱之以即强敌,犹鸠鹊捕鹰鹯,豚羊弋豺虎,是以每战常负,王旅不振。"[3]应劭这一段话是有感于黄巾起义而发的,但反映了士卒平时缺乏训练的事实:郡县兵军事素质低下,源于"不教民战"。"不教民战"的原因之一则是都试的废除。

关于郡守令长军事素质的低下,王符有过深刻的批评:"今观诸将,既无断敌合变之奇,复无明赏必罚之信。"这儿的"诸将"是指边郡太守。"选诸有兵之长吏,宜踔杰豪厚,越取幽奇,材明权变,任将帅者。不可苟唯基序,或阿亲戚,使典兵官。此所谓以其国与敌者也。"[4]这从反面说明当时"苟唯基序"选出来的"有兵长吏"和那些"阿亲戚"者一样都是不明权变、不任将帅的。这些郡守长吏既无将帅之才,更无安边定国之志,平时歧视、压迫少数民族,横征暴敛,而一旦民族矛盾激化,或者弄虚作假、隐瞒军情;或者夸大匈奴、羌族的凶悍,内徙边民,借机搜刮民财,贪污国库。王符以羌乱为例,对此有着深刻的揭露:谓羌乱之时"将帅皆怯劣软弱,不敢讨击,但坐调文书,以欺朝廷。实杀民百则言一,杀虏一则言百;或虏实多而谓之少,或实少而谓之多。倾侧巧文,要取便身利己,而非独忧国之大计"。但是,这些太守令长在强制边民内迁时,又显示出凶残的一面。王符指出:"民之于徙,甚于伏法。伏法不过家一人死耳。诸亡失财货,夺土远移,不习风俗,不便水土,类多灭门,少能还者……太守令长,畏恶军事,皆以素非此土之人,痛不著身,祸不及我家,故争郡县以内迁。至遣吏兵,发民禾稼,发彻屋室,夷其营壁,破其生业,强劫驱掠,与其内(纳)入,捐弃赢弱,使死其处。当此之时,万民怨痛,泣血叫号,诚愁鬼神而感天心……边地遂以丘荒,至今无人。"[5]结果只能是官民离心,甚至将农民推向反抗者的行列。这是东汉后期边乱不止的原因之一。

---

[1]《后汉书》卷七十《郑太传》,北京:中华书局,1965年,2258页。
[2] 王符:《潜夫论》卷五《劝将》。汪继培笺,彭铎校正,北京:中华书局,1979年,第253页。
[3]《后汉书》卷一一八《百官五》,北京:中华书局,1965年,第3622页。
[4] 王符:《潜夫论》卷五《劝将》,汪继培笺,彭铎校正,北京:中华书局,1979年,第255页。
[5] 王符:《潜夫论》卷五《实边》,汪继培笺,彭铎校正,北京:中华书局,1979年,第281-282页。

偃武修文的另一个消极后果,是导致军功激励机制的消失。秦国强盛,得力于商鞅推行的军功爵制。西汉立国,尽管大改秦政,但是秦制多被继承,军功爵制则被全盘继承并有所完善。立功疆场、获取爵位以改变政治经济地位,起码在西汉前期、中期是相当一部分人的奋斗途径。汉武帝伐匈奴,官马不够,士卒以私马从军;出征的队伍中,除了应征的士卒以外,为了立功异域而私自从军者不乏其人;将帅立功,更是予以重赏。青海大通县上孙家寨115号汉墓木简关于军功赐爵的律令说明起码在西汉后期,按照斩首数量赏赐爵位的规定仍然在实行中。因而"尚武"是西汉社会风气的特点之一。汉宣帝说的"霸王道杂之"的汉家制度,也就是文、武并重的意思。但是,光武帝之"退功臣而进文吏,戢弓矢而散马牛"之后,军功赐爵制度逐步地淡出政治舞台,人们不可能像以往那样依靠军功改变自己的社会地位了。长吏尽管冒着生命危险,立了军功以后不仅无助于升迁,还很可能因此而招徕灾祸;士卒虽然立有军功也得不到任何的奖赏。将帅也好,普通士兵也好,自然缺乏基本的作战积极性,更不要说什么开疆拓土了。对此,王符曾经有过简要的概括:"今吏从军败没死公事者,以十万数,上不闻吊唁嗟叹之荣名,下又无禄赏之厚实,节士无所劝慕,庸夫无所贪利。此其所以人怀沮解,不肯复死者也。"[1]王符是就事论事,其分析也不乏历史偏见。但是,他说出了一个事实:这就是商鞅变法以来的赏赐军功的传统消失了。究其根源,刘秀的"柔道"然也。

比较两汉历史,无论是在"政"还是在"治",西汉始终处于不断的探索和变革之中,汉初的黄老政治,到汉武帝的儒表法里,到汉元帝的重用儒学,朝野都在探索着治国的思想和道路,体现在民族政策上则是文武之道,张弛有节。就是王莽的打着奉天法古的旗号以新代汉,从思想层面上说,也是一个探索摆脱社会危机的自觉选择,尽管这个选择是不成功的,但是人们还在选择着,可以看作西汉开放政治的延续。而东汉之"政"与"治"始终沿着刘秀的既定方向滑行,保守成为东汉政治的特点。军事是政治的继续,有什么样的政治就有什么样的军事。在这样的政治之下,东汉边防必然萎缩,民族冲突必然加剧,民族问题必然复杂,在一定程度上,可以看作魏晋以后民族问题的先声。当然,从中华民族发展来说,东汉对周边各族主要是西北、北部各族的方针措施,在一定程度上也促进了民族大家庭成员之间的交往。但是,积极主动与消极被动的民族政策,对民族交往的内容和结果是大不相同的。从社会文明发展的层面来看,汉朝文明程度要远远高于北方少数民族,当汉朝以积极主动的态势,既以先进的物质文明和礼乐文化吸引以游牧为主的北方各少数民族,又以军事力量遏制打击游牧民族的抢掠行为对中原文明的破坏,

---

[1] 王符:《潜夫论》卷五《劝将》,汪继培笺,彭铎校正,北京:中华书局,1979年,第248页。

无论是对于游牧民族还是对于农耕民族的发展都有积极的促进作用；而消极被动的民族政策,则助长了游牧民族对农耕文明的破坏。东汉时代,北边郡民的内徙和少数民族逐步内迁,实际上是游牧生产在逐步地侵蚀农业生产。当然游牧民族在迁居汉家边郡以后,其生活方式、价值观念也在悄然变化,但是,这个变化是以牺牲边郡农耕文明的正常发展为代价的。如果说,在西汉时代,少数民族的社会变迁是以游牧民族的逐步汉化为特征的话,那么,东汉时代,则开了边郡汉族居民"胡化"的先河。套用传统的夷、夏观念概括两汉民族政策的区别：在西汉中央政府是尽力地以夏变夷,在东汉中央政府则是任由以夷变夏。当然,这只是一个比喻,是否恰当另当别论。限于主旨,这里不予多说。本文的目的只是说明,探讨东汉的民族政策和民族问题,不能就民族政策论民族政策,更不能只抓住民族矛盾激化时的表面现象就做出价值判断,而应该追本溯源。东汉的诸多问题,都可以在刘秀时代找到基因,民族问题只是其中一个而已。